李振興　簡宗梧　注譯

新譯東萊博議

（下冊）

三民書局

國家圖書館出版品預行編目資料

新譯東萊博議／李振興,簡宗梧注譯.－－二版三刷.
－－臺北市：三民，2022
冊；　公分.－－(古籍今注新譯叢書)

ISBN 978-957-14-4922-7 （上冊:平裝）
ISBN 978-957-14-4923-4 （下冊:平裝）
1. 東萊博議 2. 注釋 3. 春秋史

621.737　　96020613

古籍今注新譯叢書
新譯東萊博議（下）

注譯者	李振興　簡宗梧
發行人	劉振強
出版者	三民書局股份有限公司
地址	臺北市復興北路 386 號（復北門市） 臺北市重慶南路一段 61 號（重南門市）
電話	(02)25006600
網址	三民網路書店 https://www.sanmin.com.tw
出版日期	初版一刷 1991 年 7 月 二版一刷 2009 年 6 月 二版三刷 2022 年 6 月
書籍編號	S030480
ISBN	978-957-14-4923-4

新譯東萊博議　目次

下冊

卷十四

卷十五

卷十六

卷十九

卷二十

卷二十一

卷二十二

卷二十三

卷二十四

卷二十五

卷十四

介之推不言祿

僖公二十四年

【題　解】魯僖公二十四年（西元前六三六年），晉公子重耳入於晉而即位，是為文公。文公賞賜跟隨他逃亡的人，介之推沒有去表功，所以沒有得到祿位。介之推說：「獻公有九個兒子，如今只要國君在世，惠公和懷公沒有人親附他，晉國內外都背棄他，但上天並沒有要滅絕晉國，必定會有君主出來。主持晉國祭祀的人，不是當今國君的話，又還有誰呢？這實在是上天立他為君，而他們卻以為是自己的力量，這不是騙人嗎？偷別人財物的，尚且叫做盜，何況那些貪天之功以為是自己力量的人呢？在下位的人把罪過當做合宜，在上位的人對姦邪的人加以賞賜，上下相欺蒙，這是很難和他們相處的呢！」他的母親說：「你為什麼不也去求賞？被遺忘而死，又能怨誰？」介之推回答說：「明知道他們錯了，而又去仿效，就罪加一等了。何況我口出怨言，就不該去領他的俸祿。」他母親又說：「讓他知道一下，怎麼樣？」介之推說：「言語是用來裝扮自己，我自己將要隱藏起來了，何必裝扮呢？裝扮是在顯露自身啊！」他母親說：「你能這樣的話，我就和你一起隱居。」於是隱居而死。晉侯找不到他，就以緜上作為他的封田，並且說：「用這來記我的過失，並表揚好人。」

呂氏針對《左傳》有關介之推的記載，認為介之推是借理而逞怨，所以跡高而心卑，形清而神濁。

居爭奪奔競之中，而見曠逸高世之舉，囂塵滯慮，一掃而空，心開目明，頓還舊觀。暑風旱雨，不足以喻其快也；渴漿飢炙，不足以喻其美也；沂浴雩游❶，不足以喻其清也。晉文公反國之初，從行諸臣，駢首爭功，子犯之授璧❷，顛頡魏犨之縱爇❸，要切狠戾，有市人之所不忍為者，而介之推獨超然處眾紛之外，孰謂此時而有此人乎？是宜百世之後聞其風者，猶咨嗟歎頌而不能已也。雖然，盜蹠之風不足以誤後世，而伯夷之風反可以誤後世；魯桓之風不足以誤後世，而季札之風反可以誤後世。凡人之情，既惡之則必戒之。其所以陷溺而不知非者，皆移於所慕也，然則介之推之失，其可不別白以警後世乎？

推尤諸臣之貪功，其言未必非也，其言之所自發則非也。使晉文賦之以祿，推以此為辭，祿之言雖不盡中理，猶不失為狷介也。今既不得祿而為此言，則是借正義以泄私怨耳。向若晉文位定之後，首行推之賞，置之狐趙之間，吾不知推之發是言乎？不發是言乎？竊意斯言之未必發也。推之言不在於祿方賦之初，而在於祿不及之後，吾固疑推之不主於理，而主於怨也。怨而忿詈，未足多責，惟不明言其怨，而借理以逞怨者，君子疾之。時不我用，必曰：「此時不可進也。」未嘗肯明言吾怨時之遺我也。始若見用，則必不為此言矣。人不我舉，必曰：「此人不足附也。」未嘗肯明言吾怨人之棄我也。始若見舉，則必不為此言矣。同是時也，用我則為治，不用我則為亂；同是人也，舉我則為賢，不舉我則為愚，何其無特操耶！此君子所甚疾也。

吾固疑推之未免乎借理以逞怨也。推，高士也，未易以凡心窺，利心量也。事固有外似而中實相遠者，安知推之果出於怨也？推，吾所敬也，因其似而加推之罪，非惟不忍，亦不敢也！以怨斷推之罪，非吾之言也，乃推之言也；非推之言也，推母之言也。推自謂：「既出怨言，不食其食。」其母亦曰：「盍亦求之？以死誰懟？」母子之間，真實底蘊舉皆披露，推安所逃情乎？推若果以從亡之臣為不當賞，則狐趙從亡之臣也，己亦從亡之臣也，其不賞均也，文公之賞狐趙固濫而可責也。賞者為濫，則不賞者乃理之常也。是文公失之於狐趙，而得之於我也。君待我以常，我自安其常，怨何為而生？身何為而隱乎？是非無兩立之理，賞者是，則不賞者非；賞者非，則不賞者是。今推既咎文公之濫賞，又咎文公之不賞，此近於人情乎？吾是以知推之言，特借理而逞怨也。

天下固有跡高而心卑，形清而神濁者矣，如推之徒是也。聚爭名者於朝，聚爭利者於市，山之巔，水之涯，忽遇如推者焉，非不蕭然可喜也。怨心內積，則林麓未必非幽縶之網，澗溪未必非忿激之聲也，吾未見此之果勝彼也。

【注　釋】❶沂浴雩游　依《水經注》，沂水北對稷門，一名高門，一名雩門，南邊隔水有雩壇，壇高三丈，在今曲阜縣南。因為孔門弟子子路、曾皙、冉有、公西華侍孔子，各言其志，曾皙說：「暮春者，春服既成，冠者五六人，童子六七人，浴乎沂，風乎舞雩，詠而歸。」為孔子所稱許，所以以此為清爽的典範。❷子犯之授璧　在晉文公渡黃河，得位在望的時候，狐偃以退為進，將早年公子給他的璧玉奉還，說流亡期間常得罪公子，希望此時遁隱，害得文公投璧於河，發誓以後不會辜負他。見《左傳》僖公二十四年。❸顛頡魏犨之縱爇　晉文公得位後第四年，攻曹伐衛。入曹，令人不得入僖負羈之宮，以報送食物及璧玉之恩，但顛頡及魏犨二人以為從亡之功不報，報什麼一飯之恩，所以火燒僖負羈。見《左傳》僖公二十八年。

【語　譯】居處在爭奪競取的環境，看到超然脫俗的行為，那塵俗的喧擾困惑，便一掃而空。心胸為之開朗，眼睛為之一亮，一下子回到清明之境。熱天得涼風，苦旱逢甘霖，都不足以比喻它的愉快；口渴時的瓊漿，飢餓時的烤肉，都不足以比喻它的美妙；在沂水沐浴，在舞雩臺悠游，都不足以比喻它的清爽。晉文公回國即位的時候，當年跟他流亡在外的臣子，並爭功勞，子犯送還璧玉，顛頡和魏犨放縱而燒人，邀功之切，以及其兇狠乖張，連市井小人都做不出來，而介之推超然於眾人紛擾之外，誰知道在這時候會出現這種人呢？也該當在百世之後聽到他風範的人，還會為之嗟歎讚頌不已。雖是如此，但盜跖的作風不足以貽誤後世，而伯夷的風範反而可能貽誤後世；魯桓公的作為不足以貽誤後世，而季札的風範反而可能貽誤後世。大體人之常情，既然鄙惡它，就會以此為戒。人們之所以會沉溺而自己不知道錯了，都是受到所仰慕的對象變移的結果，那麼有關介之推的錯失，又怎麼能夠不辨別清楚以警告於後世呢？

介之推怪罪諸臣的貪功，他說的話未必是不對的，但他說那些話的出發點是不對的。假使晉文公賞給他祿位，介之推說這些話加以推辭，雖不見得完全合於中正之理，但仍不失為潔身自守之道。如今既然在得不到祿位之後，才說這些話，那便是借正義的言辭來發洩個人的怨怒了。假使早先晉文公在定位之後，便向介之推封賞，讓他和狐偃、趙衰居於相當的地位，我們就不知道介之推是會說那些話呢？還是不會說那些話呢？我倒以為那些話是不會說的。介之推的話不說在祿位分封之前，而在他沒有封到祿位之後，所以我懷疑介之推不因理而發，而是因怨而發。有了怨憤而怒責，並不能加以責怪，只是不明白說出他的怨怒，卻借用道理來發洩怨怒的人，是君子所憎惡的。不受重用於當時，一定說：「這時代不能有所作為。」不肯明白地說：「我怨恨這時代遺棄了我。」假使一開始就受重用，就一定不說這些話了。人家沒有推舉我，一定說：「這個人不能依附他。」不肯明白地說：「我怨恨人家遺棄了我。」假使一開始就推舉我，就一定不說這些話了。同是這個時代，重用我就說是治世，不用我就說是亂世；同是這個人，舉用我就說是賢人，不舉用我就說他愚蠢，是多麼沒有獨特的操守啊！所以才為君子所憎惡。

我懷疑介之推不免是借理來發洩怨怒。介之推是高尚的人士，不能隨便用凡夫的心態來看他，用求利之心來衡量他。事情本來就有外表看來相似而實際相差很遠的，怎麼知道介之推一定是出於怨恨之心呢？介之推是我所敬重的，因為相似而加罪給介之推，我不但不忍心，也不敢這麼做！用來判斷介之推出於怨恨而加罪給他，不用我的話，而是介之推的話；不用介之推的話，而由介之推母親的話。介之推自己說：「既然說出了怨言，就不再享用他的俸祿了。」他的母親也說：

「為什麼也不去求個祿位呢？被遺忘而死了，又能怨誰？」母子之間，內心真情完全流露，介之推怎能隱藏真情呢？介之推如果以為隨重耳流亡的不應該賞賜，那麼狐偃和趙衰是跟隨逃亡的臣子，自己也是跟隨逃亡的臣子，不得到賞賜是公正的，文公賞賜了狐偃和趙衰，當然是浮濫而該責備的。賞賜流於浮濫，不賞賜是合於常理的。所以文公對狐偃、趙衰錯了，對我就對了。國君待我以常理，我也安以為常，怨怒之情如何產生呢？我又何必去隱居起來呢？是與非沒有同時共存的道理，賞賜的事對了，那麼不賞賜就錯了；賞賜的事錯了，那麼不賞賜就對了。如今介之推既怪罪文公行賞太浮濫，又怪罪文公沒有行賞，這近於人情嗎？我們由此可以知道介之推的話，只是借理來發洩怨怒罷了！

天下原本就有外表形跡高尚而內心卑劣的，形體潔淨而靈魂汙濁的，像介之推這幫人就是了。在朝廷上聚集著爭名的人，在商場上聚集著爭利的人，在高山之上，在溪流之畔，忽然遇到像介之推那樣的人，無不感到超逸脫俗而可喜。但是如果內心積鬱怨怒，那麼林野山麓未嘗不是羈絆人身幽困心靈的世網，山澗溪流未嘗不都是激憤的聲音，我看不出這種人比爭名利的人高明到哪裏去。

【研析】狐偃授璧請亡，分明是以退為進；介之推不言祿，才是真正的功成身退。《左傳》詳寫介之推怨怒之言，一見狐偃之貪功，二見文公行賞不公，以為往後魏犨和顛頡抗命的伏筆。但呂氏則執此怨言，揣摩介之推借理而逞怨，於是說他跡高而心卑，形清而神濁，寫出與眾不同結論的文章來。他用「以子之矛，攻子之盾」的手法，數說介之推的罪名，雖然是「走偏鋒」，卻也言之成理，難以駁正。

第一段先標榜介之推的特立獨行，又立刻指出其失可能誤後世。一褒一貶，成尖銳對比，讓讀者驚愕不已，對下文產生強烈好奇心。第二段指出介之推責諸臣貪功，未必不對，但出發點不對，說他是借公理以逞私怨，為君子所疾。其中推論一個人以自己是否受進用，以評斷是非是不對的，說得入情入理。第三段說明其所以指出介之推借公理逞私怨的根據，以《左傳》介之推母子對話為中心，說明介之推是出於未受進用的私怨。第四段結論與首段呼應，首先肯定介之推有脫俗之舉，但又因他內心積怨，所以不見得強過聚求名利之徒。

呂氏慣常用誅心之法，對眾所推崇的人與事，作出不同的評價，本篇正是這一類的典型。

鄭伯使盜殺子臧

僖公二十四年

【題　解】鄭國世子華想殺洩氏、孔氏、子人氏三族，意圖勾結齊桓公（見卷十〈齊桓公辭鄭太子華〉題解），後為鄭文公所殺，同胞兄弟子臧逃到宋國。事隔八年，因喜歡收集鷸毛冠的消息，為鄭伯所憎惡，讓人把他騙出來，在陳國和宋國交界的地方，把他殺了。君子說：「衣服不合適是身體的災禍。《詩・曹風・侯人》說：『那個人啊，和他的服飾不相稱。』子臧的服飾就不相稱。《詩・小雅・小明》又說：『給自己留憂患』，也正合子臧。」

《左傳》並沒有詳細說明收集鷸毛冠這麼一件小事，為什麼讓鄭文公動怒，竟把逃亡在外多年的兒子置之死地，呂氏說明鷸毛冠雖是導因，但其種因是子華事件，並藉根苗作譬喻，說明心念的起伏和怨怒的消釋之道。

物之有是根者，遇物必發。一粒之穀，投倉窖，歷歲月，混埃塵，焦槁頹敗，若無復有生意矣，偶得半犂之土，則芃芃覆塊，無信宿❶之淹。根在焉故也。是根苟存，倉窖所不能腐，歲月所不能隔，埃塵所不能淹，使與土相遇，其生意蓋森然而不可禦矣。生藏於一粒之中，無久無近，遇物則必榮。惡藏於一念之中，無久無近，遇物則必發。

鄭世子華以賣國誅，其弟子臧出奔宋，竟坐聚鷸冠而為鄭伯所殺。當見殺之時，去子華之誅殆將十年，而宋鄭之封疆亦不啻數百里也，風聲不相接，利害不相及，鄭伯之視子臧與塗人等耳。鷸冠之侈，第得於道路之傳，其在鄭伯，初無損益，以常情揆之，不過付之一笑耳。聞之非所怒也，怒之非所殺也。今鄭伯一聞鷸冠之侈，陰謀詭計，必置之死地而後止，何其喜怒之不類耶！

蓋鄭伯之怒，本不在冠也，特遇冠而發之耳。鄭伯殺子臧之根，固已萌於朋附子華之時矣，以國君而誅一亡公子，如孤豚腐鼠❷，何所不可，乃淹遲而不發者，非有所待也，時移地移，鄭伯固已忘其怒也。怒則忘，而怒之根不忘。未與物遇之時，固伏匿而不見，及鷸冠之傳，忽動其根，前日之積忿宿憾，一旦如新，非翦滅其身，不足以逞其毒，此所以罪之小而怒之大也。雖鄭伯亦自不能言其所以怒，況他人耶？自他人視之，則冠雞未必不附於孔門❸，貂蟬未必不貴於漢室❹。步搖之冠，飛翮之纓，未必不見奇於武帝❺也。聚鷸為冠，豈有可怒之實耶？鄰人之笛，懷舊者感之❻；斜谷之鈴，愛溺者悲之❼。感在人而不在笛，悲在人而不在鈴。怒在人而不在冠也。以我之不怒，笑彼之怒，則過矣。

嗚呼！鄭伯之怒子臧，本於一念，而子臧朋附子華之邪志，亦根一念間耳。根於一念，遇物而發，雖事在十年之前，身居數百里之外，終不能免，其亦可畏矣哉。十年之久也，數百里之遠也，而忿怒之根終不忘，吾是以知怒之不可藏也；十年之久也，數百里之遠也，而邪慝之根終不忘，吾是以知邪之不可萌也。

嗚呼！去惡者其務去其根也哉？子臧雖欲遷善改過，以去邪慝之根，然鄭伯之怒，已根於胸中，其能保其遇物而不發耶？曰：鄭伯何為而怒也？以子臧而發也。過在子臧，而怒在鄭伯，吾是以知人心固相通而無間也。子臧之過，既可以動鄭伯之怒，則子臧之改，獨不可以動鄭伯之喜乎？想子臧意方回於睢陽之野，而鄭伯之顏已解於溱洧之濱矣。心之相通，胡越無間，況父子間耶？

【注釋】❶信宿　連宿兩夜。原指軍隊住一夜稱為舍，住二夜稱為信，超過兩夜稱為次。❷孤豚腐鼠　本作孤雛腐鼠，比喻微不足道的人或物。見《後漢書・竇憲傳》。❸冠雞未必不附於孔門　子路戴雄雞冠，所以說冠雞可入於孔子之門。見《史記・仲尼弟子列傳》。❹貂蟬未必不貴於漢室　漢代武弁大冠，附蟬為文，貂尾為飾。見《後漢書・輿服志下》。❺步搖之冠三句　依《漢書・江充傳》，江充見武帝時，冠禪纚步搖冠，飛翮之纓，加以容貌壯，所以武帝見而異之。❻鄰人之笛懷舊者感之　晉向秀和嵇康是好友，嵇康長於音樂，後來被殺，向秀經其舊居，聞鄰人吹笛，聲音嘹亮，追想故友，而作〈思舊賦〉。見《晉書・向秀傳》。❼斜谷之鈴愛溺者

悲之 唐玄宗於天寶年間因安史之亂入蜀，初入斜谷，於棧道中聞鈴音與山相應，玄宗悼念楊貴妃，因而採其聲作〈雨霖鈴〉曲以寄恨。見《明皇雜錄補遺》。斜谷是終南山之谷，為川陜要道。

【語譯】事物有其根源的，遇到有關事物，就一定有所發展。一粒米穀，放到倉庫地窖之中，經過相當的時間，蒙了塵埃，枯槁衰敗，好像沒有生意了，但偶然得半塊土壤，便蓬勃長出土外，沒有兩夜的停留。因為有根存在的緣故。只要根還在，倉庫地窖不能腐壞它，時間不能阻隔它，塵埃不能埋沒它，只要與土壤相遇，就生意盎然濃密而無法壓抑了。生命藏在一小粒之中，不論久暫，不論遠近，遇到有利之物就必茁壯。惡藏於一念之中，不論久暫，不論遠近，遇到相關事物就必發展。

鄭國世子華因出賣國家而被殺，他的弟弟子臧逃出到宋國去，後來竟然因為收集鷸毛冠而為鄭伯所殺。當他被殺的時候，離子華被殺都快十年了，而宋國和鄭國的疆土相隔也不止幾百里，聲息不相通，利害也不相牽扯，鄭伯看子臧就如同路人而已。聚集鷸毛冠的奢侈，陸續得自路上的傳言，這在鄭伯來說，原本沒有利也沒有害，以常情來看，不過是付之一笑而已，聽到了並不至於生氣，生氣了也不至於要殺他。現在鄭伯一聽到他收集鷸冠的奢侈行為，便用陰謀詭計，一定要他死才肯罷休，這種喜怒反應是多麼不尋常啊！

鄭伯生氣，原本不在鷸冠的問題，只是遇到這件事而發作罷了。鄭伯殺子臧的根源，早在他和子華親近的時候就產生了，以國君去殺一個逃亡在外的公子，就像殺一隻豬，或死一隻老鼠一樣，無所不可，但拖延而沒有做，並不是為等待什麼，只是時過境遷，鄭伯早已忘去了他的憤怒。

憤怒已淡忘，但憤怒的根苗並沒有忘除。沒有跟其他事情相遇的時候，就隱藏而不見，等到鷸冠的消息傳來，忽然引動了這個根苗，以前所累積的忿怒和舊恨，一下子就像新恨一樣，不消滅他，就不足發洩其怨毒，這正是小罪過竟招致大怒的原因。即使鄭伯自己，也都說不出為什麼憤怒，何況別人呢？別人來看這件事，戴雄雞冠未必不能進孔子之門；貂尾和蟬羽作為冠飾，在漢代很受貴重。行步就搖動的帽子，如蟬翼的帽纓，也讓漢武帝見而異之。所以聚集鷸毛而成帽子，哪裏有什麼好生氣的呢？鄰人吹笛，懷念故友的人為之感傷；斜谷的鈴聲，懷念深愛的人為之悲恨。令他感傷的是人而不是笛，令他悲恨的是人而不是鈴。所以令鄭伯憤怒的是人而不是冠。以我自己所不生氣，笑他怎麼就生氣了，是不對的。

唉！鄭伯對子臧生氣，只在於一念之間，而子臧親附於子華的邪惡之志，也根源於一念之間。根植於一個念頭，遇到某些事物而發作，雖然事情已在十年以前，人已在幾百里以外，還是不能免除，這也太可怕了。十年那麼長久，幾百里那麼遙遠，而忿怒之根始終忘除不掉，我們因此可以知道忿怒是不可能藏起來的；十年那麼長久，幾百里那麼遙遠，而邪惡之根始終忘除不了，我們因此可以知道邪惡是不可以產生的。

唉！除惡的人能除去其根嗎？子臧雖然想改過遷善，以除去邪惡的根苗，但鄭伯的忿怒，已根植在胸中，這能保障它遇到某些事物而不發作嗎？我們的回答是：鄭伯為什麼生氣的？是針對子臧而發怒的。錯在子臧，而發怒卻在鄭伯，我們因此可以知道人心原本相通而沒有間隙的。子臧的過失，既然可以使鄭伯動怒，那麼子臧的改過，難道就不能使鄭伯轉喜嗎？相信子臧回心轉意於宋國睢陽之野，鄭伯已轉怒為喜於鄭國溱洧之濱了。人心相通，北胡南越的人都可以沒有間隙，更何況是父子之間呢？

【研 析】鄭公子臧因與世子華是同母所生，子華被殺，子臧奔宋。事隔八年，只因不知韜光養晦，而好聚鷸冠，為其父鄭文公所誘殺。好聚鷸冠，罪不及誅，文公何以殺之而後快？呂氏以為子華事件，種下忿怒之根。根之未除，遇物必發，鷸冠只是所遇之物。要除去根，則必痛改前非。呂氏即以穀為例，說明根遇物必發的道理為其第一段，作為本文立論的基礎。

第二段指出子臧因小罪而被殺。第三段指出子華事件才是根，在這一段舉出若干以動物為帽飾的典故，說明這些原本不構成罪狀，又舉因笛感懷故友，因鈴悲悼所寵，說明文公所怒不在冠而在人。第四段感慨一念之恨，難以消除，以說明邪之不可萌。最後說明消除對方忿怒之根，首在改過遷善。

本文立論，原本平淡無奇，但以罪鷸冠者，非罪鷸冠，便有奇意，加以借譬喻以增加說服力，借歷史故事以加強印證，還推論「邪之不可萌」，並以人心相通感應以說父子無間，使文章平添不少波瀾。又以貂蟬與鷸冠相映，笛鈴二喻相對，增加了駢文的氣勢與韻味，都是值得注意的。

衛禮至殺邢國子

僖公二十五年

【題 解】魯僖公二十四年（西元前六三六年），衛侯打算去攻打邢國，禮至說：「不去做他們的官，充當內應的話，是滅不了他們的。就讓我們兄弟去邢國做官吧！」於是前往邢國任官，次年衛軍攻邢國，禮氏兩兄弟陪同邢大夫國子在城上巡察，他們兩人左右挾持國子到城外，殺死了他，衛侯便消滅邢國。禮至在銅器上作銘文說：「我挾持殺死國子，當時沒有人敢來阻止。」

　呂氏以為禮至以辱為榮，因左氏記載而遺臭萬年，於是肯定君子之論，卻又感慨後世對禮至那種人，卻讚頌有加，因此感歎世風日下及是非標準的混淆。本文大體從《孟子》所謂「善戰者服上刑」出發，不過孟子是基於仁政的提倡，呂氏則是強調信實品德的揄揚。呂氏更藉此感慨記史的人，寫戰將的戰功，有誤導的作用。

　物莫壽於金石，言於千載之上，而傳於千載之下者，皆託金石以不朽。然金有時而銷，石有時而泐，其所託者，未必真可恃也。一得其託，不銷不泐，視古今如日暮者，果何物？曰：君子之論是也。

　天下不見湯之盤，而能誦日新之銘者，託於《大學》也。天下不見周之量，而能誦文思之銘者，託於《周官》也。是則銘託於湯盤者，反不如託於《大學》之堅；銘託於周量者，反不如託於《周官》之固。君子之論其可恃，豈金石比耶？善託於君子之論固不朽，惡託於君子之論亦不朽。

衛禮至行險僥倖而取其國，恬不知恥，反勒其功於銘，以章示後世。人皆以禮至之惡，因金石而遺臭萬世也，抑不知禮至之惡，雖因金石而傳，不因金石而遠。自今而求禮至之所銘者，鼎耶？鐘耶？敦耶？鉶耶？而已滅已沒，化為飛塵，蕩為太虛，無絲髮之存矣。物不存則銘不存，銘不存則惡不存。然禮至之惡，播在人口，初不隨物而朽，吾是以知禮至之所以遺臭萬世者，非金石也，君子之論也。使幸而不為《左氏》所載，則銘亡而惡亦亡矣，豈至於今日猶為人詆訶而不已耶？見辱於市人，越宿而已忘；見辱於君子，萬世而不泯。君子所以筆誅口伐於華門圭竇❶之間，而老姦巨猾，心喪膽落者，恃此權也！遇伯樂者，駑駘之不幸；遇匠石者，樗櫟❷之不幸；遇左氏者，禮至之不幸。向若禮至之事，偶逃左氏之紀錄，其辱亦必有時而止矣，是舉衛國之嘲哂，不如左氏一字之辱也。

禮至之辱，雖他人為之汗顏泚顙❸，然至曷嘗自以為辱哉？想其顯書深刻之時，未必不願君子之紀錄也！以辱為榮，其無愧而不知恥，蓋不足多責。吾竊怪戰國秦漢以來，用兵者反覆狙詐，大率皆禮至之比，不特其人自矜其功，而作史者亦從而咨美頌歎之，以誇示來世，甚矣！風俗之日薄也。春秋之時，有一禮至，人固已指為異物，特書之以為笑端，孰知後世為禮至者，將千百而未已耶！又孰知後世執筆而記之者，亦禮至之徒耶！甚矣！風俗之日薄也。

抑吾有所深懼焉！讀左氏之書者，夫人而能笑禮至之妄也，戰國秦漢以來為將者，其視禮至相去幾何？然史之所載，閎麗雄偉，可喜可愕，讀史者奪於其辭，而眩於其實，未必不慨然慕之矣！同是事也，讀左氏之書，則隨左氏而輕之；讀後世之史，則隨史官而重之。吾心之真輕重安在耶？今日之游於書，他日之游於世，一也。游眾正之間，則見貪冒者賤之而不為；游眾邪之間，則見貪冒者慕之而欲為。人正亦正，人邪亦邪。正者難見，而邪者易逢，終必為小人之歸而已矣，吁！可畏哉。

【注　釋】❶蓽門圭竇　本作篳門圭窬。語出《禮記・儒行》。篳門是荊竹編的門。圭窬是指鑿壁為戶，上尖下方，像圭的樣子。用來形容貧窮的人所住的陋室。❷樗櫟　樗櫟本是兩種樹木的名稱，而《莊子》分別指不材之木，後來以此為劣材的代稱，或比喻才能低下，也多用作自謙之詞。❸泚顙　額頭出汗。語出《孟子・滕文公上》：「其顙有泚」。

【語　譯】天下萬物沒有比金石壽命更長的，寫下語言文字在千年之前，而留傳於千年之後的，都是依託金石而得以不朽。但是金屬有時也會銷蝕，石碑有時也會裂散，那麼它藉以不朽的，就未必真的可靠了。但有一種一旦得到依託，可不銷蝕不裂散，即使從古到今卻如從早到晚，究竟是什麼呢？答案是：君子之論。

如今天下人沒有見過商湯的沐浴盤，但能誦出「苟日新、日日新、又日新」銘文的，是依託在《大學》的緣故。如今天下人也沒有見過周的量器，但能誦出「時文思索，允臻其極」的銘文，是依託在《周官》的緣故。如此看來，銘文依託在商湯的沐浴盤上，不如依託在《大學》來得堅固永久；銘文依託在周量器上，不如依託在《周官》來得堅固長久。所以君子之論的可以依恃，哪裏是金石之類所能比擬呢？善言善事託於君子之論，固然可以不朽；惡言惡事託於君子之論，也一樣可以不朽。

衛國禮至冒險而求僥倖以滅人家的國，全然不知羞恥，反而刻銘文以記其功，炫耀於後世。世人都以為禮至的惡行，會因刻於金石之上而遺臭萬世，卻不知禮至的惡行雖因金石而流傳，可是並不是因金石而傳於久遠。如今我們去探求禮至所刻的，是鼎呢？是鐘呢？或是盛黍稷的敦呢？還是盛菜羹的鉶呢？都已經消失湮沒，化為塵土飛揚在空中，沒有絲毫的形體存在於世了。器物不在了，銘文也就不在了；銘文不在了，惡名也就不存了。但禮至的惡名傳播於人的口上，並不隨著器物而消失，我們因此可以知道禮至之所以會遺臭萬世，並不是金石的緣故，而是由於君子論述的緣故。假使當初僥倖不為《左傳》所記載，那麼銘文不存，他的惡名也就不存了，怎麼會到今天還為人們所批評而沒完沒了呢？被市街上的人所羞辱，過一夜就忘了，被君子所屈辱，經萬世也不能消除。所以君子在蓬門陋室中用言語文字聲討惡人，讓那些大奸大惡的人為之膽破心驚，就是仗恃著這個權啊！遇到伯樂是劣馬的不幸，遇到良匠是劣材的不幸，遇到左氏是禮至的不幸。以前如果禮至的事，逃過左氏的記載，他的恥辱也就有消散的時候，因此，整個衛國人對他的嘲笑，還是不如左氏用一個字來貶辱他。

禮至的恥辱，雖然別人為他羞愧汗顏，但禮至何曾自以為恥辱呢？遙想當時公開寫出又深刻銘文的時候，未必不願君子來記載它呢！以恥辱為榮譽，不知道慚愧而又不知恥，說來也就不必多加責備了。我們只是奇怪戰國以至秦、漢以來，用兵的人都反覆無常又詭詐多端，大都是禮至這一類的人，他們不但自誇戰功，而寫歷史的人也跟著讚美他們，以誇耀於後世，風俗日漸澆薄實在太嚴重了。春秋時代有一個禮至，人們已指責他是怪物了，特此寫出他來作為笑柄，誰知後代像禮至那種人，還不止千百個呢！誰又知道後代記載歷史的人，也是像禮至那一類的人呢！風俗日漸澆薄實在太嚴重了。

我覺得還有更值得憂懼的呢！讀《左傳》的人會笑禮至的狂妄，但戰國、秦、漢以來，領兵為將帥的人，與禮至差別有多少？但史書所記載的，都宏麗壯盛，可驚可喜，讀史書的人，為其文辭所誤，不明其實情，未必不會慷慨仰慕他們呢！同樣的事，讀左氏的書，就隨著左氏而輕視他們；讀後世的史書，便隨著史官而推崇他們。我們內心推崇或輕視的標準，究竟在哪兒？今天置身於書籍之中，跟以後置身於社會是一樣的。置身於許多正人君子之間，看見貪圖財利的人就會鄙夷他而自己不會做；但置身於許多邪惡小人之間，看見貪圖財利的人就會羨慕他而自己也想去做。周邊的人是正人君子，自己也成為正人君子；周邊的人是邪惡小人，自己也成為邪惡小人。可是正人君子難得一見，而邪惡小人卻隨時可見，那麼終究要成為小人了，唉！這太可怕了。

【研　析】《左傳》記載了禮至的行事及銘文，並沒有加以評論，呂氏以為褒貶自在言外，認定《左氏》貶禮至，再加以發揮而發抒其感慨。

首先以立功載於金石，原是求其不朽，可是金可銷、石可裂，不如君子之言。第二段以湯盤和周量為例，說明銘文於器物，不如託於君子之論。並說明託於君子之論，不論善惡，皆可以不朽，以為評禮至因《左傳》記其惡而遺臭萬年之張本。第三段論禮至之惡，本可因器物已失，而不傳於世，可是《左傳》記之，實為禮至之不幸，於是強調全衛國之嘲笑，不如左氏一字之辱，以呼應君子之論的偉大。第四段由禮至之辱，自不以為辱，慨歎是非之混淆，後世不但由禮至那種人擔任戰將，也由那種人記載史書。第五段則闡述後世史書貽誤世人，非常可怕。

呂氏強調人品之正，而貶兵家之詐，這和《孟子》所謂「善戰者服上刑」相仿。但指責史書記載戰功，貽誤世人，則為驚人之論，卻能說得入情入理，而為奇絕之文。

晉文請隧

啟南陽圍陽樊圍原問原守　並僖公二十五年

【題解】魯僖公二十五年（西元前六三五年），也正是晉文公回國得位的第二年，出兵平定王子帶之亂，迎回出奔於鄭的周襄王。襄王宴享晉文公，恩寵有加。文公請求死後能隧葬，襄王說：「那是王才可用的葬禮，在周王室還沒有被取代的時候，就有兩個王，該是叔父所鄙惡的。」所以沒有答應，但賜了陽樊、溫、原、欑茅之田，晉於是有南陽之地。陽樊不服於晉，晉出兵圍了它。倉葛大聲說：「以德行安撫中國，以刑罰威懾四夷，你們這樣做，難怪我們不服。住在這裏的人，誰不是王的親戚？難道要俘虜他們嗎？」晉侯於是放百姓出城。這年冬天，晉侯包圍原地，發令只帶三天的糧食。到了第三天，原人不降，晉文公就要退兵，但諜報傳來，原快要投降了。軍吏說：「那就請暫且不退兵。」晉文公說：「信，是國家所寶貴的，百姓靠它得到庇護。得到原而失信，用什麼庇護百姓？那是得不償失的。」晉軍退三十里而原降。晉侯向寺人披問鎮守原地的人選，寺人披說：「以前趙衰帶著食物追隨您，在小路沒人看到的地方，餓了也不會去吃的。」所以文公就讓趙衰為原大夫。

呂氏批駁周襄王不許晉文公隧葬而賜予土地的作法，維護禮的形式，而忘了王者有千里之畿的實質，並強調這件事不能與孔子評仲叔於奚受賞相提並論。

言周秦之強弱者，必歸之形勢。其說蓋始於婁敬[1]。敬之言曰：「周公營成周都雒，以為有德易以興，無德易以亡，不欲阻險令後世驕奢以虐民也。及周之衰，天下莫朝，周不能制，非德薄，形勢弱也。秦地被山帶河，四塞以為固，此所謂天府。」論周秦之形勢者，皆宗於敬，吾獨謂敬所見者，特平王之周耳，曷嘗見文武成康之周哉？敬以周之形勢為弱，秦之形勢為強，抑不知敬之所謂秦，乃文武成康之周也。文武成康之世，岐豐乃周之都，如敬之言「被山帶河，四塞以為固」者，蓋皆周之形勢。當是時，安得有所謂秦者耶？

迨至平王東遷，輕捐岐豐之地以封秦，遂成秦之強，是秦非能自強也，得周之形勢而強也。秦得周之形勢，以無道行之，猶足以雄視諸侯，并吞天下，況文武成康本之以盛德，輔之以形勢，其孰能禦之耶？是天下形勢之強者，莫周若也，敬何所見，而遽以弱名周耶？吾故曰：「敬所見者，平王之周，而未見文武成康之周也。」敬論周之形勢既謬，其論周之德益謬。

形勢與德，夫豈二物耶？形勢猶身也，德猶氣也，人未有恃氣之充，而置身於易死之地者；亦未有恃德之盛，而置國於易亡之地者。王者之興，其德必有以先天下，其形勢亦必有以先天下。文武成康之德，天下莫如也；岐豐伊雒之形勢，天下亦莫如也。兩盡其極，而未嘗有所隆殺也。君子無所不用其極者，隆其德而殺其形勢，是有時而不用其極矣，烏得為王者之道耶？陋矣哉！敬之論也。

非特敬為然，雖周之子孫莫不皆然。晉文公既定子帶之難❷，請隧❸以自寵。襄王弗許，曰：「王章也，未有代德，而有二王，亦叔父之所惡也！」與之陽樊、溫、原、欑茅之田。襄王之意，以謂吾周之為周，在德而不在形勢。典章文物之制，子孫當世守之，不可一毫之假人。至於區區土壤，吾何愛而以犯強國之怒耶？抑不知隧固王章也，千里之畿甸亦王章也。襄王惜禮文不以與晉，自謂能守王章，抑不知割地自削，則畿甸之王章既不全矣。惜其一而墮其二，烏在其能守王章耶？形勢猶身也，德猶氣也，披其肩背，斷其手足，自謂能守氣者，吾不信也。嗚呼！周自平王捐岐豐以封秦，既失周之半矣，以破裂不全之周，兢兢自保，猶恐難立，豈容復有所侵削耶？奈何子孫猶不知惜，今日割虎牢畀鄭，明日割酒泉畀虢❹，文武境土，歲朘月耗，至襄王之時，鄰於亡矣。又頓捐數邑於晉，猶棄糧於陳蔡之間❺，揮金於原曾之室，果何以堪乎？周之堙替至此，見之者皆為之憫惻，晉文乃忍於此時多取其地以自肥，亦猶奪糧於陳蔡之間，攫金於原曾之室，其亦不仁甚矣。噫！晉文獨非周之苗裔也？坐視宗國之危蹙，不能附益，反從而漁奪之，是而可忍，孰不可忍？議者反屑屑然論其伐原之信，問守之非，何其捨本而求末也！

晉文之不仁至是，固自不可以人理責，向使為襄王者，知祖宗之地，尺寸不可以與人，以正義大法明告於晉，晉雖強暴，未必敢遽加無道於周也。雖然，仲叔於奚有功於衛，賞之繁纓，夫子以為不如多與之邑❻。隧之與繁纓，不亦大乎？襄王重隧而輕邑，適合夫子之訓。夫子是，則襄王亦是；襄王非，則夫子亦非，必居一於此矣。曰：不類，仲叔於奚內臣也，雖多與之邑，猶衛地也；晉文公外臣也，朝受圖而夕設版矣，是不同。

【注釋】❶婁敬　齊人，漢高祖五年，戍隴西，過洛陽，因虞將軍以衣褐見高祖，論德與形勢，謂秦地為天府，主張建都咸陽。賜姓劉氏，拜為郎中，號為奉春君，使匈奴，以為不可擊，乃被囚。及高祖被匈奴所圍，封為建信侯，又獻策與匈奴和親，並徙列國豪傑居關中以備胡，均為高祖所從。見《史記・劉敬叔孫通列傳》。❷子帶之難　王子帶是周襄王同母弟，通王后隗氏逐王。詳見卷七〈原莊公逆王后於陳〉題解。❸隧　隧葬，挖地道以棺柩入墓穴的葬禮。為王者所用，其他諸侯墓小，棺柩由上而下懸入墓穴。❹割虎牢畀鄭二句　魯莊公二十一年（西元前六七三年）鄭伯與虢公，平王子頹之亂，惠王割虎牢以東給鄭國，以酒泉之地給虢公。❺陳蔡之間　孔子周遊列國，在陳蔡之間，楚派人聘孔子，孔子將往拜禮，陳蔡大夫怕孔子日後不利於他們，於是發徒役圍孔子於野。孔子不得行而絕糧，學生有因而不能起床的，孔子仍弦歌不衰。見《史記・孔子世家》。❻仲叔於奚有功於衛三句　衛國上卿孫良夫率兵伐齊而敗，為仲叔於奚所救。衛侯要賞城邑給仲叔於奚，但他辭謝了，而要求使用諸侯的禮樂，以及繁纓等諸侯的裝飾，衛侯允許了。孔子聽見這件事，以為不如多給他城邑，因為器物和名號是不能隨便給人的，國家的名器用以體現禮制，失去它，便要政亡國亡。見《左傳》成公二年。

【語譯】談論周和秦強弱的人，必然是歸結到形勢。這種說法是婁敬先提出來的。婁敬說：「周公建設成周，定都雒邑，認為有德就容易興盛，無德就容易敗亡，不想利用地形的險要，讓後世子孫驕狂奢侈，以虐待百姓。到周王室衰微之後，天下諸侯都不來朝貢，周王室不能節制他們，並不是德薄，而是形勢微弱。秦國的地方，有高山包圍，有河流環繞，四周都有要塞，形勢鞏固，被稱為天府。」談論周、秦形勢的人，都依循婁敬之說，可是我卻以為婁敬所見的，只是平王時代的周王室，又何嘗看到文王、武王、成王、康王時代的周呢？婁敬以為周的形勢弱，秦的形勢強，卻不曉得婁敬所說的秦，正是文王、武王、成王、康王時代的周。在文王、武王、成王、康王的時代，岐和豐是周的都城，像婁敬說「有高山包圍，有河流環繞，四周都有要塞，形勢鞏固」的，都是周的形勢。在那時候，哪裏有所謂的秦呢？

等到平王東遷，輕易放棄岐和豐的地區而封給秦，才促成秦的強盛，所以這原本不是秦國自己壯盛起來的，是得到周的險要形勢才強大的。秦得周的險要地勢，以暴虐無道推展其政治，還足以雄霸諸侯，併吞天下，何況那文王、武王、成王、康王，以盛德為本，以形勢為輔助條件，還有誰能抗拒他們呢？所以天下形勢最強大的，是沒有可以比得上周的，婁敬到底看到哪一點，竟然以微弱來形容周呢？我因此才說：「婁敬所看到的，是平王時代的周，而沒有看到文王、武王、成王、康王時代的周。」婁敬論周的形勢既然已經錯了，他論周的德就更錯了。

形勢和德，難道是兩種不同的東西嗎？形勢好比人的身體，德好比人的氣，人們不會仗恃著氣的充沛，就把身體安置在容易死去的危險地區；也不會仗恃著德的盛美，就把國家安置在容易敗亡的地帶。聖王的興起，他的德必超越天下，他的形勢也必超越天下。文王、武王、成王、康王的德，是天下人所比不上的；岐、豐、伊、雒的形勢，也是天下所比不上的。兩方面都到達極致，而不曾有所偏重和割捨。君子的要求沒有不要求極致的，如果推崇德業而捨棄形勢，那就成為有的不要求極致了，這怎麼能得到王者之道呢？婁敬的論點實在太鄙陋了！

不但婁敬以為這個樣子，連周王室的子孫也都如此。晉文公在平定王子帶之難後，請求死後能用隧葬以自重。周襄王不答應，他說：「這是王者的典禮，在天下沒有能取周德的時候，同時有二王，這該是叔父您所嫌惡的！」於是給了陽樊、溫、原、欑茅之地。周襄王的意思，以為我周王室之所以有天下，是在於有德而不在於形勢。典章文物這些禮制，後代子孫應代代遵守，不可有一絲一毫借予他人。至於小小的一些土地，我何必愛惜而去觸怒那些強國呢？卻不知道隧葬固然是王者之禮制，王者管轄千里之田也是王者的禮制。襄王重視王者禮儀的形式，不答應晉國要求，自以為能恪守王者的禮制，卻不知道割土地削減了自己，王者千里之田的禮制就破壞了。重視其中的第一項，而輕毀其中的第二項，怎能算是遵守王者的典章呢？形勢好比人的身體，德好比人的氣，一個人劈開他的肩背，斬斷他的手腳，自以為能守住元氣的，我是不相信的。唉！周朝自平王放棄岐、豐封給秦之後，已失去周半個天下了，以殘破不全的周土，戰戰兢兢以求自保，都怕難以立足了，哪裏還容許再被侵犯削減呢？可是子孫仍不知愛惜，今天割虎牢之地給鄭國，明天割酒泉之地給虢國，文王和武王所開拓的疆土，年縮月減，到襄王的時候，已在消亡的邊緣了。又一下子送了幾個城邑給晉國，這等於是孔子在陳蔡斷糧的時候再拋棄糧食；貧窮的原憲和曾參取家裏的錢加以揮霍，怎麼承受得了呢？周王室的衰微沒落到如此地步，看見的人都會憐憫，晉文公竟忍心在那時候，大量取得周王室的土地以擴充自己，這就像當孔子在陳蔡斷糧時，再去搶奪他的糧食，原憲和曾參的家已夠貧困，還去搶奪他的金錢，也未免太殘忍不仁了。唉！晉文公難道不是周王室的後裔嗎？竟然坐視宗主國的危機和窘迫，不能謀求其福祉，反而收漁翁之利而巧取豪奪，像這種事都忍心去做的話，還有什麼不忍心去做的呢？而評議晉文公的人，只是瑣瑣碎碎的，談他伐原時所講的信，以及問誰可以守原的是是非非，是多麼捨本逐末啊！

晉文公不仁到這種地步，固然是已不能以人的常理加以責備了，但假使襄王知道祖宗所傳下的土地，一尺一寸都不可以送給人，以公理正義、大原則法度，明白告訴晉國，晉國雖然強橫暴戾，也未必敢對周王無禮唐突。雖是如此，當年仲叔於奚為衛國立功，賞給他的是諸侯用來裝飾馬匹的繁纓，孔夫子以為不如多給他城邑。隧葬比起繁纓，不是更嚴重嗎？周襄王重視隧葬的禮制而輕視城邑，適合孔夫子的教訓。孔子說得對，周襄王就做得對；周襄王做錯了，那麼孔子也就說錯了，兩者之間必居其一了。我的答案是：這兩件事並不相似。因為仲叔於奚是衛國的內臣，雖然多給他城邑，但它仍然是衛國的土地；晉文公是周王室的外臣，早上接受封賞而領了地圖，下午就版築土牆劃分疆界了，所以是不一樣的。

【研　析】要評周襄王賜晉侯王畿之地的錯誤，原本沒有太多的話可說，本文第四段的部分，就已說盡，但要把它寫成一篇波瀾橫肆的文章，就必須巧加攀引布局，與前人論類似或有關之事，加以比較，就能肆其橫議、揮灑自如了。

呂氏先從婁敬周秦強弱之論說起，然後提出質疑，以為其時空的界定有問題。第二段說明平王東遷，才使周室沒落，形勢微弱。岐豐原本周地，平王東遷後成為秦地，形勢才為秦所得。所以婁敬之論錯了。第三段以形勢和德，比喻身體與氣，不可或缺，再以君子無所不用其極，說明婁敬論周公之心，絕對是錯的。第四段才引入本題，評論周襄王賜畿田的不是，也說晉文公的不是，進而說評論者的不是。第五段說明仲叔於奚是衛國內臣，晉文公是周王室外臣，不可同日而語，所以不能以孔子所評，脫襄王賜地之罪。

本篇前引婁敬周秦形勢之論，後引孔子對叔仲於奚求繁纓之評，增加不少話題。評周襄王賜田，說明王畿千里也是王章，確有獨到的見解，進而評晉文公和後世的評論，頗酣暢淋漓。細讀本文，當可領略文章「如天馬行空，不可羈勒」的要訣。

展喜犒齊師

僖公二十六年　魯如楚乞師　同上　楚伐宋齊　同上

【題　解】魯僖公二十五年（西元前六三五年）十二月，由於衛國的調停，衛、魯、莒三國盟於洮；次年，又盟於向。齊孝公仍以霸主自居，為兩次盟約而伐魯，僖公派展喜去犒勞齊師，並要他向柳下惠請教。當齊侯還沒入魯國國境時，展喜去向他說：「寡君聽說君王親自出動大駕，要來到敝國，所以派遣下臣來犒勞您的左右侍從。」齊侯說：「魯國人害怕嗎？」展喜說：「小人害怕，君子卻不會。」齊侯說：「你們百姓貧乏，室空無物，野無青草，憑什麼可以不怕？」展喜說：「是靠著先王的命令。從前周公、太公輔佐王室，協助成王，成王慰勞他們，賜他們盟約，說：『世世代代的子孫不要互相侵犯！』盟約藏在盟府，由太師掌管。後來齊桓公因此糾合諸侯，協調不和諧，彌補缺失，援救災難，以顯揚舊職。等到國君您即位，諸侯都盼望您循著桓公的功業。

我國也因此不敢聚糧對抗。說：『難道在他即位九年之後，丟棄王命、廢棄職責？那他怎麼面對先君？他一定不會這樣的！』仗恃這一點所以不怕。」齊侯於是就回去了。但魯國卻又派東門襄仲和臧文仲到楚國求兵，引導他們去伐齊、宋，魯僖公更藉楚國的軍隊，取齊國穀地。

呂氏稱許柳下惠能在危急之時仍本君子之道，溫厚誠篤以致兩全而不害，同時批評魯國君臣藉柳下惠之辭以為詐，罪不在柳下惠之辭。立論平正，而文章橫恣自如，頗為可觀。

緩則信，急則詐；安則信，危則詐，習俗之情皆然也。公卿大夫，平居佚豫，侃侃正論，視儀秦代厲❶為何等物。一旦羽檄雷動，邊聲四起，搶攘怵迫，不知所出，有能拾儀秦代厲之遺策，以排難解紛者，則皆欣然，恨聞之晚。彼非遽忘前日之論也，苟以濟一時之難，不暇顧一時之詐也。故無事則為君子，有事則為小人。在國則為君子，在敵則為小人。彼其心以為：誠信者，國家閒暇用之，以厚風俗則可耳。四郊多壘，此何時也；兩陣相向，此何地也，區區之小諒，豈當施於此耶？可以為吾利，雖置敵於害勿恤也；可以為吾福，雖置敵於禍勿恤也。彼孰知君子之道行乎兵革之間，固有兩全而不傷者耶？

聞其語，未必信有其人也；聞其名，未必信有其實也。吾請舉其人，指其實以曉之！齊孝公親帥師伐魯北鄙，魯使展喜犒師❷。其行也，實受辭於柳下惠焉。他人為之辭，必捭闔詭辨，期於誤齊而全魯。吾觀柳下惠之辭，何其溫厚誠篤，守約而施博也！首告之以先王之命，以發其尊周之心；繼告之以周公太公之睦，以發其親魯之心；終告之以桓公之盛，以發其圖霸之心。既為魯慮之，又為齊慮之，初無一語之欺。

想展喜致命之際，齊侯一聞王命之重，必肅然而敬；再聞齊魯之舊，必驩然而和；三聞霸業之盛，必慨然而奮。向來憤毒怨憾之氣，陰銷潛鑠，不知所在，是宜還轅反旆，不待其辭之畢也。柳下惠之辭命，無儀秦代厲之詐，而有儀秦代厲之功。然則排難解紛者，變詐之外，豈無術耶？吾今而後，知存魯、亂吳、破齊、強晉、霸越者，決不出於孔子之徒❸也。

雖然柳下惠之辭命則善，魯所以用其辭命則不善。齊孝公成師以出，既臨魯境。在常情論之，豈有聞一言而遽還者乎？孝公度越常情，樂於從善，不憚三軍之暴露，徒手而還，是有大造於魯也。魯曾不知報齊之施，反以德為怨，與楚連兵而伐齊，是柳下惠之辭命，適為魯款敵之具耳。古語有之，柳下惠見飴，曰：可以養老；盜跖見飴，曰：可以黏牡❹。此言非為盜跖也，為魯也。盜跖得柳下惠之飴而為盜跖，魯得柳下惠之辭而為詐。一物而兩用，一言而兩心，隨人之所見何如耳。飴與辭何罪焉？然則魯之君臣，是一盜跖也！

【注釋】❶儀秦代厲　即張儀、蘇秦、蘇代、蘇厲。蘇代及蘇厲，皆蘇秦的弟弟，四人皆縱橫家。詳見《史記・蘇秦列傳》及《史記・張儀列傳》。❷犒師　以酒食慰勞軍隊。古代作戰，敵人已入侵，仍派人犒勞其軍隊，以謀求化解仇怨，請其退兵。❸孔子之徒　指子貢。詳見《史記・仲尼弟子列傳》，謂「子貢一出，存魯、亂齊、破吳、彊晉而霸越。子貢一使，使勢相破，十年之中，五國各有變。」此乃因田常伐魯，子貢遊說齊、吳、越、晉，於是造成吳敗齊，晉敗吳，越滅吳而霸的事。❹盜跖見飴曰可以黏牡　盜跖為柳下惠之弟，為盜。黏牡，謂塗抹門楗，使之轉動無聲，開啟滑易，不會為人所警覺。此故事見《淮南子・說林》。

【語　譯】局勢緩和就講究誠信，情況緊急就謀求詭詐；安全的時候講究誠信，危險的時刻謀求詭詐，習俗人情都是如此。公卿大夫，平時起居安逸快樂，侃侃而談光明正大的道理，看張儀、蘇秦、蘇代、蘇厲是不入流的人物。但一旦戰報傳來，戰鼓響起，慌亂驚急，毫無辦法可想，這時只要有人能沿用張儀、蘇秦、蘇代、蘇厲所遺留的辦法，可以排解眼前紛亂的，就非常高興，感到聞之恨晚。他們並不是突然忘了前日所說的光明正大之論，只是如果能救一時之急，也就顧不得行一時的詭詐了。所以平安沒事時是君子，緊急有事時成為小人。在自己的國家是君子，在敵人來說就是小人。他們在內心以為：誠信的人當在國家安定沒事的時候任用他們，以敦厚風俗是可以的。可是當四郊建起軍壘，這可是什麼時候了；兩軍對陣相向，這可是什麼處境了，那小小的謀略，怎麼能用在這種情況之下？只要讓我們得利，讓敵人受害也不必憐憫；只要我們得福，讓敵人蒙禍也不必同情。他們怎麼知道君子之道行於戰爭的時刻，仍有兩全而不受傷害的辦法呢？

聽了這些話，未必相信真有這種人；聽了這些名字，也未必相信真有這種事。請讓我舉出這種人，指出這種事實來說明吧！齊孝公親自領兵討伐魯國的北邊，魯國派展喜犒勞齊國的軍隊。這次的出使任務，要說的話是柳下惠所擬定的。其他人安排說辭，一定要分化拉攏、詭詐辯說，希望誤導齊國而保全魯國。但我們看柳下惠的說辭，是多麼溫和厚道而誠信篤實！把握要領而其用廣大！首先告訴他們有關先王之命，以啟發他們尊從周王室的心；接著告訴他們有關周公和姜太公的和睦相待，以啟發他們親愛魯國之情；最後告訴他們有關齊桓公的盛業，以啟發他們圖謀霸業之意。既為魯國圖謀，也為齊國圖謀，並沒有一句欺騙的話。

相信展喜在傳達魯君之命的時候，齊侯一聽到王命的重大，必定肅然而有敬重之心；再聽齊國和魯國的傳統友誼，必定很高興而願和睦相處；三聽齊桓公霸業之盛，必定慷慨奮發。先前怨怒之氣，就消熔於無形，所以會不等對方把話說完，就把兵車掉回頭，讓旗子反方向地回國了。柳下惠的說辭，沒有張儀、蘇秦、蘇代、蘇厲的詭詐，而有張儀、蘇秦、蘇代、蘇厲的效果。那麼，排除危難解決紛爭的人，除了機變巧詐之外，難道就沒有方法了嗎？我們從此而後，知道能夠保存魯國、擾亂吳國、破滅齊國、壯大晉國、成就越國霸業的，決不出於孔子之徒。

雖然柳下惠的說辭是很好的，但魯國利用柳下惠說辭的行徑是不對的。齊孝公召集軍隊出兵，已經接近魯國邊境。就常情來說，哪有聽一番話就突然回去的呢？齊孝公超乎一般常情，樂於從善而行，不怕三軍暴露在外的勞苦，空手而回，是對魯國有重大的恩惠。魯國竟不報答齊國的恩惠，反而將恩德當做怨仇，和楚國聯合出兵而討伐齊國，所以柳下惠的說辭，正成為魯國緩敵的工具。古人說過，柳下惠看見糖膏，說它可以用來養老防飢；盜跖看見糖膏，說它可以塗抹門楗。那些話不是為盜跖說的，是為魯國說的。盜跖得到柳下惠的糖膏而成之為盜跖，魯國得到柳下惠的說辭而來騙人。一件東西兩種用途，一樣的話兩種不同的居心，這就隨著各人所見是什麼而有所不同。糖膏和言辭本身又有什麼罪過呢？那麼魯國的君臣，是另一個盜跖啊！

【研　析】呂氏議論，常本諸《孟子》，孟子稱柳下惠是聖人，聞其風者，薄夫敦、鄙夫寬。所以呂氏稱許柳下惠之辭，溫厚誠篤，守約而施博。呂氏議論，很少是開門見山的，總是曲徑通幽，而後見波濤洶湧。

文章從「安緩的時地，講究誠信；危急的時地，謀求詭詐」說起，以為人情與習俗之常。詭許本是呂氏所極力反對的，對「兵不厭詐」也抨擊不遺其力。但本文為顯示柳下惠之辭的優越性，也不惜以「危急則詐」，視為習俗之情。不過他基本上是反對詭詐的，所以在第一段末了，提出了「君子之道行乎兵革之間，固有兩全而不傷者」，以引起第二段對展禽（柳下惠）之辭的讚歎。第二段稱許其辭的溫厚誠篤，第三段讚美其辭效用之大。其辭的層次分析寫在第二段，揣摩其辭給人的心理感應寫在第三段。第四段又翻出新意，評柳下惠之辭成為魯國緩敵的工具，而舉柳下惠之飴成為盜跖之黏牡，與之相提並論，十分精妙。於是把魯君臣歸之盜跖之流。雖聳人聽聞，其申論卻毫不牽強，這正是本文最精彩之處，例證之妙用，於此可見。

楚滅夔

僖公二十六年

【題　解】夔子不祭祀楚的先祖祝融和鬻熊，楚國派人去責備他。夔子回答說：「我們的先王熊摯有病，鬼神都不肯赦免他，所以自棄到了夔地，因此失去楚國的一切，又為什麼要祭祀呢？」魯僖公二十六年（西元前六三四年）秋天，楚成王派成得臣（子玉）和鬬宜申（子西）領兵滅夔國，夔子成了俘虜。

呂氏認為夔子不祭祀祝融和鬻熊，是合於禮的。夔子只是氣憤遷怒的話，招致禍殃，所以本乎孟子養氣知言之說，大談君子治氣不治言，並探討有關遷怒的種種情事。

以君子之言，借小人之口發之，則天下見其邪而不見其正；以小人之言，借君子之口發之，則天下見其正而不見其邪。是故〈大誥〉之篇，入於王莽之筆，則為姦說❶；陽虎之語，編於孟氏之書，則為格言❷。是非變其言也，氣變則言隨之變也。於此有木焉，柯幹固未嘗改也，春氣至則枯者榮，衰者盛，陳者新，悴者澤。秋氣至則榮者枯，盛者衰，新者陳，澤者悴。氣也者，潛乎柯幹之中，而浮乎柯幹之外者也，惟言亦然。

溫厚之氣加焉，凡勁暴粗厲之言，皆變而為溫厚。忿戾之氣加焉，凡溫醇和易之言，皆變而為忿戾。不動一辭，不移一字，而善惡相去若天淵然。是孰使之然哉？氣也。氣可以奪言，言不可以奪氣。故君子之學，治氣而不治言。

夔子之對楚問正也，其激楚怒而見滅者，以氣之忿而奪言之正也。夔子不祀祝融與鬻熊，禮也，衛祖康叔，不敢祀后稷；魯祖周公，不敢祀公劉，非所以為罪也。此固先儒之所已論也。然夔子言之所守則是，言之所出則非。治言而不治氣，雖有正禮大義，反為忿戾之所敗，不足以解紛，而反以速禍，豈不甚可惜哉？

夔之不當祀祝融、鬻熊，楚固知之，知之而且問者，特假以為發兵之端耳，在常情不得不忿也。忿心既生，言亦隨厲，故其對楚之辭則曰：「我先王熊摯有疾，鬼神弗赦，而自竄於夔，吾是以失楚，又何祀焉？」忿戾之氣，殆如矛戟傷人，至今讀者猶為之變容，況讎敵乎？使夔有君子，亦必以不當祀為對，然其言之所自出則異矣，惟其空國無君子，故蔽於私忿，徒能為不當祀之對，而弗暇思不當祀之由，反追咎失楚，讎鬼神之不祐，何其悖耶！嗚呼！祖可讎，是天可讎也。果如夔子之言，則石厚之子可以廢碏之祀❸，而日磾之孫蓋有不入敬侯之廟❹者矣。夔之始所以不祀者，曷嘗有是意耶？

人情固有自譽而以惡為美者矣，未有自誣而以美為惡者也。夔之祀典，本出於禮，今務快其忿，甘自處於悖逆，而忘其守禮之初心，忿戾之移人可畏哉。忿楚子而上及吾祖，何怒之遷也。怒止於楚，其可自附於不遷怒乎？曰：未也。所謂遷怒者，非待怒室及市，然後謂之遷也；非待怒甲及乙，然後謂之遷也。怒在於彼，遷之於我，是之謂遷。怒在於彼，而遷之於我，是猶奪人之酖而自飲，其不裂腹潰腸者幾希？彼顏子之不遷怒❺，果何以異於人哉？亦不奪酖者之智而已矣！

【注釋】❶大誥之篇三句　〈大誥〉是周武王死後，三監及淮夷叛亂，周公相成王所作。王莽毒殺漢平帝攝政，翟義移檄郡國以討之，王莽禱告於郊廟，仿〈大誥〉作策。見《漢書・王莽傳》。❷陽虎之語三句　《孟子・滕文公上》引陽虎「為富不仁矣，為仁不富矣」的話。陽虎即陽貨，春秋魯人，為季氏家臣，事奉季平子，為孔子所惡，平子死而專魯國之政，後劫定公與叔孫州仇以伐孟氏，敗而取公宮寶玉大弓，出奔於齊，後又至晉。孔子曾因貌似陽虎，受困於匡。❸石厚之子可以廢碏之祀　石厚從州吁而弒衛桓公，其父石碏乃大義滅親而殺石厚，詳見卷一〈衛州吁〉題解。石厚之子若為報殺父之仇，豈不是要廢石碏之祀。❹日磾之孫句　金日磾（西元前一三四—前八六年），漢人，本為匈奴王休屠王太子，武帝時歸漢，賜姓金，初沒入官，後為馬監，遷為侍中，篤實忠誠，為武帝所信愛，其子為帝弄兒，在殿下與宮人戲，為日磾所殺。武帝死，與霍光同受詔輔政，封秺侯，死後封敬侯。詳見《漢書・金日磾傳》。此所謂「廢碏之祀」和「不入敬侯之廟」，都是推論之詞，並非真有其事。❺顏子之不遷怒　顏回是孔子的得意門生，他不遷怒不貳過，為孔子所讚美，認為是別人所難以企及的長處。見《論語・雍也》。

【語　譯】君子的話借小人之口說出來，天下的人只見到邪的一面而不見正的一面；小人的話借君子之口說出來，天下的人只見正的一面而不見邪的一面。所以《書・大誥》的文字章句，寫到王莽的筆下，就成為姦邪之說；陽虎的話，編入《孟子》書中，就成為格言了。這並不是他的話改變了，只是氣變了，話也就跟著變了。在這裏有一棵樹，枝幹不曾改變，春的氣息到了，枯槁的華茂起來了，衰敗的壯盛起來了，陳舊的也新鮮起來了，憔悴的也潤澤起來了。秋的氣息到了，華茂的枯槁了，壯盛的衰敗了，新鮮的陳舊了，潤澤的憔悴了。氣這東西是潛藏在枝幹之中，發露在枝幹之外。言語也是這樣的。

有溫厚之氣加在上面，那些剛勁暴烈、粗疏嚴厲之言，都變得溫厚了。有暴戾之氣加在上面，那些溫柔醇美、祥和平易的話，都變得暴戾了。不改動一詞，不移動一字，其間善惡不同，就如天淵之別。是什麼使它這樣的呢？那就是氣。氣可以改變言語，言語卻改變不了氣。所以君子做學問，在治氣上下功夫，不在治言上下功夫。

夔子回答楚國責問的話是對的，他之所以會激怒楚國而被滅亡，是由於氣憤而改變了語言正確的一面。夔子不祭祀祝融和鬻熊，是合於禮制的，就像衛國只能祭祀到封於衛的康叔，而不敢再追溯而祭祀后稷；魯國只能祭祀到封於魯的周公，而不敢再追溯而祭祀到公劉，並不成為罪過。有關這些，古代的儒家學者都已經談論過了。那麼夔子的話，所秉持的道理是對的，但把話說出來的口氣是不對的。注意言語而不注意口氣，雖然有正禮和大義做依據，卻為憤忿暴戾之氣所敗壞，既不足以解決紛亂，反而會加速禍害的到來，豈不是很可惜嗎？

夔國不應該祭祀祝融和鬻熊，楚國本來就知道的，明明知道而去責問，那只是想借它作為出兵的藉口，在常情上是不能不令人氣憤的。憤怒之心已生，言語也就跟著變得嚴厲，所以回答楚人的話是說：「我先王熊摯有病，鬼神不肯赦免他，而自己逃到夔來，我們因此失去原先在楚應有的一切，又何必祭祀呢？」憤戾之氣，有如矛戟傷人，到現在讀起來都會令人動容，更何況是仇敵呢？假使夔國有君子，也一定以為不祭祀是對的，但話說出來的口氣就不一樣了，只是全國沒有君子，所以才被私忿所蒙蔽，只能為不應當祭祀回答，而不曾想到不應該祭祀的理由，反而歸咎於失去楚國，仇恨鬼神不肯庇祐，是多麼違悖情理啊！唉！祖先都可以視為仇敵，那麼天也可以視為仇敵了。如果像夔子所說的那樣，那麼石厚的兒子也可以不祭祀石碏了，而金日磾的孫子，也有不肯人敬侯之廟去祭祀的了。當初夔國之所以不祭祀祝融和鬻熊，何嘗有這個意思呢？

人的常情，本來就有為了自我標榜，而把不好的說成好的；沒有人為了誣陷自己，把好的說成不好的。夔國的祭祀典章，原本是出自於禮，如今為了逞一時之快以洩忿，甘心把自己處於悖逆之地，而忘了守禮的本心，忿戾之氣改變一個人實在太可怕了。氣憤楚子而向上擴張到自己的祖先，這種遷怒未免太大了。如果憤忿的對象只到楚國為止而不擴及祖先，他可以自我比附，認為不遷怒嗎？答案是不可以的。所謂遷怒，並不是要擴大到室家或市集之人，然後才稱之為遷；也不是要等到怒甲而擴展到乙，然後才稱之為遷。怒在於他，而遷移到我，這就稱為遷了。怒在於他，而遷移到我，就好像是搶別人的毒酒而自己喝了，這樣肚子不破裂、腸子不潰爛的有幾個人呢？那顏回的不遷怒，果真是不同於常人嗎？其實也只是有不搶人毒酒的聰明罷了！

【研　析】《論語・泰伯》曾子說到君子所貴乎道者三，其中有關言語一項，便說：「出辭氣，斯遠鄙倍矣！」《孟子・公孫丑上》也提到孟子說：「我知言，我善養吾浩然之氣。」呂氏本乎此，所以論夔子之言，拈出「氣」來。

為說明言語中「氣」的重要，說「以君子之言借小人之口發之，則天下見其邪而不見其正；以小人之言借君子之口發之，則天下見其正而不見其邪。」這種因人廢言舉言的論調，原本不容易有說服力，卻以王莽用〈大誥〉之言，孟子引陽虎之語作為例證，也就顯示其中有幾分可信。然後再以春氣和秋氣對樹木的影響為例證，以增加說服力，才提到「惟言亦然」，扣緊題意。

第二段論言語之氣，暗用曾子和孟子，說明君子之言，溫厚其氣；君子為學，治氣不治言。第三段論夔子不祀本合乎禮，只是氣暴取禍。第四段論楚國正在找滅夔的藉口，夔子忿而言厲，既不合禮，也非不祀之本意。最後一段從夔子快其忿而甘處悖逆，說明忿戾之可畏，遷怒之為害，再以奪酖自飲譬喻遷怒，說明顏子之不遷怒，並不是很了不起的智慧。文字表面是說顏子沒有多了不起，實際上是批評人們總是忿其氣而不能自制，於是顏子也就難能可貴了。

楚莊王問鼎之輕重，王孫滿以從容委婉之語，使楚卷甲而退，是知夔子暴其氣而取禍，是為不知言者。呂氏本可引此以鞏固其立論基礎，但後段翻出遷怒之論，就難以在本文中暢敘，其間取捨，就待作者自己去斟酌了。

卷十五

宋叛楚即晉

僖公二十六年　楚子將圍宋至文之教也　僖公二十七年　晉侯將伐曹至會諸侯于許　僖公二十八年

【題解】此三事，分別載於《左傳》僖公二十六、二十七、二十八年（西元前六三四—前六三二年）。大意是說：

一、僖公二十六年秋，因宋親善於晉國而叛楚，楚令尹子玉（即成得臣）、司馬子西（即鬭宜申）帥兵攻打宋國，包圍緡地（在今山東省金鄉縣西北）。此為導火線。

二、僖公二十七年冬，楚王和諸侯包圍宋國。宋卿公孫固馬上跑到晉國去告急。於是晉國就著當時情勢，作了以下的分析：先軫（即原軫，晉中軍元帥）以為應該出兵救宋，因為報答宋國的恩惠，救援宋國的患難，取得威望，成就霸業，就都在此一舉了。晉卿狐偃則認為楚剛得曹國，又新婚於衛國，如果攻打曹、衛，楚國必定救援，那麼齊國和宋國就可免於被攻擊了。晉國於是就在被廬大舉閱兵，建立三軍，以郤縠將中軍，郤溱為輔佐，以狐毛將上軍，狐偃為輔佐，使欒枝將下軍，先軫為輔佐，荀林父駕御戰車，魏犨為車右。

三、到了次年（僖公二十八年）春天，晉侯打算攻打曹國，向衛國借路，衛國不答應。只好回軍從南河渡過黃河，侵襲曹國，攻打衛國。正月初九這天，攻佔了衛國的五鹿（在今河北省濮陽縣南），二月，郤縠死，命先軫將中軍，胥臣輔佐下軍。晉侯與齊侯在斂盂（衛地，在今河北省濮陽縣東南）結盟。這時衛侯也想參加盟約，卻被晉侯拒絕了。

晉侯包圍曹國，攻城，於三月八日這天，進入曹國，下令不許進入僖負羈的家中（因文公前過曹時有送盤飧之恩），並且也赦免了他的族人。不料魏犨、顛頡卻不以為然，在一怒之下，竟放火燒了僖負羈的家。魏犨胸部受了傷，晉侯想殺他，但又愛惜他的才能，所以才得以免死，卻殺了顛頡，並通報全軍，立舟之僑為車右。於是執曹伯，分曹國、衛國的田地給宋國。

楚王進駐於申邑，使申叔（即申公叔侯）離開穀地，讓子玉離開宋國，並且警告子玉不可追逐晉軍，哪知子玉卻使伯棼向晉軍請戰，當時楚王雖很生氣，事已至此，只好少給他軍隊和戰車。這時子玉又派宛春（楚大夫）到晉軍中要求恢復衛侯的君位，同時把土地退還曹國，並且願解除對宋國的包圍為交換條件。晉侯聽了先軫的建議，把宛春囚禁在衛國，同時私下允諾恢復曹、衛，曹、衛和楚國絕交。子玉怒，追逐晉軍，晉軍退。軍吏說：「以國君而躲避臣下，這是莫大的恥辱，而且楚軍已經衰疲，為何要退走？」子犯說：「出兵作戰，理直氣就壯，理曲氣就衰，哪裏能以在外的時間長久來估量呢？如果沒有楚國的恩惠，我們沒有今天，退三舍躲避他們，就是報答了。」晉軍退走三舍，楚將士想要停止不追，子玉卻不同意。

夏四月初一，晉侯、宋公、齊國的國歸父、崔夭、秦國的小子憖駐紮在城濮（衛地，在今山東省范縣南），楚軍背靠著險要的丘陵紮營，子玉派遣鬬勃（楚大夫）請戰，晉侯登上有莘的廢城，觀看晉軍軍容，不論年少的和年長的，在操練時，那種敬長教幼的情形，甚為有禮，已經可以用來作戰了。遂即命令砍伐樹木，來增強兵器。初二這天，晉軍在莘北擺好陣勢，向楚師進攻，楚軍大敗。晉軍休息了三天，並加以整頓，所食用的，都是楚軍留下的糧食，到初六日，起程回國。二十七日，到達衡雍（在今河南省原武縣西北），為天子在踐土建造了一座王宮。

五月初十，晉侯將楚國的俘虜獻於周天子。十二日，周天子設享禮以甜酒招待晉侯，並大加賞賜，希望能恭敬地服從天子的命令，以安撫四方諸侯，懲治王朝的邪惡。衛侯聽說楚國被打敗，很害怕，出奔到楚國，又轉往陳國，派遣元咺（衛大夫）奉事叔武（衛成公弟，時使攝政）去接受盟約，在二十六日這天，王子虎（周卿士，即王叔文公）和諸侯在王庭中盟誓，大要是說：「大家全都要輔助王室，不可互相傷害，誰要是違背盟約，神靈就要誅殺他，使他不能享有國家。」君子以為這次盟約是可信的，也認為晉國在這次戰役中，能用德來進攻。

在城濮這次戰役後，晉中軍回師行軍於沼澤地區時，遇到大風，前軍左邊的大旗被風吹走了，祁瞞（晉大夫）犯了軍令，司馬（職主軍法）立即把他殺掉，並且通報諸侯，派茅茷（晉大夫）代替他。軍隊繼續往回走，六月十六日渡過黃河，舟之僑（本虢大夫，後仕晉為大夫）先行回國，士會（晉正卿，范武子）代理車右，秋七月，勝利歸來，唱著凱歌進入晉國，告廟慶功，置酒犒賞，徵召諸侯會盟，並討伐三心二意的國家。殺舟之僑以通報全國，人民因此大為順服。君子認為晉文公能嚴明刑法，殺三罪人（顛頡、祁瞞、舟之僑）而人民順服。《詩・大雅・民勞》說：「加惠於中原各國，安定了四方的諸侯。」所說就是指沒有失去公正的賞賜和刑罰。

這年的冬天，魯僖公、晉侯、齊侯、宋公、蔡侯、鄭伯、陳子、莒子、邾子、秦人在溫地會面，為的是大家商討出兵攻打不順服的國家。這次溫地的會盟，晉侯召請周王前來，自己率領著諸侯朝見，並且讓周王狩獵。孔子說：「以臣下的地位，召請君王，這是不可以作為法式的。」所以《春秋》記載這件事情說：「天王狩於河陽。」

十一月十二日，諸侯包圍許國。晉侯有病，事奉曹伯的侯獳賄賂筮史，讓他在晉侯面前解說不應該滅了曹國。筮史向晉侯報告說：「齊桓公主持會盟而封異姓之國，今君王主持會盟而滅同姓之國。曹國的叔振鐸，是文王的兒子，先君唐叔，是武王的兒子，而且會合諸侯，而滅兄弟之國，是不合禮儀的，曹與衛，一起得到您的私許復國，但卻不能同時實現，這是不守信用，罪同而罰異，是不合於刑律的。禮是用來行義的，信是用來守禮的，刑是用來正邪的，捨棄這三項而不遵守，君王打算將怎麼辦？」晉侯聽了這番話，很高興，恢復了曹伯的君位，於是曹伯也就跟著參加了諸侯在許國的會盟。

呂氏據此，引孔子的話，用一譎字為晉文公定讞，並就左氏所載，列舉其使用權謀詐術的事實，證明文公的霸業，無一不由譎詐而得。

戶有樞，言亦有樞；射有的，言亦有的；屠有會❶，言亦有會。一得其樞，萬戶皆開；一破其的，萬矢皆廢；一中其會，萬理皆解。千世之所不能決，百家之所不能定，群說之所不能該，聖人折之以一字，而包羅交結，舉無所遺，是果何術耶？蓋所運者樞，所貫者的，所據者會也！

晉文公之霸諸侯，其謀畫，其政刑，其征伐，其盟會，使後世學者定其是非，必條陳縷數之曰：此臧也，彼否也，此優也，彼劣也，此工也，彼拙也，雖累牘聯簡，猶未能盡其是非。而吾夫子斷之一字曰譎而已❷。味譎之一字，而觀晉文之平生，千源萬派，滔滔汩汩，皆赴於一字之內，動容周旋，橫斜曲直，無往非譎。

如拔其尤者論之，楚與宋皆有德於文公❸者也，兼受二國之施，則當兼報二國之德，豈當有所偏助哉？文公之心，則以宋弱國也，因前日之德而親我者也；楚強國也，挾前日之德而陵我者也。今楚伐宋，為吾計者，固當助宋以厚其親我之心，挫楚以奪其陵我之氣。不寧惟是，吾方圖霸業，坐視楚橫行而不敢較，則霸權在楚不在晉矣。然遽加兵於楚，則天下必以我為背惠食言，其誰與我？於是不攻楚而攻楚之所必救。伐曹伐衛，皆楚親暱，外無背楚之名，而內有怨楚之實，使兵端發於楚，而不發於我，待楚之先動，而後徐起而應之，則雖破楚而無背惠之名，其為謀可謂譎矣。

此猶非其譎之尤者也，文公名雖救宋，而意實在於勝楚。時天下之強國，惟晉與楚，必先摧楚之鋒，然後晉可以專霸於天下，楚子固倦於兵，其很戾而好戰者，獨子玉耳。倘不深激楚之怒，則楚將知難而退，晉楚之雌雄不決矣。於是因執曹伯，分曹衛之田賜宋，所以深激楚之怒，而趣之戰也。苟文公意止於救宋，則當宛春[4]之使，必欣然而從矣，何者？始伐曹衛，本所以救宋也，今楚果以愛曹衛之故，將釋宋圍，是適投吾欲也，我復曹衛，彼釋宋圍，兩得其欲，何為不許之乎？文公非惟不許，乃執宛春以辱之，又私許復曹衛以挑之，惟恐激而不怒，怒而不戰，是其心果在於勝楚，而不在於救宋也！人知文公救宋而止耳，孰知其譎之尤，一至於此乎！

至於退舍之事，則其譎又深矣。楚本無與晉競之心，文公多方以怒之，迫而使戰，雖子玉不勝一朝之忿，然上則楚子，下則士卒，皆不欲也。自常情論之，雖車馳卒奔，猶懼失楚師，況退舍避之，使子玉得假以為班師之名乎？蓋文公固已料子玉於度內，明知子玉內懷蔿賈❺之謗，急於立功以刷其恥，見吾之退避，必謂幸遇脆敵。功業易取，無若此時，雖吾退十舍，猶將來追，況三舍乎？文公之所以肯退者，先有以必楚之不退也，心欲戰而形若不欲戰，用以報德，用以驕敵，用以感諸侯之心，用以作三軍之憤，一世為其所眩惑而不自知，雖明智如左氏者，猶信其「我退楚還，我將何求」之語，載之於書信矣。文公之善譎也。

文公之譎，夫豈一端而已哉！三日而去原❻，若欲自附於王者之師，然毀邱墓以脅曹❼，果王者之師耶？利小則用信，利大則用暴，吾是以知文公之譎也。三罪而民服，若欲自附於王者之刑矣，然舍魏犨而屈法，果王者之刑耶？疏者則用法，愛者則用私，吾是以知文公之譎也。統而論之，大則如託狩以召王，小則如曳柴⑧以誤敵，殆未易偏舉，要皆不能出夫子一字之外，聖人之言可畏也！

嗚呼！文公之譎，所就者區區之霸業耳，其師一動，而子叢死於魯⑨，子玉死於楚⑩，叔武⑪、歂犬⑫、士榮⑬、元咺⑭、子適、子儀⑮死於衛鄉，若晉師不出，則是皆無罪之人也。至於若偏若裨⑯，若輿若臺⑰，膏潤原野，名不登於簡冊者，抑不知其百耶千耶萬耶？忍哉！文公之不仁也。雖然文公始欲譎人，而終不免為人所譎。曹伯之當執當復，衛侯之當殺當釋，出於文公可也，顧乃為巫所譎而還曹伯，為醫所譎而生衛侯⑱。至於反衛侯於國，則為魯所餌，而使恩歸於魯。魯，諸侯也，受其譎猶不足深愧，孰謂巫醫下流，其譎又有在文公之上者耶？吾所以深為文公愧，而益知譎之果不足恃也！

【注　釋】❶厝有會　謂厝夫宰殺牲畜，能神會其關節、筋脈組織結構之理。此似暗用《莊子・養生主》庖丁解牛故事。❷夫子斷之一字曰譎而已　《論語・憲問》：「子曰：晉文公譎而不正。」譎，權謀詐術。此謂孔子用一譎字為晉文公定讞。❸楚與宋皆有德於文公　晉文公自僖公五年出奔，歷翟（一作狄）過衛、及齊、及曹、及宋，宋襄公贈馬二十乘。及鄭、及楚，楚子設宴招待，並向文公要求所以為報之禮。文公應之以「晉楚治兵，遇于中原，其辟君三舍」為報。所謂德，即指此而言。見《左傳》僖公二十三年。❹宛春　楚大夫。為晉所執，囚於衛。❺蔿賈　楚司馬，字伯嬴，孫叔敖之父。對於子文將令尹之職讓於子玉，深不以為然，並以子玉剛而無禮，不可以治民。預測其率兵出戰必敗。文中所言「蔿賈之謗」，蓋指此事。見《左傳》僖公二十七年。❻三日而去原　此謂晉文公攻打原國，令攜三日糧，不下，即行離去，以示守信。原，周畿內國，伯爵，滅於狄，地後入晉，在今河南省濟源縣西北。見《左傳》僖公二十五年。❼毀邱墓以脅曹　此謂晉文公攻曹不下，以移師宿營曹人族葬之墓地相要脅，曹人恐懼，晉乃得以攻破曹城。見《左傳》僖公二十八年。❽曳柴　此晉軍詐敵之計。將樹枝繫於車後急馳，使塵土飛揚，假裝逃遁，引誘敵人追擊。見《左傳》僖公二十八年。❾子叢死於魯　魯大夫公子買（字子叢），為楚戍衛，楚人救衛不克，僖公懼於晉，於是殺子叢來討晉侯的歡心。見《左傳》僖公二十八年。❿子玉死於楚　楚令尹子玉（即成得臣），因城濮之役戰敗，自殺於楚國的連轂。見《左傳》僖公二十八年。⓫叔武　衛成公弟。為成公所殺。⓬歂犬　衛大夫。為成公所殺。⓭士榮　衛大夫。為成公所殺。⓮元咺　衛大夫。為成公所殺。⓯子適子儀　子適即衛公子瑕。子儀，瑕母弟。為成公所殺。（以上⓫～⓭見《左傳》僖公二十八年。⓮⓯見《左傳》僖公三十年。）⓰若偏若裨　即偏裨。本指將帥的輔佐。亦即偏將。這裏當為僚屬士卒的通稱。⓱若輿若臺　即輿臺。本指奴僕、賤役。這裏當為打雜、服勤的人。⓲為醫所譎而生衛侯　晉在僖公二十八年執衛侯歸於京師，到僖公三十年，晉侯使醫衍，以鴆酒毒殺衛侯，衛大夫甯俞（即甯武子）賄賂醫衍，請他減輕毒酒的成分，衛侯方得以不死。魯僖公為衛侯請命，並納玉於周王及晉侯，皆十瑴，周王應允，秋，乃釋衛侯。衛侯的所以被釋，全在魯僖公的請命，故衛侯感恩於魯。見《左傳》

僖公三十年及《國語・魯語上》。

【語　譯】門戶有樞機，言語也有樞機；射箭有標的，言語也有標的；屠宰要會其理，言語也要會其理。一旦能得其樞機，千門萬戶，皆可啟開；一旦破其標的，所有的箭鏃皆可廢棄；一旦中其理會，所有的道理，皆可明白。長久以來所不能解決，眾人所不能釐定，各種言論所不能包括，聖人用一個字折中，竟能全部包羅，一點遺漏也沒有，這究竟是用的什麼方術呢？實在說來，也只不過是所運轉的是戶樞，所貫穿的是標的，所依據的是能體會其理啊！

晉文公的稱霸諸侯，有關他的謀劃、政刑、征伐、盟會等措施，假如讓後代的學者來定其是非的話，一定會分條詳述的說：這件事做得好，那件事做得不好，這個優，那個劣，這個巧，那個拙，就是寫得再多，仍然無法將是非寫完。可是我夫子僅用一譎字，就給晉文公定讞了。我們品味譎字含義之餘，以此來看晉文公的一生作為，他的所有舉措言行，哪怕是千源之多，滔滔之盛，汩汩之微，乃至大大小小，無不可歸納在一譎字中，就是他的動作表情、進退應對，強橫偏斜、歪曲正直，也無往不是譎詐的表現。

假如要拔取最顯著的行事來評論，像楚、宋兩國，都是對晉文公有恩德的，他既然同樣接受了兩國恩惠，就應當同樣的報答二國的恩德，哪裏可以有所偏呢？在文公的心中，則以為宋是弱國，因先前對我有恩，所以才親近我；楚是強國，仗恃先前對我有恩，所以才欺凌我。而今楚國攻打宋國，為我晉國作打算，本當幫助宋國，來厚答親我晉的心意，挫折楚國，來打擊他恃恩欺凌我晉的氣燄。不僅是為此，當晉國正在圖謀霸業之際，只是在一旁觀看楚國的橫行而不敢干涉，這樣霸權就掌握在楚國的手中，而不在晉國了。可是如果驟然對楚國用兵，那麼天下諸侯，一定認為晉國背棄恩德說話不算數，還有誰會來助我？所以就不直接的攻打楚國，而攻打楚國所一定救援的國家。攻曹伐衛，因這二國都是楚國親近友善而必救的國家，這樣一來，表面上既無背棄楚惠的惡名，而內中卻有激怒楚國的實情，使戰爭發端於楚國，而不發端於晉，待楚國先發動，然後再逐步的起來應戰，就是雖然打敗了楚國，也沒有背棄恩惠的惡名，他的這種謀略，可說是詭譎奸詐了。

這還不算是最詭譎奸詐的呢，像晉文公在表面上看雖然是救宋，而他的本意實在於勝楚。當時天下的強國，只有晉和楚，一定先要摧毀楚國的鋒芒，然後晉國才可以獨霸於天下，楚王本來就厭於戰爭，其兇狠暴戾而好戰的，獨子玉罷了。假如不深深地激怒楚國，那麼楚將知難而退，晉和楚的強弱也就不能決定了。於是就著捉拿曹伯，分割曹衛的田地賞賜宋國這件事，來深深地激怒楚國，而催促他戰爭。假如晉文公的本意僅止於救宋，那麼當宛春出使到晉國表示願釋宋圍的時候，就必定會欣然答應了，為什麼呢？因當初的攻伐曹衛，本來就是為了解救宋國，現在楚國果然以友愛曹衛的緣故，將解除對宋國的圍困，這正投合了晉國的欲望，晉恢復曹衛的舊封，楚解除對宋國的包圍，兩方面都得到了各自想得到的，為什麼不答應呢？晉文公不僅不允許，更進一步的囚執宛春來羞辱他，又私下答應恢復曹衛的舊封來挑起對楚國的戰爭，就晉文公來說，是惟恐激不怒楚王，即使激怒了，又恐怕他不開戰，由此可以證明，他的用心果真是在戰勝楚國，而不在於解救宋圍啊！一般人僅止於知道晉文公出兵救宋，誰又能知道他的詭譎欺詐，一至於此呢！

至於說到退避三舍的事情，那麼他的譎詐就又深一層了。楚國本來就沒有和晉國互爭雄長的心意，晉文公從多方面來激怒他，逼迫楚國開戰，雖然子玉不能清除一時忿怒，可是上自楚王，下至士卒，都不想戰爭。從常情來衡量，就是楚國的車卒馳奔而走，尚且恐怕失去打敗楚軍的機會，更何況是退避三舍，使子玉能借以作為班師而回的名義呢？這是因為晉文公本已料到子玉的作為，在自己所揣度的範圍之內，明知子玉心中懷恨蔿賈的譏謗，急於立功來洗雪他的恥辱，看到晉軍的退避，一定認為是很幸運地遇到脆弱的敵人，功業的易於取得，再也沒有這種好時機，就是晉軍退避十舍，仍然要來追擊，何況是三舍呢？晉文公的所以願意退避，就是事先料到楚軍一定不會撤兵，心中想戰爭，而表面上卻擺出不欲戰的架勢，用來回報楚國的恩德，用來使敵軍驕傲，用來感動諸侯的心志，用來激起三軍的憤慨，舉世所有的人都被他所迷亂而不自知，就是明智像左丘明這樣的人，尚且相信他所說「我退楚還，我將何求」的話，並且載在《左氏傳》中。晉文公的善於詭譎欺詐，是一點也不假了。

晉文公的譎詐，哪裏只限於一端呢！如圍原三日不下撤兵而回，這在表面上看，像是王者之師的行為，然而當他攻打曹國，圍城不下，竟以摧毀曹國祖先的墳墓相脅迫，這也能算是王者之師嗎？利益小就守信用，利益大就用暴力，因此我知道晉文公是譎詐的。顛頡、祁瞞、舟之僑三人犯罪，而予以斷然處斬，因此而使人民信服，這在表面上看，像是王者的行刑了，可是卻寬宥魏犨而使刑法枉屈，這也能算是王者的行刑嗎？對疏遠的人就用刑法，對所偏愛的人就用私心，因此我知道晉文公是譎詐的。總括起來說，就大處講，像假託狩獵以召請周王，往小處說，像在車後拖著樹枝揚塵來詐欺敵人，實在無法一一的盡舉，大抵說來，都不能超出孔子一譎字之外，聖人的言論，是多麼地令人敬服啊！

唉！晉文公的善用譎詐，所成就的，也只不過是區區的霸業而已，他的軍隊一出動，大夫子叢，就被魯君所殺，令尹子玉，因兵敗自殺於楚的連穀，其他如叔武、歂犬、士榮、元咺、子適、子儀，均死於衛君之手，先前假如晉軍不出動，那麼這些都是無罪的人。至於像那些僚屬士卒、服勤打雜的人，橫屍原野，連姓名都不曾登載下來的，又不知有幾百千萬呢？殘忍啊！晉文公的不仁道！雖然晉文公起初想著欺詐人，可是最後終不免被人所欺詐。如曹伯的應當拘執或是應當恢復舊封，衛侯的當殺或是當釋，要是出自文公的本意那當然沒話可說，可是我們看看事實，竟被巫祝所欺騙，而恢復了曹伯的舊封，被醫生所欺騙，而釋放了衛侯。至於使衛侯返國，則是為魯僖公納玉與晉文公所致，結果衛侯反而感恩於魯國。魯僖公，為當時的諸侯，受了他的欺騙，尚不足以深愧，誰能料到，以下流的巫醫，他們的譎詐，又有的竟在晉文公以上呢？我所以替文公深深地感到慚愧，是因此更能知道詭譎欺詐，實在是不足以仗恃啊！

【研　析】評論一個人的好壞善惡，其具體可以見到的，當然是他的所作所為，如單就某一件行事論斷，在表面上看是好事，是善行，如就整體評估，那恐怕就要從動機、用心著眼了。孔子所以評論晉文公「譎而不正」，就是如此。本文作者，復就左氏所載，一一舉其行事，指出晉文公的所作所為，無一非為其霸業著想，也無不為其霸業作準備工作。如「出定襄王，入務利民」以教義，「伐原以示信」，「大蒐以示禮」，「作執秩以正其官」（俱見僖公二十七年傳），凡此，在表面上看，都是好事、善行，應該有的舉措。然而如就「城濮之役」一戰而霸，繼之會諸侯於溫地而「召王且使王狩」看來，那也就難怪孔老夫子要說「以臣召君，不可以為訓」了（俱見僖公二十八年傳）。呂氏有見於此，故為文以舉其用心之非。

文分七段，作者首先指出，聖人所以能一言而賅眾理，因能透視其關鍵，運掌其樞紐。其次則進一步的評論晉文公霸諸侯，雖是非、優劣、工拙互見，千源萬派，要之亦只不過一個「譎」字即可概括。第三段論晉文公對宋、楚之譎。第四段言晉文公深謀用譎之心。第五段評晉侯退舍用譎之意：報德、驕傲、惑諸侯。第六段言文公之譎非一，更舉事例以實其說。最後言文公一生用譎，所成者僅區區之霸業，然亦終不免為人所譎，以明譎不可恃之理。

就行文說，作者先從後人對晉文公的評述講起，不外乎「臧否優劣」之言，「此工彼拙」之見，雖「累牘聯簡」，猶不能盡其是非，鮮有若孔子用一譎字而概括其終生行事者。這樣的行文方式，一方面不露痕跡地烘托出孔子的偉大，同時也借此一烘托，而凸顯了論述的中心議題，由此更可顯露作者的構思、觀察，不僅深刻，而且明確。主旨既立，接下來就更能展現其走筆的縱橫和運思的自如了。如統言晉文公的謀略，分述晉文公的作為、行事，巨細不遺之筆，寫來自然順暢，就層次推理說，結構尤其謹嚴。最後指出用「譎」者，終難逃為人所「譎」的命運，這種以「積漸」之實，說明因果報應之理的見解，可以永遠的啟發著後人，更為後人指出了一條永遠應該遵循的大道。

晉文公夢與楚子❶搏

僖公二十八年　楚子玉夢河神求瓊弁玉纓　同上

燕姞夢天與己蘭 宣公三年　魏顆夢結草之老人 宣公十五年　韓厥夢子輿 成公二年　趙嬰夢天使 成公五年　晉侯夢大厲 成公十年　夢疾為二豎子 同上　小臣夢負公登天 同上　呂錡夢射月 成公十六年　聲伯夢瓊瑰 成公十七年　中行獻子夢與厲公訟 襄公十八年　叔孫穆子❷夢天壓己 昭公四年　魯昭❸夢襄公祖❹ 昭公七年　晉侯夢黃熊 同上　孔成子夢康叔 同上　泉邱人有女夢以其帷幕孟氏之廟 昭公十一年　趙宣子夢文公授之陸渾 昭公十七年　宋元公夢太子欒即位 昭公二十五年　曹人夢眾君子立於社宮❺ 哀公七年　衛侯夢渾良夫 哀公十七年　宋得❻夢己為烏 哀公二十六年

【題　解】在《左傳》中，有關「夢」的記載，總計不下二十則，茲僅就與本文有關的數則，簡介如次：

一、晉文公夢與楚子搏：這個夢是晉、楚城濮之役以前發生的，當時可能晉侯心中有所畏懼，故有是夢。大意是說：晉侯（文公）夢中與楚子格鬥，楚子伏在晉侯的身上咀嚼他的腦髓，所以心中害怕。子犯（即狐偃）卻以為是吉利的，因晉能得天（仰臥向上），楚伏其罪，柔能克剛，故吉。一戰而敗楚師。

二、叔孫穆子夢天壓己：叔孫穆子，即魯卿叔孫豹，叔孫僑如之弟。這個夢的情景是說：魯穆子離開叔孫氏要到齊國去，走到庚宗（魯地，在今山東泗水縣東），遇一婦人，私自以食物招待他，因與此婦人私通。到齊國後，娶了國氏，生孟丙、仲壬。一日夜裏夢見天塌下來壓到自己，一時又無法頂得住，回頭看到一人，黑皮膚，肩頸向前彎曲，雙眼深陷，口像豬嘴，穆子呼叫說：「牛！快來幫我！」這才把天撐起來。天亮以後，把所有隨行的人都招了來，但無一人像夢中所見的人。不久寅伯（穆子兄）也跑到齊國來，告訴穆子說：「魯國因了我先人的緣故，將使叔孫氏的人為卿，屆時一定召你回去，你將如何打算？」穆子回答說：「這是我很久的心願了。」

後來魯人召穆子，立為卿以後，先前在庚宗地方與之私通的那個婦人，獻上一隻野雞，穆子問她兒子的情形。回答說：「我的兒子已經長大，能夠拿著野雞跟隨著我了。」把他叫來一看，就是夢中所見的那個人。沒有問他的名字，就直呼為牛，他也就隨口答說是。於是穆子把所有的徒眾都招了來，讓他們看一看，遂使他為小臣。

三、魯昭夢襄公祖：大意是說：楚子建造了一座章華之臺，希望在舉行落成典禮的時候，諸侯都能前來參加、祝賀，太宰薳啟疆到魯國召請昭公。昭公打算前往，夢見襄公為他的出行祭祀路神。大夫梓慎說：「君王是無法成行的。因從前襄公要到楚國去的時候，就是夢見周公為他祭路神然後才出發的，而今襄公卻在祭祀路神，君王還是不去的好。」大夫子服惠伯說：「可以去！先君從未去過楚國，所以周公祭祀路神來引導他，襄公已去過楚國了，所以才祭祀路神來引導君主，不去楚國，又去哪裏呢？」三月，昭公去了楚國。

四、曹人夢眾君子立於社宮：大意是說：起初，曹國有人夢見一群君子站在國社圍牆的外面，謀劃滅亡曹國。這時曹叔振鐸卻要求等一下公孫彊，大夥答應了。天亮以後到處找尋這個人，找遍曹國，卻尋覓不到。於是就告誡他的兒子說：「我死後，你聽說公孫彊當政，一定要離開曹國。」等到曹伯陽即位，喜好畋獵射鳥，曹國邊境上的公孫彊也喜好射鳥，射到一隻白雁，獻給了曹伯陽，並且趁機說了一些有關射鳥的技巧，曹伯非常喜歡。因此就向他詢問治國的大事，曹伯聽了，尤其喜歡，因之寵信有加，讓他做司城執政。這時做夢人的兒子，就離開了曹國。

公孫彊向曹伯陳述稱霸的道理，曹伯聽從了，一時之間，曹國竟然背棄了晉國，又進而侵犯宋國，而宋人也就毫不示弱的興兵攻打曹國。

五、宋得夢己為烏：大意是說：宋得（宋昭公）夢見啟（得之弟）頭向北睡在盧門（宋東門）的外面，自己則變為烏鴉竟棲息在他的身上，嘴卻放置在南門上，尾放在北門上。醒後說：「我的夢很美好，一定會立為國君。」後來大尹（有寵的近身官員）就事奉著啟，逃亡到楚國。於是立得為國君。

形神相接而夢者，世歸之想，形神不接而夢者，世歸之因。因之說曰：因羊而念馬，因馬而念車，因車而念蓋。固有牧羊而夢鼓吹曲蓋者矣。是雖非今日之想，實因於前日之想也。故因與想一說也。信如是說，無想則無因，無因則無夢，舉天下之夢，不出於想而已矣！

嗚呼！萬物皆備於我，萬理皆備於心，豈以想而有，豈以不想而無哉！耳之所聞者有限也，然天下之聲皆具於吾耳之中，非可以聞不聞限也；目之所見者有限也，然天下之色皆具於吾目之中，非可以見不見限也；心之所想者有限也，然天下之理皆具於吾心之中，非可以想不想限也。上天下澤，內華外夷，往古來今，其鉅其細，其晦其明，皆與吾心同流而無間。或感於志氣，或動於四體，或發於夢寐，層見錯出，軸運機旋，豈待想而後有因，待因而後有夢耶？

苟必謂因想而後有夢，則是未想之前，胸中本無是物，因想而後有是物也；未想之前，胸中本無是理，因想而後有是理也。抑不知心猶地，而「想」特其一塵耳，心猶海，而「想」特其一漚耳。以「想」為心，何異指塵為地，指漚為海乎？是其為論，淺狹潰亂，猶未離乎夢中語，反欲證他人之夢，甚矣其惑也！

歷舉《左氏》所載之夢，自晉文公至於宋得，無慮數十，名之以「想」

可也，名之以「因」亦可也，至於叔孫穆子夢童牛之貌❼於牛未至之前，曹人夢公孫強❽之名於強未生之前，是果出於「想」乎？果出於「因」乎？雖起樂廣❾於九原，吾知其未必能判是義也。以有窮之說，而欲盡無窮之理，以有外之見，而欲測無外之心，難矣哉！

嗚呼！理本無窮，而人自窮之，心本無外，而人自外之，故左氏之所謂，夢出於所因所想之外蓋無幾，其餘未有不局於區區念慮之間者也。持樂廣之論以揆之，固已十中其八九矣，然醫不至於神，治常疾則精，治非常之疾則疏；論不至於極，談常夢則合，談非常之夢則敗。魯襄公之夢周公❿，固子服惠伯⓫之所能辨也，如使論孔子之夢周公⓬，吾不知其何辭以對！

【注釋】❶楚子　即楚成王，本名頵，更名惲，楚文王與息嬀之子，在位四十六年，為商臣所弒。❷叔孫穆子　即叔孫豹。亦即叔孫穆叔，魯卿。為叔孫僑如之弟。叔孫僑如，即叔孫宣伯。❸魯昭　即魯昭公，名稠，襄公子，在位三十二年。❹襄公祖　魯襄公，名午，成公子，在位三十一年。祖，祭路神。古代出行必祭路神。

❺社宮　社，古稱后土，即土地之神。此指曹國的國社。宮，是社的圍牆。社宮，就是祭社的地方。❻宋得　宋景公的養子。即宋昭公。為公孫周之子，因宋景公無子，故畜養於宮中。❼童牛之貌　見本篇題解二。❽公孫彊　即公孫彊。見本篇題解四。❾樂廣　晉淯陽人。字彥輔，性情謙和，有遠識，善於談論，每能以要言析理，不僅可服人之口，亦可服人之心。見《晉書．樂廣傳》。❿魯襄公之夢周公　見本篇題解三。⓫子服惠伯　魯大夫子服椒，也稱子服。仲孫蔑之孫，仲孫它之子。⓬孔子之夢周公　《論語．述而》：「子曰：『甚矣，吾衰也！久矣，吾不復夢見周公。』」這是孔子晚年的感傷，因理想不能實現，故有此語。孔子一向對周朝燦爛的文物制度，抱持著嚮慕的心情，所以他說：「周監於二代，郁郁乎文哉！吾從周。」（〈八佾〉篇）孔子的夢周公，是為了重見周公時代國家太平盛世的託言，他的理想，就是周公所創的禮樂制度，所以他常常想到，如果有權當政，一定要實行周公時代那樣美好的制度。

【語譯】形像與知覺相接觸而成夢的，世人把它歸之於想，形像不與知覺接觸而成夢的，世人將它歸之於因。因的說法是：因羊而思念到馬，因馬而思念到車，又因車而思念到車上的篷蓋。原本就有只是牧羊的窮小子，而竟然也會夢見敲鑼打鼓吹笙鳴角的樂隊，引導著大車前進的情景。這雖然不是當日所想的，其實也是因於先前所想的。所以因與想的道理是一樣的。這種說法如果可信，那麼無想就無因，無因就無夢。所有天下人的夢，就不能超出想的範圍以外了！

唉！天下所有的事物道理，無不具備於我們的心中，哪裏會因想而有，因不想而就沒有呢！譬如耳朵所能聽聞的，確實有限，可是天下所有的聲音，無不具備於我們的耳中，不可以拿聽到沒聽到為限；眼睛所能看見的，確實有限，然而天下所有的顏色，無不具備於我們的眼中，不可以拿看見沒看見為限；心中所想的，也確實有限，可是天下所有的道理，也無不具備於我們的心中，也不可以拿想到沒想到為限。上到天，下到地，內華夏，外夷狄，從古到今，無論是鉅細明暗，無不是和我們的心神合流而毫無間隔的。有時靠心神的感應，有時依四肢而動作，也有時在睡夢中而萌發，隨處可見，交錯而出，就如機軸的旋轉，難道還要想了以後才能有因，待有了因以後才能有夢嗎？

假如一定要說因想以後才會有夢，那就是在沒有想以前，胸中本來就沒有這種事物，因想以後，才有這種事物的；在沒有想以前，胸中本來就沒有這種道理，因想了以後，才有這種道理的。抱持這種見解的人，卻無法了解心就好比大地，而「想」只不過是大地上的一粒微塵罷了，心又好比海洋，而「想」只不過是海洋中的一個小水泡罷了。把「想」當作心，這與指一粒微塵為大地，指一個小水泡為海洋又有什麼不同呢？由此可見他們的說法，是多麼地淺陋、狹隘、潰散、零亂，尚且沒有脫離夢中的囈語，反而想著證明他人做夢的原因，這種迷惑不明事理，又是多麼地嚴重啊！

如果要把《左傳》中所記述的夢一一舉出來，從晉文公到宋得，不下數十條，用「想」命名可以，用「因」命名也可以，至於叔孫穆子夢中所見童牛的相貌，是在「牛」尚未到達以前，曹人夢中所見公孫強的名字，是在公孫強沒有出生以前，這種情形，是真的出於「想」呢？還是真的出於「因」呢？就是那位善於析理的樂廣復生，我也知道他未必就能斷定這個道理。用有窮盡的說法，想把無窮盡的道理全部表達出來，用有外限的見聞，想來測量無外限的心境，那是根本不可能呢！

唉！道理本無窮盡，而人卻自以為有窮盡，心境本無外限，而人卻自以為有外限，所以左氏的所說，夢出於所因所想以外的，實在沒有多少，其餘的，沒有不是局限在人們小小的思慮範圍之間的。要是拿樂廣的言論來揆度，本來已經可以十中八九了，然而醫生的修養，不到神妙的境地，治療平常的疾病則精善，如治療非常的疾病則生疏；議論不能到達圓融極致，圓說平常的夢則能相合，圓說非常的夢就要失敗。像魯襄公的夢見周公這件事，吉凶取捨，本來就是子服惠伯所能辨別的，如果讓他來辯論孔子的夢周公，我就不知道他用什麼言辭來回答了！

【研 析】世人常說：「日有所思，夜有所夢。」但也有日無所思，而夜有所夢的實情。大抵說來，「夜之所夢」，多能與個人平日生活、情緒、思想、心態、見聞、遭遇等相符合。如窮書生的南柯夢，也不能說是無因。本文作者，以常理難掩突發事實的見解，就著《左氏》所載有關夢的言論，提出了一己的看法，認為世人的所見，皆為平常顯而易為說者，而且帶有迷信色彩，不屬於「想」，即歸於「因」，而人的所夢，又絕非「因」、「想」所能範圍的，即不「想」不「因」，亦可照樣有夢，並舉例以破世人之見。

文分五段，作者首先就世人「因」、「想」的說法以論夢，果如是，則因、想無異，而夢亦不出因、想之外。其次以聞、見、想的無限，破世人的迷惑，直指夢之所出，不一定要等有因想以後，才能成夢。第三段進一步指斥主因想之說的人，不明心胸中所本為何，更不明白因想有如地之一塵、海之一漚，而竟欲以此證他人之夢，其惑殊甚！第四段則言平常的夢，固可以因想為說，但如叔孫穆子的夢童牛之貌，曹人的夢公孫強之名，就難以為說了。最後，則言心本無外而人自外，持此以論《左氏》所載之夢，雖多能暗合，然於非常之夢，則難以為說。

就行文說，作者所表現的筆鋒，十分銳利，雖想突破傳統、獨樹一幟，然終不免有強行說理之嫌。不錯，「萬物皆備於我，萬理皆備於心」，基於此，而所夢者，當然不可限於所思、所聞、所見，而「或感於志氣，或動於四體，或發於夢寐，層見錯出，軸運機旋」，也是事實，然而以人的常情言，而所夢者，很少出乎其生活、思想、見聞範圍以外者，難道不是事實？至於孔子的夢周公，以孔子的修為、道德、思想、主張、抱負說，難道不應有此夢？夢，也是要看個人的修養層次的！這也就如寫文章的靈感一樣，假使沒有實際的修養、體驗，靈感也是很難出現的。子服惠伯的無辭以對，這是當然的，這不也正是常理的表現？

晉侯作三行

僖公二十八年

【題解】此事載於《左傳》僖公二十八年（西元前六三三年）。大意是說：晉文公為了抵禦狄人，建立步卒三行之軍，使荀林父將中行，派屠擊將右行，讓先蔑將左行。論者以為晉已置上中下三軍，今復增置三行，以避天子六軍之名。文公的舉措，實為可責。

呂氏則以為晉文公的增軍三行，「當責而不可責」，一反常人所謂建六軍以僭天子之實的譏評。並進而指出如能制止晉侯的兼併，或能縮小其國土，即使文公再想增軍，亦無可增之人。

事固有當責而不可責者。奢者可責也，多與之財而責其奢，不可也。

醉者可責也，多飲之酒而責其醉，不可也。晉自武公❶始，受一軍啟封。繼以獻公❷之強，衍其一軍為二。繼以文公之伯，衍其二軍為三，猶以為未足，復創為三行❸之制，外避天子六軍之名，而內僭天子之實。議者並以文公為可責也，吾獨以為當責而不可責也。

亦嘗聞周室軍旅之制乎？五人為伍，五伍為兩，五兩為卒，五卒為旅，五旅為師，五師為軍，一軍之制為人萬二千五百，損一人則不足，增一人則有餘。大國之三軍也，地方百里，而其人僅足以具三軍也；次國之二軍也，地方七十里，而其人僅足以具二軍也；小國之一軍也，地方五十里，而其人僅足以具一軍也。地有限則人有限，人有限則軍有限，雖欲僭侈其軍，亦窘於無人而不得騁矣。

王者之於諸侯，典祀陵節，所當問也；車服亂常，所當問也；宮室改度，所當問也；樂舞踰數，所當問也；獨軍旅之制，有所不必問焉。非旅果輕軍於典祀、車服、宮室、樂舞也，蹙之以地，束之以人，雖使僭之，亦不能僭也。王綱上舉，侯度下修，大不侵小，強不犯弱，則地有常地，人有常人，軍有常軍，雖欲如晉之僭，豈可得哉？

晉之所以能僭六軍者，適當周室失政之時，南吞北噬，東攘西略，以斥大其國，增地必增人，增人必增軍，野曠則風勁，川漲則舟高，國大則兵眾矣，夫何疑耶？既已容其兼并，而反責其軍制之僭，是猶多與之財而責其奢，多飲之酒而責其醉也。此吾所謂「事有當責，而不可責者」也。

為周室計者，當深絕晉兼并之原，至於軍數之多寡，則在周室初無損益焉。周果能治晉兼并之罪，披其地，奪其人，則善矣。不然，則合為一軍者是眾也，晉之強自若也。分為六軍者是眾也，晉之強自若也。是一軍者，未分之六軍，而六軍者，既分之一軍也，吾何為喜其一而怒其六哉？軍數之多寡，不足為損益。則先王之制禮，銖兩毫髮，至嚴而不可踰者，果非耶？曰：賈人不得衣綺縠者，政也，盜賊不得衣綺縠，非政也。盜賊非剽掠不能具綺縠，晉侯非兼并不能具六軍，舍其剽掠而責其服之侈儉，舍其兼并而責其軍之多寡，可不可耶？

【注　釋】❶武公　即曲沃武公，名稱，曲沃莊伯子，在位三十九年，在魯莊公十六年併晉。❷三行　即三軍。見題解。《小學紺珠・制度類》三行，中行、右行、左行。❸獻公　武公子，名詭諸，在位二十六年。

【語　譯】一件事情的舉措，本來就有應當責備反而不可責備的。如奢侈是應當責備的，要是多給他錢財，反而責斥其奢侈這是不可以的，喝醉酒是應當責備的，要是多讓他飲酒，反而責斥其喝醉，這也是不可以的。晉國從武公時起，周王命以一軍而封為晉侯，統一了晉國。獻公繼立，而國勢更行強盛，由一軍而擴為二軍。接下來，文公稱霸，再由二軍，擴充為三軍，尚不以為滿足，又創立三行的制度，這在表面上看，是避免了天子六軍的名稱，就本質說，卻有僭越天子的實際行為。一般評論的人，都認為文公是應該責斥的，我獨以為應當責備而卻不可以責備。

可曾聽說過周代軍旅的編制嗎？制度是：每五個人為一伍，五個伍為一兩，五個兩為一卒，五個卒為一旅，五個旅為一師，五個師為一軍，一個軍的編制，是一萬二千五百人，少一人就不足數，增加一人就多餘。大國的編制是三軍，有方圓百里的封疆，而其人民，僅夠編制三軍的數目；次國的編制是二軍，有方圓七十里的封疆，而其人民，僅夠編制二軍的數目；小國的編制是一軍，土地只有方圓五十里，而其人民，僅夠編制一軍的數目。土地大小有限制，那麼因之人民的數目也有限量，人民有限量，則軍的數目也有限量，在這種情況下，就是想僭越擴大其軍制，也會窘迫於人數的不足而不能有所施展了。

當時周天子對諸侯的節制是：祭祀典禮超越法規，是應當過問的；車馬服飾悖亂常行，是應當過問的；宮室大小改變了法度，是應當過問的；樂章歌舞超越禮數，是應當過問的；獨有軍旅的編制，可以不必過問。這並不是說，軍旅的制度果真輕於典祀、車服、宮室、樂舞，如能縮小他的土地，約束他的人民數量，在這種情形下，就是讓他僭越，也是無法做到的。在上的周王，能執行綱紀，在下的諸侯，能修行法度，大國不侵犯小國，強不淩弱，封地有一定的界域，人民有常有的人數，軍旅有常規的編制，果如是，就是想如晉文公的僭越，又哪裏可能呢？

晉國所以能僭越天子而建立六軍，是由於正當周王失政的時候，才得以向四方吞噬鄰國，攘奪土地，而擴大了國境，國土既然增加，人民也一定會增加，人民增加，那就必定要增加軍隊，空曠的原野，風就強勁，河川的水漲，船也隨著高起來，國境擴大，那麼軍隊自然就要眾多了，這有什麼好懷疑的呢？既然容許晉國兼併土地，反而又責備他軍隊編制的僭越，這就好比多給他錢財，而責備他奢侈，多讓他飲酒，而責備他喝醉一樣。這就是我所說的「事有當責，而不可責者」的道理。

要是為周天子作打算的話，首先就應當斬斷晉國兼併的根源，至於軍隊數量的多寡，這在周王來說，根本無需在增減上計較。周室果真能定治晉國兼併鄰國土地的罪，分散他的土地，減奪他的人民，就是最好的方法了。不然的話，只是縮減軍制的數目，即使將他現有的軍隊，整合為一軍，可是這些兵眾的人數並沒有減少，因此晉國的強盛，不會受到任何影響。分為六軍的話，仍是那些兵眾，晉國的強盛，還是和先前一樣。因此，就晉國的軍隊編制數量說，如果不分的話，就是一軍，分開來就是六軍，所以這一軍，就是未分的六軍，而既分的六軍，也就是未分的一軍，我們為什麼喜其一軍而怒其六軍呢？軍數的多少，是不能作為增減的標準的。那麼先王的制定禮法，即使是銖兩毫髮之微，都嚴加分別，而不可踰越的規定，果真不對嗎？我的回答是：如商人不能穿綺羅綃紗華美的衣服，這是政令的規定，盜賊不能穿綺羅綃紗華美的服裝，就不是政令了。盜賊不去搶奪就不能具有綺縠華美的衣物，晉侯不去兼併土地就不能具備六軍的軍數，現在不計較盜賊搶奪的行為，卻責備他衣服的奢儉；不追究晉侯兼併的野心，卻責備他軍制的多少，可不可以呢？

【研　析】法統有常則，而世人無常行，這是時勢的驅使，固不可以是非論。有些事情的舉措，就法統說，是不應該，就時勢說，又不得不如此。周室自平王東遷以後，政令不行於諸侯，由於王綱的墜廢，大權亦隨之旁落，而諸侯間的爭強鬥狠，相互攻伐，迄無寧日，名為尊周，實為擴充一己的權勢。晉文公的作三行，就是一個標準的好例證。論者咸以為晉侯巧立名目，本有三軍，而又作三行，以避僭越的嫌疑。本文作者，則以為此事雖「當責」，但卻「不可責」。其關鍵就在於周室已經失去控制諸侯的實權，只好任其擴充領土，建軍以備戰了。這是大勢所趨，法統已無可奈何。如能「王綱上舉，侯度下修，大不侵小，強不犯弱」，共守法統，同尊周室，那就自然不會有像晉侯作三行的事情發生了。

文分五段，作者首先就常理統言晉文公三行之軍的不可責，接著則言諸侯以國土的大小，為建軍多寡的準則。第三段指出由於王綱的墜廢，諸侯以大侵小，晉侯的增軍三行，不得不然。第四段論述晉侯增建三行之軍，當責而不可責之理。最後，則說明釜底抽薪之計，端在使晉侯不得兼併，無力建軍。

就行文說，作者用演繹推理的筆法，就著晉文公作三行一事，先就常理的論說，以明法統，再就行事的無常，以明時勢的使然。終以「當責而不可責」作斷案，然後即以此為主旨，旁徵博引，闡其理而說其情，使事理與實情互映，讓時勢共法統相衡，使「當責而不可責」之意自然顯現，使文章的首尾自然呼應，這不能不說是作者走筆的高妙。

周公閱❶聘魯

僖公三十年

【題解】此事載於《左傳》僖公三十年（西元前六三〇年）。大意是說：周天子派周公閱到魯國來聘問，魯君以昌蒲菹、白米糕、黑米糕、虎形鹽塊來招待他。周公閱推辭說：「一位國君的文治，足以昭明四方，武功可使人畏威，就備有特殊的物品招待賓客，來象徵他的功德，薦五味的調和，獻美味的糕餅，備虎形的鹽塊，來象徵他的成就。這種招待，我如何敢當？」

呂氏據此，析述周公閱的出使魯國，不敢當魯君的享禮為非是。既居其位，就應當其禮，如自愧德薄，則莫如辭去太宰的職位。然作者卻獨稱許其自愧之心。

身者寄也，軒冕者，身之寄也。是道家者流之論也。人自送丞相長史，而張君嗣❷厭其勞，魯自待宰周公，而姬閔辭其享，認而有之，非惑耶？信如是言，則有宰周公而又有姬閔，是身與位為二也。蘇孺文❸視身與位為二，故指飲故人、按故人者為兩事。苟道將❹視身與位為二，故指殺弟、哭弟者為兩人，傷恩敗教，其禍有不可勝言者，非二之罪耶？

儒者之論則進是矣，居其位而無其德，為身之羞，居其位而黜其禮，為位之羞。身者，一夫之私也，位者，萬世之公也。周公閔以德薄自愧，不敢受魯之享，抑不思所居者上宰之官，所持者天子之節，所享者先王之禮；今徒以一夫之無德，而廢萬世之常尊，是避身之羞而為位之羞也。是知身之不足當其禮，而不知身之不足當其位也！如愧之，莫若亟去其位。位則受之，禮則辭之。受其大而辭其細，豈不甚可責耶？

以儒者之論，而責周公閔，固無所逃罪，然吾竊有所矜焉。周公之位，自周文公之沒，居其位者不知其幾人也，使於四方，享昌歜、白黑、形鹽之享者，又不知其幾人也，彼豈皆德與禮稱，受之而無愧耶？晏然居之，欣然樂之，未聞有一人以德薄辭者。至周公閱之居此官，受此享，怵惕內愧，對大賓大客之前，痛自羞薄，不敢少安，其不能辭位固可責，吾未嘗不獨矜其愧心之猶在也！

其視前後數公，既不辭位，又不辭禮，驕泰奢侈者，豈不賢耶？其視道家者流，傲誕荒唐，視身與位為二物者，豈不賢耶？范鞅一陪臣，猶索十牢於禮之外❺，周公閱以天子之宰，乃肯辭備物於禮之內，儒者不矜其愧心，而責其迹，吾竊恨儒者之不恕也。然既曰知愧矣，不愧其大而愧其細，獨何歟？吾又未見儒者之不恕也！

【注釋】❶周公閱　周冢宰，亦稱宰周公。❷張君嗣　名裔，三國蜀郡成都（今四川成都縣）人。諸葛亮出駐漢中時，裔以射聲校尉領留府長史，後北詣亮諮事，送者數百，車乘盈路，裔還書與所親曰：「近者涉道，晝夜接賓，不得寧息，人自敬丞相長史，男子張君嗣附之，疲倦欲死。」見《三國志・蜀書・張裔傳》。❸蘇孺文　名章，東漢扶風平陵（今陝西咸陽縣）人。順帝時為冀州刺史。故人為清河太守，章行部案其姦贓，乃請太守，為設酒肴，陳生平之好甚歡。太守喜曰：「人皆有一天，我獨有二天。」章曰：「今夕蘇孺文與故人飲者，私恩也；明日冀州刺史案事者，公法也。」遂舉其罪。見《後漢書・蘇章傳》。❹荀道將　名晞，晉河內山陽（今河南修武縣）人。其從母子為督護犯法，晞杖節斬之，從母叩頭請救不聽，既而素服哭之，流涕曰：「殺卿者兗州刺史，哭弟者苟道將。」見《晉書・苟晞傳》。❺范鞅一陪臣二句　范鞅，晉卿士鞅，即范獻子，士匄之子。牛羊豕具為一牢，亦稱太牢。十牢，謂十太牢。饗諸侯之禮為七牢，而范鞅竟索十牢，實超出饗禮之外。（有關牢禮，請參閱《周禮・秋官・大行人・掌客》及《禮記・禮器》。）

【語　譯】身軀本來就需要有所依附寓居，而軒車冕服，就是身軀所寓居的所在。這是道家一類人物的說法。世人自從有了送丞相長史一類的事務，張君嗣就厭惡其過於煩勞，魯國以饗禮招待宰周公，而姬閱卻予以辭謝竟不敢當其禮，並認為應該這樣去做，這不是迷惑嗎？假如認為這種說法是可信的，那麼有宰周公而又有姬閱，這是把身軀與職位劃分為二了。由於蘇孺文把身軀與職位劃分為二，所以才將飲故人、按故人看作兩件事。由於苟道將將身軀與職位劃分為二，所以才指殺弟、哭弟的為兩人。傷害恩德，敗壞教化，以至於使禍災有不可盡說的情事，難道不是將身軀與職位劃分為二的罪過嗎？

儒者的說法，則是這樣的，身居其位，而沒有與此職位相稱的才德，這是身軀的羞辱，身既居其位，而又黜退其禮，這是職位的羞辱。身軀，是一人的私有之物，職位，是萬世公有的官爵。周公閱以一己的才德淺薄自覺慚愧，不敢接受魯國的饗禮，卻沒有想到身所居處的，是上宰的官位，所執持的，是天子的符節，所接受的宴饗，是先王所制定的禮儀；而今僅以一人的無德，竟然廢棄了萬代常尊的爵位，這是為了避免身軀的羞辱而竟成為爵位的羞辱。這種行為，是僅知身軀的不足以當其禮，而不知道身軀的不足以擔當其尊崇的職位啊！假如感到慚愧，最好的辦法，就是馬上辭去其尊位。既然接受了尊位，卻要辭謝饗禮，這種接受大的尊位，而卻辭謝小的饗禮的作為，難道不是甚為可責斥的嗎？

拿儒者的言論，來責備周公閱，本來就無所逃避其罪過，然而我心中卻有些許敬佩之意。周公的職位，從周文公歿世以後，身居其位的，不知道有多少人了，出使四方的諸侯，享受昌蒲菹、白米糕、黑米糕、虎形鹽招待的，又不知道有多少人了，那些人，難道都是才德與饗禮相稱，接受招待而沒有值得慚愧的地方嗎？很能心安的身居其位，欣喜愉快地接受饗禮，並沒有聽說有一人因才德淺薄而辭謝的。等到周公閱身居此官，接受此禮，心中才怵然驚恐而感覺慚愧，面對著貴賓貴客，悲痛地自覺才德淺薄的羞辱，不敢少有安寧，他不能辭去太宰的尊位，固然值得責備，我卻不曾不獨自敬佩他羞愧之心的尚能存在啊！

他的作為，和前後數位周公相比較，既不辭去尊位，又不辭讓饗禮，傲慢奢華的情形，難道不勝過很多嗎？他的作為，和道家一類的人物相比較，那種荒誕不經，把身與位劃分為二的情形，難道不好上很多嗎？像那晉卿范鞅，只不過是諸侯的大夫，尚且索禮於十牢之外，而周公閱以天子太宰的身分，竟然肯辭備物於禮內的招待，儒者不敬佩他的自愧之心，反而責斥他的行事，我私下為儒者的不夠寬恕感到遺憾。可是話又要說回來，既然知道愧咎，不在大處慚愧，而只是在小地方慚愧，這是什麼原因呢？（儒者又不以此相責）因此我以為，儒者也不見得不寬恕啊！

【研　析】禮以時為大，以節為和，過與不及，都與適中相違。謙虛，本為美德，如果超出謙虛以外或不當謙虛而謙虛，那就不僅是虛偽反而是失禮了。周公閱以太宰的身分出使魯國，而竟然不敢接受魯君禮文備物的招待，以為自己德薄能鮮，不足以承此大禮，然而他卻忽略了他的身分是太宰，魯君之饗，是饗太宰，是為太宰而設。如以為自身德薄能鮮，最好是不做太宰，既為太宰，又出使諸侯，就應該承當饗禮，無使尊爵顯位，蒙受屈辱。呂氏本此，發抒一己之見，並特別稱許宰周公的自愧之心。

文分四段，作者首先指出，身與位本為一體，有人強分為二，借以辭咎或脫罪，致有傷恩敗教之禍。其次則言周公閱的既受其位而又亂禮為可責。第三段則論述周公閱的怵然自愧德薄，又不能辭去其職位，此固可責，然其自愧之心，誠可矜式。最後就著周公閱前後數公之行、道家之言，以顯現周公閱之賢，並以儒者之言，是非參半。

在行文方面，作者挾博見廣聞之資，機敏快捷之見，引史事來充實一己的理論，驗證一己的見解，這就行文說，自屬必然。無如說理不可牽強，尤其不可強詞奪理。在現今的社會中，我們常可看到身兼數職的人，在這種情形下，當他出席一項會議時，就身分說，他能不分清楚嗎？再如法官判案，如果本當有罪，是否可因犯人為自己的朋友而將他開釋呢？在此情況下，那就勢必要法官是法官，朋友是朋友了。文中所舉荀晞殺弟哭弟之實，世人以為美談，而呂氏獨以為是「傷恩敗教」，商諸讀者，其說是耶？非耶？

臧文仲❶如晉分曹田

僖公三十一年

【題 解】此事載在《左傳》僖公三十一年（西元前六二九年）。大意是說：這年的春天，魯國取得了濟水以西曹國的田地，這是從晉國手中分割來的。當時是派大夫臧文仲去的，他住在重（地名，在今山東省魚臺縣西）地的賓館中，賓館中的人告訴他說：「晉君新近得到諸侯，一定會親近對他恭順的人，你要快點走了，不然會趕不上的。」臧文仲聽從了館人的話，所以分割了曹國從洮水以南，東邊直到濟水的土地。

呂氏據此，痛陳魯國臧文仲，聽從重地館人的話，疾趨晉國與諸侯共分曹國之地為非義。以魯、曹二國，同為姬姓，同列諸侯，應相恤而不應相殘，應相助而不應相害，如果臧文仲能以此為念，遲遲其行，而不分曹田，且以正理說動晉君，晉侯未始不可以反其初衷，一若恢復衛國然。臧文仲的所以疾赴晉國，無非冀得晉歡，分得曹田，由於本心既失，所以也就無法不使利令智昏了。言下頗有惋惜之意。

利則居後，害則居先，此君子處利害之常法也。是故見利而先謂之貪，見利而後謂之廉；見害而先謂之義，見害而後謂之怯；皆古今之定名，未有知其所由始者也。人之於利，憂其銳而不憂其怠，憂其急而不憂其緩，憂其溺而不憂其忘。天下豈有憂蟻之避羶，憂蚋之捨醯者耶！

晉文公私有討於曹，披裂其地，為諸侯者，坐視不能救則亦已矣，乃乘其危而共取其利，是誠何心也！臧文仲所以遲遲其行者，其亦忸怩而有所不安歟！異哉！重館❷人之論也。曰：「晉新得諸侯，必親其共，不速行，將無及也。」重館之人所謂共，其諸異乎聖人之共歟！信如是說，則狡商庸賈，趨利如風雨者，皆重館人之所謂共也。世之共者何其多耶？彼逡巡推揖，恥於冒利之君子，格以重館人之言，皆不共之大者也！其說陋甚！雖始學者猶知謝而卻之，孰知以臧文仲之賢，反為其說之所動乎！

昔萬章❸與石顯❹善。顯免官歸，留物數百萬與章，章不受，曰：「吾以布衣見哀於石君，石君家破，不能有以安也，而受其財物，此為石氏之禍，萬氏反當以為福耶？」魯與曹同出姬姓，並列諸侯，其恩義信誓之重，非如石顯、萬章一時之私交也，魯坐視曹之顛覆，不惟不能辭其地，又奔走而趨之，以曹之禍為魯之福，曾謂臧文仲之賢不如萬章乎？使臧文仲緩轡徐驅，徘徊不進，以致吾不忍之意，雖後諸侯之期，不得尺土以歸，吾親親之義已盡矣，今冒利競進，雖得地之多，吾恐文仲所喪者之多於地也！

前日魯僖之請復衛侯，文仲嘗為謀主矣，其言曰：「諸侯之患，諸侯恤之，所以訓民也，君盍請衛侯，以示親於諸侯，且以動晉。夫晉新得諸侯，使亦曰：『魯不棄其親，其亦不可惡。』」於是納玉於晉，以免衛侯。曹衛一體也，免衛之難，其義既可以動晉，辭曹之田，其義獨不可以動晉乎？文仲於衛，則割我之所有，棄之而不惜，於曹則奪彼之所有，受之而不疑，是非恩衛而仇曹也？本心易失，而利心易昏也！吁！可畏哉！

雖然太公❺之就封，道宿行遲，逆旅人曰：「客寢甚安，殆非就國者也？」太公聞之，夜衣而行，黎明至國，則萊侯既與之爭營丘矣。太公聽逆旅之言，其亦未免於趨利歟？非也。君子固不以利自浼，亦不以利自嫌也。一國之重，有民人焉，有社稷焉，吾其可避趨利之小嫌，濡滯逗留，使為姦寇之所伺乎？故太公之不可遲，猶臧文仲之不可速也。

然受封、分地之事，逆旅、重館之言，其同其異，其是其非，相去間不容髮，若之何而辨之？曰：「在明善。」

【注釋】❶臧文仲　魯大夫臧孫。❷重館　重，地名，在今山東省魚臺縣西。館，即賓館，候館。有室，可以安頓行人，又有高臺樓榭，足供候望。❸萬章　漢長安人，字子夏，以游俠聞名於世。居城西柳市，號曰城西萬子夏。當時諸貴人爭欲揖萬章。與中書令石顯善，因顯權力，得以廣泛結納。後顯敗去，遺器物值數百萬，欲以與章，不受。以為石氏之禍，萬氏以為福，不可。及王尊為京兆尹，捕而殺之。見《漢書・萬章傳》。❹石顯　漢濟南人，字君房，宣帝時，以中書官為僕射。元帝時為中書令。為人陰險，陷害忠良，先後譖殺蕭望之、京房、賈捐之等人。結黨營私，貴幸傾朝，後免官，徙歸故里，在路中因憂懣不食病死。見《漢書・石顯傳》。❺太公　即姜子牙、呂尚，世稱姜太公。本姓姜氏，其先封於呂，故又以呂為氏。晚年隱於渭水濱，文王出獵，與之相遇，交談大悅，並說：「吾太公望子久矣。」因號太公望，而立為師。後輔佐武王克殷，封於齊營丘。其兵書《六韜》六卷，世傳以為戰國時人託名之作。見《史記・齊太公世家》。

【語譯】遇到利益，就居處在後面，見到禍害，就跑在前頭，這是有道的君子，處理利害的經常法則。所以見利而居先，就叫做貪財；見利而居後，就叫做廉潔；見禍害而居先，叫做義勇；見禍害而居後，叫做膽怯，這都是從古到今一定的名稱，沒有人知道它是從什麼時候開始的。一般人對利益的看法，多半憂慮過於銳進，而不憂慮怠忽；憂慮其急切，而不憂慮緩慢；憂慮其陷溺，而不憂慮淡忘。天下哪裏有憂慮螻蟻的趨避腥羶，憂慮蚊蚋的捨棄肉醬的呢！

晉文公重耳，為了私怨討伐曹國，分裂他的土地，而為同列諸侯的，站在一旁觀望而不能去援救，也就算了，沒想到竟然趁著曹國的危難，來共同分取其利，這到底是什麼居心啊！臧文仲所以慢慢前行的原因，他大概也是感到慚愧而有所不安吧！奇怪啊！重地候館人的一席話。他們說：「晉國新近得到諸侯，一定會親近恭順的人，不快點前去，將會來不及了。」重地候館人的所謂恭順，可能不同於聖人的恭順吧！這種說法如果是真的，那麼狡猾庸俗的商賈，追趨利益像風雨急驟的情形，都是屬於重館人所說的恭順了。世間恭順的人為什麼會這樣多呢？這樣一來，那些退卻不前，推辭揖讓，恥於冒犯私利的君子，用重館人的言論來衡量，都是大不恭順的了！這種說法，太鄙陋了！就是剛開始學習的人，尚且知道謝絕而不為，誰能知道以臧文仲的賢明，反而被重館人的說法所打動呢！

從前，在漢代的時候，萬章和石顯友善。後來石顯被免官歸里，給萬章留下數百萬的財物，萬章不僅不接受，並且說：「我以一個平民，被石君哀憐，現在石君家遭破敗，我沒有能力救援，還要接受他的財物，這不是由於石氏的災禍，我萬氏反來承當幸福嗎？」魯國與曹國，同出於姬姓，並列為諸侯，他們之間恩義信誓的深重，不像石顯、萬章一時的私交，而魯國竟旁觀曹國的被翦滅覆亡，不但不能辭謝其被分割的土地，反而疾走趨赴，惟恐不及，以曹國的災禍，作為魯國的福祉，雖然如此，那我們能說臧文仲的賢明，不如萬章嗎？假使臧文仲能夠徐緩的驅馳，遲遲其行，來表示實不忍心的意思，就是在晉與諸侯約定的時期最後到達，得不到一尺土地的回來，我親恤親族的道義總算是已經盡到了，今為貪利而競為疾進，雖然得到較多的土地，我認為臧文仲所喪失的，恐怕比土地還要多吧！

先前魯僖公的請求晉侯恢復衛國的封地，臧文仲也曾是主謀之一，他並且說：「諸侯有了禍患，同列諸侯，就應該相與援救，這樣做可使百姓順服，君王您何不請求晉君釋放衛侯，來表示對同姓諸侯的親恤，而且說不定可以感動晉君。以晉君新近得到諸侯，假使他也說：『魯君不捨棄其對同姓的親恤，同時也沒有理由惡絕魯國的請求。』」於是奉納美玉於晉，以求免除衛侯的災難。曹、衛二國，本為同姓一體，免除衛侯的災難，其義舉既然可以感動晉君，辭謝曹國的土地，其義舉獨不可以感動晉君嗎？臧文仲對於衛國，願意割捨自己的所有而不以為可惜，對於曹國，就奪取他們的所有，收受而毫不遲疑，這不是加恩衛國而仇視曹國嗎？其實乃是由於人的本性善心，容易喪失，而貪圖利益的邪念，容易使人昏迷啊！噫！多可怕呢！

在從前，雖然太公望在赴封國的時候，在路上住宿遲行，旅舍的人告訴他說：「客人您睡得甚為安詳，大概不是就國赴任的吧？」太公聽了以後，連忙穿上衣服，在夜間兼程而行，天亮趕到封國時，哪知萊夷人就已經要和他爭奪營丘了。這樣說來，太公望聽信逆旅人的話，他也不免於趨利嘍？不是的。君子本來就不以利而自我沾汙，也不以利而自我避嫌。保有一個國家，是如何的重要，有人民，有土地，我怎可為了逃避趨利的小嫌疑，遲延逗留，使奸詐的賊寇有機可乘呢？所以說太公的不可遲延，就好比臧文仲的不可快速是一樣的道理。然而話又要說回來，對於受封赴國、分割土地的事情，逆旅人、重館人所說的話，其中的同、異、是、非，相去連一根頭髮的空間都容納不下，要怎麼樣來分辨呢？我的回答是：「在善於明察。」

【研　析】趨利避害，乃人之常情，本來就難以是非論。惟君子能見利思義，故其取捨，顯然與一般人有所差異。晉文公所以要「披裂」曹國，全由於發洩私人的恩怨，其實晉、曹二國，亦為同姓，晉君既能復衛，焉知其不能復曹？兄弟之國的成仇互伐，必有其因，如能尋其因，而釋其嫌，未始不可以化干戈為玉帛，合諸侯而共尊周室。無如時移世變，爭王稱霸，已為當時時尚，是以「利」之當前，無不趨之若鶩，國土的增加，久為諸侯的夢寐所求，取之惟恐不多，得之惟恐不速，還有誰再顧及義與不義呢？孟子說：「春秋無義戰。」於此益可見其慨乎之言，並非無因。呂氏就《左傳》所載，引史事而為此文，或有感於此吧！

本文約可分為五段，作者首先指出君子處利害的常法，以及一般人對利害所應抱持的態度。其次則言諸侯聽命於晉君，共分曹國之田為非義，並以重館人的陋言，反襯臧文仲的卑行。第三段責斥臧文仲處事不當，雖得曹地，而所失更多。第四段言臧文仲既失其本心，是以難免利令智昏。最後，以姜太公的就封國，說明所以不避趨利之小嫌，乃以人民、社稷為重，應當明辨。

就行文說，本篇在布局、結構方面，都相當謹嚴而有層次，寓義也相當深遠，有明顯啟示作用。作者先就左氏所載，而闡推其理，然後再引史事而相與照映，在隱約中表現出晉文公的雖霸而譎，為私怨而殘害同姓，同時也說明了當時諸侯罔顧禮義的心態。緊接著則以臧文仲為中心，剖析其前心觀點的不一致，復衛，他是主謀之一，而曹、衛乃為兄弟一體之國，何以「恩衛而仇曹」？這也就難怪作者謂其「本心易失，而利心易昏」了。這種行為與做法，實有違君子之道。作者的用心，可能就在這裏了，怪不得要痛責其「雖得地之多，吾恐文仲所喪者之多於地也！」

晉作五軍以禦狄❶

僖公三十一年

【題　解】此事載於《左傳》僖公三十一年（西元前六二九年）。大意是說：這年秋天，晉國在清原地方（今山西省稷山縣）檢校軍隊，隨即建立五軍，來防禦赤狄。這時趙衰被任命為上卿。

晉作五軍，就軍制說，「上則異於天子，下則尊於諸侯」，可謂不倫不類，而巧於立名建制的舉措。天子六軍，諸侯大國三軍，次國二軍，小國一軍，為當時軍制的通則，晉文公以禦狄為名，建五軍以隨其欲，是以呂氏就著這種行為，而痛斥晉文的巧偽譎詐，並認為這就是為什麼他難免心勞日拙的原因所在。

為善未盡，猶愈不為；改過未盡，猶愈不改。堯舜之善，非可一日為也；桀紂之惡，非可一日改也。百善而有其一，固可漸自附於堯舜矣；百過而去其一，固可漸自離於桀紂矣。雖然為善未盡者，君子固矜而進之也，寬而待之也，徐而誘之也。至於人之改過者，君子必用其察焉。改過而未盡者，在所恕；改過而不盡者，在所誅。始發之善端，新而未固，已染之惡習，舊而難除，是改過未盡者也，是力不足者也。鐫其毫末，以蓋丘山之愆，去其一二，以塞眾多之議，是改過不盡者也，是誠不足者也。力不足者，猶有時而足焉；誠不足者，前過未盡，今偽已生，是益其過耳，何改過之云乎？曾不如不改之為愈也！

瞑眩之藥❷，不可再投；背城之戰，不可再接。藥未投，雖危疾猶有望其瘳；戰未接，雖危國猶有望其勝；一發而不中，則其望窮矣。過而不改者，雖元惡大憝❸，君子猶不忍輕絕，何也？所恃者改過之術存也！乃若改過而不肯盡，略爾裁抑，苟以欺人，則是改過之術既試而不效矣。夫復何所望耶！積昏所以致明也，積蔽所以致通也，積迷所以致悟也，人心至神，雖懵懵罔罔，不知過之當改，久閉斯開，久鬱斯發。是惟無改，改則若決江河而莫能禦矣！三年鐘鼓之間，乃所以陰養其一日之修省也。今既知過之當改，反毛舉細故，公為欺誕，以竊改過之名，是既累其心於不誠矣。心既不誠，則善端何時而復發耶？本無昏，安得明？本無蔽，安得通？本無迷，安得悟？吾是以知改過之不盡者，終無改過之路也！

晉文公始兼三行三軍之制❹，以擬天子之六軍，曾未數年，知僭侈之過，復蒐於清原❺，損其一而為五軍焉。晉文公果知過之當改，則亟出令，盡復諸侯之舊可矣。乃於改過之時，而為文過之事，創立軍制，上則異於天子，下則尊於諸侯。明知其過而不能盡改，外邀恭順之名，內享泰侈之實，其機不可謂不巧，其謀不可謂不譎矣。巧如是，譎如是，其良心乎？偽心乎？良心無巧，巧者，偽心也；良心無譎，譎者，偽心也。軍雖損其一，而偽心之增者不知其幾矣。嗚呼！易則易，于則于，易于雜者，未之有也❻！天下之分，非君則臣，天下之俗，非夷則夏，天下之事，非善則惡，天下之說，非正則邪；出臣則入君，出夷則入夏，出善則入惡，出正則入邪，天下豈有出乎此而不入乎彼者耶？宜晉文之心勞日拙矣。

【注　釋】❶狄　此指赤狄。見《左傳》宣公十三年。❷瞑眩之藥　服用以後，令人頭暈眼花的藥物。《書・說命上》：「若藥弗瞑眩，厥疾弗瘳。」意謂猛藥可療痼疾。❸元惡大憝　大凶大惡。見《書・康誥》。元，大。

憝，大惡。❹三行三軍之制　此謂六軍。周代兵制，天子六軍，諸侯大國三軍，次國二軍，小國一軍。晉始本一軍，獻公增為二軍，文公又增為三軍，後又作三行，是為六軍。見《左傳》僖公二十八年及楊伯峻注。❺清原　地名。在今山西省稷山縣。❻易則易四句　指簡易或隆重的禮節。易為簡易，亦指臣禮。于是隆重，也指君禮。《禮記・檀弓下》：「諸侯之來辱敝邑者，易則易，于則于，易于雜者，未之有也。」

【語　譯】行善雖未能周延，仍然勝過不為；改過雖未能徹底，仍然勝於不改。唐堯、虞舜的善行，不是在一天之內，可以全部做到的；夏桀、殷紂的惡行，也不是在一日之中，可以全部改完的。在所有的善行中，而僅具有一種，就可以由不斷的增加，漸漸地自會接近堯、舜；在所有的罪過中，而能去除一種，就可以由不斷的減少，漸漸地自會遠離桀、紂了。雖然有人行善未能周延，但君子仍本著矜憫的態度，而嘉許他的進取，以寬容的態度對待他，慢慢地來誘導他。至於人的改過行為，君子就一定要用明亮的眼睛來觀察了。大致說來，可分兩種：一種是其情可寬恕的改過未盡，一種是其情可誅伐的改過不盡。因為剛開始引發的善端，由於新生尚未穩固，早已感染的惡習，因時間太久而難於去除，這種改過未盡的人，是由於心有餘而力不足所致。至於僅想削除其一絲一毫的過失，來遮蓋像丘山樣的罪惡，僅去除其一點點小過，來堵塞眾人的議論之口，這種改過不盡的人，是由於誠心不足所致。而力不足的人，如假以時日，尚可自足；而誠不足的人，先前的過失尚未盡除，而今詐偽又已生成，這明明是在增加其過失，怎麼能說是改過呢？還不如不改來得好些呢！

可使人頭暈眼花的猛藥，不可服用兩次；背城借一的最後決戰，不可作第二次的嘗試。因為猛藥未下，雖是極危險的病，仍有希望其痊癒；戰爭未接觸，雖是極危險的國家，仍有希望打勝；

如果一旦引發而不能切中，那麼希望也就窮盡了。有了過失而尚未悔改的人，就是罪大惡極的人，而君子仍不忍心輕易地對他絕望是什麼原因呢？所可仗恃的，就是改過的方術還存啊！至於改過而不願意全部除去，只是稍加裁減按捺，敷衍一下來欺騙世人，就是改過的方術已經試驗而不生效力了。對這種人，還能有什麼希望呢！久積昏暗，就可以獲致光明，久積蔽塞，就可以獲致通徹，久積迷惑，就可以獲致悟解，人的心靈極為神妙，雖然由於一時模糊不清被蒙蔽欺騙不知罪過的應當痛改，可是閉塞久了就會開通，長期的蘊結心中，自然就會引發。這種情形，就怕不改，如有意悔改，就會像長江大河的決口一樣，那就不是任何力量可以抵禦的了！三年的晨鐘暮鼓聆聽教誨，就是為了暗中陶養其一日的修為與省悟。而今既然知道過失的應當悔改，反而僅僅舉其細如毫毛樣的小過失，公開的向世人行騙說謊話，來竊取改過的聲名，這表示在他心中就已經積累著不誠實了。既然心不誠實，那麼善端什麼時候才能再度引發呢？本來就沒有昏昧，如何能明？本來就沒有蒙蔽，如何能通？本來就沒有迷惑，如何能悟？我因此知道改過不能徹底的人，最後還是無法走上改過的道路的！

晉文公在起初，並行三行三軍的制度，來比擬天子的六軍，沒有幾年，自知僭越自大的不對，所以才又借著在清原校閱軍隊的時候，減少其一而為五軍。晉文公果真知道過錯的應當悔改，那就要當機立斷，發出命令，完全恢復諸侯的舊制就可以了。卻在改過的時候，而做文飾過錯的事，創立新的軍制，對上則不同於天子，對下則高於諸侯。明明知道一己的過失不能盡改，卻想對外邀得恭順的聲名，在國內卻可享有驕泰奢侈的情實，其心機不可說不巧妙，其計謀也不能說不詭譎了。像這樣的巧妙、詭譎，是出於他的良心呢？還是虛假的偽心呢？良心絕無巧妙，巧，就是偽心的表現；良心也沒有詭譎，詭譎，就是偽心的作為。軍隊雖然減少了一個單位，可是所增加的偽心那就不知道有多少了。唉！君禮就是君禮，臣禮就是臣禮，君禮和臣禮混雜在一起的，那是從來沒有的啊！天下上下的分別，不是君就是臣，天下人民生活的習俗，不是夷狄就是華夏，天下所有的事情，不是善就是惡，天下的言論，不是正就是邪；走出臣職，就進入君位，脫離夷俗，就入於夏風，離開善，就進入於惡，超出正軌，就進入邪道，天下哪有脫離這方面而不進入那一方面的呢？明白這個道理以後，而晉文公雖然費盡心力，可是卻難免越做越糟的命運，就是當然的了。

【研　析】俗語說：「人非聖賢，孰能無過？過而能改，善莫大焉。」這種包容寬厚的話，確實能給為非作歹的人，在改過自新上，莫大的勇氣與啟示。然就過失本身說，卻有有心之過與無心之過的分野。有心之過，固不應該，不僅當改，而且要痛改、馬上改。而無心之過，固可諒解，但也不能視為當然。即使世人能原諒，而個人也應引以為羞。我們認為以上兩種情形，只要能痛加反省，小心謹慎，徹底悔改，出於真心誠意，無不可予以寬容與諒解。佛家主張「放下屠刀，立地成佛」，大概就是指此而說的。但如無真誠之意，只是以改過作掩飾，以表面行善，為達到野心或陰險目的的手段，那麼這種行為，就其心可誅，其情難諒了。呂氏有見於此，即以晉文公之行，譎而難恕，所以才拈筆以寄其慨的吧！

文分三段，作者首先指出所以改過不盡，是由於誠意不足，如無誠意，尚不如不改。其次則進一步說明如改過不盡，終無改過之路的道理。最後，就著晉文公建五軍的行為，痛指其為文過飾非，不僅巧於心機，而且更譎於為謀，其結果，也惟有更加心勞日拙了。

在行文方面，作者雖以「為善」、「改過」為起點，然其重心，卻放在改過上。因誠心為善，不論其是否周延、徹底，其心其情，並無不可稱許。而改過則不然，這就要端視其用心所在了。如果心不正，即使行善，亦不可視為行善，只不過是借行善之舉，作為達其目的的手段罷了。這又怎能算是行善？行文至此，作者的筆鋒，陡轉直下，以晉文公的譎，直指其改過，為有意的以「毫毛之故」，邀「恭順之名」，於「改過之時，而為文過之事。」這正是晉文的「其心可誅」、「其情難諒」的地方。這一段文字，不僅下筆有力，而義憤填膺之情，亦能於字裏行間，表露無遺，而尤其可學者，就是借責難之言，闡述第一、二段文字之理，使文字氣貫神合，渾然結為一體，不露形跡的顯現了畫龍點睛的妙筆，如非斲輪老手，實難達此妙境。然於行將結束之際，以二分法的理論，強烈地表現其一己的觀點，如非善即惡，出此入彼之說，似有商榷餘地。

卷十六

先軫死狄師

僖公三十三年

【題解】僖公三十三年（西元前六二七年），狄國率領大軍，攻打晉國的箕城（在今山西省榆社縣南）。不幸，反被晉軍打敗了。同時晉國的大將郤缺，還俘擄了狄國的首領白狄子。這時先軫（一作原軫）為晉國的元帥，卻因以前冒犯了晉君（秦、晉殽之戰，因文嬴詐騙襄公釋放晉所獲秦三帥——孟明視、西乞術、白乙丙，在一時惱怒之下，不顧禮法而吐口水的事），因沒有遭受懲罰，而感到內咎，後悔自己的魯莽無禮，所以就在狄人軍中，脫下頭盔，用死來表明當時的心跡，以贖過去的罪愆與無禮。作者在本篇中，就是針對此事，闡發一己的見解。

至難發者，悔心也；至難持者，亦悔心也。凡人之過，狠者遂之❶、詐者文之、愚者蔽之、吝者執之[2]、誇者諱之、怠者安之，孰能盡出數累[3]之外，而悔心獨發者乎？是悔也，未發則憂其難發，既發則憂其難持。曷為其難持也？悔心初發，自厭、自愧、自怨、自咎，戚然焦然，不能一日安。苟無以持之，則自厭者苟且弛縱，必入於自肆矣；自愧者退縮羞赧，必入於自棄矣；自怨者鬱積繳繞，必入於自懟矣；自咎者憂憤感激，必入於自殘矣。是悔固可以生善，亦可以生不善也。萬斛之舟[4]放乎滄海，非遇大風則不回。苟操舟者無以持之，固有因風力之勁，而反致覆溺者矣。舟之所以回者，風也；舟之所以溺者，亦風也。一念之悔，其勁烈蓋甚於風，烏可不知所以持之耶？

吾讀《左氏》，至先軫之死，未嘗不嘉其悔，而又傷其無以持悔也。軫以晉襄公之縱秦囚，不顧而唾，無禮於君甚矣。及箕之役，深悔前過，免冑而死於狄師。其一念之勁烈如此，使有以持之，固可以一日而收克己復禮[5]之功矣。惟其無以持之，不用是力於禮義，而用是力於血氣。

身為元帥，總三軍之重，而輕棄其身。身死無名，驕敵辱國，沒有餘責。殆與自經於溝壑者等耳！先軫所犯者，晉君也；所死者，狄師也。前日犯君者謂之悖，今日死狄者謂之狂⑥。聞以義掩利惡矣，聞以善掩惡矣。曰悖曰狂，其過惟均，豈聞有為狂而能掩悖者乎？先軫未能改前日之過，而適所以生今日之過也。先軫意在於改過，而反至於生過，其失不在於悔，而在於不能持其悔也。風之無力者不能回舟，至於風力之勁者，惟善操舟者為能持之。悔之無力者不能遷善，至於悔力之勁者，惟善治心者為能持之。如使人之有過者，不自厭、自愧、自怨、自咎，則終始如此而已矣。

厭愧怨咎，正吾入德之門，然毫釐之差，復陷於過，果何以持之乎？曰負擔而趨家者，不勝其勞；弛擔而至家者，不勝其逸。負擔之勞，乃所以為弛擔之逸也。悔過之初，厭愧怨咎；改過之後，舒泰恬愉。先軫悔過而至於殺其身，意者徒知悔而未知改乎！使果能持其悔，亟改而歸之善，則舒泰恬愉之地，自有真樂，必不肯輕殺其身也。既歸家則忘其勞，既改過則忘其悔，豈有既歸而猶勞，既改而猶悔者乎？是則其過當改也，悔亦當改也。

【注　釋】❶狠者遂之　兇狠的人，對於已造成的過錯，往往不知悔改。遂，成功。之，指過錯。❷吝者執之　小氣、心胸狹窄的人，堅持自己的所為。執，固執；堅持。❸數累　各種因素的牽制、連累。❹萬斛之舟　比喻大船。斛，量器名。十斗為斛。❺克己復禮　約束自己，使視、聽、言、動都能符合於禮。見《論語・顏淵》。❻狂　縱情自為。

【語　譯】最難引發的，是後悔的心；最難堅持的，也是後悔的心。一般人犯了過錯之後，兇狠的人不知悔改、狡詐的人掩飾過失、愚昧的人被過失所蒙蔽、心胸狹窄的人堅持自己是對的、愛說大話的人忌諱去面對過失、怠惰的人則安然自處，如何能掙脫各種因素的牽制，而使後悔的心獨自產生呢？這種後悔的心，尚未引發之前，擔憂其難以引發；既已引發出來，則又擔憂其難以堅持。為什麼難以堅持呢？當後悔的心剛引發出來時，有人自覺厭惡、有人自覺慚愧、有人自覺怨恨、有人自覺歉咎，心中哀戚而焦慮，沒有一天能安寧。這種後悔的心若不能堅持，則自覺厭惡的人將苟且而鬆懈，最後必流於放肆；自覺慚愧的人將退縮而羞愧，最後必然自暴自棄；自覺怨恨的人將心積鬱悶而糾結不清，最後必怨怒不止；自覺歉咎的人將憂憤而感激，最後必然戕害自身。因此，這種後悔的心固然可以生出美善的結果，也可以生出不善的結果。能容萬斛的大船，航行於滄海中，若不遇上大風，就不需回航。如果掌舵的人，操持無法，那一定會因為風力的強勁，反而使大船翻覆沉溺。大船所以返航，是風力的關係；大船所以會沉溺，也是風力的關係。一念之間所產生的悔悟，其強勁劇烈，實有甚於烈風，怎麼可以不知道如何去操持它呢？

我研讀《左傳》，讀到先軫的死這一段，未嘗不嘉獎他能有後悔的心，卻又感傷他沒有妥當的去堅持這種後悔的心。先軫因為晉襄公釋放了秦國的三個元帥，不顧禮法而吐了口水，這樣做，對國君實在是非常的無禮。後來晉、狄戰於箕地，先軫深深後悔以前所犯的過錯，就脫下頭盔而死在狄人的軍中。他一念之間所生的悔意，是如此的勁烈，若能妥善的堅持，必可以在極短的時間內收到約束自己，使一切言行都合於禮教的效果。只可惜他並未能妥善的操持這種後悔的心，不將這種勁烈的氣力應用在禮義上，而竟將這種氣力發作在血氣之勇上。身為元帥，負有統領三軍的重任，卻輕率的捨棄了一己的性命。非但死得沒有意義，反而驕縱了敵人使自己的國家受辱，即使死了也仍該受到責難。這與自縊於溝壑中的人，是同等的愚昧啊！先軫所冒犯的，是晉國的國君；而後所殉死的，卻在狄人的軍中。前日冒犯國君是違逆的行為，而今日死於狄軍，則是狂妄的行為。常聽說用道義來掩飾私利，也聽說過用善行來掩飾惡行的。而違逆與狂妄雖然同是錯誤的行為，難道聽說過有用狂妄的行為而能掩飾違逆行為的嗎？先軫未能改正前日的過失，反而產生了今日的過失。先軫原意在於改正過失，反而導致今日的過失，他的偏差不在於產生後悔的心，而在於不能妥善的操持這種後悔的心。風弱無力時，不能使大船回航，至於風力強勁時，只有善於掌舵的人能操持方向，安全回岸。後悔的意念弱而無力的人，無法改過向善，至於後悔的意念強勁而有力的，只有善於把持意念的人能操持這種後悔的心。如果人有了過失而不自覺厭惡、自覺慚愧、自覺怨恨或自覺歉咎，則錯誤始終存在而無法改過。

有厭惡、慚愧、怨恨、歉咎的心念，正是我們藉以達到成德境界的門徑，然而若有絲毫的偏差，又將陷溺於過失中，究竟當如何來操持這種後悔的心呢？這就好比有人挑負著重擔快步回家，擔負的辛苦幾乎無法忍受；而回到家裏卸下重擔後，輕鬆安逸的感覺又難以形容。先有擔負的辛苦，而後才能得到免除擔負後的輕鬆與安逸。剛開始後悔的時候，免不了有厭惡、慚愧、怨恨、歉咎的心情；改正過失之後，才會有舒適、安泰、恬靜、愉悅的心情。先軫因悔過以至於殺害了自己，我認為他只是知道後悔，而不知如何去改過。假使他能堅持著後悔的心，及早改正過失而歸於善道，在舒適、安泰、恬靜、愉悅的境界中，自然能得到真正的喜樂，必定不願就此輕易的殺害自己。就如同挑負重擔的人回到家裏，就忘卻了擔負的勞苦，有過失的人既然改過了，就當忘卻以往那些後悔的心念，豈有人已經回到家了還辛苦著，已經改過了卻還後悔的？所以，有了過失，固然應當悔改，改過之後仍然悔恨的，也應該改正過來。

【研　析】本篇為作者就晉國元帥先軫因感於羞愧而死於狄人軍中一事，所提出的見解。為方便計，茲分三段略作述評。

第一段：說明一個人最難做到的，就是對於自己做錯的事情，能產生後悔的心意。而且最難掌握的，也就是這種心情。因為人往往受了各種情緒的影響，很難將在心情上所受的一些牽制、連累擺脫，以至於無法抉擇，即使勉強做了抉擇，也難能保證正確。往往於一念之差，使難得而產生的後悔，因之又發生了差錯。

第二段：首先嘉許先軫的悔過的美德，因其悔的方法僅為「血氣」，而不合於「禮義」，故又難免再生「驕敵辱國，沒有餘責」的過失。

第三段：用比喻擔負的勞苦，與釋擔的逸樂，說明知道悔過，正所以為「入德之門」，當可復享心安理得、怡然自適的樂趣，不應再念念於以往所犯的過失而不能釋懷。無如先軫不解此意，僅悔恨一己的所為，而不能明痛改前非而重新做人之理。尤其不明不貳過的真義。俗語說：人非聖賢，誰能無過？過而能改，善莫大焉。如先軫的痛悔前愆，能作這樣的看法，作者嘉其為入德之門，實不為過，悔而能改，正如白璧之無瑕，實可借此機會，修德慎行，使視、聽、言、動，皆合於禮。此不僅不當以過為悔之辱，反當以過為悟道之源，並可安享其怡樂。奈何先軫見不及此，惟知一死以表悔意，實在可惜。像這種作為，留給我們後人的，大概只是逞勇力則有餘，以之治國安邦，那就恐怕不足了。

臼季舉郤缺

僖公三十三年

【題　解】僖公三十三年（西元前六二七年），臼季（即胥臣。臼為食邑，季是他的字）奉命出使，經過冀國（今山西省河津縣），看見冀缺（即郤缺）在田中除草，他的妻子給他送飯，兩人相敬如賓。於是臼季就與他一同回去，向文公建議說：「恭敬，是一個人德行積聚的表現，能恭敬，就必然有德行，有德行的人，就可以用來治理人民，就請任用他吧！況且臣聽說，出門時，就好像會見賓客，承擔事情，就如同辦理祭祀，這就是仁愛的具體準則啊！」文公說：「他的父親冀芮有罪，可以嗎？」臼季回答說：「從前大舜懲治罪人，就把鯀流放了。然而當他舉用人才的時候，卻選拔了鯀的兒子大禹。您也知道，管敬仲這個人，曾經是射殺桓公的敵人，可是桓公卻重用他為齊國的宰相，而成就了霸業。〈康誥〉篇說：『父親不慈愛，兒子不孝敬，兄長不友善，弟弟不恭順，這都和別人無關。』《詩》說：『採蔓菁，採蘿蔔，不可拋棄它的下部。』最重要的，就是當各選用它們的長處。」於是文公就命令郤缺擔任下軍大夫。從箕城回來以後，襄公就用諸侯大臣中的最高級命令，令先且居率領中軍，用次一等的命令，把先茅的縣邑，賞給了胥臣，並且說：「這是由於推舉郤缺有功的關係。」然後再用三等品級的命令，令郤缺為卿，再把冀國封賞給他。由於臼季的推薦，郤缺不僅被封為卿，而且也重得了冀國。這一方面表現了晉君的從善如流，知人善任，同時也表現了郤缺的確有其德。

人之觀，隨所遇而變：過朝廷則觀政，過障戍❶則觀備，過營壘則觀兵，過廛市則觀貨，所觀未嘗不隨所遇也。惟因所遇而觀，故將求士者，必之庠焉、序焉、校焉、塾焉。捨庠序❷校塾而適野，則所見畎畝而已矣，稼穡而已矣，農夫而已矣。於此而求士，是猶求魚於山，求獸於海，果何從而得之哉？彼臼季出使而得冀缺於耕饁❸之間，其亦異於人之觀矣！臼季，文公之近臣也，居則華屋，出則雕軒❹。方其奉君命而使，佩玉長裾，光麗溢目，麾幢旌節❺，貴震一時。使他人居之，則意必滿，氣必揚。下視農夫霑體塗足❻之勞，將顰蹙嘔噦❼而不肯觀矣。況東阡西陌❽，不知其幾畝也；前耘後耕，不知其幾人也；婦饁子餉，不知其幾家也。棼棼闐闐❾，往來如織，何以辨其孰肅❿、孰慢、孰莊、孰肆、孰敬、孰怠耶？臼季於道路駐足之頃，驟拔冀缺於千鎛萬笠⓫之間，舉之於君，列之於卿大夫之間，迄為名臣，不負所舉。吾不知臼季且何術以觀之也？

蓋嘗聞之，昔之在公卿之位者，未嘗不以求士為首務，日之所思者，士也；暮之所思者，士也。在朝、退朝、出疆、入疆，未嘗須臾忘士。思之既深，故雖田野之間，莽蒼⓬之外，寸長片善未有不投吾之意而動吾之目者。吾非數數然⓭求見之也，吾心在於求士，則士自見於吾心也。鑑以照物為職。吾明既徹，則物自入其照；公卿以求士為職，吾誠既立，則士自入其求。如使本無求士之誠，則雖左顧右盼，見一人而問之，又見一人而質之，體煩目眩，精耗神竭，而所謂真賢實能者未必不失之交臂之間矣！觀茅容⑭之避雨，未有知容之賢者也，而郭泰⑮獨知之者，非泰之觀異於眾人，泰求士之心異於眾人也！過冀缺之耕饁，未有知缺之敬者也，而臼季獨知之者，非季之見異於眾人，季求士之心異於眾人也。苟所觀者以目而不以心，則見避雨而偶不箕踞者，遽謂之茅容；見耕饁而偶不嫚侮者，遽謂之冀缺，可耶？

吾嘗考臼季冀缺之事，而知古今風俗之變，有大不同者焉。古者公卿有不遇之歎，而布衣無不遇之歎；後世布衣有不遇之歎，而公卿無不遇之歎。古者公卿以求士為己責，故常以不遇賢者為憂。至於布衣，外無責，內無憂，囂囂然何往而不遇哉？故臼季惟恐不遇冀缺，而冀缺不恐不遇臼季也。後世之公卿以得位為遇，後世之布衣以無位為不遇。下求之愈急，上應之愈緩，而風俗日以薄矣。非自拔於汙俗之中，殆未足與論遇不遇之真在也。

【注釋】❶障戍　屏障戍守。猶今防禦工事或國防工事。❷庠序　古代由地方所設置的學校，後用以為學校的泛稱。❸饁　送飯給在田間耕作的人吃。❹雕軒　指華麗的車子。軒，古代大夫以上所乘的車。❺麾幢旌節　指擁有威武壯麗的儀仗隨從。麾幢，一作幢麾。是古代飾有羽毛的一種旗幟，供儀仗用。節，即符節。❻霑體塗足　謂農夫在田間耕作，全身沾滿了泥濘。霑，同「沾」。❼顰蹙嘔噦　謂眉頭緊鎖，額頭皺起，嘔吐難過。顰蹙，即顰眉蹙額的省語。噦，嘔吐時，只發聲而吐不出東西。❽東阡西陌　阡陌，田間的小路。用來區別田畝的界限。東西叫阡，南北叫陌。❾棼棼闐闐　指來往的人紛擾眾多。棼棼，紛擾的樣子。闐闐，盛滿的樣子。❿肅　恭敬。⓫千鎛萬笠　比喻眾多的農人。鎛，鋤田的農具。⓬莽蒼　形容郊野景色蒼茫的樣子。⓭數數然　屢次的；一個一個的。然，為詞尾。⓮茅容　東漢陳留（在今河南省開封縣東南）人。字季偉，事母孝，為郭泰所遇知，勸之學，終有所成。⓯郭泰　東漢界休（今山西省介休縣）人。字林宗，博通墳典，居家教授，弟子數千人。嘗往洛陽遊，與河南尹李膺相友善，名震京師。

【語　譯】人的觀察事物，隨著遭遇的環境而有所不同：當經過朝廷的時候，則觀察施政的得失；經過國防要塞時，則觀察軍備的良窳；經過軍營時，則觀察軍紀的有無；經過市場時，則觀察貨色的多寡，所觀察的對象未嘗不因遭遇的環境而改變。正因為所遭遇的環境不同，所觀察的事物也不同，所以，要想徵求有才能的讀書人，就必須前往各地公私立學校去尋求。若捨棄各級學校而前往荒郊野外，則所能見到的，只不過是田畝、農作物與耕作的農夫罷了。在這種地方想求得有才能的讀書人，就好像在山上捕魚，在海中獵獸一樣，怎麼可能達到目的呢？臼季出使，在冀國看到冀缺耕種，於妻子送飯時，表現出相敬如賓的行為而拔舉他，這種方式，並不同於一般人的觀察。臼季是晉文公所倚重的大臣，所居住的，是華美的大廈，出入則乘坐華麗的馬車。當他奉國君之命而出使時，穿著的衣服上裝飾著佩玉，光彩豔麗奪目，跟隨著威武壯麗的儀仗隨從，尊貴的地位，震撼四方。如果使別人處在這種地位，則必志得意滿，趾高氣揚。下看田間耕作的農夫，全身沾滿了泥濘在辛勞地工作，可能會攢眉皺額，嘔吐難過，而不願從事於觀察。何況田間小路縱橫，在廣大的地區中，不知道有多少畝的田地；有的耘草，有的耕種，不知有多少人；送飯的婦人與小孩，也不知有多少家。在這往來如織、紛擾眾多的人群中，又如何去辨別誰是恭敬的、誰是傲慢的、誰是端莊的、誰是放肆的、誰是認真的、誰是懈怠的？臼季只是在道路上作短暫的停留，就能很快的從眾多的農人中，舉拔了冀缺，推薦給國君，使列於卿大夫之位，以至為國家名臣，沒有辜負臼季的提攜。我不知道臼季是不是有什麼特殊的方法從事於觀察？

曾聽說，以前處在公卿之位的人，未嘗不以求士為首要的事務。早上所想的，是有才能的人；晚上所想的，也是有才能的人。不論是在朝居家，出使國外或回到國內，都不曾有片刻的時間，忘記尋訪有才能的人。思求士的心，既然如此深切，因此，雖然在田野之間，荒郊之外，即使是細微的長處或善行，沒有不投合我的心意而吸引我的注意力的。我並沒有刻意的一個個去觀察，只因為我誠心誠意的在求士，所以有才能的人，也就會自然的顯現在我的心中了。鏡以照映事物為職責，我的明察既然是清徹如鏡，那麼事物自然入於映照之中；公卿以求得有才能的人為職責，我求士的誠意，既然如此堅毅不移，則有才能的人，自然能為我所求得。如果原本就沒有求士的誠意，那麼雖然左顧右盼，看到人就質問，弄得身體勞累、頭昏眼花、精疲力竭，而真正所謂有賢德有才能的人，卻未必不失之交臂之間呢！看到茅容避雨的人，都沒有看出茅容的賢能，而郭泰獨具慧眼，並非郭泰的觀察有異於眾人，乃是因郭泰求士的心，有異於眾人啊！看到冀缺耕作與妻子來送飯的人，都沒有看出冀缺的肅敬，而臼季慧眼獨具，並非臼季的見識有異於眾人，乃是因臼季求士的心有異於眾人。如果觀察用眼而不用心，偶而看到一個避雨的人不伸腿而坐，就說他有茅容之賢；或偶而見到一個耕作送飯的人不輕慢隨便，就說他有冀缺之敬，可以嗎？

我曾經考證過臼季與冀缺知遇之事，而得知古今風俗的轉變，已有很大的差距。在古代，公卿有不被重用的感慨，而平民則沒有不被知曉的感歎；後世的平民，有不被知曉的感歎，而公卿則沒有不被重用的感慨。在古代，公卿以求得有才能的人為自己的責任，所以常以遇不到賢能的人為憂慮。至於一般的平民百姓，既不擔負責任，因此，心中也就沒有什麼可憂慮的，無欲無求，不管到任何地方，都可隨遇而安啊！所以臼季惟恐無法遇到冀缺這樣賢能的人，而冀缺根本不擔心碰不到臼季這樣知人的人。後世的公卿，以為得到高位才是被重用，後世的平民，則以為不得祿位就是不被知曉。下位的人需求愈是急切，在上位的人，回應的就愈是緩慢，而風俗也因此一天比一天的輕薄而不厚道了。若不是能超脫於這種不良風氣的人，也不值得和他探討遇與不遇的真諦了。

【研　析】本篇分為三段，茲評析如次：

第一段：說明觀察事物，因境遇而各有所不同。必須明其道，通其理，察其微細，依情實各加以留意。並進一步推求臼季觀察「耕饁」間的用心，筆觸非常敏銳，給讀者帶來不少啟發。

第二段：說明公卿的惟一職責，就是求士，朝思暮想，無不以得士為懷。如能竭誠以為，即可收如鑑照物之效。尤有進者，非以「目」觀士，而當以「心」觀士。如是所觀而得者，方為真正所求的士。這確實是體察切悟的話，值得在上位的人深思。

第三段：說明風俗的差異，古今懸遠。古時公卿有不遇士的慨歎，而布衣無不遇時的抱怨。然而後世時移勢變，其事適為相反。公卿以得位為遇，布衣以無位為不遇。在下位的人，索求愈是急切，在上位的人，所能應求的，也就愈為緩慢，如此以來，而風俗又怎能不日以偷薄呢？以此事與現在的世風相較，作者遠在宋代，就能深體此理，明察其道，而放眼今日社會，又不如宋代遠甚，「公卿」、「布衣」之士，應作如何的努力？

晉陽處父侵蔡楚子上救之與晉師夾道泜水❶而軍　僖公三十三年

【題　解】僖公三十三年（西元前六二七年），晉國的陽處父帥師侵蔡，楚國的子上引兵救援，於是晉、楚二國的軍隊，夾泜水駐紮。陽處父深以為憂，於是就用「來文的話，就不可以觸犯順理的人，用武的話，就不能有躲避敵人的行為」為說辭，想先打動子上，約定不論楚軍渡河，或是晉軍渡河，必待對方渡河擺好陣勢以後，再行作戰，以決雌雄。結果楚子上聽了大孫伯的勸說，就答應先行退兵三十里，讓晉軍渡河紮營。這時晉軍不僅沒有渡河，反而揚言楚師已經遁逃，就班師而回了。楚子上則因晉師已退，當然也只好回師。此時子上的仇家太子商臣，乘機詆毀子上，說他接受了晉軍的賄賂，所以才遁逃而回，使國家蒙受莫大的恥辱，犯下了無可赦免的大罪，於是楚成王就殺了子上。作者即針對此事，立論申說，表示了一己的看法。

國毀當辨，身毀當容；國辱當爭，身辱當受，是固不可格❷以一律也。昔夫子能忍匡❸人之圍，而不能忍萊夷❹之兵；能忍南子❺之見，而不能忍優施❻之舞。聖人之心何其多變也？繞指之柔❼，忽變而為擊柱之剛；緩帶之和，忽變而為奮髯之怒。迭弛迭張，迭弱迭強，闔闢推移，不主故常。是非聖人樂於多變也，處身之與處國，其法固不相參❽也。毀辱在身，聖人納之而不校也。此匡人之圍、南子之見，夫子所以未嘗一動念也。毀辱在國，聖人競之而不置也。此萊夷之兵、優施之舞，夫子所以未嘗一毫貸也。

楚子上為陽處父所薄而退舍，加以遁逃之謗。為子上者，盍思是謗其身之謗乎？其國之謗乎？使所謗止於子上之身，則不與之校者，盛德也、閎量也、大度也。今遁逃之謗，不專及其身，而且及其師；不專及其師，而且及其國。為子上者，安可嘿嘿❾受謗，遽帥師而歸乎？楚與晉爭衡久矣，一旦為陽處父而被以逃遁之名，子上曾不出一語與之競。天下必以為楚師之真遁，皆將雄晉而雌楚。吾不知而今而後，幾戰幾勝，而後可洗此恥耶？

然則為子上者將奈何？曰：夾泜之師，兩軍相望，先濟不可也，先退亦不可也。先濟，則晉將乘之逞邀擊之計；先退，則晉將藉之為班師之名。子上盍當退舍之際，遣一介之使以告晉師曰：「大國有命，敝邑不敢違，是以在此為大國退，既成列矣，使人敢請濟期。」彼陽處父無辭以對，然後卷甲束馬而趨之。雖使不及晉師，然遁逃之名，將在晉而不在楚矣！處父何自駕其謗，商臣何自入其譖哉？

大抵君子勇於公而怯於私，在家庭、在鄉黨、在田野，含垢忍恥，見侮不校，恂恂愉愉，人百欺之而不以為忤。在廟堂、在軍旅、在官府，燭奸擿隱❿，洞見肺肝，凜凜冽冽，雖人一欺之亦未嘗容。其所以不移朝廷、軍旅、官府之勇，而變家庭、鄉黨、田野之怯，非嫌於私己也，一己之尊，萬物無對。其所以不與人校者，非不敢校也，不見有可校者也。舉梃擊空，適以自勞；舉刀斷水，適以自困；彼之來毀譽者，適所以自損耳。吾從容無為，而置彼於不足校之地，勇不既大矣乎？至於國家之事，則存亡安危繫焉，不得已而出力與之校，校而以力，則其威褻矣。是知怯於私者，眾人以為怯，而君子則以為勇之大也。

【注　釋】❶泜水　水名。又名滍水，俗名沙河。源出今河南省魯山縣西的伏牛山，東流注入汝水。❷格　準則；限制。❸匡　地名。在今河北省西南境長垣縣西南。❹萊夷　在今山東省黃縣。❺南子　春秋時衛靈公夫人。把持衛國政治，行為不正，聲名不好。❻優施　春秋時晉獻公的優伶，名施。與驪姬私通，並為她籌劃廢嫡立庶的策略。在此用來比喻俳優侏儒。❼繞指之柔　比喻性情經過陶冶以後，變得和平柔軟。❽參　通「摻」。參雜；參合。❾嘿嘿　沉默。嘿，同「默」。❿燭奸擿隱　燭照奸邪，揭發隱伏。

【語　譯】當國家遭受毀謗時應明辨，自身遭受毀謗時應包容；國家遭到侮辱時應力爭，自身遭到侮辱時應忍受，這本來就不能拘泥於不變的準則。當年孔子能容忍匡人的圍困之辱，卻不能容忍萊夷人的兵力騷擾；能容忍見南子招致的不名譽，卻不能容忍齊侯使俳優侏儒舞於魯定公之前。聖人的處事態度為何如此善變呢？繞指的柔和，忽然一變而為擊柱的剛強；緩帶般的安舒，忽然一變而為奮鬣樣的怒容。時而鬆弛，時而緊張，時而柔弱，時而剛強，一開一闔，相互推移，並沒有一定的法則。這並不表示聖人樂於多變，乃是站在個人立場與站在國家立場，其處事方法各不相同，不可混為一談。如果毀謗與侮辱在自身，聖人委曲忍受，並不與之計較。這就是在匡人之圍與南子之見的事件中，孔子所以不曾想要與之計較的緣故。如果毀謗與侮辱施加於國家，則聖人必與之周旋而不棄置不管。這就是萊夷之兵與俳優侏儒之舞現於前時，孔子未嘗有絲毫寬貸的理由。

楚國子上被陽處父所欺而撤退軍隊，因此被人毀謗為臨陣遁逃。處在子上的地位，何不思量一下，這種毀謗是毀謗他個人呢？還是毀謗他的國家？如果所毀謗的僅止於子上個人，則不去計較，那是一種美盛的道德，是寬闊大量，是不拘小節的人。而今臨陣遁逃的毀謗，不專止於子上個人，而且殃及他的軍隊；又不專止於他的軍隊，而且殃及他的國家。處於子上的地位，怎麼可以保持沉默來承受這種毀謗，而突然率領軍隊回國呢？楚與晉互爭勝負已經很久了，一旦為陽處父加上臨陣遁逃的惡名，子上卻不曾提出一句話與他競辯。天下人必定認為楚國軍隊真的臨陣遁逃，都將以晉為強國而看輕楚國。我無法想像從此之後，楚國必須要打多少勝仗，然後才能洗刷這種恥辱？

這樣說來，那麼處在子上的地位，應該如何處理呢？當時晉楚兩國的軍隊，隔著泜水，相望駐紮，先渡河固然不可，先撤退也行不通。若先渡河，則晉軍將會乘機使他攔截突擊的計畫得逞；先撤退，則晉軍將以此為還師的藉口。子上何不在退兵之際，派遣使者通知晉軍說：「貴國的命令，我們不敢違背，所以在此先為貴國後退，如今已擺好陣勢，派人來請問貴國何時渡河。」使得陽處父無話回答，然後卷甲收兵而退。即使所派出的使者未能到達晉軍，向陽處父說明，然而臨陣遁逃的罪名也將會在晉而不在楚了！這樣一來，陽處父從何處使用其毀謗，而商臣又從何處進行其詆譖呢？

大致說來，君子勇於公事，而怯於私爭，不論在家庭、在鄉里、在田野，都能容忍著恥辱，被人欺侮也不去計較，性情恭順和悅，即使再多次的被人欺侮也不以為意。但在朝廷、在軍旅、在官府，則能明察奸邪以揭發隱惡，就好像洞悉他們的肺肝一樣，言行肅穆而清明，即使偶而被人欺侮一次也不能容忍。君子所以不將在朝廷、在軍旅、在官府所表現出來的勇氣去改變在家庭、在鄉里、在田野中所表現的怯懦，並不是對自己有所嫌棄，一個堂堂正正的人所顯現出來的尊嚴，萬事萬物是無法匹敵的。君子所以不與人計較一己的私事，並非不敢計較，而是根本不認為有什麼可計較的。高舉木棒朝空中擊打，徒然勞累自己的身體；舉刀截斷水流，也適足以使自己困乏。別人來毀謗我，這正是他自我的損傷。我悠然自得，不必有什麼作為，就可將對方置於不值得計較的境地，這不已經是大勇了嗎？至於毀謗國家的事，則關係著存亡安危，不得不盡力與之計較，若能竭盡心力與之較量，則對方的威勢必受打擊而渙散。所以，對一己受辱畏怯不前的，眾人都以為是怯懦的表現，而君子則以為這才是大勇的表現呢！

【研　析】本篇立意，有四事可供我們探討。

第一：說明仁人君子，對辱國和辱身的權變。本身受辱，當抱持寬容態度，不作計較。如是不僅可以減少紛爭，同時也可以借著一己的容忍，而使對方作自我反省，幡然悔悟。如國家受辱，就應毅然決然，予以明辨力爭，一絲一毫，也不可以寬假。惟有國格受到尊重，個人始能受到尊重。如人人都有這種見解，而國家尊嚴的維護，不僅強固無比，而且可以永遠保持。

第二：說明子上短於用謀，遇事不加深思，鬥力可能有餘，鬥智則嫌不足，是以未能以社稷的聲譽為重，以致遭到遁逃不名譽的毀謗。使得他百口莫辯，冤情難以昭雪，最後終遭殺身之禍。明辨公私，慎謀能斷，乃操勝算的不二法門，為人行事，怎可疏忽？

第三：說明子上對陽處父所提意見，應在行動前，派遣使臣至晉軍，表示應允他們的請求，使陽處父無辭以答，即可免於遁逃不名譽的聲名，以致有辱國體。俗語說：「兵不厭詐。」兩軍對壘，竟然如此輕舉妄動，致使仇家有借隙詆毀的機會，終遭殺身之禍，就兵言兵，既有辱國體之名，又能怨誰？

第四：說明君子勇於公戰，而怯於私鬥，這才是真正的大勇。然而小人的作為，卻好逞口舌之爭，勇於私鬥，以己身受辱為不可容忍之恥，故「拔劍而起，挺身而鬥」的情事，層出不窮，以致影響社會國家，迄無寧日。君子小人的分別，在這裏不也就看得很清楚了嗎？

周叔服相公孫敖二子

文公元年　越椒生而子文知其滅若敖氏　宣公四

年

伯石生而叔向之母知其喪羊舌氏　昭公二十八年

【題解】這三條所談的，都是相術。在表面上看，雖然是三件事情，可是如就其表達的意旨類別說，則沒有什麼不同。

周叔服相公孫敖二子：此事發生在文公元年（西元前六二六年）。當時周天子派遣內史叔服，前來參加魯僖公的葬禮，魯大夫公孫敖，聽說他會看相，就把自己的兩個兒子叫出來拜見叔服。他看了以後說：「穀（文伯），可以盡奉祭祀、供養您（公孫敖）的責任。難（惠叔），將來可以為您安葬。又因穀的頤頰豐滿，後代一定能在魯國昌盛起來。」

越椒生而子文知其滅若敖氏：此事記載在宣公四年（西元前六〇五年）。大意是說：當初楚國的司馬子良，剛生下子越椒，子文（子良兄）主張一定要把他殺掉，因為這個孩子有熊虎一樣的狀貌，豺狼一樣的聲音，如果不殺掉他，將來的若敖氏，必然會因他的作為而被消滅的，俗話說：「狼子野心」，這孩子既然是一條狼，難道說還可以養活嗎？話雖如此說，可是子良並沒有同意。然而子文卻始終耿耿於懷，所以在他臨死時，向族人交代說：「如果椒一旦執政，就快點逃走吧，否則定會遭到災殃的。」後來子越椒與楚王爭位，果然被打敗而滅了若敖氏。

伯石生而叔向之母知其喪羊舌氏：此事記載在昭公二十八年（西元前五一四年）。大意是說：起初晉國的叔向，想娶申公巫臣的女兒為妻，可是他的母親卻要他娶自己娘家的親族。叔向因意識到舅氏家女兒不易生男孩而不願意。然而當他聽了母親所說巫臣的妻子，曾經殺死三個丈夫，一個國君，一個兒子，滅亡一個國家，並且使兩個卿逃亡的故事後，才害怕起來，便不敢娶巫臣的女兒為妻了。可是晉平公卻又非要他娶不可。不久生了伯石，叔向的母親聽說後，要去看孫子，哪知剛走到堂前，一聽到伯石的哭聲，就轉身往回走，並且說：「這是豺狼的聲音，像豺狼樣的男孩，必定有野心，不是他，沒有人能使我們羊舌氏喪亡。」

關於《左氏》這方面的記載，晉朝的范寧，早已說過「《左氏》豔而富，其失也巫」的話了。作者似覺意有未盡，又站在另一角度，將一己的見解，表達了出來。

勢相敵而後訟，未有非其敵而訟者也。非其敵而訟焉，則大者喪其為大矣。公卿之於皁隸也、巨室之於窶氏也、儒者之於卜祝也，邈乎其勢之不相敵也。親屈❶公卿之貴，而與皁隸訟；親屈巨室之富，而與窶人訟；親屈儒者之重，而與卜祝訟，勝之不武，不勝為笑，適以自卑而已矣。荀卿❷以大儒而著非相之篇❸，下與卜祝較，何其不自愛也！彼挾相術以苟衣食者，卑冗凡賤，廁迹於巫醫優伶之間，仰視儒者，如斥鷃❹望大鵬於羊角❺扶搖❻之上，敢有一毫爭衡之心乎？荀卿忽降尊貶重，譊譊❼然與相師辨，連簡累牘而不已。是書一出，相師之氣坐增十倍，互相告語，以謂我何人也？卜祝也；彼何人也？儒者也，我何足以致彼之爭，彼亦何苦與我爭也？今彼乃明目張膽，極其辨而與我爭曲直，恐不勝者，是必我之道可以與彼抗也。由是卜祝之流，人相勸，家相勉，支分派別，相形之術遂蔓延於天下矣！然則荀卿之於相術，將以排之，適以助之；將以抑之，適以揚之。非相之篇，吾恐未免為是相之篇也。

自孔子以前，相術固已概見於世矣！若周叔服相公孫敖之二子，一言其必食子❽，一言其必收子❾。是以相而預言人之福也。文子及叔向母見越椒、伯石之始生，一言其必滅若敖氏，一言其必喪羊舌氏。是以相而預言人之禍也。數十年之後，福焉而福，禍焉而禍，無一不合。誇於口者有之，筆於書者有之。孔子未嘗過而問焉，豈孔子衛道之心反緩於荀卿耶？孔子以謂：天下之曲伎小術，雜焉而不可縷數，如蜩蟬蛙黽，自鳴自止，本不足為吾道之輕重。荀獨取其一而辨焉，則天下必以是為術也，至勞聖人與之辨，必其道可與聖人抗，殆將有陷溺而從之矣！是不能為吾道損一異端，反為吾道增一異端也。天下本未嘗以異端待相術，荀卿強斥以為異端，而與之辨，無故而為吾道增一異端，非卿之罪耶？

吾觀孔子周遊於天下，鄙夫陋人每以區區相術而窺之，有曰顙類堯也，有曰項類皋陶⑩也，有曰肩類子產⑪也。孔子與門弟子聞之，不過付之一笑耳，豈非曲伎小術，初不足與論是非耶？乃若吾夫子之門自有相書，殆非卜祝所誦之相書也。申申⑫夭夭⑬，即孔門相容貌之術；誾誾⑭侃侃⑮，即孔門相言語之術；躩⑯如翼⑰如，即孔門相步趨之術；勃如⑱怡如，即孔門相顏色之術。一部一位，一占一候，毫釐不差，季咸⑲、唐舉⑳、許負㉑之術，至是皆敗矣。曾子傳此相書以相人，故發而為動容貌㉒之論；子思傳此相書以相人，故發而為動乎四體㉓之論；孟子傳此相書以相人，故發而為眸子瞭㉔眊㉕之論。苟荀孔門之相書，將心醉服膺之不暇，何暇非他人之相書耶？

【注　釋】❶親屈　自己寧願卑下。引申有「不顧自身地位」的意思。❷荀卿　即荀況（約西元前三一五—前二三六年）。戰國時趙人，時人尊稱為荀卿。漢人避宣帝諱，改稱孫卿。著《荀子》三十二篇及賦十篇。❸非相之篇　即〈非相〉篇，《荀子》篇名。認為用相術視人骨狀以知吉凶貴賤的說法，為妄誕不經，時人以此惑世，或矜其狀貌而忽於務實，所以荀卿作此篇，來說明相術的非是。❹斥鷃　小鳥名，即鵪鶉。斥，本作尺，古通。鷃，也作鴳。❺羊角　曲而上升的旋風。❻扶搖　自下盤旋而上的暴風。❼譊譊　爭辯的聲音。❽食子　奉祭祀供養公孫敖。子，指公孫敖。❾收子　安葬公孫敖。❿皋陶　虞舜時的賢臣，掌理刑獄的事務。皋，一作臯。也作咎繇、咎陶。⓫子產　（？—西元前五二二年）春秋鄭大夫，名僑，字子產，穆公孫，人稱公孫僑。為政寬猛並濟，內以禮法馭強宗，外以口舌折強國，使鄭國得免兵革而和平數十年。⓬申申　和舒的樣子。⓭夭夭　容貌和舒的樣子。⓮誾誾　中正和敬的樣子。⓯侃侃　和樂的樣子。又剛直的樣子。⓰躩　快走。⓱翼　敬謹。⓲勃如　臉色變成莊重的樣子。⓳季咸　春秋鄭（今河南省鄭縣）人。神巫。能知人生死禍福。⓴唐舉　戰國梁人，也叫唐莒。精通相術，曾經相李兌、蔡澤，後皆驗證。㉑許負　漢河內溫（今河南省溫縣）人。工相人，周亞夫為河內守時，負從背後相他說：「君後三歲而侯，侯八歲為將相，其後九歲而君餓死。」後果如其所說。高帝封為鳴嶋亭侯。㉒動容貌　容貌依禮而動。見《論語．泰伯》。㉓四體　即四肢。朱子注：「四體，謂動作威儀之間，如執玉高卑，其容俯仰之類。」見《中庸》第二十四章。㉔瞭　眼珠明亮。㉕眊　目不明。即眼神不足。

【語　譯】在勢均力敵的情況下，雙方才會互有爭論，沒有實力不相當而相互爭論的。若實力不相當而相互爭論，那麼原本強大的一方，就喪失了強大的尊貴。如公卿與賤役、豪富與貧窮、儒者與巫師，地位差距之大，根本不能相比。若委曲公卿的尊貴來和賤役爭論，委曲富豪的富庶而與窮人爭論，或委曲儒家的莊重而與巫師爭論，就算贏了，也沒有什麼光榮，如果輸了，反被人笑話，適足以貶低自己的身分罷了。荀卿以儒學大家的身分，竟發表「非相」的言論，下與卜人巫師計較，是多麼地不知自愛啊！那些憑著為人推測命運來維持生活的人，卑賤平庸，擠身在巫醫優伶低下的職業之中，仰視儒家學者，就如同小鷃雀仰望盤旋於暴風中的大鵬鳥一般，還膽敢有絲毫較量勝負的心嗎？今荀卿忽然降低尊嚴，自貶身價，譊譊然與相命的人爭辯，長篇大論不休。這篇文章一公開，這些相命人的氣勢無形中增加了十倍，他們互相告訴，以為：我是什麼身分的人？只是個替人算命的人；荀卿是什麼身分的人？是位儒學大家，我哪裏有資格引起他的爭論，他又何苦與我爭勝呢？如今荀卿卻明目張膽，極其能事的與我爭論是非曲直，就好像唯恐不能得勝似的，這一定是我輩的道術，可以與儒家相抗衡。由此卜人巫師之輩，人人相勸進，家家相勉勵，很快地就形成了支派，看相論形之術，因此就蔓延於天下了。如此說來，荀卿對於相命之術，原意是要排斥它，結果卻助長了它的氣勢；原想遏止它，反而使它發揚光大。「非相」的篇名，恐怕應該改為「是相」篇了！

雖然孔子以前，相命之術就已經流傳於世了！如周朝的叔服替公孫敖的兩個兒子看相，一個斷定他必能祭祀供養公孫敖，另一個則說他必能安葬公孫敖。這是以相術來預言人的福分。文子和叔向的母親在越椒和伯石剛生下來時，就因長相和哭聲認定越椒將使若敖氏滅族，伯石將使羊舌氏喪亡。這是以相術來預言人的災禍。數十年以後，說他有福的果然有福，說他有禍的也果然災禍臨身，沒有一個預言不靈驗的。有人因此而到處宣揚，也有人將它記載在書上。孔子卻不曾加以過問，難道是孔子衛道的心意反不如荀卿急切嗎？事實上孔子認為：天下的雕蟲小道，雜亂紛陳而不可細數，如蟬如蛙，讓他們自鳴自止好了，根本不可能對我們的道術有任何影響。如果只取其中的一派加以辨析評論，那麼天下的人，必以為它是一家之術，甚至勞動聖人與之爭辯，那一定是他的道術可以與聖人之道相抗衡，這就恐怕有人將要陷溺其中而盲從了。這樣做不但不能為我們的道術減少一異端，反而為我們的道術增加一異端。天下人本不曾將相術視為異端，荀卿硬要斥責其為異端而與之爭辨，無緣無故地為我們的道術增一異端，這不是荀卿的罪過麼？

我看孔子周遊各國時，一些見識鄙陋淺薄的人，每每以微不足稱的相術來窺視孔子，有人說他的額頭像唐堯，有人說他的脖子像皋陶，也有人說他的肩膀像子產。孔子與門下弟子聽了這些話，不過置之一笑罷了，難道不是因為這雕蟲小技，實在不值得與之爭論是非嗎？其實，在孔夫子門中，自有看相的書，當然不是卜人巫師們所傳誦的相書。如《論語》中的「申申」、「夭夭」，就是孔子門下相容貌的方術；「誾誾」、「侃侃」，就是孔子門下相言語的方術；「躩如」、「翼如」，就是孔子門下相步法的方術；「勃如」、「怡如」，則是孔子門下相顏色的方術。看了某部位的表情動作，就能知道某人的心情與處境，一次占卜，就可得到一次應驗，沒有絲毫的差失，而季咸、唐舉、許負的相命方術，至此也就全然不攻自敗了。曾子傳習孔門的相書來觀察人，因而提出了「動容貌」的議論；子思傳習孔門的相書來觀察人，因而提出「動乎四體」的議論；孟子傳習孔門的相書來觀察人，因而提出「眸子瞭眊」的議論。如果荀卿能習得孔門的相書，將會一心嚮往信服猶恐不及，哪裏還有閒工夫去排斥別人的相書呢？

【研析】本篇以相術小道為主題，作者闡發一己見解，所言有是有非，茲分析如次：

第一段：說明相術的所以能蔓延天下，就是因為荀卿作〈非相篇〉所致。假如荀卿不作，相術小道，任其自生自滅，反不致有什麼發展。

第二段：說明荀卿不應以儒者之尊，與微不足道的相術，爭長道短。這樣一來，反而會使相術小道，自高身價，成為異端，敢與儒術爭衡。而且以為其術的高深，與受世人重視的程度，足可與儒術並駕齊驅。

第三段：說明孔門自有相書，荀卿不知善加發揚運用，反而非他人的相術，有失儒者自尊。案：相術本已存在，荀卿所以有〈非相篇〉的發表，似有類於孟子闢邪說、放淫辭的主張。其用心不可說不善。無如天地間，知識無盡，各得一察而善加運用，對人生來說，未始不有助益。惟因當時荀卿所見、所體的相術，多以骨狀、面貌、聲音，妄斷人的禍福，往往流於無稽，影響所及，使人們不再務實進取。就是不務正業，或僅臥在家中，不作任何努力，照樣可以大富大貴。常此以往，還有誰願意工作奮鬥？而作者不在這方面著眼，僅斷斷於大小尊卑的不相稱，似有失公允。

閏❶三月非禮

文公元年　閏不告朔　文公六年　辰在申再失閏　襄公二十七年　火西流司曆過　哀公十二年

【題　解】本文在強調閏月為曆法的樞紐，司曆的置閏，政令的舉措，均不可掉以輕心，致有所誤差。作者就《左傳》記載，舉出有關問題四事，作為立論的基礎：

一、閏三月非禮：此事載於《左傳》文公元年（西元前六二六年），說明在三月置閏，是不合禮制的。我國古代曆法，皆以冬至為始，然後再測定春分、秋分、夏至、冬至的月份，作四時的中月，把剩餘的日子，總歸在一年的末尾，稱為十三月。其實即閏十二月。至殷祖甲以後，置閏就不一定在十二月末了。

二、閏不告朔：此事載於《左傳》文公六年（西元前六二一年），是說在閏月的朔日，不告朔是不對的。因為用閏月來補正四時，如是上下各有所守，方可國治民富。以閏月所繫者大，不可以不告朔。

三、辰在申，再失閏：此事載於《左傳》襄公二十七年（西元前五四六年），是說斗柄指在申時，這分明是周正的九月。由於在兩次該置閏的月份而沒有置閏，所以才發生這種現象。

四、火西流，司曆過：此事載於《左傳》哀公十二年（西元前四八三年），說明已經到了十二月，黃昏時火星仍出現在西方，而沒有盡伏，這又是司曆該置閏而沒有置閏的過錯。案：夏曆九月昏，火星始入，十月昏則伏，今猶西流，則火星尚未盡沒，這是夏曆九月的現象。經書十二月，則是夏十月，曆官失一閏，故以九月為十月。

以上諸條，主在說明司曆的人，在該置閏的月份而未置閏，以致使天象有紊亂不合時節的現象。

天下之事，有若贅而實不可損者，君子之所當察也。三月而春，三月而夏，三月而秋，三月而冬。孟其始也，仲其中也，季其終也。孟仲季之月具，而始中終之序全，殆不可一毫加益。彼所謂閏者，果何為者耶？閏在春則春之贅也，閏在夏則夏之贅也，閏在秋則秋之贅也，閏在冬則冬之贅也。閏之附於四時若附贅，然聖人果何為置之耶？及問諸知曆者，然後知閏者實曆數之基本，四時之所待而正者也。太極❷運三辰五星於上，而元氣轉三統❸五行於下，上下經緯而天下至變生焉，苟不置閏以通其變，則周天之餘度❹誰與受之？朞年之餘日❺誰與受之？以有常之曆而追無常之天，日疏日遠，日舛日差，積而至於久，將見曆在震而時已夏矣，曆在離而時已秋矣。此魯曆之差，仲尼之譏，左氏之論，未嘗不本於置閏也。閏定則曆定，曆定則時定，孰知吾向日視為贅物者，乃曆數之大本乎！

因曆數而例其餘，則吾平居嗤笑以為贅而無用者，未必非至理之所在也。一揖可矣，三揖則贅；再拜可矣，百拜則贅。終日恪誠足以格鬼神，乃贅為七日之齋；終年勤苦足以通倫類，乃贅為九年之學，是皆吾平日之甚不快，猶是閏之贅也。以閏為贅而損之，則所差者特寒暑之節耳。至於以揖為贅者，損之又損，必至於不揖；以拜為贅者，損之又損，必至於不拜；以齋為贅者，損之又損，必至於不齋；以學為贅者，損之又損，必至於不學。然則聖人之教，凡世指為苛細繁委，贅而無用者，皆可以陰養天下之有用也，豈止一閏法而已哉！

雖然斗指兩辰❻謂之閏，是閏非辰之正也；月無專建謂之閏，是閏非月之正也；中氣❼不在謂之閏，是閏非氣之正也。如是，則人非特以為贅，天固以為贅矣！曰：非也。閏者，曆之樞也，使斗杓可得而指，月建❽可得而名，中氣可得而攝，則是亦四時之一耳。何以定四時而成歲乎？惟閏也。非辰之辰而斗杓所不能指，非月之月而月建所不能名，非氣之氣而中氣所不能攝。居章會統元❾之間，視之若贅，而千載之日繫焉，為曆官者安可棄而不攷耶？天下之理固有手之所不能指，口之所不能名，說之所不能攝，古今共棄而不攷者矣，此又非曆官之責也。

【注　釋】❶閏　農曆一年和地球環繞太陽運行一周的時間，大約相差十多日，故每隔數年，積累所餘的時日為閏，置閏月加以調整。❷太極　指原始混沌的元氣。天地未分以前，混而為一，元氣動而分陰陽，由陰陽而生四象，因而出現天、地、風、雷、水、火、山、澤八種自然現象，推衍為宇宙萬事萬物。❸三統　曆法名。為漢劉歆就鄧平的《太初曆》改造而成。曆法完備的記載，以《漢書》、《三統曆》為最早。❹周天之餘度　用肉眼觀測，所見天球上的大圓圈，即繞天球大圈一周，為周天。我國古代把周天分為三百六十五點二五度，太陽每天移動一度，一年移動三百六十五度，尚餘零點二五度，即為餘度，約等於六小時，故陽曆每四年閏一日。❺朞年之餘日　即農曆一周年三百五十四日與太陽周期三百六十五日五時四十分四十六秒的差數。我國在清代以前所用的曆法，稱為農曆，又叫陰曆。是混合太陽曆與太陰曆而成。月亮圓缺的周期，平均為二十九日十二時四十四分，約二十九點五日，所以大月三十日，小月二十九日。太陽的周期被每月二十九點五日除，得十二月，尚餘約十一又四分之一日，這就是朞年的餘日。以此餘日置閏，故有三年一閏，五年二閏，十九年七閏的閏法。❻辰　即十二辰。每辰代表一年。古代天文星象家，將黃道附近一周天，等分為十二份，並由東向西以子丑寅卯等十二地支相配，即為十二辰。再以假設的太歲星紀年，太歲順時鐘方向運轉，每經一辰，即為一年。❼中氣　農曆把二十四節氣，分配在十二個月中，以當月的月初為節氣，月中為中氣。如立春在農曆正月初，稱為節氣，雨水在月中以後，故稱為中氣。而無中氣的月份，即為閏月。❽月建　我國農曆以十二地支與十二個月相配。通常以冬至所在的十一月配子，稱為建子之月。由此順推，十二月為建丑之月，正月為建寅之月，二月為建卯之月，直到十月為建亥之月，如此周而復始。❾章會統元　指曆法。舊時曆法，以十九年為一章，章有七閏；四章為節，二十節為紀，三紀為元。又統元，為南宋紹興五年，詔命陳得一所修曆法名。

【語　譯】天下的事，有些好像是多餘而事實上不可缺少，這是君子所應當明察的。一年有三個月的春季，三個月的夏季，三個月的秋季，三個月的冬季。「孟」是每一季的首月，「仲」是中間的月份，「季」是最後的一個月。孟仲季三個月份具全，而始中終的順序完備，恐怕不能有絲毫的增加。而所謂的閏月，究竟是用來做什麼的呢？若將閏月置於春季，就成了春季的累贅；將閏月置於夏季，就成了夏季的累贅；將閏月置於秋季，就成了秋季的累贅；將閏月置於冬季，就成了冬季的累贅。閏月附在四季有如附加的累贅一樣，然而聖人定曆法為何還要設置閏月呢？後來請教了通曉曆法的人，才知道閏月其實是曆法計數的根本，四季節氣所賴以訂正的。太極運行日月星三辰與五星於上界，而元氣轉動三統曆法與五行於下界，上下交織而天下的各種變遷也就產生了。如果不設置閏月來調節時令的變遷，那麼周天的餘度由誰來承受？一年的餘日又由誰來接收？用一成不變的曆法去配合不規則的天道運行，由於太陽的疏遠與誤差，長久的累積下來，將產生曆法指在春季，而時令已到了夏季，曆法指在夏季，而時令已到了秋季的現象。這就是魯曆有了差誤，孔子所非議，左丘明所論述，未嘗不是本於置閏的原因啊！閏月定，那麼曆法才能定，曆法定，那麼四時節氣才能釐定。誰又能知道我們向來視為累贅的東西，竟然是曆數的根本呢！

以曆數為例而推究其他的事物，那麼我們平日譏笑以為多餘而無用的，未必不是真理的所在啊！若拱手作揖為禮，一次就可以了，三次即為多餘；又如拜謝，兩次就可以了，百次即為多餘；若終日齋戒守誠足以感通鬼神，七日的齋戒就是多餘；若終年勤勞苦學足以通達事理，九年的勤學就是多餘。這些都是我們平日非常不以為然，好像是閏月的累贅一樣。以閏月為多餘而減損它，則所偏差的只是寒暑節氣而已。至於以三次作揖為多餘，則一再減少，必至於不拱手為禮；以再次拜謝為多餘的，則一再減少，必至於不拜謝；以七日齋戒為多餘的，則一再減少，必至於不齋戒；以九年之學為多餘的，則一再減少，必至於不勤學。那麼，聖人的教化以為，凡世人所認為細微繁瑣，多餘而無用的，都可以暗中助長天下有用的事物，又豈止是一個閏月的法則而已呢！

雖然，斗杓指在兩辰之間稱為閏，表示閏月並非十二辰之正；月份無專屬稱為閏，這就表示閏月不是月建中的正月；中氣不在月中稱為閏，這又表示閏月不是中氣中的正月。如此說來，閏月則不只是人以為多餘，即使是上天原本也以為是多餘的嘍！其實，這樣的說法是錯誤的。閏月是曆法關鍵的所在，它可使斗杓指於十二辰，月建中的月份都有定名，中氣可以含攝在每個月中，則閏月也是四時之一。如何能定四時以成歲呢？必須有閏月的設置。不是十二辰中的辰，是斗杓所不能指的；不是十二月中的月，是月建所不能名的；不是二十四節氣中的氣，是中氣所不能含攝的。閏月在曆法中，看起來像是多餘的，然而千百年來的曆法與時序，卻由它來維繫，身為曆官的人，怎可棄而不加以考正呢？天下的道理固然有手所無法指出，口所不能形容，言語所不能統攝，而為古今所共棄而不加以考察的，這就不是曆官的責任了。

【研　析】作者就《左傳》所載有關失閏之事，提出一己的看法，並詳加闡述，以明究竟。其所立言，不僅精當，同時也具有啟發作用。

首先作者說明置閏乃曆數的根本，如不置閏，將春行夏令，夏行秋令，使人無所適從，故不可將置閏當作贅物來看。

其次說明在表面上看來，似乎無用乃至為贅疣的事物，而於實際生活中卻不可少的，倒是非常之多。如社會上彼此交往的禮節、讀書求知等都是如此。

第三段強調閏月為曆法的樞紐，不可或無，否則即無法成歲。

全文表達具體而翔實，觀點正確，說理周延，循序漸進之筆，尤能襯托出章法的謹嚴。

俗語說：天生萬物，必有所用。有些事物，在某一種角度看是無關宏旨，可是當換成另一角度觀察時，卻顯得十分重要。如就人生層面說，往往一些小禮節、小舉動，卻能影響大局面。因視、聽、言、動之微，足以顯示個人知識程度的高下，以及修養上的厚薄。就曆法說，「非辰之辰」、「非月之月」，向被「視之若贅，而又為千載之日所繫」，於此如不明察，慎予安排，又如何能不失誤、失禮？作者以「閏」雖為「非月之正」，但卻為曆法的樞紐相看待，所見極為明確。尤有進者，由曆官的疏忽，推而至於各階層乃至一般人的疏忽，當各自反省，不應一味責人而不知自責。結尾數語，特具畫龍點睛之妙。

楚太子商臣弒成王[1]

文公元年

【題解】商臣弒楚成王這件事，載於《左傳》文公元年（西元前六二六年）。大意是說：楚子欲立商臣為太子，想試探一下令尹子上的意見。子上則一以楚王尚未年老，又多內寵，不宜立太子，否則以後反悔再將他廢掉，必會發生叛亂；一以楚國立太子常以年少的人為對象，況且商臣「蠭目而豺聲」，是一個殘忍的人，所以不宜立為太子為由作答。不料成王竟然沒有聽從。後來果然反悔，又想立王子職為太子。商臣聞知並證實以後，就率領自己宮中的士卒圍弒成王，結果逼得成王自縊而死。

本篇作者以令尹子上的話，作為立論基點，借以闡發其對後世的影響。

天下之言，察於利害未驗之前，人皆以為難；察於利害既驗之後，人皆以為易。鯀❷能欺四岳❸於九載之初，而不能欺比屋於九載之後，非比屋果智於四岳也，未驗之與已驗，其難易固不同也。少正卯❹能欺子貢❺於兩觀❻方誅之始，而不能欺市人於兩觀既誅之餘，非市人果智於子貢也，未驗之與已驗，其難易固不同也。未見汨陳之禍，而能察鯀之策，則天下皆堯❼矣；未見偽辨之慝，而能察少正卯之言，則天下皆孔子矣！如必待既驗而後察之，特比屋市人之智耳。是故出夏癸❽於南巢❾，則必思伊尹❿不可再留；起商辛⓫於牧野⓬，則必思祖伊⓭不可再用；脫夫差⓮於姑蘇⓯，則必思子胥⓰不可再生。當利害既驗之後，雖至愚極暴之人，猶知其可從而悔其不從也。然則天下之言，當利害未驗之時察之，安得不謂之難乎？自利害既驗之後察之，安得不謂之易乎？

吾獨以為利害之未驗，察言者若難而實易；利害之既驗，察言者若易而實難。吾非樂與說者反也，所謂正言似反者也。利害未驗之前，利未見利，害未見害，吾心未為利害之所分，則所用以察言者，皆心之正也。以吾心之正，而察天下之言，其善其惡，其邪其正，畢陳於前而莫能遁，非難而易耶！至於利害既驗之後，吾見其言之驗，則竊意其言之可從，是以事信之，而非以心信之也；吾見其言之不驗，則竊意其言之不可從，是以事疑之，而非以心疑之也。信與疑不出於心而出於事，其弊可勝既耶！人臣之以是諫非者，君從之則有利，君不從之則有害。後世因其事之驗而信其言之驗，可也。抑不知天下固有以非諫非者，雖能知君之過，而己之諫亦不免於過；雖能舉君之失，而己之諫亦不免於失。君不從其言，固有害也；君從其言，亦有害也。後世徒見其君不從其言之害，而不見從其言之害，溺其事之驗，而忘其理之差，爭拾其遺說而襲之，蓋有亂亡相尋而不悟者矣。此吾所謂若易而實難者也，楚子上之事是已。

子上諫楚成王之立商臣，既中楚成王之非矣，而子上之所以諫者，亦未免於非也。既曰君之齒未也，而又多愛黜乃亂也；又曰楚國之舉常在少者。此二說者，實萬世禍亂之權輿。使楚成從其前之說，則國本不建，儲位久虛，得無起覬覦之姦乎？使楚成從其後之說，則嫡庶不明，長幼失序，得無開篡奪之萌乎？此二禍者，吾未知與熊蹯之變⑰孰先孰後也。

後世徒見子上料商臣之驗，遂信其言而納於禍。有以立嗣為諱，如唐宣宗⑱者，實子上齒未之言誤之也；有以庶孽奪宗，如隋文帝⑲者，實子上舉少之言誤之也。其餘以此墜命隕姓者，未易枚舉，豈非樂已驗之言而蹈未見之禍乎？彼商臣之惡，自非梟獍其心者皆知疾趨而避之，其禍後世，殆未若子上之烈也。張角⑳不足為漢禍，而討張角者乃為漢禍；盧循㉑不足為晉禍，而滅盧循者乃為晉禍；商臣不足為萬世禍，而排商臣者乃為萬世禍。天下之禍，固有機於此而動於彼者矣，夫豈始慮所及耶！

【注釋】❶成王　楚成王。春秋楚第十九代王，為文王子，名熊惲。在位四十六年，為世子商臣所弒。❷鯀　人名。即大禹的父親。因治水無功，被舜放逐於羽山而死。❸四岳　官名。四方諸侯之長。見《尚書・堯典》。❹少正卯　春秋時魯國大夫，與孔子同時，荀子以為為孔子所殺。❺子貢　春秋衛人。姓端木，名賜，字子貢。孔子弟子，善經商，有口才，料事多中，在孔門列於言語之科。❻兩觀　宮門外的兩座高臺，可供遠觀或張貼法令。一說兩觀是宮廷外懸掛法令之處。兩臺並列，故稱兩觀，又稱兩闕。❼堯　古唐帝。名放勳，帝嚳次子。初封陶，後徙唐，故又稱陶唐氏，號稱堯。繼兄摯為天子，法天，有德政，後禪位於舜，被譽為聖君。❽夏癸　即夏桀。夏代最後的一位君主。名癸，以荒淫暴虐，為商湯所滅。❾南巢　地名。在今安徽省巢縣西南，即居巢故城。成湯放逐夏桀於南巢，即此。❿伊尹　商湯輔臣。名摯。助湯伐桀滅夏，湯尊為阿衡。據《史記・殷本紀》所載，伊尹曾去湯適夏，桀不能用。既醜有夏，復歸於亳。⓫商辛　即商紂。也稱殷紂。帝乙少子，為商代末君。好酒淫樂，暴虐無道，為周武王所滅。⓬牧野　古地名。在今河南省淇縣南。周武王伐紂，戰於牧野，即此。⓭祖伊　紂時賢臣。祖己後。目睹西伯（周文王）滋大，乃以天命民情之可畏進諫紂王，紂不從，終至國滅。⓮夫差　春秋吳王闔閭子，繼立後，整軍經武，大敗越王句踐於會稽。又北伐齊，敗齊兵於艾陵，聲勢日隆。於周敬王三十年（西元前四八二年），大會諸侯於黃池（今河南省封邱縣南），欲與晉爭霸，而句踐經過十年的生聚教訓，乘機攻入姑蘇，於周元王三年（西元前四七三年），攻滅吳國，夫差自殺。⓯姑蘇　今江蘇省吳縣縣治的別稱。春秋吳都此。又臺名，為吳王闔閭所築。在今吳縣西南三十里姑蘇山上，可遠望三百里。

⑯子胥　即伍員。字子胥，春秋楚人。父奢兄尚，因遭讒被楚平王所殺。子胥投奔吳國，佐吳王闔閭伐楚，為父兄報仇。後又佐吳王夫差敗越，屢諫滅越以除心腹大患，不幸反被夫差賜死。九年後，吳國終為越所滅。夫差自殺，始悔早不用子胥之言。⑰熊蹯之變　指商臣弒父之事。商臣以宮甲圍成王，王請食熊蹯而死。弗聽。見《左傳》文公元年。⑱唐宣宗　憲宗第十三子，名忱，在位十三年（西元八〇二—八一四年）。以宣宗愛夔王滋，欲立為皇太子，而鄆王漼長，故久不決。至死未立，幾演大亂。⑲隋文帝　隋朝開國皇帝。姓楊名堅，襲父爵封隨公。後廢北周靜帝自立，改隨為隋，以為國號。開皇九年，舉兵平陳，統一南北二百多年分裂局面。在位二十四年（西元五八一—六〇四年），於政治、經濟，頗有建樹。生有五子，長子勇，性情寬厚，立為皇太子。次子廣，巧偽奸詐，與越國公楊素謀奪太子位，卒使文帝廢嫡立庶，達到奪宗的目的。⑳張角　東漢末年，黃巾賊的首領。鉅鹿（今河北省平鄉縣）人，創太平道，倡言：「蒼天已死，黃天當立，歲在甲子，天下大吉。」徒眾數十萬人，皆以黃巾裹頭，時人稱為黃巾賊。為皇甫嵩、曹操等所平定。㉑盧循　東晉時人，字于先，小名元龍，司空從事中郎盧諶的曾孫。雙目冏徹，神采清秀，善草隸弈棋之藝。後娶孫恩妹，及恩作亂，與循通謀。恩亡，餘眾推循為主。寇東陽，攻永嘉，不久又泛海寇廣州。時朝廷新誅桓氏，未暇征討，以循為廣州刺史，平越中郎將。義熙中，劉裕伐慕容超，循乘虛而出，連陷南康、廬陵、豫章諸郡，進逼建康。後為劉裕擊退，南奔交州，投水而死。

【語　譯】天下的言論，若能明察在利害尚未驗證以前，人人都認為是困難的；若明察在利害驗證以後，人人都認為是容易的。鯀能欺瞞四岳在九年治水以前，而不能欺蒙街坊鄰居在治水九年之後，這並非街坊鄰居的智慧高過四岳，而是在未驗證之時與已驗證之後，明察的難易程度本來就不相同啊！少正卯能欺瞞子貢將被誅於兩觀的開始，而不能欺蒙市人已被誅於兩觀之後，這並非市人的智慧果真高於子貢，而是在未驗證之時與已驗證之後，明察的難易程度本來就不相同啊！在沒有見到治理洪水所帶來的災禍以前，就能明察鯀治水的策略將會失敗，那麼天下的人，都將成為唐堯了；在沒有見到欺詐巧辯的飾非邪惡以前，就能明察少正卯言論的錯誤，那麼天下的人，都將成為孔子了！如果必須等到事情驗證以後才能明察，那只不過是鄰居市人的智力罷了。所以當夏桀被放逐在南巢後，必定會想到沒有辦法再留用伊尹；在牧野讓商紂起死回生，必定會想到為什麼沒有聽從祖伊的忠諫；在姑蘇城，使夫差脫險，必定會想到伍子胥已被賜死不可再生。在利害已經驗證之後，即使是最愚笨、極暴虐的人，也知道應該聽從而後悔當初為什麼沒有採納啊！這樣說來，那麼天下的言論，在利害尚未驗證以前來觀察，怎能不說是困難的呢？從利害已驗證之後來觀察，又怎能不說是容易的呢？

　　我卻認為在利害尚未驗證以前，來觀察言論，好像很困難而事實上是容易的；在利害已驗證之後，來觀察言論，看起來很容易而事實上是困難的。這並不是我喜歡和別人唱反調，而是所謂正當的言論，聽來好像是相反的原因啊！在利害未經驗證之前，利未見其利，害也未見其害，我的心尚未被利害的結果所影響，那麼所用來察視言論的，都是心中的正理。用我心中的正理去察視天下的言論，是善是惡，是邪是正，完全顯現在眼前而無所隱遁，這不是不難而很容易嗎！至於利害已經驗證之後，我看到言論應驗了，就私下認為這樣的言論是可取的，這是就著事實相信它，而不是用心來相信它；我看到某種言論並未應驗，則私下認為這樣的言論是不可取的，這是就著事實來懷疑它，而不是用心來懷疑它。信任與懷疑不是根據心中的正理，而是根據所發生的事端，這其中的弊害是無窮的。人臣用正言諫止君王錯誤的行為，君王若聽從就有利，若不聽從則將有害。後世的人因為某種事實的應驗而就相信這言論的應驗，這是無可厚非的。卻不知道天底下原本也有用錯誤的見解來諫止君王錯誤的行為的，人臣雖能知道君王的過錯，然而自己的進諫，也不能免於有過；雖能舉出君王的缺失，而自己的進諫也不免於有缺失。在這種情況下，君王不聽從他的諫言，固然有禍害；若採納了他的諫言，也會有禍害呀！後世的人，只見到君王不能聽從諫言所生的禍害，而不曾看見君王採納諫言所產生的禍害，耽溺於事情的應驗上，而忽略了真理上的差失，爭相拾取其遺說來因襲，因此有亂亡相繼而不知悔悟的。這就是我所說看來容易而事實上困難的啊！楚國子上的事就是個最好的例子。

子上諫止楚成王立商臣為太子，既然說中了楚成王的錯誤，可是子上用來勸諫的理由，也不能免於錯誤。子上既然先指出楚王尚未年老，又多內寵，若先立了太子，將來後悔再將他廢掉，必會發生叛亂；又說明楚國立太子常以年少的人為對象。這兩種說法，實在是萬世禍亂的開始。假使楚成王採納了前一種說法，那麼國家的根基無法建立，太子的尊位長久的虛懸著，能不引起各皇子非分王位的姦計嗎？假使楚成王聽從後一種說法，那麼嫡庶不分，長幼無序，能不引發篡奪王位的陰謀嗎？這兩種可能發生的災禍，我不曉得與商臣造反弒君的變亂，哪一個在先，哪一個在後啊！

後世的人只見子上預料商臣造反的靈驗，就相信他的話，為招致禍端的根源。有以立皇嗣為忌諱的，如唐宣宗，實在是被子上所謂君王尚未年老的說詞所誤；也有以庶子奪嫡子皇位的，如隋文帝，實在是被子上所謂立太子以年少者為對象的論調所誤。其餘因此而喪失性命的，不便一一列舉，這難道不是樂於遵從已經應驗的言論而誤蹈於未見的禍患嗎？那商臣的罪惡，只要不是噬父食母大不孝的人，都知道疾趨而避免，因此他對後世造成的禍害，還不如子上來得嚴重。就如同張角不足為漢代的禍患，而討滅張角的人才是斷送漢代的禍首；盧循不足為晉朝的禍患，而消滅盧循的人才是覆亡晉朝的禍首；商臣不足為萬世的禍患，而排拒商臣的人才是萬世的禍首。天下的禍亂，本來就有引發於此而顯現於彼的，這哪裏是在開始的時候考慮所能料及的呢！

【研　析】作者先以子上諫楚成王的話為中心論點，然後再予引申闡發，以明事理的是非曲直，人情的大勢所趨。於層次，則釐然有序；於事理，則步步進逼；於觀點，則出人意表，充分表達了一己的見解。

首先，以平常為人所信服的道理，說明「察於利害未驗之前難，察於利害既驗之後易」的必然性。若非有唐堯、孔子的聖明，是很難洞察先機的。像夏桀、商紂、夫差等，均因此而遭身死國亡的厄運。

其次則一反常理地說明「利害未驗察言者若難而實易」，以及「利害之既驗察言者若易而實難」的道理。謂世人所能見者多在「以是諫非」，所不能見者，則在「以非諫非」。影響所及，則不免於亂亡相尋，乃至身死國滅。

再其次，則直指子上諫楚王固能中其非，然其所諫，卻未能免於非。如儲君的當早立，以杜覬覦之姦，嫡庶要有序，以免篡奪之萌。均為子上所未能見到。本篇作者，就是針對此事以抒所見。

最後舉例說明子上所諫未驗之為非，並言其對後世影響之大。如唐宣宗未能及早立太子，幾釀大禍，隋文帝的廢嫡立庶，卒致亡國，均為血淋淋的事實。又以張角的不足為漢禍，盧循的不足為晉禍，商臣的不足為萬世禍作結，尤見其所言之深刻，極寓警惕之致。

全文以至易之理入，以難見之理出，以歷史事實作鑑證，愈寫愈見其筆力之勁、所見之遠，以明槍易躲、暗箭難防點明大奸大惡的巧於偽飾的嘴臉，徒使人有一種莫可奈何之歎！

晉襄公朝王先且居胥臣伐衛

文公元年

【題解】此事載於《左傳》文公元年（西元前六二六年）。大意是說：在晉文公的晚年，諸侯朝晉，只有衛成公不去朝見，反而派遣孔達侵襲鄭國，攻打緜、訾、匡等地。當晉襄公舉行過小祥祭禮以後，就派人通知諸侯討伐衛國。這時先且居向晉君進諫說：「效尤，是要招致災禍的，請君先朝拜周天子，臣下率領軍隊跟隨著。」於是晉侯在溫地朝拜了周天子，先且居、胥臣進攻衛國。

因人而有過者，君子不謂之過；因人而有善者，君子不謂之善。周公之過，因管叔❶而過也，過在管叔，而周公何與焉？孔子之過，因昭公❷而過也，過在昭公，而孔子何與焉？過端發於人，而不發於己，是安得為周孔累哉？

漢高帝❸因傾項籍❹而為義帝❺服，非真悲也，服帝所以挫羽也；劉裕❻因傾桓玄❼而興復晉祚，非真忠也，復晉所以滅玄也。時無項籍，則高帝必不為服義帝之喪；時無桓玄，則劉裕必不倡復晉祚之師，其為善果出於己耶？因人而過者，猶鑑遇嫫母❽而醜，本非鑑之醜也；因人而善者，猶木託於岳而高，本非木之高也。是故因人而有過者，雖百過不足尤；因人而有善者，雖百善不足喜。為善由己而由人乎哉？

晉襄公即位而朝王於溫❾，人皆善其尊周也，及攷其朝王之由，蓋將討衛之不朝，故身先朝周以責之，其意曰：周，王也；晉，霸也；衛，小侯也。晉獨朝周，而衛不朝晉，可乎？故朝王之事，名為尊周，而實則討衛也；因討衛而後朝周，非因朝周而後討衛也。然則尊王之善，豈襄公之本心哉？特因衛而發耳。向若衛侯之車先叩於晉關，則吾知晉襄公之旆未必入於周境矣。彼因人而有善者，果足以為善耶？

臣之於君，猶子之於父也。子必因責人而始敬父，則父得子之敬寡矣；臣必因責人而始朝君，則君得臣之朝寡矣。周之諸侯，苟皆若晉襄之用心，則是父無故終不得子之敬，君無故終不得臣之朝也。

又況子之敬父，自敬汝父耳，於人何有？臣之朝君，自朝汝君耳，亦於人何有？挾敬父之孝而辱人者，必反為人所辱；挾朝君之忠而陵人者，必反為人所陵。使晉襄之事周，春朝秋覲，史不絕書，亦昏定晨省之常耳，猶不足以自高，況甫陟周之庭，遽傲然自足，鳴鐘擊鼓，峻責他人之無禮，安得不納孔達之侮哉？世有妄人常拜其父者，他日執塗人而責之曰：「我常拜父，汝何為不拜我？」天下未有不笑其狂者。晉襄之責衛，非此類耶？

雖然，無諸己而後非諸人，《大學》⑩之道也，《大學》，古之遺言也。晉襄先朝王，而後責衛，似合於《大學》之旨，庸可毀耶？非也，觀書要當忘言而得意，《大學》之意，在於無諸己，而不在於非諸人也。欲學者，將非人之時，常思無諸己之戒；不欲學者，持無諸己之論，用為非人之資也。故先曰無諸己，次曰非諸人，其意主於攻己過，而不主於攻人過明矣。黠吏姦民將與人訟，必痛自刻削，不入文法，鄉閭未有以修飾許之者，以其身之治而心之險也。豈有士君子而嘗懷非人之心者耶？吾恐說經者以文害辭，浸入黠吏姦民之用心，故力辨之，以告吾黨之士云。

【注釋】❶管叔　即姬鮮。周武王弟，周公兄。周滅殷，封於管，為紂子武庚相。後武王死，成王年少，由周公攝政當國，管叔與蔡叔挾武庚作亂，散播謠言，謂周公將不利於成王，周公東征，遂殺管叔，放蔡叔。❷昭公　魯國十二公的第十君，襄公庶子，名裯，繼襄公立為魯君，在位三十二年，年十九，猶有童心。娶同姓吳國女為夫人，有違同姓不婚的禮法。❸漢高帝　即漢高祖。姓劉名邦，字季，沛國豐邑（今江蘇省豐縣）人。初為泗上亭長，沛人立為沛公。與項羽同伐秦，後滅羽而有天下，國號漢。都長安，在位十二年崩，廟號高祖。❹項籍　字羽，秦末下相（今江蘇省宿遷縣）人。少有奇才，力能扛鼎。二世時，隨叔父梁起兵吳中，大破秦軍，西入關殺秦降王子嬰，自立為西楚霸王。後與漢王劉邦約，中分天下，東歸時，為漢王追圍於垓下，以為劉邦已盡得楚地，乃突圍至烏江自刎死。❺義帝　戰國楚懷王孫，名心。秦末項梁起義於吳，於民間得之，立為懷王，國號楚，都盱台。後項羽陽尊為義帝，迫其遷徙長沙，旋令九江王英布，擊殺於郴江中。❻劉裕　南朝宋武帝。字德興，小名寄奴，彭城（今江蘇省徐州市）人。幼年家貧，後為東晉下邳太守，因功累封宋公。義熙十四年，殺安帝，立恭帝，封宋王。恭帝元熙二年受禪，國號宋。在位三年，謚武，廟號高祖。❼桓玄　晉譙國龍亢（今安徽省懷遠縣）人。字敬道，一字靈寶，桓溫子，襲父爵為南郡公。安帝時為江州刺史，都督江、荊等八州軍事，據江陵，聲勢壯盛。元興元年，舉兵反，入建康，迫安帝禪位，建號楚，改元永始。劉裕起兵討伐，兵敗被執，斬於江陵。❽嫫母　古代傳說中的醜婦，後為醜婦的代稱。一作蟇母、嫫姆、悔母。❾溫　古國名。周畿內封國。故城在今河南省溫縣西南。❿大學　書名。據說是孔子弟子曾子或曾子門人所傳述。本為《禮記》中的一篇，南宋大儒朱熹，始將之列於四書中。其中闡明自修身以至平天下的過程，是古人修德進學的主要內容和項目。

【語　譯】因別人而引起的過錯，君子不認為是他的過失；因別人而引發的善行，君子不認為他有善行。周公的過錯，是因管叔而犯過，錯在管叔，與周公有什麼關係呢？孔子的過錯是因魯昭公而犯過，錯在昭公，與孔子有什麼關係呢？過錯發端於別人，而不是發端於己身，怎能因此而使周公、孔子受牽累呢？

漢高帝劉邦因為要傾覆項羽而為義帝服喪，並不是真心悲痛，只是想藉著為義帝服喪來打擊項羽啊！劉裕因為要消滅桓玄而復興了晉室，並不是真心盡忠，只是想藉著復興晉室以滅亡桓玄啊！若當時沒有項羽的對立，那麼漢高帝一定不為義帝服喪；若當時沒有桓玄的叛亂，那麼劉裕一定不領導軍隊復興晉室，這些人的行善，果真是出於本心所願嗎？因為別人而引起的過錯，就如同鏡子遇到嫫母便顯出醜陋的影像，並非鏡子本身是醜陋的；因為別人而引發的善行，就如同樹木附生在高山上因而顯得高聳，並非樹木本身是高大的。所以，因為別人而引起的過錯，即使有百次過失也不必責怪；因為別人而引發的善行，即使行善百次也不值得嘉獎。為善應出自本心，哪裏能因人而發呢？

晉襄公即位後，在溫地朝見周天子，世人都讚美他尊崇周天子，至於考察他朝見周天子的理由，實在是為了將要討伐衛國的不來朝見晉國，所以自身先去朝見周天子，藉以責備衛國，他的意思認為：周是王室，晉是霸主，衛不過是個小國，晉國尚且要朝見周天子，而衛國不來朝見晉國，可以嗎？所以，朝見周天子的事，名義上是尊崇周室，而事實上是為了討伐衛國；因為要討伐衛國而後才去朝見周天子，並不是因為朝見周天子而後才去討伐衛國。那麼，尊崇王室的善行，難道是晉襄公的本意嗎？只是因為衛國而引發罷了。在此以前，若衛侯的車馬先叩關求見，則我知道晉襄公的旌旗就不一定會進入周朝境內來朝拜了。像這種因別人而有的善行，真能算是善事嗎？

臣子對於君主，如同兒子對於父親，若兒子必須因為要責備他人才尊敬父親，那麼父親所能獲得兒子的尊敬就很少了；若臣子必須因為要責備他人才朝見君主，那麼君主所能獲得臣子的朝拜就很少了。周朝的諸侯，如果都像晉襄公的用心，那麼做父親的不因事故將永遠得不到兒子的尊敬，做君主的不因事故更是永遠得不到臣子的朝拜啊！

又何況做兒子的尊敬父親，儘管自己尊敬你的父親，與別人有什麼相干呢？做臣子的朝拜君主，儘管自己去朝拜你的君主，又與別人有什麼相干呢？挾持著尊敬父親的孝心而侮辱別人的，一定反為他人所侮辱；挾持著朝拜君主的忠誠而凌辱別人的，一定反為他人所凌辱。假使晉襄公的事奉周天子，春秋四時的行朝覲之禮，在史書上的記載沒有間斷，也只是如同早晚向父母請安的禮節一樣，尚且不值得自以為高，何況晉襄公剛踏入周天子的前庭，就馬上驕傲的自以為盡了君臣之禮，鳴鐘擊鼓，嚴厲的責備他人不守禮法，這樣的作為，如何能不遭受孔達的侮辱呢？世間有個狂妄的人，經常叩拜他的父親，有一天攔住路人而責問他說：「我經常叩拜我的父親，你為什麼不拜我呢？」天下沒有不譏笑他的狂妄的。晉襄公的責備衛國不來朝拜，不就像這類可笑的事嗎？

雖然，必先自己沒有過失，然後才能指責別人的過失，這是《大學》所闡述的要道，而《大學》，又是古時聖人所遺留下來的教訓。晉襄公先朝拜周天子，而後責備衛國，似乎合於《大學》的意旨，怎可毀謗他呢？事實上不是這樣的，讀書有時要捨棄文字的敘述，而必須求得其中的旨意，《大學》的真義，在於責求自己盡善盡美，而不在於指責他人。欲學《大學》之道的人，將要指責別人的時候，要常常想著使自己盡善盡美；不欲學的人，就以自己無缺失的名義，用為責難他人的藉口。所以，《大學》之道先說必先自己沒有差失，再說指摘別人，其本義主要在於攻治自己的過失，而不在於苛求別人的過失，這個道理是很明顯的。那些狡猾奸詐的官吏與人民，將要與人爭訟時，必先痛加責求自己的行為合度，不使有絲毫觸犯法律，然而鄉里中人卻沒有因他們這樣刻意修飾而讚美的，這是因為他們的言行舉止雖然合度，而其用心卻是非常險詐的啊！難道有學問、有修養的人還會懷藏責難別人的心嗎？我恐怕解說經文的人因字面上的意思而誤解了文辭的真義，反助長了那些狡猾奸詐官民的用心，所以極力的辨明，以告訴我鄉的讀書人（知識分子）。

【研 析】本文以晉襄公朝王為手段，以伐衛為目的，作為立論的中心，借以揭發後世別有用心之非。

在行文上，採漸進方式，先言周公、孔子之過，乃因人而致，不足為周公、孔子累。其次說明漢高帝、晉劉裕的舉措，乃別有用心，並非真悲、真忠。第三段申述晉襄公所以朝王是為了伐衛，並非真心尊周。第四段說明如因責人而朝君、而尊親，則將導致君無故而不得大臣的朝拜，父無故終不得子女的孝敬。第五段指出晉襄公遭受孔達之侮的必然性。最後解說《大學》之道，其立志在於無諸己，而不在於非諸人，讀書當忘言而得意。

全文布局層次分明，結構謹嚴而有法度，大有一氣呵成之勢。先行建立一中心點，前後引申闡發，節節逼進，自然天成，在在顯示作者的思維細緻，觀察入微。而結語部分，揭舉「無諸己而後非諸人」的《大學》之道的正確意義，尤足以發人。如無真知灼見，是很難發隱鉤深的。

卷十七

禘[1]太廟躋僖公[2]

文公二年　順祀先公　定公八年

【題解】此事載於《左傳》文公二年（西元前六二五年）。大意是說：當魯文公二年八月丁卯祭祀太廟的時候，竟然聽信了夏父弗忌的建議，將享祀僖公的座位，升在閔公的上面，這是不合禮制的。因僖公繼閔公立為魯君，就順序說，應在閔公之後，而今竟因一時聽了夏父弗忌所謂「我見新鬼大，舊鬼小，先大後小，這是順序。使聖人升位，這是明智。明智、順序，這是合禮的」的說辭，就更換了享祭的位次，所以當時的君子以為失禮。就禮制說，首重順序，禘祭是國家的大事，而竟不以順序祭享，違禮殊甚。即使後君再聰明聖哲，也不宜在先君之前享受祭品，所以禹不能在鯀之前，湯不能在契之前，文王、武王不能在窋之前。縱然祖先不聖哲，仍應尊為祖先，如宋國以帝乙為祖宗，鄭國以厲王為祖宗，即為顯例。前後比較之下，就可以看出祭祀太廟而更動國君的前後順序，是不合禮制的，徒見小人的諂媚及嗣君的無知和師心自用罷了。直到定公八年（西元前五〇二年）冬十月，陽虎「將作大事，欲以順祀取媚」，始將閔、僖二公的神位，更換過來。（即依順序，仍以閔公在僖公之上。）

議禮如聚訟，斷禮如聽訟。競禘爭祫❸，駁郊難社，大訴牒也；據章守句，執文秉法，大券契也；棟充宇積，帙千簡萬，大案牘也。前師後儒，乃禮中之證佐；黨同伐異，乃禮中之讎敵；析言曲辨，乃禮中之姦氓。斷禮者，苟欲隨事而折之，隨說而應之，彼以經來，我以經對；彼以傳來，我以傳對；彼以史來，我以史對。是猶聽訟者，欲與珥筆之民爭長於律令質劑之間，終必反為所困而已矣。

善聽訟者，出於律令質劑之外，折以人情，一言而訟可息；善斷禮者，出於詁訓箋釋之外，折以人情，一言而禮可明。人情者，訟之所由生，亦禮之所由來也。吾先得其所由生者而制之，自綱觀條，自源觀派，物迴縷解，冰釋露晞，雖老於議禮者墜筆失簡，莫敢支梧。

苟捨其本，瑣瑣然下與彼角逐於詁訓箋釋之間，是固彼之所長，而我之所短也，以我之所短而遇彼之所長，其受侮也則宜。此古今斷禮者所以每為人屈而鮮有能屈人者也！

魯祀僖公，始逆終順，禮家之說，互有從違，其論篤而義精者固多矣，未有折之以人情者也。吾請悉置禮家之說，而專以人情明之：人之情，欲尊其親者，將欲為親榮也。尊吾父而坐之吾伯父之上，則人必以吾父為不弟矣；尊吾父而置之吾君之上，則人必以吾父為不忠矣。不弟，大惡也；不忠，大刑也。本欲尊吾父而納之於大惡，本欲尊吾父而納之於大刑。為人之子無故而納父於大惡，陷父於大刑，非不孝之尤者乎？生與死一理也，寢與廟一制也，宴與祀一儀也。文公溺於夏父弗忌之諂，躋僖公於閔公之右，以尊其父。胡不以人情推之，若使閔公僖公俱無恙，一日忽使僖公以弟躐兄，以臣躐君，則謗讟之集，刑戮之加不旋踵矣。是則愛僖公者，乃所以辱僖公也。人情自非大不孝，未有忍辱其親者，亦未有見辱其親而不怒者。苟文公誠不為枝辭蔓說所蔽，獨斷以常情，則知夏父弗忌者，乃吾父之讎，將奮戈之不暇，豈有反聽其說者乎？

躋僖公於閔，殆百餘祀，想僖公有神，震慄惶灼，蹙然不寧，日望一日，歲望一歲，庶幾人或正之，得還昭穆之舊。而魯之臣子，例皆蒙蔽，不能度以人情，因謬承誤，迄莫能正，反使順祀之舉，出於陽貨❹之手，是可羞也。噫！唐不能還魏徵❺之宅，反使強藩❻請之；魯不能序僖公之廟，反使賊臣正之，國尚為有人乎？吾以為魯失寶玉大弓❼之辱，未如順祀之為大辱也！

【注釋】❶禘　祭名。所指不一。此處指殷祭之禘。即天子諸侯宗廟的大祭，後世多採用每隔三十個月或四十二個月舉行。❷僖公　名申，莊公少子，閔公弟（《漢書・五行志上》師古以為閔公為僖公弟，未知孰是），繼立為魯君。僖公卒，子興立，是為文公。因此夏父弗忌於文公二年行禘祭之時，得行其諂媚之計，將僖公置於閔公之上，君子以為非禮。❸祫　古代祭名。通常三年舉行一次，在太廟合祭遠近祖先。❹陽貨　陽虎，字貨，春秋魯國人。季孫氏家臣，挾持季桓子專斷魯國政事。魯定公三年（西元前五〇二年），計畫要除去魯國公族三桓的勢力，事敗出奔齊國，後又逃到晉國，為趙鞅家臣。❺魏徵　字玄成，唐曲城（今河北省曲周縣）人。

初從李密入京見高祖，自請安輯山東，擢祕書丞。太宗時拜諫議大夫，遇事敢諫，前後奏陳二百餘事，陳述剴切，為太宗所敬畏。貞觀三年，任祕書監，參與朝政，校定祕府圖籍。著有《群書治要》，並撰定《陳書》、《隋書》諸史。❻強藩　指淄青節度使李師道。唐憲宗元和四年，李師道上私錢六百萬為魏徵孫贖故第，白居易向憲宗進諫，以為魏徵任宰相時，太宗用殿材為建宅第，後嗣不能守，今陛下宜以賢人子孫贖而賜之，師道人臣，不宜掠美。憲宗從其言。❼魯失寶玉大弓　為陽虎所竊。當時虎專權於魯，欲去三桓，戰而不勝，兵敗乘機入公宮竊取寶玉大弓，此為情勢所迫，實莫可奈何。見《左傳》定公八年。

【語譯】議論祭祀的禮制，有如眾人爭訟，評斷祭祀的禮制，有如聽斷訟案。因此就把禘祭、祫祭的爭執，郊祭、社祭的駁難，看作偌大的訴訟案件；辭章文句的據守、文書法令的秉持，看作偌大的憑證；而將屋宇內所積藏的千萬卷書簡，看作偌大的公文篇章。先前的經師、後繼的儒者，當作禮中的證人；意見一致，則結為同黨，意見不一致，則互相攻伐，儼然禮中的仇敵；分析談論，曲意巧辯，視為禮中的奸民。評斷禮制的人，若試圖隨事而有所辨析，隨著對方的說法而有所應對，那就會形成對方以經典為證，我則以經典為對；對方以傳文為證，我則以傳文為對；對方以史實為證，我則以史實為對。如此一來，就有如聽斷訟案的人，欲與能文好訟之徒，互以法令證據爭長，最後必將反為其所困了。

善於聽斷訟案的人，往往超脫法令證據以外，而以人情為決斷，常常用一句話就能停息爭訟；善於評斷禮制的人，往往超脫詁訓箋釋以外，以人情為決斷，常常用一句話就能使禮制昭明。人情，是訴訟的所由生，也是禮制的所由來。我先從禮制所由來的地方加以裁治，自綱領以觀察條目，自淵源以觀察派別，使萬物各反本原，這樣才能解釋清楚，就像冰的融化，露的蒸發，即使議禮老到的禮家擲筆棄簡，也不敢有所牴觸。

如果捨棄了禮制的本原，反而與對方以瑣碎的詁訓箋釋來較量，這本是對方所擅長，而我所不擅長的，以我所不擅長的去對抗對方所擅長的，那麼受到侮辱則是當然的事。這正是古今評斷禮制的人，所以每每被人所屈辱，而很少能使人屈服的原因啊！

魯國祭祀僖公，違禮在先，後來才合於宗法的順序，禮家對此事的看法，有的贊同，有的反對，其中論點篤實而舉義精闢的當然很多，卻未嘗有以人情來決斷的。我現在先將禮家的說法暫時擱在一旁，而專以人情來作說明：人的常情，能尊崇親長的，總希望能使親長得到榮耀。然而為了尊崇父親而使之居在伯父的上位，則別人必然認為我的父親不守悌道；為了尊崇父親而使之居在國君的上位，則別人必然認為我的父親不忠。不守悌道，是莫大的罪惡；不忠，應遭受莫大的刑罰。本意想尊崇父親，卻使他陷於莫大的罪惡中；本意想尊崇父親，卻使他承受莫大的刑罰。身為人子，無緣無故而使父親陷於大惡，遭受重刑，這不是最不孝的行為嗎？事奉生者與死者是同樣的道理，寢制與廟制是同樣的禮制，宴享與祭祀是同樣的禮儀。魯文公沉溺於夏父弗忌的諂言中，升僖公的神位在閔公之右，藉以尊崇他的父親。何不以人情來推測看看，假使閔公與僖公原本安然無事，一旦忽然使僖公以弟弟的身分僭越於兄長之上，以下臣的地位僭越於國君之上，那麼毀謗的聚集，刑戮的施加，是馬上就會面臨的。如此，則敬愛僖公的行為，反而使僖公受辱。以人情來說，若不是大不孝的人，沒有人忍心去侮辱他的親長的，也沒有人眼見他的親長受辱而不怨怒的。如果文公能不被雜亂而不實的言辭所蒙蔽，只以人之常情作為評斷，就可知道夏父弗忌這個人，乃是陷害父親的仇人，舉戈奮擊都來不及了，難道還反而去聽信他的說辭嗎？

升僖公的神位在閔公之上，經歷了百餘次的祭祀，推想那僖公若有神靈，必將驚懼戰慄，焦急不寧，一日盼過一日，一年盼過一年，只希望有人能糾正錯誤，得以回復舊有的兄弟次序。然而魯國的臣子們照例都被蒙蔽，不能以人情來衡量，承襲著原有的誤謬，一直都沒有提出改正，反而使順祀的舉措，出於叛臣陽貨的手中，這實在是夠羞恥的了。唉！唐朝未能贖回魏徵的宅第，反而因強藩之請而贖以賜魏徵之孫；魯國未能使僖公之廟依宗法之制以祀，反而因叛臣而得更正，則朝中尚有明理可用的人嗎？我認為魯國失去寶玉大弓的恥辱，還不如順祀僖公來得嚴重呢！

【研析】本文以逆祀魯僖公為立論重點，並打破歷來傳統成見，而獨出之以人情，舉例引申，詳為闡發，不僅可服人之口，亦且可服人之心。

在行文方面，首先說明議禮斷禮之難，引經據史，各有說辭，雜然紛陳，難辨真偽，眾人陷溺其中，莫可自拔，終為所困。其次指出善於聽訟、斷禮的人，能摒除一切羈絆，折之以人情，方可撥雲見日，使真相大白。第三段申述捨本逐末，終為人屈的道理。第四段論析魯僖公的始逆終順，禮家的言論雖多，卻未有以人情為斷者，並用切近人情的實例，說明惟有「人情」才是斷定是非的標準。真可說是見真論切，清晰明辨，使人為之一爽。最後指出魯國無知禮的人，致使僖公蒙羞百有餘年，實為一大可恥之事。

全文用層層遞進的筆法，說明禮制不外人情的必然性，據經、據傳、據史，雖在說解上振振有辭，言之成理，一旦與人情之理相較，均難免頓感黯然失憑，不足為證了。

本篇所強調的人情，乃以倫理為中心。換言之，就是用倫理的法度，來涵蓋世事禮制。社會、國家，本一倫理現象，試想社會國家如不講上下順序，長幼尊卑，夫婦父子，而禮制又有什麼意義？禮制必須落實在倫理上，方能顯出其實質的功用與價值。作者以逆祀僖公為魯國的大辱，難道沒有精義存在嗎？這是我們今人所當明辨深思的。

出姜貴聘而賤逆　文公四年　襄仲殺惡及視立宣公出姜歸齊　文公十八年

【題　解】此事載於《左傳》文公四年（西元前六二三年）。大意是說：當文公迎接齊女姜氏的時候，上卿竟然沒有隨行，這是不合禮制的。君子以此知道出姜將來在魯國一定不會有好下場。因為用尊貴的禮節行聘，而卻用低賤的禮節迎接她，身分是小君，反被輕視，雖然立為夫人，形同廢棄，這樣不講威信，無異於損害了內主的地位，這種事情，如發生在諸侯之國，國必亂，發生在大夫之家，家必滅。因此當文公一死，齊姜即被逐歸齊，所以稱為出姜。

又據《左傳》文公十八年載：文公有兩個妃子，長妃為齊姜，次妃為敬嬴。齊姜生有二子，長子名惡，立為太子，次子名視，時年尚幼。敬嬴生宣公，因敬嬴受文公寵愛，而私下結交了襄仲，宣公年長，敬嬴就把他囑託給襄仲，襄仲欲立以為君，不料叔仲不同意，於是襄仲就殺了太子惡和他的弟弟視，而立宣公為國君。當出姜要離開魯國的時候，哭著經過集市說：「天哪！襄仲無道，竟然殺死嫡子而立庶子。」集市上的人聽了也都跟著哭泣，所以魯人又稱她為哀姜。

義之所責，民略而士詳；法之所禁，市寬而軍急。士，吾所厚也，責之不當如民之薄也；軍，吾所重也，治之不當如市之輕也。此說者之所共守者也。

君子之意果出於是乎？君子以同天下為心者也，厚士而薄民，重軍而輕市，非所以同天下也。待之同而治之異者，稱物平施而歸之同也！為士者，身處於籩豆弦歌之間，視禮義如寢食，而愚鄙之民，蓋有不聞禮義之名者矣。是士宜不犯義，而民宜犯義者也。在軍者，身處乎旗鼓鈇鉞之間，視法律如寢食，而市廛之氓，蓋有不聞法律之名者矣。是軍宜不犯法，而市宜犯法者也。宜不犯義者，責之詳；宜犯義者，責之略；宜不犯法者，治之急，宜犯法者，治之寬。其不同乃所以為同也，是所謂稱物平施者也！

抑又有說焉：居於義之中而犯義，居於法之中而犯法，非盡蔑棄義法而不顧，必不敢也。其犯雖小，而蔑棄義法之心則大也。彼其處於義與法之外者，雖過惡暴著，特未知義法而然耳，身過雖大，而心過則小矣。天下之過，有眾人以為大，而君子以為小者，必身過也；有眾人以為小，而君子以為大者，必心過也。

魯文公逆姜氏於齊，命使差輕，是眾人之所謂小過耳，而君子視之若大惡然。論姜氏之逐，魯國之禍，皆本之於一使之不備；驗襄仲之難其言無不讎者，其所觀者在心不在事也。魯人之於禮，猶越人之漁，胡人之獵也，晝與禮俱作，夜與禮俱息，不見異物而遷者也。失禮之愆，在他國則可，在魯國則不可。蓋越人不能獵，非恥也；胡人不能漁，非恥也。在越而不能漁，在胡而不能獵，則舉國笑之矣。蓋生漁獵之俗而不能者，必天下之至拙；生禮義之俗而不守者，必天下之至慢也。一使之不備，他國之所謂小過，而魯之所謂大過也。一使之不備，其事固小，至於蔑棄周公數百年之禮法，其心則大也。履堯舜之朝而為欺者，真欺也，欺一言重於他時之欺萬言者也。入夷齊[1]之里而為盜者，真盜也，盜一金重於他時之盜萬金者也。見堯舜而敢欺，事夷齊而敢盜，居魯國而敢犯禮，推是心以往，何所不至耶？

惡發於心者大，則禍應於心者亦大。是非報其事也，報其心也；非報其人也，報其天也。晉、楚、齊、秦聘娶之際，其犯禮蓋有大於出姜者矣，而其得禍不皆若文公之烈者，以其冒禮而非侮禮，事雖醜而心則未如文公之縱也。不然則文公一過而得譴，他君百過而無尤，天何私於晉、楚、齊、秦，而獨讎魯耶？

【注釋】❶夷齊　即伯夷和叔齊。殷時孤竹國（今河北省盧龍縣）君墨胎初的二子，兄弟二人，因互相讓位而逃離本國。後來周武王伐紂，二人曾叩馬進諫，殷亡，以吃周朝的糧食為恥，隱居首陽山（在今甘肅省隴西縣西南）采薇而食，終餓死於此，為我國古代高尚其節的典範。見《史記·伯夷列傳》。

【語譯】就義理的責求說，對一般平民較為疏略，而對士人則較為謹嚴；就法令的限制說，在市井之中較寬鬆，而在軍中則較嚴峻。士人，是我輩所尊重的，在責求上，不應像一般平民那樣輕薄；軍隊，是我輩所倚重的，在治理要求上，不應像市井之民般的輕疏。這是一般評論家所共同遵守的原則。

然而君子的用意果然是這樣的嗎？君子既以同一視天下為本心，若看重士人而看輕平民，重視軍人而輕視市井之民，這並不是同一視天下的表現。所以對他們要平等的看待，而卻施以不同治理的原因，這就如同衡量事物輕重，然後再依輕重，施以平等的對待，而使歸於一同是一樣的啊！身為士人的，置身於籩豆禮器與弦歌禮樂的中間，視禮義如同睡眠飲食一樣尋常，而庸愚鄙陋的人，有的連禮義之名都不曾聽說過。所以士人不當觸犯禮義，而一般平民觸犯禮義則不足為奇。在軍中的人，置身於旗鼓斧鉞的中間，視法律如同睡眠飲食一樣尋常，而市井之民，有的連法律之名都不曾聽說過。所以軍人不可觸犯法律，而市井之民觸犯法律則不足為怪。對於不當犯義的人責求謹嚴，對於因無知而犯義的人責求疏略；對於不當犯法的人施加嚴峻的治理，對於因無知犯法的人施加寬鬆的治理。這其間對待的不同，正是同一視天下的道理，也就是所謂的衡量事物的輕重而施以平等的對待啊！

另外，我還有別的看法：處身禮義之中而觸犯禮義，置身法律之中而觸犯禁令，若不是完全蔑棄義法而無所顧忌，那一定是不敢的。他所犯的過錯雖小，而蔑棄義法的居心則大。那些處身於禮義法律之外的人，雖然犯了大錯，惡行昭彰，只是因為不知道有禮義、法律才這樣做的，行為上的過錯雖大，而內心所犯的過錯卻小。天下人所犯的過錯中，有一般人以為是大過，而君子只以為是小錯，這必然是屬於行為不慎的過錯；也有一般人以為是小錯，而君子卻以為是大過的，這必然是屬於有心的過錯。

魯文公迎娶姜氏於齊國時，派遣的使臣地位差輕，這在一般人看來，只是小過失，然而在君子看來，卻如天大的罪惡。若論及姜氏被逐回國，及魯國隨後所遭遇的禍患，都因為沒有派遣上卿為迎親使者所致；再檢視襄仲在魯公室所造成的災難，則君子的預言沒有不應驗的，這乃是因為君子所觀察的重點在於行事的居心，而不在於事態的表面。魯國人與禮義的關係，有如越人的打漁，胡人的狩獵一樣，白天與禮義共同興作，夜晚則與禮義共同憩息，不會因為外界事物的干擾而有所變遷。失禮的過失，在其他國家可以不斤斤計較，在魯國則不可原諒。因為若越人不能狩獵，不是可恥的事；胡人不能打漁，也不是可恥的事。生在越地而不會打漁，生在胡地而不會狩獵，那麼全國人都會恥笑他了。若生於漁獵之鄉而不懂得漁獵，想必是世間最笨拙的人；生於禮義之邦而不遵行禮義，想必是天下最怠慢的人了。派遣一位使臣不能備禮，在其他國家是所謂的小過，然而在魯國則是所謂的大過。一位使臣的不合禮，固然是小事，至於蔑棄周公所定數百年來所沿襲的禮法，他的居心就不可說不大了。往來於堯、舜的朝廷中而有欺詐的行為，這是存心的欺詐，即使只說一句謊話也比其他時候說一萬句謊話還嚴重。出入於伯夷、叔齊所居之鄉里而有盜竊的行為，這是有意作賊，即使只偷取一金也比其他時候偷取萬金還嚴重。在堯、舜之前而敢詐欺，事奉夷齊而敢偷竊，居於魯國而敢犯禮，以這樣的用心推論下去，還有什麼事不敢做呢？

若發於心中的惡念大，那麼報應於心中的災禍也大。這並不是行事所得的報應，而是惡心所得的報應；也不是人情的報應，而是天理的報應。在晉、楚、齊、秦等國聘親迎娶的當兒，觸犯禮義的地方，一定有比魯國迎娶出姜更嚴重的，然而他們所得的災難都不像文公這樣厲害，是因為他們只是冒犯了禮義而不是存心失禮，事態雖然醜陋而用心卻沒有像文公那樣驕縱。若不然則文公因為這樣一個過失就遭受譴責，而其他的國君有百次的過錯也沒有人責怪，上天是何等地厚愛晉、楚、齊、秦，而唯獨讎視魯國呢？

【研 析】本篇以魯國為禮義之邦作中心，就著「出姜貴聘而賤逆」這件事，說明魯文公用心之非，是不可原諒的大過失，宜乎其後慘遭不測的災禍。

就內容說：首先用一般人所共同遵守的原則或看法作引言，說明「厚薄之責，輕重之求」的對象，當因人而異。其次則指出君子以同天下為心，是用「稱物平施而歸之於同」的方法。第三段則直陳有心違法，過失雖小，然其心可誅；無心犯禁，過失雖大，其情可宥的道理。第四段指出文公迎接姜氏，遣使差輕，為有心的大惡。因魯國乃禮義之邦，失禮的舉措，無異捨棄周公數百年的禮法。第五段說明文公之過不僅為有心之過，而且為縱心之失，他遭到譴責，是應該的。

全文在意念的表達上，由外而內，由淺而深，由共識而精微，層層遞進，時而就理以述事，時而就事以闡理，事理交融，愈見其文筆的有法度，構思的有程序，見解體悟的深邃而入微，在表面上看，雖為違禮小事，然其縱心為非之意卻不可諒，如此心可諒，天下即沒有不可原諒的事了。作者固有本「春秋之義責備賢者」的心，然正可借此以誥誡有心為過作惡之人的醜陋而不可諒。其所用心，不可說不遠了。

楚滅六❶蓼❷ 文公五年

【題 解】此事載於《左傳》文公五年（西元前六二二年）。大意是說：文公五年春，六人背叛了楚國而親近東夷，到了秋天，楚國的成大心、仲歸二人，就領兵滅了六國。這年的冬天，楚公子燮，又滅了蓼國。魯國的大夫臧文仲聽到六國和蓼國滅亡後，於是就感歎的說：「皋陶、庭堅一下子就無人祭祀了。德行不能建立，百姓又沒有救援，實在令人傷心啊！」這是由於物傷其類，從內心所發出的同情憐憫之心。

物莫不惡傷其類。桃僵而李仆，若樗若櫟必不為之仆，何也？非其類也；芝焚而蕙歎，若蕭若艾必不為之歎，何也？非其類也。楚人滅江❸，而秦穆❹為之憂，君子未嘗疑焉。秦之與江，同諸侯也，同盟會也，同利害也，類同則憂同，固其所也。

臧文仲❺，魯國一大夫耳。大夫束脩❻之問不出境，其視他國之休戚，固非職所當憂，況六與蓼邈然在江淮之間，自魯視之，蓋風馬牛不相及❼，其存與亡何與於魯大夫事哉？而臧文仲一聞其滅，蹙頞深憂，且遠傷皋陶❽之不祀，此世之所以共疑其闊於事情也。

見故人之子顛頓困阨，則惻怛流涕，解衣推食之不暇；他日遇塗人之子，則是心衰焉。必厚其父祖，然後憐其子孫者，人之常也。皋陶之沒，下竟春秋千有餘年矣。臧文仲生千有餘年之後，初不識皋陶於何地，友皋陶於何時，而視其子孫之亡，憫惜痛悼，不啻數十年膠漆之契，是心安從生哉？類之同者，移千歲於一朝；類之異者，睽一朝為千歲。皋陶之所與同朝者，曰共、曰鯀、曰兜、曰苗⑨，禮貌非不相際也，言語非不相接也，然一則在雲天之上，一則在沮洳之下；一則在風塵之表，一則在膏火之中。對席而分胡越，接步而判古今。想共、鯀、兜、苗之心，其視皋陶如寇讎然，日夜伺隙，惟恐害皋陶之無路耳，矧有閔惜其子孫之意哉？是所謂時同而類異者也！天下之理，未嘗無對，既有時同而類異者，亦有時異而類同者。故皋陶近不與共、鯀、兜、苗為類於唐虞之朝，而遠與臧文仲為類於春秋之世。想文仲之心，仰不知皋陶之在唐虞，俯不知身之在春秋，無形之中，自相拜酬；無聲之中，自相賡載；跡遠而心近，跡疏而心親。此所以見皋陶之不祀，慨歎憫惜，不能自已，殆甚於合堂同席之交。

大抵君子必與君子合，小人必與小人合，學者欲自驗其心，盍以是觀之？吾見君子失志而憂，見君子之子孫衰替而憂，則是吾心與君子合也；吾見君子失志而不憂，見君子之子孫衰替而不憂，則是吾心不與君子合也。憂人之憂，本未足稱，然吾心與君子合則大可喜；不憂人之憂，本未足貶，然吾心不與君子合則大可懼。欲占吾心於君子合與不合，當察吾心於君子憂與不憂。自省之術，孰要於此哉！

【注　釋】❶六　古國名。為皐陶的後代，偃姓，故城在今安徽省六安縣北。❷蓼　古國名。為庭堅的後代，姬姓（一說庭堅為皐陶字），今河南省固始縣東北有蓼城岡，蓋即古蓼國。❸江　古國名。嬴姓，為楚國所滅。故城在今河南省息縣西南。❹秦穆　即秦穆公。名任好，德公子，宣公、成公弟，在位三十九年，廣地益國，東服強晉，西霸戎夷，為秦國賢君。❺臧文仲　即臧孫辰。魯大夫，從莊公時起，即立於朝，歷閔公、僖公以至於文公，已為四朝老臣，曾兼任過魯國的司空，當時地位、聲望都很高，有賢名。❻束脩　肉脯十條，綑為一束。為古代親友間互相餽贈的禮物中最薄的一種。後世亦稱餽送教師的酬金為束脩。❼風馬牛不相及　本指兩地相隔絕遠，無任何牽連關係。通常用以比喻不相干。語見《左傳》僖公四年。❽皐陶　虞舜時賢臣。掌理刑獄的事務。皋，俗作皐。一作咎繇、咎陶。❾曰共曰鯀曰兜曰苗　即共工、鯀、驩兜、三苗。為舜時的四凶，

《尚書・堯典》名為四罪。據《名義考》所載：共工即窮奇，鯀即檮杌，驩兜即渾敦，三苗即饕餮，均被舜所流放。見《左傳》文公十八年。

【語譯】萬物沒有不嫉恨同類遭受傷害的。當桃樹僵仆時，李樹也跟著仆倒，若是樗樹和櫟木就必定不會隨之而僵仆，這是什麼原因呢？因為它們不同類；芝草被焚，而蕙草為它哀歎，若是蕭草和艾草就必定不會為它哀歎，這是什麼理由呢？因為它們不同類。楚人滅了江國，秦穆公因此而感到憂愁，君子對他這樣的反應並未嘗有所懷疑。秦國與江國，同為諸侯之國，共同結有盟約，有相同的利害關係，既然同類則有相同的憂患，這本來就是秦穆公應有的反應。

臧文仲，只不過是魯國的一個大夫。大夫平日的聘問往來，是不越出國境的，至於他國的安危，本來就不是大夫的職責所當關切的，何況六與蓼兩國遠在江淮流域之間，與魯國的關係，根本就是風馬牛不相及的，他們的存亡和魯國的大夫有什麼相干呢？然而臧文仲一聽到他們的滅亡，皺緊眉頭深感憂愁，而且又為遠古的皋陶此後沒有人祭祀感到哀傷，這是世人共同為他的迂闊不切事理感到疑惑的地方。

見到老朋友的兒女窮困潦倒，就禁不住的悲痛流涕，趕緊拿衣服給他穿，拿食物給他吃，尚恐來不及；若他日見到不相干路人的子女，同樣落魄時，同情的心就少多了。一定要和他的父祖輩有深厚交情，然後才會去憐惜他們的子孫，這是人的常情。從皋陶沒世，直到春秋已有千餘年了。臧文仲生在千餘年之後，根本就不知道皋陶是什麼地方人，在什麼時候和皋陶交往過，然而看到他子孫的滅亡，憐恤哀痛，不啻有數十年的膠漆之情，這樣的心情是從哪裏產生的？屬於同類的契合，可使千年的時差縮短為一日；不屬於同類的隔閡，可將一日延長為千年。與皋陶同朝共事的，有共工、鯀、驩兜和三苗，他們在禮貌上並沒有不相問候，在言語上也沒有不相往來，然而一方有如在雲天之上，一方有如在泥濘之下，一方有如在風塵之上，一方有如在油火之中。即使對席而坐也有如胡越之遠，接步同行也有如古今之隔。猜想那共工、鯀、驩兜和三苗等人的心裏，看待皋陶有如仇敵一般，日夜都在窺伺可趁的時機，就是唯恐找不到陷害皋陶的方法，哪裏還有憐惜他子孫的心意呢？這就是所謂的同時代而不同類的人所產生的情景啊！天下的道理，未嘗沒有相對的，既然有同時代而不同類型的，當然也有不同時代而同類型的。所以皋陶近不與共工、鯀、驩兜、三苗同類相處於堯舜之朝，而遠與臧文仲同類相契合於春秋之世。想那臧文仲的存心，俯仰之間並不知皋陶生在堯舜之時，而自己身在春秋之世，在無形之中，自相拜會酬對；無聲之中，自相連屬交接；形跡相隔雖然疏遠而心意卻相近且相親。這就是為什麼臧文仲見皋陶斷了祭祀，慨歎憐惜，不能自已，甚至有過於合堂同席之交的友人。

大抵說來，君子必與君子相契，小人必與小人相合，一位有學養的人，若想驗證自己的心性，為什麼不用這道理來自我觀察呢？若我見君子失意沮喪而憂慮，見君子的子孫衰頹而憂傷，那就表示我的心性與君子相契合；若我見到君子失意沮喪而不憂慮，見到君子的子孫衰頹而不憂傷，那就表示我的心性不與君子相契合。為別人的患難而憂愁，本不值得稱道，然而我的心性能與君子相契合，則是非常可喜的事情；不為別人的患難而憂愁，本不值得貶斥，然而我的心性不能與君子相契合，則是非常可懼的事情。若想驗證我的心性是否與君子相契合，就應當觀察我的存心對於君子患難的憂與不憂。自我反省的方法，還有什麼比這更重要的呢！

【研　析】本文以臧文仲仰慕皋陶以興其歎作為論述中心，然後再用比喻法逐次說明物傷其類的悲痛，寓義深遠，足以為不肖子孫者鑑。

就內容說，作者先用「物莫不惡傷其類」的常理作引言，借以邀得讀者的首肯。其次則用一般人的看法，指出臧文仲的同情六、蓼二國的滅亡，為迂闊不切事理。第三段用事理的必然性說明如為同類，雖為胡越亦有如同席之親，如不同類，雖然同席而居，也將形同胡越之疏。最後再以「方以類聚，物以群分」之理，指出相合之道，而君子小人之分，也就自然形成了。

就行文說，作者採漸進法來表達一己之見，使讀者在徐徐文筆中，不自覺的而認同了他的觀點和見解。

人無不樂有賢父兄，可是話又要說回來，父兄也無不樂有賢子弟。當我們以祖先的成就為榮時，可曾想到我們的祖先也同樣地希望其子孫能繼志述事，無忝所生？上天疼愛好人，大多數的人都同意這種說法，而君子的憐惜君子，乃至憐惜其後代，亦為情理之常。作者在行文之際，緊扣情理之筆，非常成功。而勉後人自強不息、不辱其先，並努力修為為君子的用心，使我們尤其覺得餘韻無窮，值得玩味和深思。

秦穆公以子車氏之三子為殉

文公六年

【題　解】此事載於《左傳》文公六年（西元前六二一年）。大意是說：秦穆公任好死的時候，以子車氏的三個兒子——奄息、仲行、鍼虎從葬，這三人都是秦國才德出眾的良臣，所以人民都為此事感到悲痛，於是就為他們的從葬，寫下了〈黃鳥〉這首詩，以表達哀悼之忱。當時主公道的君子也評論此事說：「秦穆公的不能為盟主，是當然的事，因為他死後，也就把人民捨棄了。在過去，先王逝世的時候，還想著為人民遺留下應當遵守的法則，更何況是奪走百姓們善人的生命呢？《詩・大雅・瞻卬》篇說：『善人死了，國家即將危殆。』這說明國家不能沒有善人，又如何能奪取他們的生命呢？古代的明王，知道生命不能長久不死，因此普遍設置賢能任事，樹立風化聲教，分給他們旌旗衣服，使尊卑名位，各有品制，為作善言遺戒，著錄在典冊中，為他們制訂法度，公布準則，用法度來引導他們，並給予各種規章，讓他們使用，再進一步告訴他們先王的遺訓，教育他們要知足，防止謀求過多的私利，委任他們一定的職務，教導他們在行為上要合禮則，使他們不要違背因地制宜，讓大家都信賴他，然後才就天命離開人世。歷代的聖王，都是這樣做法的。而今秦穆公沒有禮法遺留給後嗣的人，反而收取了他們才德傑出的良臣從葬，這就不是在上位的人，所應有的行為了。」君子因此知道秦國再也無法向東方征伐了。

三良之殉君，古今之論是者半，非者半；是之者壯其忘身之勇也，非之者議其忘身之輕也。是非之論雖不一，至論其忘身，則一而已矣。

吾獨以謂三良，惟不能忘其身，然後殉君；使其果能忘身，必不至於殉君也。殺身以殉其君，非忘身者不能，今反謂不能忘身者，獨何歟？

殉葬非厚也，是從君於昏也，是納君於邪也，是陷君於過也。以三良之明，非不知也，知之而不敢辭者，為其嫌於愛身也。以愛身自嫌者，未能忘其身者也。使三子果能忘其身，則視人如己，視己如人。君欲以他人為殉，吾固爭之，所爭者殉葬之失也，不知其在人也；君欲以我為殉，吾亦爭之，所爭者殉葬之失也，不知其在己也。吾尚不知有吾身，又安有愛身之嫌哉？身天下之身，理天下之理，苟強認其身而有之，凡事之涉於吾身，明知天下之正理，避嫌而不敢言，是橫私天下之身，而橫私天下之理也。吾方欲救吾君萬世之惡名，豈暇置一身之嫌於其間哉？三子果不置一身之嫌於胸中，則論己事如論人事，居之不疑，言之不怍，必不至黽勉而受秦穆之命矣。其所以寧殺身而不忍犯愛身之嫌者，惟其未能忘身也。人徒見三子奮然捐軀，駢首就死，共指之為忘身，孰知其所以死，實生於不能忘身也歟！

或曰：三子之不能忘身則信，要不可謂之不厚其君也。吾又以為不然。為君計者，厚其君者也；為身計者，厚其身者也。三子若為君計，必思殉葬為吾君無窮之累，吾身縱不自惜，豈不為吾君惜乎？惟其專為身計，而不為君計，故當秦穆命殉葬之際，謂不從則受偷生之責，從之則君受害賢之責，吾知免吾責耳，彼君之責，吾何預焉？是心也，果厚於君乎？果厚於身乎？然則三子之厚其君，乃所以薄其君也。

【語　譯】三位賢良的大臣為君殉葬，從古至今，評論此事的人，有半數認為是對的，有半數認為是錯的；贊成的人稱揚他們有忘身的勇氣，反對的人則非議他們忘身的輕率。是非的論斷雖然不同，至於論及他們的忘身，則是一致的。

我獨認為這三位良臣，就是因為不能忘身，然後才會為君殉死；假使他們果真能忘身，必然不至於為君殉死。能殺身以殉君，若不是能忘身的人是做不到的，而今我反而說他們是不能忘身的人，那是為什麼呢？因為殉葬並不是忠厚的表現，乃是順從國君昏昧的作為，是入國君於邪惡的作為，是陷國君於罪過的作為。以三良的賢明，並不是不明白這個道理，明知而不敢推辭，是擔心將招致愛身的嫌疑。畏懼有愛身的嫌疑，就是不能忘身的表現。假使這三位賢臣果真能忘記自身的存亡，就會看待他人如同看待自己，看待自己如同看待他人。國君若想以他人殉葬，我當然要據理力爭，所爭的理由在於殉葬的不對，並不知道是為別人而爭；國君若想以我殉葬，我也據理力爭，所爭的理由仍在於殉葬的非是，並不知道是為己身而爭。我尚且不知道有己身的存在，又如何能有愛身的嫌疑呢？以天下人的身為身，以天下人的理為理，若硬要強調自身的存在，則凡事只要是牽涉到自身的，就是明知天下的正理何在，也因避免愛身的嫌疑而不敢吭一聲，這就是強私天下人之身，又強私天下正理的行為。我正想挽救國君遺臭萬世的惡名，哪裏還有閒工夫去顧忌自身的嫌疑呢？這三位賢臣果真能不把自身的嫌疑置於胸中，就會討論自己的事有如討論別人的事，平時沒有任何疑慮，說起話來也不會有什麼愧怍，那就必然不至於如此費心勞力地去接受秦穆公的遺命了。他們寧願殺身而不忍招惹愛身嫌疑的理由，就是因為他們不能忘身。人們只見他們勇敢的犧牲生命，共同就死，都認為這是忘身之勇。誰又能知道他們的所以就死，實在是因為他們不能忘身的緣故呢！

或許有人認為：這三位賢臣的不能忘身是真實的，但總歸一句話，不能說他們對國君不忠厚。我卻又不以為然。能為國君設想的，是能厚愛國君的人；只能為自身打算的，是厚愛自己的人。這三位賢臣若真為國君著想，必然會顧慮到殉葬將為國君帶來無窮的累贅，我縱使不愛惜自身，難道也不為國君惋惜嗎？就是因為他們只替自己做打算，而不為國君設想，所以當秦穆公下令要他們殉葬的時候，他們認為若不從命將遭受苟且求生的指責，若從命則國君將遭受迫害賢良的指責，我只求避免受到責難，至於國君所受到的責備，和我有什麼相干呢？像這樣的居心，究竟是厚愛國君呢？還是厚愛自身呢？如此說來，這三位賢臣對國君的厚愛，其實就是對國君的刻薄哩！

【研　析】《左傳》記述此事，在於論說秦穆公以子車氏三子殉葬之非，並由君子之口，說出先代明王違世的舉措，無不以良政美法垂留後世，嘉惠眾民。今穆公反以國家才德傑出的良臣殉葬，不仁殊甚，這就是他所以不能成為盟主、秦國不復東征的原因所在了。

然而本文作者，卻以不同的角度來衡量此事，矛頭竟然出人意表的指向三子，認為三子的不能忘身順從天下的正理，才是造成秦穆公昏邪、害賢、棄民的主要原因。

就內容說，作者首先指出世俗對三良殉君的論評，雖是非參半，然就忘身這一點來說，則無不同。其次說明三良的不能忘其自身的不對，以及應有的作為。最後指出三子的聽命殉葬，非厚其君，適所以薄其君的理由。

全文說理明確，直陳其事之筆，有一氣呵成之勢。就著世俗的見解，反駁其說法的非是，表現了一己的獨特看法，力排眾議敢於擔當的作為，實在可圈可點。文中又利用「或曰」所提出的疑慮，再作進一層的辨解，不僅可服人之口，亦且可服人之心。

既為良臣，當然具有辨別是非，何事可從與不可從的能力。如不辨是非，一味地唯命是從，這不僅可陷國君於不義之地，同時更可置國家於危亡之域。這還能算是良臣嗎？世人僅責穆公的害賢、棄民，而不見三良的愚忠盲從，當然是不公平的。作者能於此立論，駁斥唯命是從之非，可謂獨具隻眼。孟子曾經告訴世人說：「大人者，言不必信，行不必果，惟義所在。」就是因為如此，使我們越發覺得三良行事，只知有身而不知有君的非是了。

季文子❶如晉求遭喪之禮行

文公六年

【題解】此事載於《左傳》文公六年（西元前六二一年）。大意是說：當文公六年的秋天，季文子準備要去晉國聘問，先讓人替他求得如果遭遇喪事以後的禮儀才動身。跟隨的人說：「準備這種禮儀有什麼用？」文子回答說：「為意外的事情作好準備，這是古代美善的教訓。如果事到臨頭再去請求而又得不到，將會處在困難的境地。現在既然求得，就是用不著，也沒有什麼害處。」巧的是八月乙亥這天，晉襄公竟然死了。這種事情，說起來固然是巧合，但誰也不敢說絕對不會發生，而文子的「求遭喪之禮行」，就不能說沒有原因了。

天下之患，不發於人之所備，而發於人之所不備。十事而記其九，來問者必其一之不記者也；六經而習其五，來難者必其一之不習者也；四封而守其三，來攻者必其一之不守者也。十而九焉，六而五焉，四而三焉，所備者不為不多矣；然吾敵者，置其九而問其一，置其五而難其一，置其三而攻其一，緣間投隙，專擇吾之不備而徑犯之，何其逆料陰揣如是之巧耶！此世所以共憂為備之難也！

然為備而不盡則難，為備而既盡則易。人之游於世，罕與所長遇，多與所短遇；罕與所精遇，多與所略遇。雖左隄右防，朝戒暮警，偶有毫芒之不盡，則禍必發於此，而不發於其他。信矣，為備之難也。是非為備之難也，為備不盡之難也。必猶有短，然後人得而乘之；必猶有略，然後人得而困之。無所不長，彼孰得以乘吾短？無所不精，彼孰得以困吾略？苟無所不備，禍雖欲發，終無所發之地矣。

是故君子之為備也，人以為無，我以為有；人以為後，我以為先。蚤❷正素定，使胸中無一之不備，及與事物接，此來則以此應，彼來則以彼應，從容談笑，各就條理。吾是以知為備既盡者，如此其易也。

季文子聘晉，求遭喪之禮而行。且卿大夫之出聘所備者，郊勞❸贈賄❹之儀耳，張旜❺展幣❻之節耳，專對答賦之辭耳；至於遭喪之事，眾人以為必無，後其禮而不講者也。魯使如晉者，冠蓋相望而輪蹄相躡，豈有他人皆不遭喪，而文子獨遭喪者乎？文子獨以為時無止，變無常，牆數年而一頹，固有適遇其頹者矣；人百年而一死，固有適遇其死者矣，安可恃他人之不遭，而必己之不遭者乎！於是屬意眾人之所無，博講眾人之所後。當暇豫之時而汲汲然叩遭喪之禮，吾意魯國之人竊笑文子之迂闊者多矣。噫！當暇豫之時而求遭喪之禮，文子固迂闊也；至晉而果遭襄公之喪，使未嘗講喪者處之，其搶攘為如何？其顛錯為如何？及是時，回視文子之問禮，果迂闊乎？果不迂闊乎？始笑文子之迂闊者，未必不反服文子之精審也。嗚呼！晝者夜之對，未有常晝而不夜；生者死之對，未有常生而不死。當晝而謀寢息之具者，人未嘗有以為怪；文子當晉侯之存而問遭喪之禮，亦何足怪乎？矧文子所問者，遭他人之喪耳；倘如子路❼當生而問死，則世愈不勝其怪駭矣！

雖然，文子猶有所未盡也。聘與喪無二禮，而文子獨問喪，是猶以喪為異也；生與死無二理，而子路獨問死❽，是猶以死為異也。異聘與喪，故欲備喪；異生於死，故欲備死。合聘喪為一本，貫生死為一條者，夫何備不備之足言哉！

【注　釋】❶季文子　即季孫行父。桓公子成季友的孫子，魯大夫，歷任文公、宣公、成公、襄公諸朝，盡忠公室，身無私積，卒於襄公五年。❷蚤　同「早」。❸郊勞　使者出使至受聘國的近郊，受聘國君使卿朝服用束錦予以慰勞。❹贈賄　聘事已畢，賓客成行，舍止於郊，國君又使卿贈以禮物。❺張旜　古時諸侯或大夫，行聘問之禮，行於道，未有事則斂旜，及至所聘問國境，則張旜，以明往此國聘問。旜，同「旃」。曲柄旗。❻展幣　校錄幣物的名稱數量。展，作校錄解。幣，此處作聘享的禮物，車馬玉帛等物的總稱解。❼子路　姓仲名由，字子路，一字季路，春秋魯卞（今山東省泗水縣東）人。孔子弟子，少孔子九歲。好勇力，善斷獄訟，事親至孝，仕衛，為衛大夫孔悝邑宰，因不願順孔悝立蒯聵（《史記》作蕢聵）為衛公，竟死於難。❽子路獨問死　《論語．先進》篇中記載：季路問事鬼神？子曰：「未能事人，焉能事鬼？」曰：「敢問死？」曰：「未知生，焉知死？」按：季路即子路。

【語　譯】普天下的禍患，不發生在人的有所防備上，而發生在人的所不曾防備上。十件事情牢記其中的九件，來問的人一定會問不曾記得的那一件；六經已研習其中的五經，來問難的人一定會問不曾研習的那一經；四面疆域已固守其中的三面，來攻擊的敵人一定是進攻不曾設防的那一面。十件事情記得了九件，六經已研習了五經，四域已固守了三面，所作的準備不能算不多了；然而我們的對手，不提其他的九件事而僅問不記得的那一件，不論其他五經而只問難我不曾研習的那一經，不攻擊其他設防的三面而只進攻我不設防的這一面，絲毫不放過可乘的機會，專找我沒有作準備的地方下手，他們的預料、暗中的揣測怎麼會如此的準確呢？這就是世人所以共同憂慮預為防備困難的所在啊！

然若為備而不詳盡則處事困難，為備已經詳盡則處事容易。人遊處於世間，很少碰到自己所擅長的事，而經常遭遇到自己所不擅長的事；難得遇到自己所精通的事，而往往遭遇到自己疏略的事。雖然左右提防，朝暮警戒，若偶有一絲一毫的不周備，那麼禍患必然由此處發生，而不會發生於其他地方。為備的困難，是可以確定的。然而，這也不是為備的困難，而是為備不能詳盡的困難。必然是自己仍有不擅長之處，然後別人才有可乘之機；必然是自己仍有疏略的地方，然後別人才能使我困窘。倘若沒有什麼不擅長的，對方如何能乘機攻訐我所不擅長的？若沒有什麼不精通的，對方如何能困窘我所疏略的？如果沒有什麼準備不周之處，禍端雖然蠢蠢欲發，也終究找不著可發之處。

所以君子的預為防備，別人認為無所謂的，我則以為不可忽略；別人認為可以挪後處理的，我則以為應該先處理。凡事都及早準備妥當，使胸中有萬全的把握。一旦與事物有所接觸時，從此來則以此回應，從彼來則以彼回應，從容談笑，有條不紊。我因此而知道為備詳盡的人，應付事情是如此的容易。

季文子前往晉國聘問，先求得遭逢喪事所當行的禮儀後才出發。就一般情形說，卿大夫出國聘問所應當準備的，也不過是郊勞、贈賄的禮儀，張旜、展幣的禮節，以及會晤應對的辭采罷了；至於遭逢喪葬的事情，大家都認為是不可能發生的，因而就把這種禮節擱在一邊不去理會。魯國派往晉國的使節，往來不絕，多得甚至車輪馬蹄前後相接，哪裏有其他的人都不遭逢喪事，而僅有季文子遭喪的道理呢？而文子獨以為時日不會停止，變化也無常規可循，雖然一面牆壁歷經數年後才會倒塌，就是有碰巧遇到牆倒下來的人；人活過近百年才會死亡，也必然有恰巧遇到他死去的人，怎可仗恃著他人的不曾遭遇到，就認定自己也不可能碰到呢！於是專注於眾人所不在意的儀節，多方探求眾人所忽略的禮儀。當閒暇無事的時候，汲汲於詢問遭喪的儀節，我猜想魯國竊笑文子不切事理的人大概很多。唉！若說到在閒暇無事之時探求遭喪的儀節，文子固然是不切實際；然而他到了晉國，果然遭逢襄公的喪事，假使被不曾探討過喪禮儀節的人碰上了，將會是如何的紛雜，如何的顛倒錯亂呢？到這時候，再回過頭來看看文子的問禮，果真是不切實際呢？還是果真切於實際呢？起先嘲笑文子迂闊的人，未必不反過來佩服文子的精詳審度。唉！白晝與黑夜是相對的，未曾有常晝而不夜的情形；生與死是相對的，也未曾有常生而不死的人。在白天準備睡眠的用具，不曾有人以為怪異；文子當晉侯還活著的時候，而詢問遭喪之禮，又有什麼好奇怪的呢？何況文子所問的，是遭他人之喪的禮儀；倘如子路在活著的時候問及死後的事，則世人更難免大驚小怪了！

雖然如此，文子仍有不夠完善之處。聘問與喪葬同為禮節，文子只問喪禮，這就表示仍以為喪禮有所不同；生與死同為生命的現象，子路只問及死，這就表示仍以為死有所不同。認為聘問與喪葬是不同的禮節，所以想探求喪禮；以為生與死是不同的現象，所以想問及死後的情形。若能把聘問與喪葬之禮合為一本，貫通生與死之理為一條，對於備喪不備喪，備死不備死的問題，哪裏還值得一說呢！

【研　析】本文就寧可不用，不可不為備的觀念，以抒發「季文子如晉求遭喪之禮」的精義。見解雖與世人相左，然其就事言理之筆，確實做到了深入淺出、簡煉明曉的地步。

就內容說，作者首先指出防患為備的艱難，往往事端出於所不備。其次說明為備不盡則難，為備既盡則易的道理。第三段言君子為備所抱持的態度，以及應付裕如的樂趣。第四段說明文子的所問為確當，寧可備而不用，不可用而無備。這也就是君子遇事思慮周密的地方。最後指出文子猶有未盡之處，其關鍵乃由於未能將聘、喪之禮的理念貫穿為一。

就行文說，先從易曉而公認為是的事理著筆，然後再採漸進的方式，說明事理的必然性，在觸及主旨之前，先讓讀者產生一種深以為是的理念，等到觸及主旨之後，立即可以使人恍然大悟，有一種拍案叫絕的驚喜，其用筆之奇，於此可以概見。

全文以平穩的句法，論述為備不盡與為備既盡的情節，深許文子的處事謹慎縝密，思慮周詳老到，而文中所提「文子獨以為時無止，變無常」的見解，尤足以啟發世人，世俗所謂「不怕一萬，就怕萬一」的警語，不就是這種道理？

當然，遇事過於謹慎，再三的思考，難免猶豫不前，誤時誤事，可是就一般人來說，多半是由於思慮不周、行事草率而使事功功虧一簣，這未免不是作者的一番苦心。過與不及，都不能說是適宜，惟有中情中理，方可稱為得當。作者於文中所提出的「聘與喪無二禮，生與死無二理」，不就是指此來說的？

趙孟立公子雍❶ 文公六年

趙孟背先蔑而立靈公❷ 文公七年

齊景公使國惠子高昭子立荼❸ 哀公五年

陳乞❹逐高國 哀公六年

陳僖子立公

【題　解】本篇所涉及的事端有二，分別載於《左傳》文公六年、七年（西元前六二一年、六二〇年）及哀公五年、六年（西元前四九〇年、四八九年）。大意是說：

一、在文公六年八月乙亥這天，晉襄公死了，靈公尚在襁褓中，當時晉人因有國難，所以想立長君。正卿趙盾（即趙孟、趙宣子）主張立公子雍，因他具有固、順、孝、安四德，如能被立為晉君，國難即可解除。於是就派遣先蔑、士會二人到秦國去迎接公子雍。此時公子雍已為秦國的亞卿了，由此也可以證明他有足夠的能力來治理晉國。

當文公七年四月，秦康公要派兵護衛公子雍回晉國的時候，靈公的母親穆嬴，就抱著靈公哭訴於朝廷，不僅哭聲慘怛，而且所言尤能深中正理。這時趙盾與朝中大夫，皆以穆嬴為患，並且畏懼於宗室大夫的威逼，只好背棄先蔑、士會而立靈公，並且發兵抵禦秦國的軍隊。

二、在哀公五年的夏天，齊景公病了，命國惠子（國夏）、高昭子（高張）二人立幼子荼為太子，並把其他的公子全部安置在萊地（今山東省黃縣東南萊山）。這年秋天，景公卒，太子荼即位，是為晏孺子。十月，被安置在萊地的諸公子恐怕被殺，於是嘉、駒、黔奔衛，鉏、陽生奔魯。

哀公六年春，齊陳乞（陳僖子）偽裝討好高昭子、國惠子二人，每次上朝，一定和他二人同車，自己坐在車右，並言諸大夫如何的對他二人不滿。可是到了朝中，陳乞又站在諸大夫的一邊，向他們詆譭高、國的專橫，目的在激起彼此間的仇恨，以達到他私心自用立公子陽生的宿願。

夏六月戊辰這天，陳乞、鮑牧以及諸大夫率領著兵士進入公宮。昭子聽說之後，馬上就與惠子坐車往公宮救援，雙方大戰於臨淄城內的莊街，結果高、國敗北，被趕出國境。八月，陳乞派人往魯國召回公子陽生，在十月丁卯這天，立陽生為齊君，是為悼公。

一國之惡，易以義奪；一夫之惡，難以義爭。一國至眾也，一夫至寡也，義可以勝眾，而不可以勝寡，何也？公與私之異也。有公惡，有私惡，惡出於公，雖眾易奪；惡出於私，雖寡難爭。故君子之論難易，不施諸眾寡之間，而施諸公私之際。廢立，大惡也，晉人欲立長君，捨靈公而迎公子雍；齊陳乞欲立長君，廢荼而召陽生，其惡同也。然公子雍之謀，一國之所共，宜若難奪，而穆嬴❻之弱，反能以義奪之；陽生之謀，一夫之所專，宜若易爭，而鮑牧之強，反不能以義爭之。障稽天之浸，而不能遏畎澮之流；掃燎原之焰，而不能息束緼之火，抑有由矣！晉人之迎公子雍，舍冢嗣而外求君，視置君如弈棋，其為惡固不待言；然其情非以私己也，非以求利也，非以危國也，惟欲得長君以靖難耳。是固晉人之所同欲也，事則惡而心則公也。其心既公，故迎子雍其事未嘗不出於公焉。卿士合謀，公之也；支庶並擇，公之也；兩使如秦，公之也；三軍並迎，公之也。舉國之人雖陷於惡逆，其心猶誤以為公，一言一動皆明白簡直，未嘗有纖毫覆匿掩蔽之意，豈非公心尚存？雖一國銳欲立雍，有排山倒海之勢，穆嬴一女子，動之以義，而一國之人，怵迫焦灼，如負芒刺，如中刀槊，如臥薄冰；不畏秦師之銳鋒，而畏穆嬴之涕泣，亟棄雍而立靈公，不啻如反掌之速。吾是以知惡出於公者，雖眾而易奪也。

至於陳乞之立陽生，雖以齊國有憂，少君不可訪為名，自同於晉人之義，然其意實貪策立之功，以為篡齊之資耳。心私則事私，故其援立陽生，自始至末，無非相與為私焉。偽參乘而事高國者，乞以私而除陽生之害也；託習馬而出魯境者，陽生以私而應乞之召也。乞之召陽生，其始固已相與為私，故投暮夜之隙，以隱其歸；混饋者之中，以匿其迹，惴惴然若狗偷鼠竊之為者。其擅置廢立雖與晉人同，然陳乞則畏人之知，晉人則不畏人之知；陳乞畏事之泄，晉人則不畏事之泄。是晉人以公自處，而陳乞以私自處也。陳乞先以私自處，故雖聞鮑牧❼至公之義，邈然如風之歷耳。蓋乞之心自絕於義久矣，故使百人搖之，猶不能少概其心，況一鮑牧哉！

大抵惡出於公，則其根淺而易搖，故雖一國之勢，弱女子勝之而有餘；惡出於私，則其根深而難拔，故雖一夫之謀，強大夫排之而不足。百圍之木，根不附土，未終朝而可仆；拱把樸樕，蟠根繞蔓，於九泉之下，雖千夫未易動也。故君子能受萬人之公毀，而不願受一人之私讎；寧救萬人之公過，而不能救一人之私慝。

【注釋】❶公子雍　晉文公子，襄公庶弟，母為杜祁。❷靈公　指晉靈公。襄公子，名夷皋，母為穆嬴，在位十四年，厚斂、奢侈、兇狠，為趙穿所殺。❸荼　齊景公少子，母為鬻姒。景公五十八年立為太子。景公卒，國惠子、高昭子合力立為齊君，是為晏孺子。❹陳乞　即齊大夫陳僖子，主立長君，其實為私心自用。《史記・齊太公世家》作田乞。❺陽生　齊景公子，荼異母兄，荼即位後，畏誅奔魯，魯文公六年，被陳乞召回立為齊君，是為悼公。❻穆嬴　晉襄公夫人，靈公母。《史記・晉世家》作繆嬴。❼鮑牧　齊大夫，鮑圉孫。據《史記・齊太公世家》所載：他曾反對陳乞立公子陽生為齊君，恐觸禍，不得不順從陳乞。

【語　譯】一國人共同的惡念，容易用正義去糾正；個人獨有的惡念，就很難用正義去扭轉。一國人是最多數，個人是最少數，正義可以勝過多數，而不能勝過少數，是什麼道理呢？這是由於公心與私心的不同所致。惡念有公惡、有私惡，惡念若出於公心，人數雖眾也容易改變；惡念若出於私心，則人數雖寡也難與相爭。所以君子們評論難易時，重點不在於人數的多寡，而著眼於用心的公私之間。擅自廢立嗣君，是大惡，晉人欲立年長的公子為國君，捨棄靈公而迎立公子雍；齊國陳乞欲立年長的公子為國君，廢黜太子荼而召回公子陽生，他們的惡行是相同的。然而迎立公子雍的計謀，乃是一國人所共有的意念，應該是難以改變的，而穆嬴以一弱女子的姿態，反而能用正理來改變他們；召回公子陽生的計謀，乃是個人的意念，應該是容易打消的，而鮑牧以一強大夫的地位，反而不能用正理來打消他。能阻擋漫天的大水，而不能遏止涓細的水流；能掃滅焚燒原野的大火，而不能熄滅一束麻絮所引的火種，大概是有原因的吧！

晉人迎立公子雍，捨棄嫡長子而外求嗣君，視國君的廢立如弈棋一樣，這是一種惡行本來不用多說；然而他們實際的用心，並不是要滿足一己的私念，也不是要求取個人的利益，更不是要危害國家，惟一的目的，就是想要立一位年長的國君來平定國難，這是晉國人民共有的願望，就整個事件來說是惡行，而用心則是大公無私的。他們的用心既然大公無私，所以迎立公子雍這件事未嘗不是出於公眾的心願。卿士們共同謀劃，是公眾的意思；選擇嫡長子以外的庶子，是公眾的意思；派遣兩個使者前往秦國，是公眾的意思；三軍共迎於郊，也是公眾的意思。雖然全國的人民都陷於惡逆之中，他們的用心仍誤以為是大公無私的，任何言行舉止都明白而簡直，不曾有絲毫遮匿掩蔽的意思，這難道不表示公心仍然存在嗎？雖然全國的人民強烈欲立公子雍的決心有如排山倒海的聲勢，而穆嬴一弱女子，用正理說動眾人，使全國的人民，焦急迫切，如背負芒刺，如身中刀矛，如危臥薄冰；不畏懼秦國強大的兵力，而畏懼穆嬴的涕泣哭訴，急於背棄公子雍而立靈公，無異於反掌的快速。我因此而知道，惡念若出於公眾，雖然人數眾多，也容易改變。

至於陳乞的立陽生為君，雖以齊國有難，年少的國君不可出訪為名義，自然同於晉人立長君之義，然而他的用意其實是貪圖策立國君的功勞，來作為將來篡奪齊國的憑藉。若有私心則行事也私，所以他幫助陽生的策立，自始至終，無非是相與為私而已。就拿偽裝陪乘討好高昭子、國惠子這件事來說，陳乞是以私心而為陽生除去絆腳石；以假借溜馬的名義而潛離魯境來說，陽生是以私心來配合陳乞的召請。陳乞所以召請陽生，一開始就已經相與為私，所以趁著夜晚黑暗之際，以隱匿陽生的歸來；混雜在送飯的人群中，以隱藏陽生的行跡，心中憂懼難安，有如狗偷鼠竊的作為。至於擅自廢立雖與晉人相同，然而陳乞害怕被人發覺，晉人卻不怕被人知曉；陳乞擔心事跡洩漏，晉人則不擔心洩漏事跡。這乃是晉人以公心自處，而陳乞以私心自處的緣故。陳乞先以私心自處，所以他雖然聽到鮑牧提出至公的義理，卻毫不在意的就像風吹過耳朵一樣。想必陳乞的用心自絕於義理已經很久了，所以就是讓上百的人搖晃他，也不能稍微改變他的心意，又何況只有一個鮑牧呢！

大抵說來，惡念若出於公心，以其根淺露而易於動搖，所以雖然是一國人的強大勢力，一個弱女子勝之而有餘；惡念若出於私心，以其根深固而難以拔除，所以雖然是一個人的陰謀，強大夫想排拒他也力有不足。百人所圍的大樹，若根部不附著於泥土中，不到一個早晨的工夫就可被推倒；拱把可握的小樹，根節盤曲，纏繞於九泉之下，雖然用上千個人的力量也不容易動搖它。所以君子能忍受萬人公然的詆毀，而不願遭受個人的私仇；寧願去挽救萬人的公過，而卻無法挽回一人的惡念，就是這個道理。

【研　析】本文一開始，作者就以突起的筆力引人注目，然後再用世俗不常見的道理，表達一己獨特的見解，用鮮明的對比，點出眾寡公私的聳峙，使人立即產生好奇欲窺究竟的心願，這固然要有豐富的想像力，但如閱歷不深，讀書不多，思慮不周，則絕難有此領悟。

就內容說，作者首先從義可以勝眾而不可以勝寡，全以公私為關鍵作開端。緊接著就析述惡出於公雖眾以義易奪的必然性。再來，則指出惡出於私難以義爭的道理，並以此顯示晉、齊立君的差異。最後，總論公惡根淺易搖、私惡根深難拔的理則，借明君子處世應事之道，同時亦為世人指出了何事可為與何事不可為的共同信念。

就行文說，不僅走筆酣暢，更有理到義明、筆隨意轉之工。說事、論理、舉譬，均能得到合理的照應。第一段為總起，然後雙峰突發，一言惡出於公，一言惡出於私，而歸結於易搖難拔，在文路上表現得既顯豁又有層次。

全文以擅廢立為惡念，以張嫡嗣為正統，以遵君命為忠藎，以違君心為擅權，據此以辨忠奸善惡。這在君主時代，自有其不可抹殺的意義，同時借此亦可去除非分者的覬覦之心，對於安定人心來說，實具有莫大的功效。作者的闡述論說，意豈在斯乎！

卷十八

陽處父[1]改蒐賈季[2]殺陽處父

文公六年

【題解】此事載於《左傳》文公六年（西元前六二一年）。大意是說：當文公六年的春天，晉國在夷地檢閱軍隊，並決定裁撤二軍，恢復三軍之制，命狐射姑領中軍，趙盾為輔佐。這時陽處父正好從溫地回來，建議改在董地閱兵，並調換趙盾領中軍，以狐射姑為輔佐。因陽處父過去是成季（趙衰）的屬下，所以偏向著趙氏。

八月乙亥這天，晉襄公死了，靈公年少，這時趙盾主張立公子雍，可是賈季（狐射姑）卻認為不如立公子樂，二人各行其事，趙盾派先蔑、士會往秦國迎公子雍，賈季則派人到陳國召回公子樂，於是趙盾便派人在陴地殺了公子樂。

賈季怨恨陽處父改換他的班位，又知道他在晉國無奧援，於是就在九月間，派續鞫居把陽處父殺了，所以《春秋》記載說：「晉國殺了他的大夫。」這是由於侵奪官職所造成的。

到了十一月，晉國又把續簡伯（即續鞫居）殺了。賈季因此一個人逃到狄國。於是宣子（趙盾）便派臾駢將他的妻子兒女送過去。巧的是當在夷地閱兵的時候，賈季曾侮辱過臾駢，所以他的手下，一致主張殺賈季全家作為報復。臾駢不答應，並且說了一大堆的理由，終於將賈季的眷屬及器用，安全的護送到國境上。

私者人之所惡也，立乎人之朝，相結以私情，相交以私利，相報以私恩，不復知公義之所在，固人之所共惡也。

是其為私雖人之所共惡，亦人之所共知，猶非可惡之尤者也，天下之尤可惡者，其惟私之私乎！受私而矯情以示公，示公而匿機以行私，私中有公，公中有私，深閟險譎，舉世莫能窺，此所謂私之私也，君子之所尤惡也。

陽處父私於趙盾❸，犯君命，墮國法，擅蒐於董，奪賈季之位以畀盾，其私於盾者深矣。使盾果公存心，必思命當出於君，而不當出於臣，君命既定，而臣擅易之，是無國法也！竊財者謂之盜，受其財者亦謂之盜；擅命者謂之叛，受其命者亦謂之叛，其可貪一時之寵而自納於叛乎？苟盾持此義以固拒陽處父之命，吾始信盾之真公也。今盾安受處父之擅命，恬處正卿之位，受其利而欲逃其名，背惠棄恩，疏絕處父自示其公，以避受私之謗。盾之用心，可畏也哉！

何以知盾疏絕處父以示公也？以賈季殺處父而知之也。賈季所以敢殺處父者，以其無援於晉也。晉國之權專出於盾，而盾之權專出於處父，有盾以為處父援，天下之援豈有強於此者乎？而賈季反謂處父無援於晉者，是必盾既得位之後，視處父如路人，利害不相關，患難不相救，此賈季所以知其無援也。盾之不援處父者，豈不知處父之恩不可負哉？其矯情以示公者，急於自解，而不暇顧人耳！

然其示公之中，未嘗不匿機以行其私焉。賈季既殺陽處父，盾歸其獄於續簡伯❹，不探其情而誅賈季者，蓋以賈季之所以殺處父者，不平其私於我也，是處父之死由我也。處父由我而死，我為處父復讎而殺賈季，則未免於私之嫌也。故宥賈季於遠，又送其帑以致勤厚之意，皆矯情以示公也！孰知其示公之中，陰匿其至私而不悟乎？

盾之所使送賈季之帑者，臾駢❺。臾駢，賈季之讎。送帑而使其讎，實欲臾駢盡殺賈氏以逞吾憾也。苟盾果出於善意，則舉晉國之人豈無可任以送帑之責者？今不付之他人，而獨付諸其讎，則盾之情可見矣。若臾駢從其黨之言，盡殺賈氏，則全賈氏之恩歸於盾，滅賈氏之惡歸於駢。外示公義，內復私怨，其機可謂險矣。臾駢不悟其機，反謂盾行禮於賈季，抑忿釋憾，衛之出境。其事雖善，吾恐未必投盾之機也。衛瓘❻將殺鄧艾❼，知田續❽有憾於艾，使田續追之，曰：可以報江油之辱❾矣！續果殺艾。瓘使仇讎追鄧艾，盾使仇讎送賈氏，其機本同，然衛瓘之機淺，故田續悟其機而殺之；盾之機藏，故臾駢不悟其機而生之。是全賈季者，雖臾駢之美，而本非盾之意也。盾示之惡，而駢誤以為善；盾示之邪，而駢誤以為正。人之誤每如此，亦何患於誤乎？

惡機可以感善，邪機可以感正，是善常在於惡之中，而正常在於邪之中也。善在惡之中，是天下本無惡；正在邪之中，是天下本無邪也。是言也，是理也，微矣哉！

【注釋】❶陽處父　晉太傅陽子。曾為晉卿趙衰屬大夫，故黨於趙氏，為賈季所殺。❷賈季　即狐射姑。狐偃之子，晉大夫。襄公使將中軍，命趙盾輔佐。陽處父使二人職務對調，因懷恨在心，後陽子終為此被殺。❸趙盾　趙衰之子，在襄公朝為大夫，襄公卒，立靈公，靈公無道，不聽勸諫，並且要殺他，盾逃亡，未離國境而靈公即被趙穿所弒，復還迎立成公。卒諡宣子，亦稱趙孟。❹續簡伯　即續鞫居。為狐氏之族，狐射姑所派殺陽子的人。後為趙盾所殺。❺臾駢　趙盾所屬大夫。❻衛瓘　字伯玉，晉安邑（今山西省安邑縣）人。十歲喪父，至孝過人，性貞靜有名理，以明識清允見稱。襲父爵為閿鄉侯，弱冠為魏尚書郎。數歲轉為廷尉卿，以本官監督鄧艾和鍾會軍進攻蜀國，平蜀後，封為菑陽侯。到了晉朝，官至太保，錄尚書事，惠帝時，為賈后所誣殺，諡成。❼鄧艾　字士載，義陽棘陽（今河南省新野縣）人。三國魏名將，初為司馬懿掾屬，後官至鎮西將軍，都督隴右軍事，封鄧侯。元帝景元四年（西元二六三年），與鍾會攻蜀，他另帶一軍潛入陰平道，攻破成都，劉禪率太子諸王及群臣六十餘人，面縛輿櫬詣軍門請降。❽田續　本鄧艾屬將，後為衛瓘護軍。❾江油之辱　江油，地名。即江油戍，在今四川省江油縣東，三國蜀置。鄧艾征蜀，自陰平（今甘肅省文縣）行無人之地七百餘里，鑿山通道，造作橋閣，先登至江油，而田續不進，本欲斬首，卻又赦免了他。鄧艾既平蜀，欲一鼓作氣，順江而下，東伐吳國，不料為鍾會、胡烈等所讒，蒙不白之冤，以致詔書檻車徵艾。艾父子既囚，鍾會至成都，先送艾，然後作亂，會被誅後，艾本營將士追出艾檻車，迎還。此時衛瓘即派田續等討之，並對田續說：

「可以報江油之辱矣。」續遂殺艾於緜竹縣西。

【語譯】私心是人所厭惡的，立身於朝廷之中，卻與同僚以私情相結好，以私利相交善，以私恩相回報，而毫不顧念公理正義的所在，這本來就是人人都厭惡的。

上述這種私心，雖然人人都厭惡，也是人人所共知的，卻還不是最令人厭恨的，天下最可令人憎恨的，應該是陰藏不露的私心吧！明明接受私情卻矯揉掩飾，以表示自己公正不阿，在所顯示的公正之中，卻隱藏著心機來運行私欲，使得私心的運作而有公正的外貌，公正的行事中卻隱有私欲的詐偽，陰險詭譎的用心深藏於其中，全天下沒有人能窺知真相，這就是所謂陰藏不露的私心，也就是君子所深惡痛絕的。

陽處父私厚於趙盾，不但觸犯國君的詔命，敗壞國家的法紀，擅自改換地點於董地閱兵，又奪取賈季的中軍班位給趙盾，他對於趙盾的偏愛，實在夠深厚了。假使趙盾果然存有公心，必然會顧慮到命令應該由國君所頒布，而不該出於臣下的決定，國君的詔令已定，而臣下擅自更易，這種行為，就是目無法紀啊！偷竊財物的人稱為盜賊，接受這種財物的人也稱為盜賊；擅易君命的人稱為叛臣，接受這種命令的人也可稱之為叛臣，怎麼可以貪圖一時的尊寵而使自己納於叛臣之列呢？如果趙盾能執持著這樣的正理，堅決的拒絕陽處父的命令，我才能相信趙盾是真正的公正無私。而今趙盾安然地接受陽處父擅自更易的詔令，坦然自得的坐處正卿的班位，享受名祿的利益卻想逃避叛逆的罪名，因此而背惠棄恩，與陽處父疏遠絕交，表示自己的公正無私，以避免遭受徇私的毀謗，趙盾的用心，實在可怕啊！

如何能知道趙盾以疏遠棄絕陽處父來表示自己的公正無私呢？從賈季殺陽處父這件事來看就可以明白了。賈季所以敢殺害陽處父的原因，是認為他在晉國並沒有後臺。事實上晉國的政權全把持在趙盾的手中，而趙盾的權勢卻是由陽處父為他爭取來的，若有趙盾為陽處父的後援，那天下還有比此更強硬的後臺嗎？然而賈季反認為陽處父在晉國並沒有後援，這必然是趙盾既得權位之後，把陽處父視作路人，彼此的利害不相關聯，患難也不相救助，也因此讓賈季知道陽處父沒有後援。趙盾的不願支持陽處父，難道不明白陽處父的恩情不可以辜負嗎？他如此矯情做作以表示自己的公正，只是急於解脫結黨私交的嫌疑，而沒有功夫去顧念恩人罷了！

然而在趙盾表明自己的公正無私當中，卻未嘗不藏匿著機心以逞私欲。賈季既然已經派人殺了陽處父，趙盾乃將兇手續簡伯緝捕下獄，卻不繼續追究實情而誅殺主使的賈季，想必是認為賈季之所以殺害陽處父，是因為不服氣他對我有私心，所以陽處父是因我而被害的。陽處父既然因我而死，我又為陽處父報仇而殺害賈季，則未免有偏私的嫌疑。所以寬恕了遠逃於狄國的賈季，又將他的妻子兒女護送前去，以表示忠勤寬厚的胸襟，這都是矯情虛偽以表示他公正無私的做法啊！又有誰能知道在他所顯示的公正之中，陰藏著最大的私心而無法讓人領悟呢？

趙盾所派遣護送賈季妻子兒女的人，是臾駢。而臾駢正是賈季的仇人。為人護送妻子兒女，而所派遣的卻是他的仇敵，其實就是要臾駢盡殺賈季的家小以發洩我的仇恨。假如趙盾果真出於善意，那麼全晉國之中，難道就沒有可以擔任護送賈季妻子兒女責任的人嗎？而今不將此責任交付他人，而獨託付給他的仇人，那麼趙盾的私情就昭然可見了。若臾駢聽從了手下人的建議，把賈氏家小殺光，那麼成全賈氏的恩德就歸於趙盾，而屠滅賈氏的罪名就歸於臾駢了。從外表的行為上，所表現的，是公理正直，可是在內心裏，卻在報復私人的怨仇，這樣的機心，可說是夠陰險了。而與駢並不能領悟他的用心，反而以為趙盾恩行禮義於賈季，而勉強壓抑心中的怨忿，放棄自己的憾恨，而護衛著賈季的家小安然離境，這雖是善事一樁，我卻恐怕這未必能符合趙盾的機心哩！例如晉朝的衛瓘將要殺害鄧艾，知道田續與鄧艾有過節，便指使田續去追捕他，並告訴田續說，可以報江油的恥辱了！田續果然殺了鄧艾。衛瓘使仇敵追捕鄧艾，趙盾使仇家護送賈氏家小，他們的用心本來是相同的，然而衛瓘的心機淺而易見，所以田續領悟了他的用心而殺了鄧艾；趙盾的心機卻深藏而不顯，所以與駢無法領悟他的用心而留下賈季一家活口。如此說來，保全賈季一家的，雖是與駢的美意，卻不是趙盾的本意。趙盾所暗示的是惡念，而與駢卻誤以為是善意；趙盾所暗示的是邪道，而與駢卻誤以為是正理。假如人的誤解每每如此的話，那又何必憂愁有誤會呢？

惡意的心機竟可以啟發人的善意，邪妄的心機竟也可以感動人的正理，這意謂著善意常可存在於惡意之中，而正理也常可存在於邪妄之中。善在惡之中，就表示天下本無惡意；正在邪之中，就表示天下本無邪妄。這樣的言論，這樣的道理，實在是奧妙啊！

【研　析】世人每以趙盾為忠臣，然終不免蒙弒君的惡名。本文一摒世俗的觀念，就趙盾的處世陰險面，明示其忘恩負義、巧用心機、至私至奸的行為，揭發其實為一「深閟險譎、舉世皆莫能窺」的行私以示公的高手。

就內容說：作者首先指出私情、私利、私恩的交結為人之所共患。其次則進一步說明私中之私為天下最可惡的行為。第三段指出趙盾背惠棄恩、疏絕陽處父自示其公的用心可畏，其心可誅。第四段說明由陽處父在晉無援，可以推知趙盾的自絕於陽子，乃為矯情以示公。第五段言趙盾匿機以行私於示公之中，此心最為惡毒。第六段，指出趙盾用心機深，不為臾駢所悟，反使賈季的妻子兒女得以全活。最後總言善惡邪正的所感無常，借以點出人世事理的機微，深具意味。

就行文說：作者用穩健的筆觸，以趙盾為中心，以陽處父、賈季為陪襯，以續簡伯、臾駢為點綴，就人的情性，推度心機的演變，前呼後應，著實扣人心弦。而察理機先，洞悉人性的剖白，尤能令人首肯。

全文以公私為起點，以善惡為歸結，就傳文的隱義，用明顯的情實，公認的理則，作深入的探求，指出是非善惡的所在，確可使世人發一猛醒。而尤其難得的是，作者在最後數語中，又指出人當以善存心，以正存心，果能如此，那麼天下即可無惡無邪了。這又是何等用心啊！

宋昭公❶將去群公子

文公七年

【題　解】此事載於《左傳》文公七年（西元前六二〇年）。大意是說：當宋昭公正準備除去群公子的時候，司馬樂豫勸止說：「不可以這樣做，因為公族是公室的枝葉，如果除去它，那麼樹幹樹根就沒有樹蔭遮蔽了。像葛藟這類植物，都還能使枝葉遮蔽它的根幹，所以君子拿來作比喻，更何況是國君呢？俗語說：『難得有樹蔭遮蔽，偏偏使用斧斤砍伐。』這一定不可以。希望君王能慎加考慮。如果能用恩德來親近他們，照樣都可以成為忠貞的輔佐大臣，誰又敢有貳心？為什麼要殺掉他們呢？」昭公沒有聽從。於是穆公、襄公的族人，率領著國人攻打昭公，在宮中殺了公孫固和公孫鄭，結果只好由六卿出面調解，才與公室講和，樂豫也把司馬的職位讓給了公子卬。

見怒於人，為吾解者，必與吾親者也；見疑於人，為吾辨者，亦必與吾親者也。抑不知怒可使疏者解，不可使親者解；疑可使疏者辨，不可使親者辨。

人之方怒也，人之方疑也，望其親厚者來，固逆以游說待之矣。先持游說之心以待其至，則雖有公言，亦視以為私，雖有正論，亦視以為黨。豈特塞耳而不聽哉！解其怒而甚其怒者有矣，辨其疑而增其疑者有矣。嗚呼！親者尤不可解，況於自解乎？親者尤不可辨，況於自辨乎？苟不審勢，不見機，不察言，不觀色，身往辨解，徑犯其疑怒之鋒，則一顧而生百忿，一詰而生百猜；辭多則謂之爭，辭寡則謂之險；貌莊則謂之傲，貌和則謂之侮；進退周旋，無非罪者。束手而赴讎家，其見殺者，非讎之過也，我自送其死於讎也；裸裎而投虎穴，其見噬者，非虎之暴也，我自送其死於虎也。彼方蓄怒積疑，欲致毒於我而未得逞，我乃委身其前以投之，其得全也難哉！

宋昭之無道，嗣位之初，欲盡去群公子，其志銳甚。吾意為群公子所親者，皆將遠嫌退縮，而不敢預其禍，獨樂豫❷拳拳亹亹，力進諫而止之。意者豫之視群公子，聲迹不相聞，休戚不相及，居無嫌之地，可以肆言而不忌乎！及詳考之於傳，豫實戴公❸之裔，乃所謂群公子之一也。身在群公子之數，不以自嫌，獨敢辨解於昭公之前，昭公雖不從，亦安其言而不以為憾也。豫不以嫌自處可耳，至於使無道之君亦安其言而不憾，是豈一朝一夕之故哉？竊意豫平居暇日，處群公子間，身廊廟而心山林，身軒冕而心布褐，身鐘鼎而心簞瓢，和而不同，群而不黨。豫固不以公子自處，而人亦未嘗敢以公子處豫也。惟其素不以公子自處，故雖在利害之中，實出利害之外，從容進諫，忠誠懇惻，專悟於君，物莫能問。當是時豫豈自知身之為公子哉？何獨豫不自知為公子，雖昭公亦豈知豫之為公子哉？儻豫自知為公子，則嫌心生而不敢言；儻昭公知豫之為公子，則忿心生而不能忍，將見諫語未終，先群公子而賜絕命之書矣！惟兩出於不知，此所以兩相安而不相忌也！

昭公雖能安豫之言，而不能從豫之言。迄至群公子之亂，刃交矢接，公室如綴旒。豫復與六卿和公室，舍其司馬以畀昭公之弟卬，使昭公知公族之中固有視富貴如鴻毛者，以深釋昭公之疑怒。是昔以言諫，而今以身諫也。非心無富貴，其能勇退如此之決乎？豫心無富貴，故始不以公子自嫌而進言，忘攖鱗之危；終不以司馬❹自累而棄位，過脫屣之速。苟藏於心者有毫芒之顧惜，則發於口者有邱山❺之畏怯矣。故棄人之所不能棄，然後能言人之所不能言。

【注釋】❶宋昭公　名杵臼，成公少子，襄公孫，在位九年。因無道，國人不附，襄公夫人使衛伯殺之，立其弟鮑，是為文公。❷樂豫　戴公的後裔，宋昭公時官居司馬，無心富貴，勇於諫言，不以去留為念。❸戴公宋惠公孫，哀公子，在位三十四年。❹司馬　官名。唐、虞時就已經設置。周制，夏官大司馬為六卿之一，掌管軍旅的事務。❺邱山　一作丘山。比喻靜止。

【語　譯】當別人對我有所怨怒時，為我說項化解的，必定是與我親近的人；當別人對我有所懷疑時，為我辨明澄清的，也必定是與我親近的人。卻不知怨怒可以讓與我疏遠的人去化解，而不能讓與我親近的人去化解；懷疑可以讓與我疏遠的人去澄清，而不能讓與我親近的人去澄清。

當人正在發怒或正在懷疑的時候，看到與對方交情深厚的人前來，毫無疑問的，就會先以遊說的人對待他。先抱著應付說客的心等待他前來，即使有公正的言論，也認為是有私心；即使有正確的道理，也認為有所偏袒。哪裏只是塞耳不聽呢！因此，想化解他的忿怒，有的反而引起他更深的怒氣；想澄清他的懷疑，有的反而更增加他的懷疑。唉！親近的人尚且遭到怨恨無法化解，何況是自己去化解呢？親近的人尚且遭到怨恨無法澄清，何況是自己去澄清呢？如果不能審察情勢，不能見機行事，不能察顏觀色，自己冒然前往辨解，直接觸犯對方的懷疑或忿怒的鋒頭，那麼一照面就會產生各種忿怒，一對話就會產生各種猜疑；話說多了則認為是在爭論，話說少了又認為是心懷險詐；態度端莊，則認為是驕傲，顏色和藹，則又認為是輕視；任何行為舉止，沒有不是罪過的。自縛雙手而前往仇家，若被殺害，這不是仇家的罪過，是我自願送死於仇家的；赤裸著身子而空無一物的自投虎穴，若被吞噬，這不是老虎的暴虐，是我自願送死於虎口的。對方正當蓄積著滿腔的忿怒與懷疑，想要對我下毒手而不能得逞，我卻委身前去，自投羅網，要想全身而退，實在是很難哪！

宋昭公的舉措不合仁道，剛一繼位，就要全部除去群公子，心意非常地堅定。我以為若是與群公子親近的人，都將避嫌而退縮，不敢參與此事以免遭殃，唯獨樂豫懇切奮勉，極力進諫來阻止這件事。想必樂豫與群公子之間，沒有互通聲氣，利害不相關連，身分地位都沒有什麼嫌疑，可以放言直說而無所忌諱！及至詳細地從經傳中考證，才知道樂豫其實是戴公的子孫，即所謂群公子之一。身居群公子之數，卻不以此身分自嫌，獨敢辨解於昭公的面前，昭公雖不聽從，也安於其言而不以為憾恨。樂豫不以嫌疑身分自處還說得過去，至於能使不仁道的昭公也安於其言而不覺有什麼憾恨，這哪裏是短時間內可以促成的呢？我私下以為樂豫在平居閒暇的時候，處在群公子中間，雖身在朝廷而心在山林，高居官位而心在平民，身處鐘鼎美食之家而心在簞食瓢飲，與人相處和諧而不同流，合群而不偏私。樂豫固然不以公子的身分自處，別人也未嘗以公子的身分看待他。也就是因為他向來不以公子的身分自居，所以雖然處在利害的中間，而事實上卻能超然於利害之外，從容的進諫，態度忠誠懇切，專心致力於感悟君上，任何人都不能離間。當這個時候，樂豫哪裏還能意識到自己的身分是公子呢？又何止樂豫不自知為公子，即使昭公也難道還記得樂豫的公子身分嗎？倘使樂豫還顧慮到自己身為公子，那麼就會產生避嫌的心情而不敢進言；倘使昭公也還顧慮到樂豫的公子身分，那麼也會產生忿恨的心而不能容忍，恐怕將會見到諫語未完，而先群公子賜下絕命書了！就是因為兩方面皆忘卻了這種身分，所以才能兩相安和而不相猜忌啊！

昭公雖能安於樂豫的諫言，卻不能聽從樂豫的勸告。以至於群公子的亂事發生，兵刃相交，弓矢相接，無視於公室的存在。這時樂豫又與六卿出面調解，才與公室講和，並把司馬的職位讓出來給昭公的弟弟公子卬，使昭公知道公族之中本來就有視富貴如鴻毛的人，來消除昭公的疑怒。這就是往日以言諫，而今日以身諫的表現。若非心中不存富貴，他能從官場中急流勇退而如此的堅決嗎？樂豫心中不存富貴，所以一開始就不以公子的身分自以為有嫌疑而進諫忠言，忘卻觸犯龍顏的危險；末了則不以司馬的職位為牽掛而放棄高位，毫不猶豫的程度比脫鞋還快速。如果隱藏於心中有絲毫的顧惜，那麼當發言的時候就有不敢說的畏怯了。所以先能放棄別人所不能放棄的功名富貴，然後才敢說出別人所不敢說的話語。

【研　析】本文以樂豫的舉止為重點，以昭公的行事為襯托，就理言事，明辨曲直，不僅可以決疑，亦且可以解怒，如感觸不敏，領悟不深，是很難有此造詣的。

就內容說，作者首先以「見怒於人」、「見疑於人」以及「解怒」、「解疑」之道作引言，緊接著就說明於人盛怒之際，大疑之時，不但不可使親者解，不可使親者辨，尤其不可自解自辨，以免自討侮辱。其次則指出公子豫的所以忘身而諫以及昭公的安其所諫的原因。最後說明樂豫敢攖逆鱗的理由，是不以公子自嫌，又能棄富貴、無得失之心所致。

就行文說，作者以突起之筆，鉤出怒疑辨解的事端，然後即用推理的手法，就心態、就情緒、就常理、就察言、就觀色，作周密的闡發，以服人心。文章進入主題以後，首先標出進諫者所抱持的心情，以度受諫者的感受，其所論述，確能見人之所不見，予讀者一大驚喜。而結語尤能特出意表，以無心、勇退為歸，最見高絕。

全文以起承轉合為序，以常理為入，以非常理為出，其中有刀光、有劍影、有心機、有正直、有陰毒、有仁和，將群公子的爭權奪利，宋昭公的心狠手辣，司馬樂豫的仁風義舉，或明言，或暗蘊，無不淋漓曲盡，耐人揣摩，同時也更為世人指出為人處世當摒除得失之患，擇善而為，不但要忘身、忘譽、忘毀辱，而且要忘富貴、忘貧賤，將廊廟、山林、軒冕、布褐、鐘鼎、簞瓢，視為一體，那麼我們的所言所行，也就無入而不可自得了。

士會❶不見先蔑❷

文公七年

【題解】這件事載在《左傳》文公七年（西元前六二〇年）。大意是說：先是趙盾主張立長君，派先蔑、士會二人到秦國迎立公子雍。可是這時穆嬴卻抱著靈公哭訴於朝廷，並親去趙盾的府第申說立靈公乃是先君的意旨，不可違背。趙盾畏誅，只好立靈公而背棄先蔑、士會，並且出兵迎戰秦軍。因此在四月二日這天，先蔑逃到秦國，士會也跟著他一起到來。可是士會在秦國住了三年，卻不願意與先蔑見面，於是士會的隨員說：「能和別人一起逃到這個國家，而竟然不願意在這個國家見面，這又是為什麼？」士會回答說：「我只是和他的罪過相同，但是我並不認為他的作為合於道義，幹麼要見面！」所以一直到回國，兩人都沒有過從。

物之易合者，莫如居患難之時。同川之魚，鱣不知鮪，鮪不知鱣，游泳不相顧也。及失水，則相沫相濡，驩然而相親。豈得水則不仁，失水則仁耶？居患難之地，不得不合也。同舟之人，胡不知越，越不知胡，語言不相入也。及遇風，則相赴相救，慨然而協力。豈無風則不義，有風則義耶？居患難之地不得不合也。

隨會之與先蔑，並立於晉朝，其遊居周旋之久，豈如胡越之無情哉？及以公子雍之故，俱得罪而奔秦，此政涸澤之魚相濡沫之時，會之視蔑，乃漠然無情，歲律三改而曾不與之一面。居患難之地而反落落難合，何耶？人知患難之易合，而未知其所以合也。憂同則易合，怨同則易合，忿同則易合。同憂相遇，必相親以謀其憂；同怨相遇，必相親以致其怨；同忿相遇，必相親以逞其忿。其朝夕聚會，握手而語，促膝而議者，豈復有善意哉？非咎人則訾人也，非私計則詭計也，以憂濟憂，以怨濟怨，以忿濟忿，交日深，而惡日長矣。其所以易合者，果正耶，果不正耶？竇嬰❸灌夫❹父子歡於廢退之時，淮南衡山❺昆弟語於怨望之日，其終之為何如耶？是宜隨會之所不忍為也。吾嘗聞君子處患難矣，內省不疚者也，反求諸己者也，素其位而行者也。本未嘗憂，何必與人共其憂？本未嘗怨，何必與人共其怨？本未嘗忿，何必與人共其忿？使其人道義可慕，忠信可友，樂易可近，慈仁可依，則未有患難之始，吾固與之合矣，豈必待有患難而與之合耶？待患難而始合，則其合者非吾本心也，驅於患難，苟合以濟事也。是宜隨會之所不忍為也。貧者不肯與富者狎，而與貧者狎，是何也？富者其所忌，兩貧則無所忌也；愚者不肯與賢者狎，而與愚者狎，是何也？賢者其所忌，兩愚則無所忌也。人居患難之時，以己之在難，而疾人之無難，其視優豫愉佚之人且憎且忌，望望然去之，惟其同在難者，款密親狎而無間，其心豈不甚淺狹而可憐耶？是宜隨會之所不忍為也。

或曰，趙盾實執晉柄，背先蔑而立靈公，則盾之所讎者，惟蔑爾；至隨會雖以累而俱出，本非盾所怒也。會明絀蔑於秦，乃所以陰結盾於晉，僥倖歸國，不顧賣友以市恩，非險薄之尤者乎？吾應之曰，此後世之心，而非隨會之心也。以後世之利心，而量君子之公心，則其舉其措，其語其默，無不可名以利，豈獨先蔑一事哉？會果出於利心，則其險譎僅足以欺一夫耳。不動聲色而群盜自奔，是亦可以利心感之耶？光輔五君而名聞諸侯，是亦可以利心圖之耶？固不可以後世之利心，量君子之公心也。

雖然會之公心，吾猶有憾焉。會不以同患而親蔑可也，至於絕迹不見，則矯枉過直矣！吾不知會在晉之時，於朝廷，於官府，於衢路，果能避蔑而不見耶？在晉則見之，在秦則不見，是不免以罪自嫌，而非公之盡也。以公自處則去國如在國，有難如無難，雖不加親，亦不加疏，豈以秦晉二其心哉？吾固疑會公心之未盡也，吾固以公心責之，而不以利心量之也。

【注釋】❶士會　即隨會。又名隨季、士季。因食采於隨、范，所以又稱范會、范武子。為晉卿士蔿之孫，成伯之子。輔佐晉文公、襄公、靈公、成公、景公霸諸侯，使諸侯無貳心，佐軍無敗政，及為成公軍師，居太傅，端刑法，緝訓典，國無姦民，盜賊奔秦。❷先蔑　即士伯。晉卿。曾被趙宣子派往秦國迎接公子雍。❸竇嬰　字王孫，漢文帝皇后的從兄，觀津（今河北省武邑縣）人。文帝時為吳王相，景帝即位，為詹事，後封為魏其侯。武帝即位為丞相，好儒術，因與竇太后不合，免相。與灌夫甚為歡洽，兩人相為引重，交遊如父子。❹灌夫　字仲孺，漢潁陰（今河南省許昌縣）人。父張孟，為潁陰侯灌嬰舍人，得幸，因薦為二千石，故蒙灌氏姓為灌孟。吳楚反時，孟從征死軍中，灌夫時從，不肯隨喪歸，反被甲持戟攻殺吳軍數十人，以此聞名天下。武帝即位，為淮陰太守，入為太僕，後徙燕相，坐法免歸。為人剛直，不好面諛，喜任俠，重然諾，諸所交往，無非豪傑大猾，橫行潁川。魏其侯竇嬰失勢後，得與夫相交遊，彼此甚為歡洽。❺淮南衡山　即淮南王安、衡山王賜。均為淮南厲王長子。漢武帝元狩元年十一月，謀反自殺，株戮數萬人。

【語　譯】物類的易於契合，沒有什麼能及同處於患難的時候。同一條河川裏的魚，鱣魚不認得鮪魚，鮪魚也不認得鱣魚，各自游泳，而不相照顧。一旦河川缺水則互相以口中津液濕潤，歡愉融洽而相親相愛。難道魚得了水就不相親愛，失了水才能相親愛嗎？事實上是因為共同處在患難的境地，不得不相契合。同船共渡的旅客，北方人不與南方人交談，南方人也不和北方人交談，這是因為語言不通的關係。一旦船遇風暴，那麼就會奔走相救，同心協力而相互支援。難道不遇風暴，彼此就不顧道義，遇有風暴，才有道義的表現嗎？事實上是因為共處於患難之境，不得不相契合啊！

士會與先蔑，同事於晉國朝廷，相互交遊來往已有一段時日，難道也像北方人與南方人一樣，彼此沒有一點感情嗎？其後因迎立公子雍的事故，共同得罪而出奔到秦國，此時的處境正如乾涸的水澤中的魚一樣，需要相互濕潤援助，而士會的對待先蔑，卻漠然無情，經過三年的漫長歲月，竟不曾與他見過一面。同處於患難之地，反而獨居而不合，這是為什麼？人們只知患難時容易相投合，而不知道為什麼投合。一般來說，有相同憂慮的人容易相投合，有相同怨恨的人容易相投合，有相同忿怒的人容易相投合。有相同憂慮的人相遇，一定相互親近，共商計謀以解憂；有相同怨恨的人相遇，一定相互親近，以傾訴怨恨；有相同忿怒的人相遇，一定相互親近，以發洩忿怒。這些人朝夕聚會，握手而語，促膝而談的，難道會有什麼善意的話題嗎？不是責備人就是毀謗人，不是私利之計就是陰謀詭計，等於是以憂慮來助長憂慮，以怨恨來助長怨恨，以忿怒來助長忿怒，交情日益加深，積惡也日益增加。這些人所以容易相投合，究竟是應該的，還是不應該的呢？像漢代的竇嬰與灌夫，情如父子，在竇嬰失勢後相處歡洽；淮南王安與衡山王賜兩兄弟，在不得寵時相互議謀，他們的下場卻如何呢？這當然就是士會為什麼不忍與先蔑相親近的原因所在了。我曾聽說君子處在患難的時候，應當是內自省察，沒有愧疚，反省自己，自我要求，處於當處的位置而行當行的事情。本不曾有憂慮，何必與人共解憂愁？本不曾有怨恨，何必與人傾訴怨恨？本不曾有忿怒，何必與人發洩忿怒？如果這個人的道義值得仰慕，忠信值得交往，和樂平易而值得親近，仁愛慈祥而值得依賴，則在沒有患難之前，我就應與他相投合了，難道一定要等到有患難時，才和他相投合嗎？等到有患難時，才能相投合，那麼這樣的契合並不是我本心所願，只是為患難所迫，不得不苟合以謀議成事。這當然也是士會不忍心去做的了。貧苦的人不肯與富有的人親近，而與同樣貧困的人親近，是什麼緣故呢？因為富有是貧苦所忌諱的，而兩個貧苦的人那就無所忌諱了；愚昧的人不肯與賢明的人相親近，而與同樣愚昧的人相親近，是什麼緣故呢？因為賢明是愚昧所忌諱的，而兩個愚昧的人那就無所忌諱了。人處在患難的時候，因自己正處於困境中，而憎恨別人的無憂無愁，在他眼中，那些優豫安逸的人，既可恨又可忌，心有慚愧而遠離他們，唯有同處於患難中的人，才能懇摯親密而無嫌隙，這樣的用心，豈不太淺狹而可憐嗎？這當然是士會不忍心去做的了。

有人認為，趙盾事實上掌握著晉國的政權，他背棄了先蔑而另立靈公，那麼趙盾所仇恨的人只是先蔑罷了；至於士會，雖然也受牽累而共同出奔，根本不是趙盾所怨怒的對象。士會表面上在秦國與先蔑絕交，乃是為了暗地裏在晉國與趙盾交好，僥倖回國，所以才不顧恩情，出賣朋友以求取好感，這難道不是最陰險刻薄的行為嗎？我回答說，這是後世人的居心，而不是士會的用心。拿後世人貪利的心，去揣度君子為公的心，那麼對於他的任何言行舉止，沒有不能冠以貪利的名義的，哪裏只限於先蔑這一件事情呢？士會若真出於貪利的居心，那麼他的陰險詭譎，也僅足以欺瞞趙盾一人罷了。而士會為成公軍師時，能不動聲色而使盜賊自動離境奔秦，這難道也是貪利的心可以感化的嗎？輔佐晉國五代君主稱霸諸侯，這難道也是貪利的心可以圖謀的嗎？這當然不可以後世人貪利的心，來揣度君子為公的心啊！

雖然士會具有為公的心，我仍然有感到遺憾的地方。士會不因同處在患難的境地而親近先蔑是應該的，至於絕交而完全不相見，那就未免矯枉過正了！我不知道士會在晉國時，在朝廷裏，在官府中，在道路上，果真也能迴避先蔑而不見面呢？若在晉國就相見，在秦國就不相見，這就不免因犯罪而自相嫌棄，而並不是全部出於公心了。以公心自處，則去他國如在祖國，有患難如無患難，雖然不更加親近，也不致因此而疏遠，哪裏會因身在秦晉而有兩種用心呢？我當然要懷疑士會沒有完全出於為公的心，而我當然也是以為公的心來責備他，而不是以貪利的私心去衡量他了。

【研　析】本文立言，以士會為中心，說明其處人應事，全然以公心是尚，由是以為，不僅可以免除世人怨謗之心，同時更可以化解猜疑之嫌，良可發人。

就內容說，作者首先用「居患難則易合」的常理作引言，說明為大勢所趨，不得不如此的原因。其次則以不同的層次，指出諸多事故，士會不忍為的用心。第三段則就史實說明士會絕非險薄之人，乃是以公心處世，非以私心欺人之徒。最後則指出士會行使公心尚有未盡之嫌，這是因為他未能用同樣的行為，應對同樣的事理。

就行文說，作者先以明爽的言論，闡述隱微的事理，然後再用一理而貫穿全篇，就一事而反覆辨析，由簡而繁，由淺入深，不僅層次分明，舉譬尤能切當，筆鋒所觸，無不是非顯露，曲直昭然，在在都可給人以深邃的感懷，使讀者由頓悟而作幡然之圖。

就全文說，作者以起轉承結為序，用史實以釋眾惑，就所見以明未盡，以公私為對比，以過與不及為失當，在表面上看，雖在為一人作辨白，然其實無異為世人作點化，其立言的可味，就全在這裏了。

穆伯❶取己氏

文公七年　穆伯以幣奔莒❷　文公八年　穆伯歸魯復過莒

文公十四年　齊人歸公孫喪聲己不視　文公十五年

【題　解】此事載於《左傳》文公七年（西元前六二〇年）。大意是說：魯卿穆伯娶莒國的戴己、聲己姊妹二人為妻，戴己生子名文伯，聲己生子名惠叔。戴己死，穆伯又去莒國行聘。莒人由於尚有聲己在而予以辭謝。因此就改為堂弟襄仲行聘。

在這年的冬天，徐國攻打莒國，莒國前來請求結盟，魯國派穆伯到莒國參加盟會，同時順便為襄仲迎接莒女。行至鄢陵時，穆伯登城見到莒女，非常美麗，就自己娶了她。這時襄仲非常忿恨，於是請求攻打穆伯，在文公將要答應的時候，叔仲惠伯勸諫說：「下臣聽說，戰爭發生在內部叫做亂，發生在外部叫做寇，寇尚且要傷人，亂就要自己傷害自己了。今臣下作亂，國君不加禁止，假使因此而引起外來敵人的進攻，那怎麼辦？」於是文公阻止了襄仲的進攻，惠伯居中調解，請襄仲不要再娶莒女，讓公孫敖（穆伯）把莒女送回莒國，恢復兄弟的情誼，就像起初一樣，襄仲、穆伯都聽從了。

與穆伯有關的記載，在《左傳》中，尚有數則：一為在文公八年（西元前六一九年），穆伯去成周弔喪，沒有到達，就帶著禮物逃往莒國，跟從己氏去了。一為在文公十四年（西元前六一三年），當穆伯跟從己氏時，魯國立文伯作繼承人。這時穆伯在莒國又生了兩個兒子，要求回國。文伯在朝廷中代表父親向大家請求。襄仲的條件是：回來可以，但不得參與朝政。穆伯回國後，不曾外出過，過了三年，竟將家中的財物全部搬走，又逃到莒國去了。文伯死，惠叔立，穆伯讓惠叔以重禮送給朝中大員，再度要求回國。當穆伯打算回國時，不料在九月竟然死在齊國，當即向魯國報喪，並請求歸葬，但沒有得到允許。一為在文公十五年（西元前六一一年），由齊人策劃，好不容易才將穆伯的靈柩送到魯國。當舉行葬禮時，襄仲不去哭喪，經過惠伯的勸解，終於打動了襄仲，於是才領著他的兄弟前去參加葬禮。

問脩怨於君子，必以為非；問脩怨於小人，必以為是。二者皆未為定論也。專於報怨者，商鞅❸氏之徒耳，范雎❹氏之徒耳，格之以聖人之門，在所擯也；專於忘怨者，老聃❺氏之徒耳，莊周❻氏之徒耳，格之以聖人之言，亦在所擯也。吾聖人之門，未嘗脩怨，未嘗不脩怨，權其小大、輕重而中持衡焉。小者忘之，大者報之；輕者忘之，重者報之，未嘗倚一偏而主一說也。

穆伯為襄仲❼聘婦於莒，中道而奪之，夫豈細怨也哉？而惠伯❽區區其間，委曲調護，始則釋其憾，終則全其恩。彼非不知輕重小大之所在也，蓋穆伯之於襄仲，兄弟也。怨之小大，在他人可言耳，兄弟之間，非較小大之地也；怨之輕重，在他人可言耳，兄弟之間，非較輕重之地也。合以人者，有時而離；合以天者，無時而離。兄弟之屬，天也，人怨不足以害之。襄仲之怨穆伯，以人觀之，則固大矣，重矣；以天視之，則兄弟之親與生俱生而不可離，豈以恩而加，豈以怨而損哉？雨暘變於前，太虛之真體未嘗動也；恩怨交於前，兄弟之真情未嘗動也。曰雨曰暘，而真體之中本不知有雨暘；自恩自怨，而真情之中本不知有恩怨。襄仲向者之怨，私情之怨耳；今者之解，私情之解耳。乃若胸中之天，則向無怨而今無解也。不然，則豈惠伯立談之頃所能回耶？棼廩捐階❾之虐，治棲入宮❿之侮，百世之後，讀其書者，猶為舜切齒。而舜之恩意，源源不絕者，非以德而報怨也，以弟待象，而不以象待象也；以天觀象，而不以人觀象也。蓋鬱陶而思舜者，乃象之天，彼傲而害舜者，特象之人耳。舜之胸中純乎天，故見象之天而不見象之人也。使惠伯立於舜之朝，將化於舜之天而不自知矣，雖有喙三尺⓫焉攸用？

【注釋】❶穆伯　即公孫敖。春秋魯人，慶父（莊公弟，即共仲）子。文公元年聘於齊，為人無行。嘗為襄仲迎女於莒，及見其美，自為娶之，以此不容於國，遂從己氏於莒，既又請重賂要求回國，未至，卒於齊。❷莒周國名。己姓，子爵，出自少昊之後，武王封茲輿期於莒。即今山東省莒縣。❸商鞅　姓公孫，名鞅，戰國衛人。因封於商，也稱商鞅、商君。少好刑名法術之學，仕魏，為魏相公叔痤家臣。痤死，入秦，歷任左庶長、大良造。相秦十九年，輔助秦孝公變法，使秦國富強。但因施法太嚴，又刻薄少恩，不僅刑公子虔，而且欺魏將公子卬，是以貴戚大臣多怨。孝公死後，公子虔等誣陷鞅謀反，被車裂而死。❹范雎　字叔，戰國魏人。有謀略，善辯。初事魏中大夫須賈，從賈使齊，因有私通齊國的嫌疑，被魏相魏齊使人笞擊，裝死方得免於大難。後改名張祿，入秦相秦昭王，終報須賈、魏齊辱己的大怨。❺老聃　姓李名耳，字聃。一說字伯陽，謚聃。一說姓老，名聃。春秋楚國苦縣（今河南省鹿邑縣）人。為周守藏室之史，修道德，其學以自隱無名為務。他的哲學見解為：「弱者道之用」（四十章），「物壯則老」（三十章），「強粱者不得其死」（四十二章），「堅強者死之徒」（七十六章），「柔弱勝剛強」（三十六章）以及「柔弱者生之徒」（七十六章）等。❻莊周　世稱莊子，名周，字子休，戰國時宋國蒙（今河南省商邱縣）人。曾為漆園吏，一生隱於田園，不慕名利。他的思想以無用為用，以逍遙為樂，齊生死是非，而保養生命之真，不僅無欲，而且忘己。和老子可說是道家的重要人物。其見解亦與老子相類，如〈天下〉篇說：「堅者毀矣，銳者挫矣」，即為一例。❼襄仲　即魯卿公子遂。莊公子。僖公二十六年傳稱「東門襄仲」，又名東門遂、仲遂、東門氏。遂是名，襄為謚，仲是字，公孫敖的從父昆弟。❽惠伯　即叔仲惠伯。叔牙孫，桓公曾孫。據《禮記・檀弓》孔疏引《世本》的記載：「桓公生僖叔牙，叔牙生武仲休，休生惠伯彭，彭生皮，為叔仲氏。」❾焚廩捐階　語出《孟子・萬章上》。這是舜父瞽瞍害舜的故事。廩是穀倉，階是梯子。大意是說：舜的父母要他去修理穀倉，等到舜爬上倉頂，便抽去梯子，他的父親瞽瞍還放火焚燒穀倉。❿治棲入宮　語出《孟子・萬章上》。這是舜同父異母弟象以為舜入井被塞已死，想使二位嫂嫂娥皇、女英為己鋪床疊被，進而為妻的故事。棲是床，宮是居室。大意是說：瞽瞍叫舜去淘井，他不知道舜已從旁邊的洞穴出來，便用土填塞井口，舜弟象說：「謀害舜都是我的功勞，牛羊分給父母，倉廩分給父母，干戈歸我，琴歸我，弤弓歸我，兩位嫂嫂要她們為我鋪床疊被。」⓫有喙三尺　一作喙長三尺。比喻善於辯論。後每以長舌婦指多話的女子，以喙長三尺指多話的男子。在這裏作「哪怕是再會說話的人」解。

【語　譯】向君子請教報怨的事，一定認為是錯誤的；若向小人請教報怨的事，則一定認為是應該的。這兩方面的見解，都無法成為定論。一味的主張報怨，是商鞅、范雎之流的作為，若拿到聖人的門中來，必然擯棄而不取；一味的忘怨，是老子、莊子之流的作法，若拿到聖人的門中來，也必然擯棄而不取。在聖人門下，並不強調修怨，也不強調不修怨，只是權衡事態的小大輕重，而作適中持平的衡量。小的怨恨可忘記不提，大的怨恨則當設法報復；輕的怨恨可忘記不提，重的怨恨則當設法報復，並不偏向任何一方而主張固定的說法。

穆伯為襄伯前往莒國行聘娶妻，卻因貪愛美色而在半路上自己娶了她，這哪裏能看作微細的怨恨呢？而惠伯居中辛苦調解，婉轉勸說，先化解他們之間的怨恨，最後終於保全了兄弟間的恩情。惠伯並不是不知道要去衡量事情輕重小大的所在，實在是因穆伯與襄仲是兄弟的關係啊！怨恨的大小，在他人可以計較，而兄弟之間則不該如此計較；怨恨的輕重，在他人可以計較，而兄弟之間則不應該如此計較。因人為而結合的關係，可能有離棄的時候；因天生而結合的關係，則永不相離棄。兄弟之間的感情，是天生的，人為的怨恨，是不能戕害的。襄仲對穆伯的怨恨，若以常人來說，當然夠大、夠重了；若從天生來看，那麼兄弟間的親情，是與生俱來而不可離棄的，哪裏會因恩惠而加多，或因怨恨而減少呢？天氣的晴雨時有變化，而宇宙的本體卻未嘗有所變動；人際間的恩怨時有發生，而兄弟間的真情卻不曾有所變化。天氣雖有晴有雨，然而宇宙的本體之中，根本不知有晴雨；儘管人間有恩有怨，而天生的兄弟之情中，根本不知有恩怨。襄仲以往的怨恨，是私情中的怨恨；而今所化解的，也是私情的化解。至於胸中所蘊含的天生親情，則向來沒有怨恨，所以今日也無需化解。不然，襄仲與穆伯之間的怨恨，豈是惠伯言談之間所能挽回的呢？這就好像在上古時代，舜受到「焚廩捐階」的虐待，又遭到「治棲入宮」的侮辱，百世以後，讀到這一段記載的人，尚且為舜咬牙切齒，忿忿不平。而舜對象的恩情，仍源源不絕的原因，並非舜有意以德報怨，乃是以待弟弟的親情待象，而不是以象的所作所為待象；是以天生的親情來觀象，而不是以人情來觀象。心中鬱悶而思念舜，是象天性的表現，倨傲不馴而傷害舜，是象人性的表現。舜的胸中充滿了天性，所以見到的是象天性的表現，而不是象人情上的迫害。若使惠伯立於舜的時代，必將感化於舜的天性之中而不自覺，哪怕是再會說話的人，又如何能派得上用場呢？

【研　析】本篇主旨在說明兄弟之情，乃出自天，非同尋常，如發生怨恨之事，無論大小、輕重，多可消除於無形，這就是基於親情的緣故。

就內容說，可以分成兩截，作者首先指出報怨、忘怨都是一偏之見，均為聖門所不取。聖人對於「怨」的處理，乃權衡輕重大小來作取捨。其次則以穆伯為襄仲迎親所發生的怨恨為重心，由於惠伯的盡力調解，使兩造得以始則釋共憾，終則全其恩。

就行文說，布局單純，走筆明快，縱情寫來，自然成章。而文中的說理舉例，兩相配合，故能使理暢事顯，是非曲直，昭然若揭。就文章的開端言，起筆出人意表，用典故的含義，而不用典故的本質，尤能誘發讀者的思想。

就全文言，先以修怨為引言，然後用舉例作轉折，而一歸之於聖門的輕重相權，使理、事兩得其平，可謂妙筆。至於對穆伯、襄仲昆弟所發生的怨恨，以天理親情作衡量，使之化解於無形，這不僅彰顯了倫理之情，同時也可明鑑遠近親疏的所以有別。親情是不可以動搖的，惟有親情，始有友情，始有上下之情，始有社會之情，是以親情為本，其餘為末，本不易動，末則易搖，末不易動本，一如雨暘之變，而不易動太虛的真體。這種深入淺出的筆法，著實發人，對於當今親情之間，動則互相毆殺，視同路人的情形，那就不可同日而語了。

酆舒問趙衰趙盾於賈季

文公七年

【題解】此事載於《左傳》文公七年（西元前六二〇年）。大意是說：狄人侵襲魯國西部的邊境，文公派遣使臣把這件事情報告給晉國。於是趙宣子就派賈季去質問狄相酆舒，並加責備。這時酆舒反問賈季說：「趙衰、趙盾哪一個賢明？」賈季回答說：「趙衰好比冬天的太陽，趙盾則是夏天的太陽。」

天下之物，不可以疑心觀也。萬物錯陳於吾前，鳧短鶴長，繩直鉤曲，堯仁桀❶暴，夷❷廉跖❸貪，區別彙分，本無可惑；疑心一加，則視鳧如鶴，視繩如鉤，視堯如桀，視夷如跖。是非物之罪也，以疑先物，所見固非其正也。內疑未解，外觀必蔽，不求之於心，而求之於目，難矣哉！此猶非其難也，物未嘗眩吾，而吾則疑物也，吾先以疑待物，而物之似復適投吾之所疑，以我之疑，觀物之似，此天下之至難辨也。

賈季之仇趙盾❹，古今莫不聞。言發於仇讎之口，人固先以疑心聽之矣，使季譽盾之清耶，人必曰，陽譽其清，而陰譏其陋也；使季譽盾之剛耶，人必曰，陽譽其剛，而陰譏其狠也。季以公心譽之，人以疑心聽之，言在此而意在彼。雖其辭坦明易直，無疑可指，且猶揣摩猜度靡所不至，況所譽之言未免於可疑耶？冬日，人所愛也；夏日，人所畏也。季目衰以冬，而目盾以夏，吾不知季以衰勝盾耶？抑以盾勝衰耶？是殆未可知也。以盾之威為可畏耶？抑以盾之虐為可畏耶？是殆未可知也。

一言而挾勝負之兩意，一字而具威虐之兩端，苟季素與盾無間然之隙，則人固未敢以毀盾疑也。今季與盾其仇若此，其語又若此，以前之仇驗後之語，雖有知者觀之，亦必斷然謂之毀盾矣。信如是，則季之毀，非似也，真也；人之觀季，非疑也，明也。吾何以知季之非毀盾耶？幽囚野死之謗，不出於康衢之間，而出於秦漢之後❺，蓋以秦漢之心而量唐虞之心，信乎其可疑也！癰疽瘠環之謗❻，不出於洙泗❼之濱，而出於戰國之末，蓋以戰國之心而量仲尼之心，信乎其可疑也！持後世之心，而觀古人之迹，蓋無適而非可疑者，豈獨賈季事哉？兄弟鬩於牆，外禦其侮，古之人未嘗以私鬪忘其家也，自後世之心量之，未必不疑其匿怨也；人之行不以所惡廢鄉，古之人，未嘗以私惡忘其鄉也，自後世之心量之，未必不疑其矯情也。

季盾易班之仇，私仇耳，百年父母之邦，豈以一盾而大棄之耶？盾所以敢使季責酆舒者，知其怨盾而不怨晉也；季所以肯對酆舒而譽盾者，亦主晉而不主盾也。盾以晉使之，而不以盾使之；季子亦為晉言之，而不為盾言之，烏可以後世淺心量之乎？以冬擬裘，以夏擬盾，其迹似優衰而劣盾也，其心則為戎狄難以愛懷，易以威服，欲酆舒知盾之威不可犯，非如衰之猶可狎也。張盾之威，所以張晉之威，所謂實與而文不與也。馬援❽未嘗尊高帝而卑光武，激言之者，所以使隗囂❾知光武細謹之不可欺；賈季未嘗優趙衰而劣趙盾，激言之者，所以使酆舒知趙盾威靈之不可犯。馬援嘗與光武有睚眥之隙，則世又將以疑季者疑援矣！心未古而遽欲觀古人之書，其疑可勝既耶？

【注釋】❶桀　夏代亡國之君。名癸，時勇暴虐，荒淫無度，成湯興兵討伐，敗桀於鳴條，被流放在南巢。❷夷　指伯夷。殷時孤竹國君長之子，因與弟叔齊彼此讓位而一起逃離國境。後來周武王伐紂，二人曾叩馬進諫，殷亡後，恥食周朝的糧食，隱居首陽山，采薇而食，最後餓死。事見《史記．伯夷列傳》。❸跖　一作蹠。相傳是春秋時魯國的大盜，人多稱盜跖。柳下屯（今山東省西部）人。柳下惠的弟弟。❹賈季之仇趙盾　見本卷〈陽處父改蒐賈季殺陽處父〉篇題解。❺幽囚野死之謗三句　幽求野死，指舜征有苗而死，葬於蒼梧之野。康衢，傳說堯時童謠名。堯治天下五十年，不知天下治與不治，便微服遊於康衢，聞兒童歌謠：「立我烝民，莫匪爾極；不識不知，順帝之則。」事見《列子．仲尼》。案：此處所用典故，不切合時代。❻癰疽瘠環之謗　萬章曾問孟子：「有人說孔子在衛國住在癰疽的家裏，在齊國是住在太監瘠環的家裏，是否真有其事？」案：癰疽，癰疽之醫者，或以為即衛靈公宦者雍渠，與太監瘠環皆為時君所狎近之人。事見《孟子．萬章上》。❼洙

泗　指孔子講學的地方。洙泗為二水名。上古時洙水、泗水從今山東省泗水縣北合流而西，到魯國都城曲阜北，又分為二水，洙水在北，泗水在南。孔子講學於二水之間。❽馬援　東漢扶風茂陵（今陝西省興平縣）人。字文淵。王莽末年任新城大尹，後依隗囂，終歸於劉秀。屢有戰功，曾拜伏波將軍，封新息侯。曾說「男兒要當死於邊野，以馬革裹屍還葬」。後果卒於軍中。見《後漢書・馬援傳》。❾隗囂　東漢天水成紀（今甘肅省秦安縣）人。字季孟。王莽末年佔據隴西獨立，稱西州上將軍。不久投歸劉玄，後又轉附公孫述。敗於光武西征，憂憤而死。見《後漢書・隗囂傳》。

【語　譯】天下的事物，不可用懷疑的心來觀察。萬事萬物錯雜陳列在我們眼前，鴨腳短鶴腳長，繩為直鉤為曲，唐堯仁愛夏桀暴虐，伯夷清廉盜跖貪婪，各有區分類別，本來是沒有什麼可疑惑的；一旦加上疑心，那麼就會把短腳鴨看成長腳鶴，把繩看成鉤，把唐堯看成夏桀，將伯夷看作盜跖。這並非事物本身的罪過，而是在觀看以前，先存有懷疑的心，所觀察的結果當然是不正確的。若內心的疑惑不解除，那麼對外界事物的觀察，必有所蒙蔽，不從心中的正理去觀察，而只相信眼睛所看見的，這就很難求得事物的真象了。這還不是最大的難處，若事物並不曾迷亂我，而我卻對事物有所懷疑，我先以懷疑的態度來觀察事物，而事物的表現又好像正符合我的懷疑，以我的疑心，觀察事物的相似，其間的真假，這就是天下最難辨明的了。

賈季的仇恨趙盾，從古到今沒有人不知道。評斷的話從仇人的口中說出，別人當然就會先用疑心去聽了。如果賈季誇讚趙盾的清明，別人必以為，表面上稱譽他清明，其實是在暗地裏譏笑他鄙陋；如果賈季誇讚趙盾的剛強，別人必以為，表面上稱譽他的剛強，其實在暗地裏譏諷他的陰狠。賈季用公心稱讚趙盾，而別人用疑心來聽，因此說的人意思在此，而聽的人感覺上卻別有他意。即使評語坦明易直，沒有可懷疑的地方，聽的人尚且揣摩猜度無所不至，更何況所稱譽的話未免有可疑的地方？冬天的太陽，是人所喜愛的；夏天的太陽，是人所畏懼的。賈季以冬陽比喻趙衰，而以夏陽比喻趙盾，我不能判斷賈季是認為趙衰勝過趙盾呢？還是以為趙盾勝過趙衰？這大概無法知道吧！是認為趙盾的威嚴可敬畏呢？還是以為趙盾的威虐可畏懼？這大概也無法知道吧！

一句話而包含褒貶兩方面的意思，一個字就具有威虐兩端不同的見解，如果賈季與趙盾之間向來沒有過節，那麼別人當然不敢懷疑賈季毀謗趙盾。而今賈季與趙盾之間的仇恨如此，他的評語又是這樣，若用往日的仇恨來驗證後來的評語，即使有智慧的人來觀察這件事，也一定斷然認為是在毀謗趙盾。如果這樣，那麼賈季的毀謗，不只是好像的樣子，而是真實的；別人觀察賈季的態度，不只是心存懷疑，而是明確的認定了。既然如此，我又是怎樣知道賈季並沒有毀謗趙盾呢？因為幽囚野死的謗語，並不是出現在唐堯時代的〈康衢謠〉歌中，而是出自秦漢的後代，這可說是以秦漢人的居心去衡量唐虞的用心，實在是可疑啊！癰疽瘠環的謗語，並不是出現在春秋孔子講學之時，而是出現在戰國末期，這也可說是以戰國人的居心去衡量孔子的用心，實在是可疑啊！拿後世人的居心，去觀察古人的事跡，那是無往而不可疑的，又豈止賈季這一件事情呢？兄弟在家門之內爭吵，但卻能同心協力地抵禦外侮，古代人未嘗以私下的爭鬥而忘卻一家的團結，而以後世人的居心來衡量，就不一定不懷疑他們不隱藏怨恨了；人的行事，並不因己身的所惡，而就不關懷鄉里，古代的人，未嘗因一己的私恨，而就把鄉里忘卻，這種情形要是從後世人的居心去衡量，就未必不懷疑他們的矯情做作了。

賈季與趙盾調換班位的怨仇，是私人之間的仇恨，自己長久生存有如父母的國家，豈可因趙盾一人而背棄嗎？趙盾所以敢派遣賈季前往責備酆舒，是知道賈季雖然怨恨趙盾卻不怨恨晉國；賈季所以肯對酆舒稱譽趙盾，是站在晉國的立場，並不是站在趙盾的立場。趙盾以晉國的名義派遣賈季，而不是以自己的名義派遣；賈季則是為晉國發言，而不是為趙盾發言，怎可用後世人淺狹的居心去衡量這件事情呢？以冬陽比擬趙衰，以夏陽比喻趙盾，表面上看來好像是以趙衰為優，而以趙盾為劣，而賈季的用心，實在是因為戎狄之人難以恩情感動，卻易以威嚴馴服，所以要讓酆舒知道趙盾是威嚴不可侵犯，並非如趙衰的慈愛可以親近。張大趙盾的威嚴，就是張揚晉國的威嚴，這就是所說的在實質上稱譽，而不在虛文上稱譽啊！譬如馬援並未嘗尊崇漢高帝而看輕光武帝，所以會有這樣激烈的言論，是要使隗囂知道光武帝仔細謹慎，不可欺侮；賈季也未嘗以趙衰為優而以趙盾為劣，所以會有這樣激烈的言論，是要使酆舒知道趙盾威武靈明的不可侵犯。若馬援曾與光武帝有些微過節、怨恨，則後世人又將以懷疑賈季的居心來懷疑馬援的用心了！未嘗有古人的居心就要觀看古人的書籍，所產生的懷疑多得能數清嗎？

【研　析】本文主旨，在闡發賈季、趙盾二人，雖然為仇家，然而當其處理公務之時，均能放棄私恨而以國家為先的高貴情操。這種公私分明，不匿怨恨的胸襟，誠令人為之肅然起敬，不得不以感慨繫之了。

就內容說，作者首先說明報怨、忘怨，均為聖門所不取，權衡輕重，為聖門處事之則。其次則指出因賈季、趙盾為仇家，此世人所以疑賈季答酆舒之言，致使譽譏難辨，勝負難明。第三段則辨賈季所言為公心之論，並非詆毀趙盾，不可以後世之心置評。最後又指出賈季、趙盾易班之仇乃私恨，二人均以公務為念，不假公而報私仇。

就行文說，作者採平鋪直敘的方式，以發抒一己的所見，摒除世人所疑之非，獨闡賈季所言之是，察微知著，稱情度理，由世人之諾諾，轉為一人之諤諤，以古樸親情、鄉情之真，矯後世所惡、廢鄉之偽，真情流露之筆，最能服人。

全文以「不以公害私」為中心，說明賈季、趙盾二人之用心。如文中所說：「盾所以敢使季責酆舒者，知其怨盾而不怨晉也；季所以肯對酆舒而譽盾者，亦主晉而不主盾也。盾以晉使之，而不以盾使之；季子亦為晉言之，而不為盾言之。」這些話，真是說得再透闢也沒有了。最後，作者又點出讀書應以當代的環境、世俗、情勢作衡量，不當用後世之心作論斷，因時移事變，大勢所趨，怎可執當世之情，以衡古代之勢呢？這種見解，無人可撼。

晉郤缺❶言於趙宣子❷歸衛地

文公七年　晉歸衛田　文公八年

【題解】此事載於《左傳》文公七年（西元前六二〇年）。大意是說：一天晉國的大夫郤缺對趙宣子說：「以前由於晉、衛不和睦，所以才佔領了他的土地，現在已經和睦了，就應該把土地歸還給他。背叛了不討伐，用什麼顯示聲威？服從了不安撫，用什麼顯示關懷？不顯示聲威與關懷，又用什麼顯示德行？沒有德行又如何能主持盟會？您是晉國的正卿，主持諸侯的事務而不致力於德行，那怎麼可以呢？《夏書》說：『將喜慶的事告訴他，用威嚴督導他，用九歌勸勉他，不要讓他衰敗。』有關九功的德行，都可以歌唱，這就叫做九歌。六府三事叫九功，水、火、金、木、土、穀，叫六府，端正德行，利於使用，厚裕民生叫三事。適切的推行這些事功，叫德、禮，不講禮樂，這就是反叛的根由。假如您的德行，沒有什麼可歌唱的，又有誰來歸順呢？為什麼不使和睦順服的人，來歌頌您呢？」趙宣子聽了很高興。在文公八年的春天，晉侯就派解揚把匡、戚二地的田畝，歸還給衛國，並且把封給公壻池自申至虎牢的土地，也還給了衛國。

急人之聽者，必以言之緩為大戒，然其所以終不合者，非傷於緩也，傷於急也。大其聲，疾其呼，而聽者猶若不聞；危其言，激其論，而聽者猶謂不切；檻可折，墀可丹，冠可免，笏可還❸，而聽者之心終不可移。忠臣義士，感慨憤悱，自尤其言之猶未急，更相激揚，更相摩厲，言愈迫而效愈疏。他日聞有一言悟意，回難回之聽者，意其言必剴切的近，出於吾平日所慮之外，及徐問其說，乃吾異時所共訕侮以為迂闊者也。言者急而聽者緩，言者緩而聽者急，豈聽者樂與言者相反覆耶？覆觴推盎，不能止人之飲，而談笑諷詠，可以使人終身視酒如仇讎；閉門投轄❹，不能挽人之留，而邂逅遇合，可以使人終身從我如父子。強人之聽者，固不若使人之自聽也！

以衛之弱而取怒於晉，壞地侵削，鄰於危亡，君臣側席，朝不謀夕，勢可謂至急矣。為衛謀者，必亟問亟禱，急自解於晉可也。今郤缺為衛請侵地於趙宣子，乃取古人之陳言，所謂六府❺三事❻九歌❼者，諄諄而誦之，此何時而為此言耶？然言出而地歸，曾不旋踵；持斷編腐簡熟爛之語，而速於辨士說客捭闔之功。吾是以知世人之所謂急者，未始不為緩；世人之所謂緩者，未始不為急也。嗚呼！以此之利害而解彼之利害，是同遊乎利害之內者也；以此之是非而攻彼之是非，是同遊乎是非之內者也。晉既以壞地為急，為衛請者復以壞地為急，言者聽者俱墮於是非利害之內，是猶兩人之角，其勝其負，安可預必乎？故郤缺之進說，綽約容與❽，不與宣子爭於是非利害之內，而置宣子於是非利害之外。彼方瑣屑猥細滯、心壤地尺寸之末，而吾忽以聖人之法語大訓仁聲正樂投於其耳，心融神釋如朝舜、禹而陪夔❾、龍❿，胸中洞然，曠無畛域，至此豈復知有晉疆衛界之辨乎？此其所以不用力，不費辭而平兩國之憾於片言，還數年之侵於一日也。

雖然，舜之琴不若舜自鼓，禹之樂不若禹自歌，琴存而操已變，樂是而人已非。郤缺追誦六府三事九歌之語於春秋爭奪之中，豈能動物悟人如此之速乎？蓋樂有作輟而至音無存亡，世有久近而至理無今古。九敘之歌⓫，在唐虞聽之不為新，在晚周聽之不為舊，愈言愈深，愈聽愈感，一念警發，固可以再還唐虞之天地於几席之間，又奚止戚田之還耶？

【注釋】❶郤缺　春秋晉大夫。見〈臼季舉郤缺〉題解。❷趙宣子　即趙盾。見本卷〈陽處父改蒐賈季殺陽處父〉。❸檻可折四句　語本《漢書・朱雲傳》。漢成帝時，朱雲諫殺安昌侯張禹，帝怒欲殺雲，雲攀殿檻，檻折，雲呼曰：「臣得下從龍逄比干，遊於地下，足矣！未知聖朝何如耳。」左將軍辛慶忌免冠解印綬，叩頭流血於殿下曰：「此臣素著狂直於世，使其言是，不可誅；其言非，固當容之，臣敢以死爭。」上意解，然後得已。及後當治檻，上曰：「勿易，因而輯之，以旌直臣。」後遂以折檻比喻朝臣敢以直諫。墀，殿前平地。❹投轄　漢陳遵好客，每次宴會，總是取下客人的車轄投入井中，使車子不能行走。事見《漢書・游俠傳・陳遵》。

後因以投轄比喻主人留客的殷勤。❺六府　水、火、金、木、土、穀六者是財貨聚藏的來源，稱六府。府是儲藏財貨的地方。❻三事　政教上的三件要事，指正德、利用、厚生。❼九歌　九德之歌。是夏禹時樂歌，因九功之德皆可歌而稱為九歌。九功即指六府三事。❽綽約容與　形容態度從容自得。綽約本指體態柔美的樣子。❾夔　人名。虞舜時樂官。❿龍　人名。虞舜時作納言，掌管出納王命的事務。⓫九敘之歌　即九德之歌。九敘，即九序，序九功之次。

【語譯】急切想說服他人的人，必定以輕言慢語為大戒，然而終於不能達成目的的原因，並非由於言語的緩慢，而在於太過急切。雖然大聲疾呼，而聽的人根本沒有聽進；即使言語驚人，論辯激烈，而聽的人仍不以為急切；甚至於更進一步的折斷殿檻，叩頭流血塗地，摘除官帽，繳還笏板，以示非如此不可，而聽的人心意仍然沒有絲毫轉移。忠臣義士，感慨激動得言語都含混不清了，還怨歎自己的言辭不夠急切，因此更加激昂，更加尖銳，結果言辭愈是急迫，所得到的效果愈是稀少。直到他日聽說有人用某些話感悟了他的心意，使難於轉移的聽者回心轉意，心想這些話，必然是切中事理，而有一針見血的功效，且出於我平日所能思慮的範圍之外，等到慢慢地把這些言辭打聽出來，卻是我過去所訕笑輕侮，以為不切實際的話語。遊說人時，往往說的人急切而聽的人反應遲緩，或者說的人態度緩和而聽的人急切不已，難道是聽的人喜歡與說的人作對嗎？翻覆酒杯或推開酒盎，並不能阻止別人飲酒，而談笑之間委婉勸說，卻可以使人終身視酒如仇敵；關上門戶或將車轄投入井中，並不能留得住客人，而無意中的相遇投合，卻可以使人終身相從，情同父子。勉強別人聽從我的勸說，本來就不如使人自我聽從來得有效啊！

以衛國的弱小，卻得罪了強大的晉國，以至於國土被侵佔，面臨著危亡，全國上下，側席難安，大有朝不保夕之感，情勢可說是非常危急了。為衛國圖謀平安的人，必然急切的四處討教祈禱，最吃緊的是，只要能解除衛國的滅亡就可以了。而今郤缺卻為衛國向趙宣子請求歸還所侵佔的土地，竟然取用古人老掉牙的言論，將所謂六府、三事、九歌，一次又一次地諷誦不已，這已經是多麼危急的時候了，竟然還說這種話？然而這些話一說出口，晉國就將土地歸還，絲毫不廢時日；執持著斷編殘簡上的陳腔爛調，卻比那些辯士說客縱橫遊說之術收效更快速。我因此而知道世人所謂急切的事，未嘗不可以緩慢處置；而世人所謂和緩的事，也未嘗不可以急切的手段處理。唉！拿這一方的利害去化解那一方的利害，是使雙方都陷於利害的計較中；以這一方的是非去攻擊那一方的是非，是使雙方都陷於是非的爭執中。晉國既以擴張領土為急要之務，為衛國請求歸還失地的人，又以取回失地為急切之事，這樣一來，說的人與聽的人，都陷入是非利害的鬥酌中，就如同兩個人在角力，誰勝誰負，怎能預測必然的結果呢？所以郤缺提出勸說時，態度從容自得，不與趙宣子爭辯是非利害的關係，而將趙宣子置於是非利害之外。當對方正沉溺於瑣碎繁細的國土尺寸大小的細節時，而我忽然以聖人的法語大訓仁聲正樂投注在他的耳中，使他心融神釋，如朝見舜、禹而陪伴著夔、龍一般，胸中坦蕩、曠達而沒有界域，到了這種境界，哪裏還會想到有晉衛疆界的區分呢？這就是郤缺所以能不用力，不費唇舌，就平息了兩國的不愉快，僅說了很少的話，於一時之間，就歸還了侵佔數年的國土。

雖然如此，但舜的琴究竟不如舜自己彈奏，禹的樂曲也究竟不如禹自己歌唱，而今人事全非，琴雖存而彈奏的人已經改變，樂曲雖留而歌唱的人已經遠去。郤缺追誦六府、三事、九歌之語於爭權奪利的春秋時代中，又怎能感動啟悟人如此的快速呢？因為樂曲的演奏有始有終，而感人的美妙音樂，卻沒有存亡的分別，就如同世代有遠有近，而真理卻無今古的不同。九德之歌，在唐虞時代聆聽，並不覺得是新樂曲，在晚周時候聽來，也不覺得是老調重彈。動人的話，愈說愈深刻，就如九德之歌，愈聽愈感人，一念之間有了警惕啟發，可以使人在几席間回復到唐虞時代的胸襟懷抱，又何止於歸還戚地這件小事呢？

【研　析】本文雖以郤缺說趙宣子歸還衛地為主題，然而在文中所闡述的，卻為王道精神。王道在於行仁政、厚民生、講愛人、重寬恕、惡爭奪、厭暴寡、賤欺弱。這些話儘管趙宣子不見得能聽得進去，可是一談到四方皆歌頌其德而歸往時，他卻毫不遲疑的欣然接受了。這一方面說明郤缺不僅善揣人意，而且尤其能以置身事外的態度說趙宣子，這確實難能可貴。因此言雖緩，而收效卻非常迅速。

就內容說，作者首先指出欲人聽從，最要者，就是使聽的人心悟其理，融會其意，自我聽從。其次則解析郤缺以從容不迫的態度，用王道精神說趙宣子，使歸衛地，宣子欣然接受的情由。最後說明古代聖王的樂歌至意，感人的快速、深遠。

就行文說，作者妙用引喻，以密合之筆，在不知不覺間，轉入主題，「取古人之陳言」，用六府、三事、九歌牧民的效驗，以歌者載於途，頌聲不絕於耳的道理，說明緩急奏功的迴異，使聽的人進入渾然忘利，「曠無畛域」的境界。在此情況下，趙宣子一心陶然於舜禹歡洽的古風中，而歸還衛國的侵地，也就成為必然的舉措了。於此益可見作者的見解縝密，體悟深遠，而對人心智的啟發，還在其次呢！

就全文說，作者一方面點出郤缺與趙宣子的遇合歡洽，悉以置身事外的觀點，同遊於王道的共存、共榮、共治的理念中，一方面說明九歌的為至音，「在唐虞聽之不為新，在晚周聽之不為舊」的道理，使人在意識中，感覺以侵奪為恥，以爭利為羞，以厚民生、天下和樂為歸趨。這不僅可以看出作者的胸襟、理想，同時也可以體悟為什麼郤缺一言既發，而趙宣子即歸還衛地的原因所在。

卷十九

宋襄夫人殺昭公之黨

文公八年 宋襄夫人殺昭公 文公十六年

【題　解】此事載於《左傳》文公八年（西元前六一九年）。大意是說：宋襄夫人，是周襄王的姊姊。宋襄公卒，子成公即位，成公卒，昭公即位。就輩分說，宋襄是昭公的祖父，其夫人就是昭公的祖母。不料昭公對他的祖母不加禮遇，於是宋襄夫人就依靠戴氏的族人，殺了襄公的孫子孔叔、公孫鍾離以及大司馬公子卬，因這些人都是昭公的黨羽。當大司馬死時，手裏尚且握著符節，所以《春秋》記載他的官職。司城蕩意諸，在逃往魯國前，先把符節還給府人，然後才走出來。因此魯文公按照他原來的官職接待他。而且也恢復了他以及隨員們原來的官職。所以《春秋》記載他的官職，這表示尊重他。

與這件事有關的，是宋襄夫人殺昭公。載在《左傳》文公十六年（西元前六一一年）。大意是說：宋昭公無道，國人事奉公子鮑（昭公弟）來依靠宋襄夫人。不久以後，襄夫人打算使昭公到孟諸打獵乘機殺了他。宋昭公知道以後，在出行前，攜帶了全部的珍寶。司城蕩意諸說：「為什麼不往諸侯那裏去？」宋昭公說：「得不到大夫及祖母和國人的信任，諸侯誰願意接納我？而且既已為人君，又為人臣，還不如死呢！」於是就把珍寶全部賜給左右的侍從，讓他們離去。這時襄夫人派人告訴司城蕩意諸離開宋昭公，他回答說：「為人臣在危難之時而逃走，如何事奉以後的國君？」

冬十一月十二日，宋昭公準備去孟諸打獵，還沒有到達，襄夫人王姬，就派遣帥甸進攻並且殺了他。蕩意諸也為此事死去。於是《春秋》記載說：「宋人弒其君杵臼。」這是由於君無道的緣故。

待人欲寬，論人欲盡。待人而不寬，君子不謂之恕；論人而不盡，君子不謂之明。善待人者，不以百非沒一善；善論人者，不以百善略一非。善待人者，如天地，如江海，如藪澤，恢恢乎無所不容；善論人者，如日月，如權衡，如水鑑，昭昭乎無所不察。二者要不可錯處也。

待人當寬，世固已知之矣，至於論人當盡，學者每疑其近於刻而不敢盡焉。抑不知論人者，借人之短以攻我之短，借人之失以攻我之失，言主於自為而非為人也。品題之高下，所以驗吾識之高下；與奪之公私，所以驗吾心之公私。苟發於言者，略而不盡，則藏於心者，必有昏而未明者矣。吾夫子❶譏賜❷也之方人，言未絕口，而自操《春秋》❸之筆，善善惡惡，無毫髮貸，是豈遽忘前日之語哉？待人與論人固自有體也！

宋襄夫人之亂，蕩意諸❹始則出奔，終則致死，大浸稽天而砥柱不移，風雨如晦而雞鳴不已，凜然亂臣賊子之大閑也。雖使有一行之未當，一善之未全，君子尚忍復議之乎？當是時，奔走於夫人之宮者，冠蓋相望，受施於公子鮑❺之室者，蹄踵相躡。至於安受昭公之賜，橐珍囊寶散而之四方者，又不知其幾人也。不思議此，而惟意諸之是責，吾不知與逆徒何親，與公室何讎乎？與小人何厚，與君子何薄乎？讎公室而親逆徒，厚小人而薄君子，雖鄉黨自好者猶恥為之，未有名為學者而反不恥者也。

然立論之際，先則譽意諸之忠，後則責意諸之過，變譽為責，夫豈得已哉？蓋將假意諸既往之過，為吾身將來之戒也。言發於意諸，而心主於吾身也。意諸效節之去，義當去也；意諸從田之死，義當死也，是皆不可毀也。然意諸親則公族，官則司城，坐視昭公之失道，襄夫人之蓄怒，公子鮑之陰謀，凶德參會，待釁而發。上則不聞有正救之諫，中則不聞有調護之功，下則不聞有擊斷之勇❻。見亂而始去，去何晚也？見弑而始死，死何補也？

想夫亂機之將兆，弑械之將成，通國之內外舉知之矣，曾謂意諸之賢，獨不知耶？其所以徘徊濡滯，不能翻然高舉者，蓋懷其父去官則族無所庇之言，顧位苟祿，日復一日。其意以謂，無難則忍恥以庇宗，有難則捐身以刷恥，以後之節贖前之非，後世君子要必有哀吾之用心者。殊不知君子不忍一日置其身於可愧之地，今日為善，尚恐他日為惡，詎有身居可愧之中，預指他日之節以贖今日之非乎？他日之節未至，今日之非方增。斯心也，君子乎？小人乎？此吾所以為意諸懼也，此吾所以不為意諸懼，而為吾身懼也。

【注　釋】❶夫子　在《論語》中為孔子弟子對孔子的尊稱。後代因以夫子為師長的敬稱。本文中夫子指對孔子的尊稱。❷賜　即端木賜。春秋衛人。姓端木，名賜，字子貢。孔子弟子。好比方人物，有口才，列於言語之科，又善經商，七十子中最為富裕。❸春秋　書名。古時列國記史的書亦名春秋。自孔子據魯史而成《春秋》，遂為孔子著作的專稱。《春秋經》為編年體，記魯隱公元年到魯哀公十四年，共十二公，計二百四十二年，以魯為中心的各國史事。敘事簡要精粹，是中國最早的編年史書。❹蕩意諸　宋昭公之臣。司城公子蕩之孫。其父公孫壽不願繼蕩司城，請使子意諸繼任。後來告訴別人說：「君上無道，司城與君上的關係又是這麼近，我怕將為災禍所及，若棄官則族人又無所庇護；而兒子如同我的第二個身子，只好姑且讓他去任職，即使兒子因此而死，族人也不至於遭殃。」後來昭公被弒，意諸果然殉死。❺公子鮑　宋昭公之庶弟。美而豔。宋襄夫人曾助其施恩惠於國人，於昭公被弒後，繼立為文公。❻擊斷之勇　子路仕衛，在外聞蕢聵與孔悝之亂而前往救援，遇子羔出衛城門，勸他說：「出公已去而城門已閉，你還是回去吧，何必招惹這種禍事？」子路則回答：「受人俸祿的人是不該逃避災難的。」於是子路即隨使者入城，見蕢聵，蕢聵與孔悝登臺，子路勸諫說：「君上為何重用孔悝呢？請將他殺了吧！」蕢聵不聽。於是子路打算縱火燒臺，蕢聵畏懼，乃令石乞、壺黶攻擊子路，擊斷了子路的帽帶。子路說：「君子雖死而帽不可除。」於是將帽帶結好才從容而死。

【語　譯】待人要寬厚，評論人要詳盡。若待人不寬厚，君子就不以為恕；論人不詳盡，君子就不以為明。善於待人的人，不因為對方有多種錯處而忽略了僅有的一點善行；善於評論人的人，也不因為對方有多種美善的修養而忽略了僅有的一點錯處。善於待人的人，他的胸襟就像天地，像江海，像湖泊一樣，寬大廣闊而無所不能包容；善於論人的人，他的胸襟就如日月，如稱秤，如水鏡，光明清朗而無所不能鑑察。這兩件事情千萬不可混為一談。

待人應當寬厚，世人本來就已經知道了，至於評論人物應求詳盡，學者們每每懷疑這樣的態度未免近於苛刻而不敢過於詳盡。卻不知所以評論人物，是要借他人的短處來攻治自己的短處，借他人的缺失來攻治自己的缺失，評論主要是為了檢討自己並非為了攻擊別人。品題人物的高下，是用來考驗自己見識的高下；借著裁斷他人的公私，來驗證自己的公私。若發於言論，疏略而不詳盡，那麼隱藏在心中的，就一定會有昏昧而不能明通的了。孔夫子曾責備子貢喜好批評人物，話還沒有說完，卻又操筆作《春秋》，品評人物揚善抑惡，沒有絲毫的寬宥，這難道是孔夫子馬上就忘記前日責備子貢的話了嗎？事實上是孔子待人與論人本來就不同啊！

在宋襄夫人所引發的亂事中，蕩意諸起初是出奔到魯國，最後則為昭公殉死，這種表現，正如大水漫天，而砥柱仍然屹立不移；狂風暴雨天昏地暗，而雞鳴仍然不止，義氣凜然有如為亂臣賊子豎立了忠貞的榜樣。即使仍有一點行為不得當，一善未能全備，君子還忍心來議論他嗎？當此時往來奔走於宋襄夫人宮中的，車馬冠蓋相望，不絕於途，受施求利於公子鮑府中的，前後相接，多不可數。至於安然接受昭公的賜與，以橐囊裝載珍玉珠寶而四散逃離的，又不知有多少人。評論的人並不去議論這些，而只是責備意諸一人，我不知道這些評論的人與那些叛徒有什麼特別親密的關係，又與公室結有什麼冤仇呢？對待小人是何等的厚道，對待君子又是何等的刻薄呢？仇視公室而親厚逆徒，厚待小人而刻薄君子，即使是鄉里中能潔身自好的人尚且羞恥去做，絕沒有名為學者而反不以此為可恥的。

然而在立論的時候，先則褒揚意諸的忠誠，其後則苛責意諸的過錯，所以變褒揚為苛責，這難道非如此不可嗎？其實是借意諸既往的過失，作為我今後言行的警戒。言論雖然是因意諸的行事而發，用意卻在於修正自身的行為。意諸交出符節而出奔他去，在道義上說是應當離去的；意諸侍從昭公出獵而死，在道義上說是應當殉死的，這些行為都是不可加以詆毀的。然而意諸就血緣來說，是公室親族，就職位來說，官居司城，卻坐視昭公的荒唐失道，宋襄夫人的積怨蓄怒，公子鮑的暗中圖謀，各種違背道德的凶惡行為參合相會，等待釁端的發作。就謀略來說，上則未聞有任何匡正補救的諫言，中則未聞有任何調解護衛的功勞，下則未聞有擊搏斷纓的勇敢。直到亂事發生才離國他去，離去不是太晚了嗎？直到昭公被弒才殉死，死了又於事何補？

我認為當亂事已顯徵兆，弒殺昭公的陰謀也將完成時，全國上下都已知曉，而以意諸的賢明，卻獨有他毫不知情嗎？他所以猶豫遲緩，不能毫無牽掛的隱居求去，想是念及他的父親當年抱不受官而使族人無所庇護，所以仍留戀著高位，苟且於利祿的追逐，就這樣過了一天又一天。他的用意是認為，若沒有事故發生，則忍受著恥辱以庇護宗族，有亂事發生只好為君殉死以洗雪恥辱，用以後的節操來贖回往日的過失，後世評論我的君子想必有能哀憐我的用心良苦的。卻不知君子不容許哪怕是一日的時間處身在可愧疚的境地，今日修行向善，尚且擔憂他日犯過作惡，豈有縱容己身居在可愧疚的境地，而期望能以他日的節操來贖回今日的過失？若如此，說不定他日的節操尚未實踐，而今日的過失卻不斷的增加。這樣的用心，是君子呢？還是小人呢？這就是我所以為意諸擔憂的原因，再深一層想，這更是我所以不為意諸操心，而為自己感到憂慮的理由。

【研　析】本文立意，以蕩意諸為中心，就其舉措關連之事反覆論辨，善惡是非，終得以明。

就內容說，作者首先指出待人論人的不同，一則以寬，一則當盡，二者不可混為一談。其次則進一步闡發論人當盡之理，其目的在於自為而非為人。第三段評論當時學者責蕩意諸的非是，於小人反縱容不提。第四段責蕩意諸的舉措失宜，雖死何補。最後指出非不可積，善不可待，而尤其不可預指他日之善，來贖今日之非。

就行文說，以雙峰並峙的筆法作引喻，意念突起，交互錯行，生動排鋪，發人至為深遠。行文自第二段起，則採離析的筆法，作深入的探討，就事窮理，或由理言事，闡發務盡之言，每留有餘味，耐人尋思。

就全文說，一二段似與主題無關，然其所言待人、論人之理，卻為一大奇想，尤其交互論析之筆，深入探討之論，在在都可給人意想不到的驚喜。如談到論人，其旨不在論人，而在「借人之短以攻我之短，借人之失以攻我之失」，以及「品題之高下，所以驗吾識之高下；與奪之公私，所以驗吾心之公私。苟發於言者，略而不盡，則藏於心者，必有昏而未明者矣」。這種言論，又是何等的深刻而警人？三段以後，進入本題，其盡言無隱之筆，不僅獨到，尤其深刻。如談到蕩意諸的「始則出奔，終則致死」，把他比作「大浸稽天而砥柱不移，風雨如晦而雞鳴不已」。可是對於那些「奔走於夫人之宮者」，「受施於公子鮑之室者」，以及「安受昭公之賜，橐珍囊寶散而之四方者」，前人竟無一言的態度，則痛加指責，以辨君子小人。至於談到蕩意諸的作為，並非無可議之處，如他那種「置其於可愧之地」，「預指他日之節以贖今日之非」的做法，則不予苟同，借此指出君子不可一日居可愧之地的看法，作為自身的警惕。

這種見解，在作者說，固屬當然，可是如就常理說，有些事情，為情勢所逼，不得不作調節，以忍辱負重的行為渡過難關，然後再圖有所作為，以表示一己的忠烈不貳。如是以論，作者對於蕩意諸的指難，反不為過失了。

箕鄭父❶殺先克❷

文公八年

【題　解】此事載在《左傳》文公八年、九年（西元前六一九、六一八年）。大意是說：晉侯在夷地檢閱軍隊的時候，準備提升箕鄭父和先都，而讓士穀率領中軍，梁益耳為佐。這時先克向晉侯進諫說：「狐偃、趙衰兩人的功勳，是不可以廢棄的。」晉侯聽從了。後來先克又在堇陰奪取了蒯得的田地，因此，箕鄭父、先都、士穀、梁益耳、蒯得發動叛亂。在文公九年春周曆正月初二這天，箕鄭父等派遣凶手殺了先克。

見人之禍，必思求其得禍之道，古今之通蔽也。人之得禍，果皆以其道，是天下無不幸而遇禍者也。天下固有得禍而非不幸者矣，四裔之囚❸，見者不嗟，非不幸也。兩觀之僵❹，過者不憫，非不幸也。得禍而非不幸，惟此時為然爾。時非虞也，君非舜也，國非魯也，相非丘也，流竄相望，安可槩以凶族待之乎？刀鋸相尋，安可槩以少正卯待之乎？吾恐四裔之遠，未必無如稷❺、如契❻、如垂❼、如益❽者也；吾恐兩觀之下，未必無如參❾、如騫❿、如由⓫、如賜者也。王綱隕絕，忿慾橫流，以私讎公，以邪戕正，得禍而不以其道者，夫豈一人耶？

《左氏》所錄公卿大夫之遇禍者，必求其召禍之由，信如是說，則春秋之時無一人不幸而受禍者也。使左氏移此筆以書虞之典，續魯之論，則雖曰無一人不幸受禍，吾孰敢以為非哉？今記載春秋衰亂之世，見人之遇禍者則吹毛求疵，掊摭其過，以證成其罪。不憫君子受禍之不幸，而惜小人殺人之無名，此吾所以深為左氏惜也。姑以先克一事明之：左氏將書先克之死，以謀帥之事列其前，以奪田之事繼其後，積二事以為先克召禍之由，欲後世知箕鄭父輩之作亂不為無說，先克之致死不為無罪。其為箕鄭父輩謀則忠矣，吾不知先克何負於左氏？且謀帥大事也，國之興衰，民之死生所由繫者也，先克身為近臣，親見晉侯謀帥之未當，詎肯坐視耶？匿情而不言，不可也，畏禍而不言，大不可也。於是上不敢順主欲，下不敢恤眾仇，奮然請於晉侯而更之，可謂不負其君矣！至於菫陰之役，以軍事奪蒯得之田，此又晉之軍政，而非先克之家政也。大而謀帥，小而奪田，為先克者知致吾義，守吾職而已。人怨耶？不暇問也；人不怨耶？亦不暇問也。苟預憂人之怨，畏首畏尾，則在朝必不敢發一言，在軍必不敢舉一罰矣！人皆持此心，社稷何賴焉？國家何賴焉？先克所以明知他日之禍而不敢避也！為左氏者，盍亦深嘉先克之忠，毀斥箕鄭父輩之罪，俾當官而行者有所勸，覆出為惡者有所懲，則庶可自附於《春秋》褒貶之義矣。既乃無一言直先克之枉，屑屑然若為箕鄭父輩解殺人之謗者，此吾所以深為左氏惜也。

或曰陽處父易狐射姑趙盾之班，終以見殺，其事適與先克類，然則左氏所載者亦非歟？曰，不然。陽處父易中軍之帥，在晉侯命既出之後；先克謀中軍之帥，在晉侯命未出之前。命既出而擅更之，逆也；命未出而亟救之，忠也。處父之逆，司寇不誅，至使狐射姑不勝其忿而自戕之，襄公於是失刑矣。至於先克之忠，猶當十世宥之，以勸其事君。孰謂堂堂晉國不能保一臣，而使盜賊竊發之謀敢行於朝乎？君子是以知晉之不競也。處父之事在所戒，先克之事非所戒；處父之禍在所懲，先克之禍非所懲。名則魯衛，實則胡越，烏得均處之於一域耶？

【注釋】❶箕鄭父　春秋晉大夫。晉文公八年，為趙衰所將上軍佐。靈公元年為上軍將。因欲為中軍將與先克結怨，後雖仍得將上軍，卻與先都等人發動叛亂，並在文公九年派遣凶手殺先克。後二月乃以叛亂罪名被誅。❷先克　春秋晉人。先且居子。晉靈公元年代狐射姑為趙盾所將中軍佐。餘見本篇題解。❸四裔之囚　舜攝政時，把共工流放到幽州（在今河北省密雲縣境），把驩兜放逐到崇山（在今湖南省六庸縣西南），把三苗族驅逐往三危山（在今甘肅省敦煌縣），把鯀驅逐到羽山（一說在今江蘇省東海縣西北，或說在今山東省蓬萊縣東南）。四裔即指共工、驩兜、三苗、鯀。❹兩觀之僵　孔子為魯司寇時，將大夫少正卯以「心達而險，行辟而堅，言偽而辨，記醜而博，順非而澤」等罪名誅殺於兩觀之下。但近世學者如徐復觀考證少正卯非孔子所殺。❺稷　周始祖。為堯農師，封於邰，號后稷。子孫世襲其官，十五傳而至周武王，遂有天下。❻契　商始祖。為舜之臣，佐禹治水有功，舜乃命為司徒，敬敷五教，封於商，賜姓子氏。傳至成湯，滅夏，以商為國號。❼垂　又作倕。舜臣名。掌管百工之事。❽益　舜臣名。為舜之虞官，即主山林川澤之官。❾參　即曾參。春秋魯南武城人。字子輿。孔子弟子。事親至孝。性質魯，日三省其身。悟一貫之旨，其學傳於子思，子思再傳於孟子。

後世稱為宗聖。⑩騫　即閔子騫。春秋魯人。名損，字子騫。孔子弟子。在孔門中與顏淵並列於德行科。⑪由　即仲由。春秋魯國卞人。字子路，一字季路。孔子弟子。性好勇，事親至孝。仕衛，為衛大夫孔悝邑宰，死於難。在孔門中與冉有並列於政事科。

【語譯】見人遭逢災禍，必思探求他得禍的原因，這是古今所共有的弊病。若人的得禍，果然都有可尋的原因，這就表示天下沒有因不幸而遇禍的了。天下本來就有不因不幸而得禍的，如共工、驩兜、三苗及鯀的被放逐，知道的人並不為他們感到哀歎，因為他們罪有應得，並非不幸遇禍。少正卯被誅於兩觀之下，過路的人並不憐憫他，這是由於他並不是因不幸而遭殺身之禍。得禍而不是因為不幸，也只有在那個時代才如此。若不是在虞舜為君的時代，孔子為司寇的魯國，即使因犯罪而被流放的人隨處可見，怎可以完全將他們視為凶惡之徒呢？即使因犯罪而受刑的人相繼不斷，又怎可以完全將他們歸納為少正卯之流的人呢？我擔心像四裔一樣被流放於遠方的人當中，未必沒有像稷像契，像垂像益一樣的賢人；我也擔心像少正卯一樣被誅殺於兩觀之下的人當中，未必沒有像曾參像閔子騫，像子路像子貢一樣的君子。在王法綱紀敗壞蕩然的時代裏，忿戾與貪慾的氣燄泛濫天下，公報私仇，以邪害正，而使人無緣無故惹禍上身的，難道只有少數一、二人嗎？

在《左傳》中所記載公卿大夫遭遇禍害的，必定探求其招致禍患的緣由，若這些觀點都是正確的，那麼在春秋這個時代，就沒有一個人是因不幸而受害的了。假使左丘明以這種筆法去寫虞舜的典籍，或續作孔子任魯司寇時的論點，那麼他雖然指出沒有一個人是因不幸而受害，我們誰敢懷疑那是錯誤的呢？而今所記載的是春秋時候衰亂的世代，見有人遭受禍害的，就吹毛求疵，極力搜集他的過錯，來證明他果真是有罪的。絲毫不憐憫君子橫遭禍害的不幸，卻顧惜小人肆意殺人而沒有正當的名義，這是我所以深為左丘明感到惋惜的地方。現在姑且拿先克被害這一件事做說明：左丘明將要敘述先克死的時候，先把謀用將帥的事件列在前面，把奪取蒯得田地的事件繼於其後，積累這兩件事情來作為先克招致禍害的原因，希望後世的人知道箕鄭父等人作亂不是沒有理由的，而先克的被害而死也不是沒有罪過的。左丘明為箕鄭父等人著想可說是竭盡心力了，我不知道先克有什麼地方對不住左丘明？而且任用將帥是軍政大事，與國家的興衰及人民的死生是息息相關的，先克身為君主左右親近的大臣，眼見晉侯任用將帥的人選並不妥當，豈肯坐視而不管嗎？隱匿實情不說，當然不應該，因害怕惹禍上身而不願說，尤其不應該了。於是對上來說，不敢順應君主的心意，對下來說，也不敢顧慮到可能引起眾人的仇恨，奮然請求晉侯而更換將帥，可以說是不辜負國君了！至於堇陰之役，以軍事力量奪取了蒯得的田地，這又屬於晉國軍事上的政策，並不是先克私人的計謀。從大而任用將帥，到小而奪人田地，身為先克只是知道應盡義務，應守職責而已，至於別人是否因此怨怒呢？並無暇顧及；別人是否不因此而怨怒呢？也無暇顧及。如果事先就擔憂會招致別人的怨怒，將畏首畏尾，顧忌一多，那麼在朝廷必然不敢說一句話，在軍中也一定不敢檢舉一人懲罰了！若每個人都抱著這樣的用心，那麼社稷還有什麼指望？國家還有什麼指望？這就是先克明知他日可能因此而遭禍也不敢逃避責任的原因啊！左丘明何不也深深嘉許先克的忠誠，而斥責箕鄭父等人的罪行，使當官而盡責有為的有所勸勉，使反覆作惡的人有所懲戒，那就可望能依附於《春秋》褒善貶惡的大義了。然而他並沒有一句話能平反先克的枉曲，只是細碎繁瑣地多費筆墨，好像在為箕鄭父等人解脫殺人的謗訕，這是我所以深為左丘明感到惋惜的地方。

或有人認為，陽處父改換了狐射姑（賈季）與趙盾的班位，結果被殺，這件事恰巧與先克被殺的事相類似，這樣說來，那麼左丘明所記載的也錯了嗎？我認為不是這樣的。陽處父調換中軍的將帥，是在晉侯的命令已經頒布以後；先克謀任中軍的將帥，是在晉侯命令尚未頒發以前。君命既出而擅自更換，是違逆的行為；君命尚未發出而極力挽救，是忠誠的表現。對於陽處父的違逆，司寇並未加以彈劾誅殺，以至於使狐射姑不勝忿恨而自己派人將他殺了，也使晉襄公因此而失去刑法上的公正。至於先克的忠誠，當給予十世的寬諒，以獎勵他事君的忠直。為什麼說以堂堂晉國，竟不能保有一忠臣，而使盜賊之徒的陰謀敢公然行於朝廷之中呢？君子因此而知晉國的國力已經漸失強勁了。陽處父被殺之事應引以為戒，而先克被害之事並不需加以戒惕；陽處父所遭之禍是應得的懲罰，而先克遭不幸並不是該得的懲罰。這兩件事名義上很相似，而事實上卻相差很遠，毫不相干，怎可擺在一起，混為一談呢？

【研析】本文以先克作為中心論點，闡述他的忠義與守職，並且與陽處父的見殺作比較，相去有如胡越，不可混為一談。這不僅廓清了「古今之通蔽」，而且也昭雪了先克的冤屈。

就內容說，作者首先指出人的得禍，除唐虞之時的「四裔之囚」，孔子相魯之際的「兩觀之僵」非不幸外，其餘未必皆能求其得禍之道。其次則言左氏斷先克見殺的不明，所錄公卿大夫的召禍，必述其由，然未必皆能如其所言。這也正是作者深以為惜的原因。最後就陽處父與先克二人的召禍，評判其是非曲直，並指出不可相提並論的道理。

就行文說，作者先以清麗之筆，掃除世人之蔽，然後再以對稱之文，排比之語，一展胸臆。其橫肆之言，有如大江，一瀉千里。其次則就主題舉譬喻理，作深入淺出的探求，由於言出至理，故能語語動人。最後以前事後事，作一明顯的對照，使人有所取捨，其著筆之深，尤有可觀。

就全文說，布局層次分明，就事申理，切當服人，如「先克身為近臣，親見晉侯謀帥之未當，詎肯坐視耶？匿情而不言，不可也，畏禍而不言，大不可也。於是上不敢順主欲，下不敢恤眾仇，奮然請於晉侯而更之，可謂不負其君矣」。這種見解，如站在臣下的立場來衡量，則先克的忠勇，又豈是一般人所可相匹的？如站在君上的立場作打算，何君不欲得此大臣來輔佐？而在結語中，以陽處父與先克作比較的筆法，尤為絕妙，這不僅說出了處父之事在所戒、在所懲，而先克之事在非所戒、非所懲，名相似而實則絕遠，不可處於一域，而最為難得的，就是能與本文首句「見人之禍，必思求其得禍之道，古今之通蔽也」相呼應，走筆如此，可不謂之佳妙？

范山說楚子圖北方 文公九年

【題　解】此事載於《左傳》文公九年（西元前六一八年）。大意是說：當楚穆王八年的時候，大夫范山向楚王進諫說：「晉國的國君年少（案：此時為晉靈公三年），無意稱霸諸侯，北方是可以圖謀的。」因此楚王就在狼淵（在今河南省許昌縣西）出兵攻打鄭國。囚禁了鄭國的公子堅、公子尨及樂耳。這時鄭國不得已，只好與楚國講和。

觀人之道，自近者始。一言之誤，一行之愆，同室者知之，同里者未及知也；同里者知之，同國者未及知也。國疏於里，里疏於室，地愈疏則知愈晚，理也，亦勢也。自鄒視魯，有踰日而不知者矣；自燕視齊，有踰月而不知者矣；自越視胡，有踰歲而不知者矣。是近者之舊聞，即遠者之新聞；近者之飫見，即遠者之創見。庸有近未知而遠先知者乎？

晉靈公❶即位之初，其失德未有聞於人也。內而欒郤胥原❷，日陪日侍，傳不載其諷詠之辭；外而宋衛陳鄭，時聘時覲，傳不載其怨誹之語。彼范山者，邈然介居漢水❸方城❹之間，顧瞻汾澮❺如在絕域，果何自而知靈公之可輕，北方之可圖乎？是非道聽塗說之誤，必臆度意料之妄也。然楚師一出，諸夏披靡，莫敢枝梧❻，果不出山之所料，豈觀於近反不若觀於遠耶？

吾知其說矣！以地以勢，則近者詳而遠者略；以情以理，則近者蔽而遠者明。問官府之政於鈴下馬走，甲是乙非，嘈嘈嘵嘵，迄無定說；

至大山之隈，絕澗之曲，農夫樵父相與畫地而識長吏之能否，若辨黑白，若數一二，較然而不可欺。彼豈嘗識刺史之屏❼，而望縣令之舄❽哉？其言堅定精審，反勝於左右前後擁篲奉轡之人。蓋愛憎絕於耳目之前，則毀譽公於郊野之外，近者之蔽，固不如遠者之明也。

靈公之不君，基於始而成於終。當其嗣服之初，雖無萌芽之可尋，豈無兆朕之可卜？舉世不知而范山獨知之，豈合眾人之智不如一范山乎？亦有所蔽焉耳。嬖幸者，靈公恩賞之所及也，故蔽於愛而不知；卿大夫者，靈公政令之所及也，故蔽於尊而不知；列於齊盟者，靈公兵威之所及也，故蔽於畏而不知。惟范山立楚之朝，食楚之祿，其視靈公若風馬牛，非恩賞之所及，故不為愛所蔽；非政令之所及，故不為尊所蔽；非兵威之所及，故不為畏所蔽。三蔽既盡，一心自明，此其所以雖身居萬里之表，而揣摩靈公之巧。揆之趙盾隨會之諫，反在於十年之先也。孰謂近者難揜，而遠者易欺耶？

吾嘗深味范山晉君不在諸侯之一語，有所深感焉。晉主夏盟，自文至靈三君矣。靈公即位之始，其拊循諸侯，必未敢遽改先世之舊。玉帛瑞節❾，猶文襄也；芻粟牲牢，猶文襄也；物采辭令，猶文襄也；盟約要束，猶文襄也。惟其心不在諸侯，故幣雖厚而人自見其薄，禮雖備而人自見其略，儀雖華而人自見其瘁，令雖嚴而人自見其慢。猶人之將疾，百骸九竅，物物備具，然而神不主體，耳目鼻口，手足肩背，解散而不屬，弛縱而不隨。形雖在而其精華英靈之氣枵然無復存矣。范山之論晉，置其形而索其神，遺其迹而察其心，其亦妙於觀國哉！

【注釋】❶晉靈公　名夷皋。襄公之子。在位十四年，荒淫無道，為趙穿所弒。❷欒郤胥原　為晉四大族姓，皆為卿。❸漢水　水名。源出陝西省寧羌縣北的嶓冢山，東南流入湖北省境而入長江。❹方城　山名。在今河南省葉縣南，跨方城縣境。漢水方城，此處指楚國而言。❺汾澮　汾、澮皆為水名，同在山西省境內。汾水源出寧武縣管涔山，注入黃河，流域面積廣大。澮水源出翼城縣東之澮山，流至新絳縣南入汾水。汾澮，此處指晉國而言。❻枝梧　也作支吾。本為斜生相抵的枝條，引申為牴觸、抗拒之意。❼刺史之屏　宋朝綦崇禮立於朝，端方亮直，廉儉寡欲，曾向高宗進唐太宗錄刺史姓名於屏風故事，他認為：「連千里之封得一良守，則千里之民安；環百里之境得一良令，則百里之民說。牧民之吏咸得其良，則治功成矣。苟能效當時之事，以守令姓名詳列於屏，簡在帝心，則人知盡心職業。」按：刺史原為檢舉不法之官，後來成為州郡長官。❽縣令之舄 此指東漢王喬，於顯宗時為葉令，每逢朔望，常自縣詣臺朝事。《漢書・方術傳》：「喬有神術，每月朔望，常自縣詣臺朝。帝怪其來數，而不見車騎，密令太史伺望之。言其臨至，輒有雙鳧從南飛來。於是候鳧至，舉羅張之，但得一隻舄焉。乃詔尚方詠視，則四年中所賜尚書官屬履也。」❾玉帛瑞節 玉、帛皆為古代祭祀、會盟、朝聘時所用的禮品。瑞節是玉製的信物，為使者所執。

【語　譯】觀察人的方法，應從身邊的事物開始。人有任何言語上的錯誤，或行為上的缺失，同一房屋的人知道了，同鄉里的人未必能知道；同鄉里的人知道了，同一國的人未必能知道。國比里遠，里又比室遠，地方愈遠知道的愈晚，這是常理，也是情勢必然的現象。從鄒邑探視魯地的消息，有隔天還不能知曉的；從燕國探視齊國的消息，有隔月還不能知曉的；從南方的越地探視北方胡地的消息，有隔年還不能知曉的。因此，對近處的人說是舊聞，對遠方的人而言卻是新聞；對附近的人說是司空見慣的事，對遠處的人而言卻是前所未聞的。難道會有近處的人尚未知曉而遠處的人竟然先知曉的嗎？

晉靈公剛即位的時候，他在行為上的缺失並沒有人提過。在朝中有欒、郤、胥、原四姓大夫，每天隨侍在側，史傳上並沒有記載任何他們諷刺勸諫的話；在國外則有宋、衛、陳、鄭四個鄰邦，時常來聘問朝見，史冊上也沒有記載任何他們怨恨毀謗的言辭。而楚國的范山，遠住在漢水與方城之間，遙望晉國的汾水澮水，有如隔絕難通之地，他究竟從哪裏得知晉靈公可以輕視，而北方可以圖謀呢？若不是道聽塗說的誤傳，必定是胡亂猜測虛妄的結果。然而楚國一出兵，華夏諸國全都潰敗，不敢有所抗拒，果然不出范山所預料的，難道說在近處看反不如在遠處看的清楚嗎？

我知道其中的道理了！就地理就情勢來說，則近處知道得詳盡，而遠處知道得粗略；就人情就事理來說，則近處容易被蒙蔽，而遠處反而看得明白。例如向護衛隨從打聽官府的政績，甲說是乙卻說不是，喧雜爭論，根本沒有結果；至於住在深山或遠水彎曲之處的農夫與樵夫們，總是相聚一起，比手畫地，議論官吏們是否賢能，有如辨別顏色的黑白，或數數目的一二，清楚明瞭而無可隱瞞。這些山野間人哪裏見識過刺史的屏風，或曾經看過縣令的鞋子呢？然而他們的言論堅定而精確，反而勝過那些跟從在前後、隨侍在左右、護衛服役的人。因為愛戴和憎惡遮掩了耳目的觀察能力，而詆毀與稱譽，卻能在荒郊野外得到公論，親近的人已被蒙蔽，當然不如遠處的人明察了。

晉靈公的不守君道，起因於開始而形成於最後。當他剛即位的時候，雖然沒有事端可供探尋，難道也沒有一點徵兆可以預知嗎？全天下的人都不知道，而只有范山一個人知曉，難道說聚合全天下人的智慧，竟不如一個范山嗎？也只不過有所蒙蔽罷了。那些受寵愛的人，是靈公恩賞所及的對象，所以被愛戴之心蒙蔽而不明真相；那些卿大夫們是靈公政令所下達的對象，所以被尊重之心蒙蔽而不明真相；那些參加同盟的諸侯，是靈公兵威所號令的對象，所以被畏懼之心所蒙蔽而不明真相。惟有范山立身於楚國的朝廷，享有楚國的俸祿，他與晉靈公有如風馬牛毫不相干，因為不是恩賞所及的對象，所以不會被愛戴之心所蒙蔽；不是政令所下達的對象，所以不會被尊重之心所蒙蔽；不是兵威所號令的對象，所以不會被畏懼之心所蒙蔽。三種蒙蔽的情況都不存在，心中自然明達，這就是他雖然身處於萬里之外，而能悉心探求靈公作為的原因。比起晉臣趙盾與隨會對靈公的勸諫，反而還早了十年呢。誰還能說親近的人難以掩蔽，而疏遠的人容易欺蒙呢？

我曾經深深的體會過范山所謂「晉君的心不在霸諸侯」這一句話，而有很深的感觸。晉侯成為華夏諸侯國的盟主，從文公到靈公已經是第三代了。靈公剛即位的時候，他對各諸侯國的安撫，必定不敢遽然改變先王舊有的儀節。對於玉帛禮品和瑞玉符節等，仍依照文公襄公時代的舊制；對於穀物犧牲等祭祀用品，仍依照文公襄公時代的舊制；對於風物文采和外交辭令等，仍依照文公襄公時代的舊制；對於盟會時的條約誓文等，仍依照文公襄公時代的舊制。只因為靈公的心思不放在諸侯身上，所以幣帛雖然厚重，明眼人卻只覺得輕薄；禮儀雖然完備，明眼人卻只覺得疏略；儀容雖然華麗，明眼人卻只覺得疲累；號令雖然威嚴，明眼人卻只覺得簡慢。就好像人將要發病的時候，形體骨骼及耳目鼻口等各器官，樣樣俱全，然而神智已無法控制身體，耳目鼻口手足肩背等，解散而不相連屬，鬆弛而不相依隨。形體雖仍存在，而他的精華英靈之氣卻已空然不存在了。范山議論晉國，拋開它表面上的形勢而探索它的精神所在，捨棄它表面的跡象而觀察它的真象，范山真是善於觀察國情啊！

【研　析】本文以晉君年少無意稱霸諸侯為中心，闡述楚大夫范山觀國的深切入微，料事皆如所言的情由。立論辨解，兩得其宜，不惟思考精密，而觀點亦能不落俗套，實在可以稱為論說文的佳構。

就內容說，作者首先指出觀人的方法，言行的誤愆，近地先知遠地後聞的必然性。其次則由晉靈公的失德，提出近觀不如遠觀明達的疑點。第三段緊接著就以近蔽遠明的道理，為二段作解析。第四段說明范山所以能一心自明而知晉靈公的無意稱霸諸侯，乃由於不為三蔽所蒙而致。最後則指出范山觀人國，不就物質儀節，而就心念神髓，作斷然之論。

就行文說，作者採用先立論後辨解或先提疑點而後釋疑的筆法，使人倍感文章的生動而有層次。在說理方面，則先用普通的事物作比喻，來烘托抽象不易被發現的正理，使讀者就著當然之理，在不知不覺間而首肯、感佩。

就全文說，作者以「近蔽遠明」四字，作為行文的依據，反覆辨析，層層逼進，不僅有出人意表之言，同時也有能服人之理，如「農夫樵父相與畫地而識長吏之能否，若辨黑白，若數一二」的論白，就能發人深省。再如由「蔽於愛而不知」，「蔽於尊而不知」，「蔽於畏而不知」等論斷，而較以范山不為所蔽而一心自明之理，「雖身居萬里之表，而揣摩靈公之巧」，若合符節，此無他，乃由於范氏的論晉，能「置其形而索其神，遺其迹而察其心」使然，所以作者許其「妙於觀國」。推其原因，全在於「三蔽既盡，一心自明」所致。這種見解，給後人的啟示太大了。所以當我們心有所蔽的時候，對於一切的事理，皆難得其正，惟有盡去其蔽，使一心誠明，方可洞見其真。如是以論，「居廟堂之高」未必能見其明，「處江湖之遠」，亦未必全然不知啊！

楚范巫矞似謂成王子玉❶子西❷皆強死

文公十年

【題　解】此事載於《左傳》文公十年（西元前六一七年）。大意是說：起初，楚國范邑的巫師矞似，預言成王、子玉、子西三人都將要被殺不得好死。在城濮戰役（此役發生在晉文公五年，楚成王四十年，魯僖公二十八年，西元前六三二年）後，楚成王想到這句話，所以就派人勸止子玉說：「不要自殺」。但沒有來得及。又勸阻子西，子西正在上吊但不巧而繩子斷了，這時楚王派的使臣剛好趕到，終於阻止了他的自殺。於是楚王任命他為商公。後來子西想入郢為亂，於是就沿著漢水順流而下，然後再從長江逆水而上，將要進入郢都，正好這時王在渚宮，下來接見他，子西心中畏懼，於是就藉口自解說：「下臣有幸，免於一死，現在又有讒言，說下臣將要逃亡，下臣這次回來，就是向司寇領死的。」楚王派他為工尹，哪知他卻又和子家聯合起來想謀殺穆王。穆王聽說以後，就把他和子家一起都殺了。

凡人之情，厭常而嗜怪，駭正而從偽，此古今之通病也。奮臂大呼，不足以動一旅，而狐鳴魚腹之詐❸，不移晷而成軍；徒步獻書，不足以取一官，而獻竈❹鬭基❺之誕，不終朝而胙土❻久矣！夫人之嗜怪而從偽也。天下之常道，惟恐人之不嗜，至於怪，則惟恐嗜之太深；天下之正理，惟恐人之不從，至於偽，則惟恐從之太過。巫覡之說，怪偽之尤者也。

楚巫矞似謂成王、子玉、子西皆將強死，三人者銘其說於心。至於城濮之敗，成王汲汲赦子西、子玉之罪，惟恐巫言之或驗；既而子玉果不及止而死，是巫言既一中矣。有神妖之說誘之於前，有子玉之死堅之於後，為成王者，尚不知戒，溺愛奪嫡，取熊蹯之禍⑦，是巫言既再中矣。巫言其三而中其二，惟子西惸然孑立，顧影獨存，是宜朝警夕戒，擇地而行，深圖自免之術，乃顯行逆亂，以殺其身。巫者人之所甚信，死者人之所甚畏。不信人之所信，不畏人之所畏，子西豈與人異情哉？蓋所以信巫者，私心也；所以作亂者，亦私心也。私心之生，乍發乍止，上無所蔕，下無所根，烏能持久而不變耶？始怵於妖而信之，終怵於利而忘之，以私奪私，互為消長，無惑乎子西之遽忽其所信也。

世衰道微，邪說暴行有作，張詭幻禍福之說，以誑脅愚俗，是亦巫覡類耳。儒者或以陰助教化許之。遽謂蘂宮⑧金地⑨之說未必真有，要可以引人為善；酆都⑩泥犁⑪之說未必真有，要可以止人為惡。所示者虛，所得者實，亦何負於天下耶？抑不知牆之始築，有一臿之虛，則其頹敗，必見於風雨之時；念之始發，有一毫之虛，則其渝毀，必見於事變之日。人之始信禍福之說，固已失其本心矣。以誑而趨善，非本欲為善也；以脅而避惡，非本不為惡也。是心本無，特暫為禍福虛說之所誑脅爾！他日復為利害所誑脅，安得不變而之他耶？此亦一誑脅也，彼亦一誑脅也，亦何分輕重於其間哉？

有實理然後有實心，有實心然後有實事，豈有借虛說而能收實效者耶？如成王、子西，其始信商似之說，至堅至篤，曾未幾何，蔑棄而不顧。則詭幻禍福之說，不能久使人信明矣。其始之銳，固可以占知其終之怠；其始之執，固可以占知其終之移。本心不堅，事物攻之者四面而至，固可以拱手而俟其敗，何必親與之角哉？故吾始憂異端之難攻，而終知異端之不足攻也。

【注釋】❶子玉　春秋楚卿成得臣之字。官至令尹。晉楚城濮之戰兵敗後自殺。❷子西　春秋楚大夫鬬宜申之字。於晉楚城濮之戰兵敗後，欲自縊而為成王所阻，並使為商公，掌工尹。後與子家謀弒穆王，為王所殺。

❸狐鳴魚腹之詐　秦二世元年，陳勝與吳廣被徵屯戍漁陽（今河北省密雲縣西南），因雨誤期，於法當斬，乃謀計舉兵反秦。為取信於眾，暗將書有「陳勝王」字樣的布帛置於魚腹中，士卒買得該魚烹而得書，並使吳廣夜間結火於屯宿旁側叢祠之中，偽裝狐聲高鳴：「大楚興，陳勝王。」事見《漢書・陳勝傳》。❹獻竈　漢武帝時，李少君以祠竈（祭竈神可以致福）、穀道（辟穀不食之道）、卻老方（長生不老之方）得武帝尊寵，少君告訴武帝：「祭祀竈神可招請鬼神前來，鬼神可以使丹沙化為黃金，拿這黃金來製作飲食器具使用，可以延年益壽，可以會見海上蓬萊仙島中的仙人，……」於是武帝親祭竈神，遣方士入海求仙，並從事煉丹沙為黃金的嘗試。其後少君病死，武帝仍以為化去不死。事見《漢書・郊祀志》。❺鬭棊　漢武帝求仙方，欒大自言常往來於海中，見安期、羨門諸仙人，並有「鑄黃金、阻塞河決、得不死之藥、會見仙人」的妙方。為求得武帝信任，欒大乃弈棋，而使棋子自相觸擊。武帝大悅，拜為五利將軍，封樂通侯，賜甲第，又妻以衛長公主，數月佩六印，貴振天下。後武帝知其妄，被殺。事見《漢書・郊祀志》。棊，「棋」的本字。❻胙土　帝王以土地賜封功臣，以酬答其功績。❼熊蹯之禍　春秋楚成王太子商臣謀篡，以宮甲圍成王，王請求食熊掌而後死，商臣不許，王自縊而亡。熊蹯，即熊掌。❽蘂宮　蕊珠宮的簡稱。相傳為道家神仙所居住的天宮。後來泛稱道觀。蘂，「蕊」的俗字。❾金地　佛家語。又名金田。是佛寺的別稱。❿酆都　縣名。在四川省，位長江西北岸。相傳酆都城有酆都大帝宮殿，又相傳大帝即地藏王菩薩，故世俗以酆都為陰界冥府之地。⓫泥犁　佛家語。梵語 niraya 的音譯，又譯為泥梨、泥黎。意為地獄。

【語　譯】就一般人的常情來說，多厭倦常道而偏好怪誕，詫異正理而順從虛偽，這是古今的通病。有人奮力揮臂大聲呼喊，仍不足以感動一旅的士卒，而陳勝、吳廣利用狐鳴魚腹的詐術，不到一個時辰的功夫，就成立了反秦的大軍；有人不顧勞苦的步行前往貢獻計策，仍得不到一官半職，而像李少君、欒大利用獻竈、鬥棋的怪誕，不到一個早晨的功夫，就得到分封與重賞的例子，在很久以前就有了。這也充分說明，人們為什麼偏好怪誕而順從虛偽啊！其實，天下的常道，就惟恐人們不喜好，至於怪誕，則惟恐人們偏愛太深；天下的正理，就唯恐人們不願順從，至於虛偽，則又惟恐人們順從得太過分了。而巫師的說辭，是最為怪誕虛偽的。

楚國的巫師矞似，曾說過楚成王與子玉、子西都將不得好死，這三個人都將他的說法牢牢的記在心中。到了與晉國城濮之戰大敗後，成王急切的赦免子西與子玉戰敗之罪，就是唯恐應驗了巫師的預言；可是子玉果然來不及被阻止而自殺身死，這表示巫師的預言已經有一個人應驗了。有神妖怪誕之說在前誘引，又有子玉的死亡確定在後，身為成王仍不知戒愓，溺愛庶子而奪取嫡子的繼承權，終於引發了熊蹯之禍，被世子商臣所弒，這表示巫師的預言又應驗了。巫師預言的三個人中應驗了兩個，只賸下子西一個人，顧影獨存，在這種情況下，他就更應該時時警戒自己，所言所行有所選擇，盡力去圖謀免於一死的方法，而他竟毫無忌憚的叛逆作亂，終於招致殺身之禍。巫師是人們所甚為相信的，而死亡則是人們所甚為畏懼的。不相信人們所相信，不畏懼人們所畏懼的，子西難道與常人有不同的見識嗎？實在說來，子西所以相信巫師的預言，是因為有私心；所以叛逆作亂，也是因為有私心。私心的興起，往往是突然發生，突然停止，上無所牽連，下無所根本，怎可能持久而不變呢？開始是為妖妄之說所引誘而相信，最後卻為利益所誘惑而忘記了，以私心奪取私心，互有消長，也難怪子西會突然的改變他原所相信的。

世風衰敗，道德力量微弱，邪枉的言論與暴亂的逆行，時有發生，那些宣揚詭異幻滅，得禍得福的說法，用以欺騙或要脅庸夫愚婦的，也是同屬於巫覡一類的人。學者有的認為那些說法有暗助於教化而予以稱許。所謂的蘂宮金地，未必真有天堂的存在，最主要的是可以引導人為善；

所謂的酆都泥犁，未必真有地獄的存在，最主要的是可以勸人不再作惡。所用以為告示的是虛構的，而所得的效果卻是實在的，這又有什麼對不起天下人的呢？卻不明白當一面牆開始建築的時候，若有一點空虛的地方，那麼這面牆的頹敗，必將顯現在風雨發作之時；心念開始萌發的時候，若有一點的不實，那麼心念的背毀，必定暴露在事變發生的那一天。人一旦開始相信得禍得福的說法，就已經失去他的本心了。因被欺騙而向善，並不是他本來就有向善的心意；因受要脅而避免作惡，並不是他本來就有不作惡的心意。本來並沒有向善避惡的心意，只是暫時被得禍得福虛幻的說法所欺騙要脅罷了！若他日又被利害關係所欺騙要脅，怎可能不改變心意而心向他處呢？這樣也是被欺騙要脅，那樣也是被欺騙要脅，這其間又有什麼輕重可分呢？

有真實的理念然後才能引發真實的心意，有真實的心意然後才能有具體的事實，哪裏有假借虛構的說法而能收到實際效果的呢？例如成王和子西，當開始相信矞似的預言時，是多麼地堅決和篤定，然而才沒過多久，就蔑棄而不顧了。如此說來，詭異幻滅、得禍得福的說法，不能長久使人信服是很明顯的了。從開始的堅定，本就可以預知最終的懈怠；從開始的固執，本就可以預知最後的變遷。本心不堅定的人，各種事物的攻擊從四面而來，本來就可以拱手以待其毀敗，又何必親自與他爭鬥呢？所以我開始時還擔憂邪說異端難以對付，而最後卻明白邪說異端並不值得費心去理會。

【研　析】本文主旨在闢邪說，放偽言，向宿命論進擊，借明詭幻禍福之說、異端虛妄之言的不足攻。

就內容說，文分四段：作者首先指出嗜怪從偽，乃古今通病，而以巫覡之說最為怪誕。其次就著楚成王的不能掌握時機，乃至坐視子玉自殺，而己身亦難逃熊蹯之禍，以及子西為私利所制，終不免遭殺身之災。第三段則駁斥小儒見解的非是，並就事理說明始微的不可不慎，以免為禍福利害所左右。最後說明有實理然後有實事，詭幻禍福之言不能長久使人相信及不攻自破的必然性。

就行文說，作者以破除迷信的撻伐之筆，先以厭常、駭正、嗜怪、從偽的驚人語作開端，以喚起讀者的注意，然後以成王、子玉、子西三人的相繼自殺或被殺，以應巫人矞似之言，接著以實理、實心、實事的實效，反襯虛說詭幻的難以持久，其所以能大行其道，乃由於人的失其本心惟見一利使然。關鍵既明，邪說也就不攻自破了。

全文以邪正為中心，作為闡發的基點，說明邪說攻心的可怕，以及先入為主的難於轉移。然而人畢竟是有理性的動物，一旦心清意明，不為物欲私利所囿的理念，即可強固的建立起來，此時任憑四面八方的邪說紛至沓來，亦難動其分毫。作者能著眼於性善的提升，揚棄可畏的邪說這種見解，不能不說帶給我們後人無限的啟示。「左氏豔而富，其失也巫」，此篇難道不是作者針對其「巫」而發的讜論嗎？

楚文無畏❶戮宋公僕

文公十年　宋殺申舟　宣公十四年

【題　解】此事載於《左傳》文公十年（西元前六一七年）。大意是說：陳侯、鄭伯在息地會見楚子，這年冬天，就和蔡侯領兵共同駐紮在厥貉，準備攻打宋國。於是宋昭公就親自去迎接楚子，一方面表示慰勞，同時也願意聽候命令。遂即引導楚子到孟諸去打獵。宋公率領右邊的圓陣，鄭伯率領左邊的圓陣，期思公復遂為右司馬，子朱和文之無畏為左司馬，下令早晨出發時在車上裝置取火工具。宋公沒有聽從命令，於是文之無畏便毫不留情面的笞打他的僕人，並且在全軍示眾。有人對文之無畏說：「國君是不可以侮辱的。」子舟（即文之無畏）回答說：「我只是按照官職執行任務，絕不是強橫，又哪裏敢愛惜生命以放棄職責呢？」

與此事有關的記載，是在《左傳》宣公十四年（西元前五九五年）。大意是說：楚莊王派遣申舟（即文之無畏）到齊國去聘問，但不要向宋國請求借路，這是有意挑起釁端的行為。同時又派公子馮到晉國聘問，也不要向鄭國請求借路。申舟因過去在孟諸田獵時得罪了宋國，於是他說：「鄭國昭明，宋國昏聾，出使晉國沒有危險，我就必死無疑了。」楚王說：「宋國敢殺你，我就出兵討伐他。」申舟到達宋國後，宋人果然不讓他經過。大夫華元說：「經過我國而不請求借路，這是把我國當作邊邑的行為，把我國當作邊邑，就是亡國。殺了他，楚國必然會攻打我國，攻打也是亡國，反正都是亡國。」於是就把申舟殺了。楚王聽說以後，果然急得一甩袖子，連鞋子也來不及穿，劍也來不及帶，車也來不及坐，就率兵圍攻宋國了。

名不可以幸取也。天下之事，固有外似而中實不然者。幸其似而竊其名，非不可以欺一時，然他日人即其似而求其真，則情見實吐，無不立敗。名果可以幸取耶？幸雖在前，憂實在後。人見其似而信其真，幸之大者也；人見其似而責其真，憂之大者也。以一朝之幸，易終身之憂，智者其肯易之耶？馬之外彊中乾者，濫得騏驥之名，幸則幸矣，馳陵谷而責以騏驥之足，憂將若之何？士之色厲內荏者，濫得逄干❷之名，幸則幸矣，臨刀鋸而責以逄干之節，憂將若之何？是故求名易，保名難；取名易，辭名難。受名之始，乃受責之始也！昔之君子，內未有其實，則避名如避謗，畏名如畏辱，方逡巡卻走之不暇，況敢乘其似而邀其名乎？

孟諸❸之役，文之無畏席強楚之威而窘戮宋公，本無足稱者。然宋公國雖弱，而位則君也；文之無畏國雖強，而位則臣也。論其實，則以楚加宋，以強凌弱，人之所甚易；論其迹，則以卑犯尊，以弱擊強，人之所甚難。居甚易之地，而坐得至難之名，人情誰不樂此哉？此無畏所以因其似而竊其名也。必嘗揮金發粟，然後人許其豪；必嘗赴敵突圍，然後人許其勇。今無畏挾六千里之楚，而折一與國之君，前無權勢之可懼，然無憂患之可虞，從容談笑而冒不畏強禦之名，天下之所謂幸者有過於此乎？想無畏正色莊語以答或人之問，必謂名固可以幸取，人固可以名欺，雖吾君亦以勁正見期，孰知吾之有所挾哉？捘衛侯之腕❹，人知涉佗❺之直，而不知其借晉之威也；沒太子之車❻，人知江充❼之直，而不知其借漢之威也；戮宋公之僕，人知無畏之直，而不知其借楚之威也。無畏借楚之威以為己名，無毫末之勞而有丘山之譽。使如是而無後憂，則誠不如詐，直不如曲，君子不如小人矣。

抑不知人既以直期之，亦必以直使之。故楚子異日遣使過宋而不假道，置他人而推無畏，豈不以直辭勁氣固可以橫身犯難而張強楚之大聲乎？無畏始知前日之偽名，適所以招今日之實禍，畏縮惶惑，言於楚子曰：「鄭昭宋聾，晉使不害，我則必死。」哀鳴乞憐，一至於此，向來之直辭勁氣安在耶？始則曰：「敢愛死以亂官？」今則曰：「我則必死。」

始一何壯，今一何怯耶？無事則為不畏死之言，有事則為畏死之語，真情本態至是盡露矣。名之不可苟得如是哉！

嗚呼！躄者命在杖，失杖則顛；渡者命在壺❽，失壺則溺。挾外以為重者，失其所挾未有不危者也。無畏之所挾者，楚耳，一旦身出方城之境，宋人豈懼失楚之無畏哉？宜其甘心而不顧也。吾故表而出之，以為挾外物者之戒。

【注釋】❶文無畏　即文之無畏。春秋楚大夫申舟之名，字子舟。魯宣公十四年奉命使齊，不假道於宋，因與宋有怨而為宋華元所殺。❷逢干　二位忠臣名。即夏代的關龍逢及殷代的比干。龍逢諫桀而死，比干諫紂而死。按：逢，本作逄。❸孟諸　春秋宋國大澤名。一作孟豬、望諸、盟諸。在今河南省商丘縣東北，已涸。❹捘衛侯之腕　晉以大夫涉佗、成何為代表，與衛侯（靈公）在鄟澤結盟。衛人請他們兩人執牛耳（凡諸侯結盟必使小國執牛耳，衛侯以君與大夫結盟，故請對方執牛耳）。成何說：「衛國不過和我國溫地、原地一般大，怎麼能和諸侯一體看待？」將要歃血時，涉佗推開衛侯的手，使血淌到手腕上。此事載於《左傳》定公八年。❺涉佗　春秋晉大夫名。❻沒太子之車　漢武帝時，江充從上於甘泉，遇太子家使乘車馬行馳道中，江充依法沒收，太子據遣人說情，江充不聽，並奏於武帝，武帝說：「做人臣子的，就應該像這樣才是。」❼江充　西漢邯鄲（今河北省邯鄲縣）人。原名齊，字次倩。因得罪趙太子丹，西逃入關中，改名為充。武帝見他相貌魁偉，曾說：「燕趙固多奇士。」且頗為賞識。令使匈奴還，拜為直使繡衣使者，督察三輔盜賊。後與太子據有隙，乘武帝患病之際，誣指太子用巫蠱術害武帝，於是大興「巫蠱之獄」，不久，為太子起兵所殺。見《漢書・江充傳》。

❽壺　即壺盧。瓠、匏、蒲蘆等瓜類的總稱。壺，本為酒器，盧為飲器，此物各象其形，又可為酒飯之器，因以為名。首尾如一者為瓠，無柄而圓大形扁者為匏，匏之有短柄大腹者為壺，壺之細腰者為蒲蘆。

【語　譯】美名是不可以僥倖取得的。天下的事情，本來就有外表相似，而事實上並不是這樣的。若僥倖因外表的相似而竊取美名，並非不能欺人於一時，然而有一天人們就著他外表的相似而要求他作真實的表現時，則將原形畢露，實情顯現，沒有不立刻敗露的。美名果真可以僥倖取得嗎？雖然僥倖在先，其實憂慮也就接踵在後了。人們看到他表面上的相似，而就信以為真，這是再幸運不過了；人們見他表面上相似，而就以真實的修為來要求他，這是最令人憂愁的了。用一時的僥倖，換來一輩子的憂心忡忡，明智的人，願意做這樣的交易嗎？一匹外強中乾的馬，若浮得騏驥的美名，說幸運是夠幸運了，一旦奔馳於山陵深谷之間而以騏驥的腿力要求牠，又將多麼令牠憂愁呢？外表堅強而內心柔弱的士人，若僥倖取得逢、干的美名，說幸運也是夠幸運了，一旦面臨刀鋸生死交關之際而要求他有關龍逢、比干的節操，又將多麼令他憂愁呢？所以，要求得美名容易，保持已有的美名困難；要取得美名容易，推卻已得的美名困難。如此說來，接受美名的開始，也就是接受責求的開端啊！以前的君子，若沒有真實的修養，則逃避美名有如逃避毀謗，畏懼美名有如畏懼侮辱，心中顧慮著逃避猶恐不及，又怎敢利用外表的相似而求取美名呢？

在孟諸打獵時，文之無畏仗恃著楚國的威勢，而窘迫陵辱宋昭公，這本來是不值得一提的事。然而宋昭公的國家雖衰弱，而他的地位卻是國君；文之無畏的國家雖強盛，然而他的地位卻只是一個臣子。就事實來說，只不過是仗恃著楚國來壓抑宋國，以強欺弱，這是人們甚為容易做到的；就外表的跡象來說，則是以卑下冒犯尊上，以弱擊強，這是人們所甚難做到的。處在容易的地位，卻坐得難得的美名，依人之常情，誰不樂意這樣做呢？這就是文之無畏所以藉著外表的相似而竊取美名的原因。必然曾經散發錢財米糧，濟助他人，然後人們才會稱許他的豪爽；必然曾經奔赴敵陣，突破重圍，然後人們才會嘉許他的勇敢。如今文之無畏仗恃著地廣六千里的楚國，而去凌辱一個與楚國邦交友善的國君，眼前沒有權勢使他畏懼，隨後也沒有憂慮值得擔心，在從容談笑間就得到了不畏強權的美名，天下所謂的僥倖，還有什麼能超過這個的呢？猜想那文之無畏以嚴正的臉色和莊重的言辭來回答別人的問話時，心中必以為：美名本可以僥倖獲得，人們本可以欺以美名，即使是我們國君也會以勁直剛正來期許我，又有誰知道我是有所倚仗呢？歃血時推開衛靈公的手腕，人們都以為涉佗正直，而不知道他是仗恃著晉國的威勢；在甘泉沒收太子家使的車馬，人們都以為江充正直，而不知道他是仗恃著漢武帝的威勢；在孟諸凌辱宋昭公的隨從，人們都以為文之無畏正直，而不知道他是仗恃著楚國的威勢。文之無畏假借楚國的威勢為自己取得美名，事實上沒有絲毫的功勞，卻享有如山高的美譽。假如像這樣而沒有以後的憂患，那麼誠實反不如欺詐，正直反不如邪曲，君子也就反不如小人了。

卻不知道人們既然以正直來期許他，必然也因正直來差使他。所以日後楚莊王派遣使臣經過宋國卻不打算向宋國借路時，就不考慮其他人選而指派文之無畏，難道不是認為他正直的言辭與強勁的氣勢，必然可以奮身犯難而壯大楚國的聲威嗎？文之無畏這才知道以前得到的虛名，正是今天招來禍患的原因，畏縮惶恐的告訴楚莊王說：「鄭國明理而宋國昏瞶，前往晉國的使者不會遇害，我卻必死無疑。」痛苦哀號乞求憐憫到這種地步。以前的那種義正辭嚴、理直氣壯的魄力到哪裏去了呢？當初說：「怎麼敢貪生怕死壞亂官法？」此時則說：「我卻必死無疑。」當初是何等的豪壯，如今卻又何等的怯懦呢？沒有事的時候就說不怕死的話，真有事時才說怕死的話，他真實的心態和本來的面目到此時便完全暴露出來了。美名的不可僥倖取得，道理就在這裏。

唉！腳不良於行的人所賴以為行的是拐杖，若失去拐杖必將跌倒；渡河的人所賴以為渡的是壺盧，若失去壺盧必將溺水而死。仗恃外力以自重的人，一旦失去了原有的倚靠，沒有不危險的。文之無畏所仗恃的也只不過是楚國罷了，一旦離開了楚國，宋人難道還恐懼得罪楚國的文之無畏嗎？也難怪宋人不顧一切殺了他才甘心。我因此將這件事情發表出來，作為那些倚仗外物而自重的人的戒惕。

【研　析】本文以有其名當有其實為中心論點，申言名不可幸得之理，尤其不可挾他人的威勢，來成就一己的聲譽。果如是，那將是名成而禍即至了。俗語說：「禍患皆為強出頭。」不就是因「無實」而招來的災殃？

就內容說，作者首先指出名不可以幸取，竊名乃有終身之憂，所以君子不屑一顧。其次則言文之無畏恃強楚之威，坐得至難之名，是不智的行為。暗示人不可在風光之時，得意忘形，或乘人之危，而加以侮辱，多行不義，又何能不招災禍？第三段申言文之無畏仗勢欺人，徒具虛名，經不起考驗，一見危險，則畏縮瞻顧，徬徨不知所措。最後說明挾持外物的不可靠，如執迷不悟，終遭不測之憂。

就行文說，作者用平鋪直敘的筆觸，先言其理，緊接著即以史事說明實情的經過，使理論有所著落，這在理論與實情的配合上，特別顯得妥貼周延。論說文固然重在說理，但如無適切的例證配合，終嫌理論空泛，不但不能收到實效，反而會使人有一種說教的感覺。惟有情理密切配合，釐然得當，方可收相得益彰的效果。

全文充滿警語警句，在在提醒人們名不可以幸取，不可挾持外物，來逞一時之快，這樣做會遺患無窮的。如「是故求名易，保名難；取名易，辭名難。受名之始，乃受責之始也」，這是何等言語！又如「居甚易之地，而坐得至難之名，人情誰不樂此哉」，就是因為人情樂此不疲，所以非到大禍臨頭，往往難於覺悟，因逞一時之快，而招來的滔天大禍。

基於以上的說明，我們認為：名不可強求，利不可苟得。凡事當留餘地，不可仗勢欺人。惟有真實修養的人，方可享永久的大名。俗語說：「有錢不可用盡，有勢不可使盡。」這是我們讀此文應有的省思。

叔孫得臣[1]獲長狄[2]僑如[3]

文公十一年

【題解】此事載於《左傳》文公十一年（西元前六一六年）。大意是說：北方的長狄鄋瞞，攻打魯國，文公派遣叔孫得臣領兵迎戰，這時侯叔夏為得臣駕御戰車，緜房孫為車右，富父終甥為駟乘（案：古代兵車通乘三人，若四人共乘，第四人即名駟乘，職為車右的副手），於十月三日，在鹹地打敗長狄，並俘虜了長狄僑如。富父終甥用戈抵住他的咽喉，把他殺了，將他的頭顱埋在子駒之門的下邊。為了紀念這次戰功，得臣就為他的兒子宣伯，命名為僑如。

遠在宋武公時代（即魯惠公時代），鄋瞞攻打宋國，司徒皇父率兵抵禦。耏班為他駕御戰車，公子穀甥為車右，司寇牛父為駟乘，在長丘打敗狄人，並俘虜了長狄緣斯。皇父與兩個兒子戰死，宋公因此就將城門賞給耏班，讓他徵收城門稅。城門也因此改稱耏門。

在魯宣公十五年（西元前五九四年）時，晉國將潞國滅亡，俘虜了僑如的弟弟焚如。又在齊惠公二年（案：傳文原作齊襄公二年，《史記・魯世家》作齊惠公，〈齊世家〉及〈年表〉同，據改。惠公二年，即魯宣公二年，西元前六〇七年），鄋瞞進攻齊國，齊國的王子成父俘虜了僑如的弟弟榮如，把他的頭顱埋在周首的北門下。衛人又俘虜了僑如的季弟簡如。狄人經過以上的被俘見殺，鄋瞞由此就滅亡了。

防風氏❹身橫九畝，不能免於會稽❺之誅；巨無霸❻身大十圍，不能免於昆陽❼之戮。久矣，形之不足恃也。

造化一機，坏冶一陶，陰翕陽張，萬形並賦。遇川澤則黑而津，遇墳衍則皙而瘠，遇原隰則豐而痺，遇山林則毛而方❽，予其形者無愛憎，受其形者無恩怨。是故鵾鵬❾不以大自夸，蜩鷃❿不以小自慊；冥靈⓫不以長自喜，螻蛄[12]不以短自憂。私天地之形以為己有，固已得罪於鑪錘[13]，況敢恃之為暴耶？衣不勝而成霸晉之功[14]者，無所恃也；貌不稱而擅佐漢之謀[15]者，無所恃也；形不長而專伐蔡之勛[16]者，無所恃也。以是知無恃者存，有恃者亡；尪弱幺麼未必非福，魁梧壯偉未必非殃。有形不能使，而反見使於形，可不為大哀耶？

長狄之種，其軀幹絕異於人，是亦偶得一氣之偏者耳。自緣斯[17]以來，負其軀幹，暴蔑上國，每出輒敗。一出而斃於長丘，再出而斃於周首，三出而斃於鹹，四出而斃於潞。種殲族殄，靡有孑遺，豈非形為之累耶？東方之夷，被髮文身，自古及今，其族類自若也；西方之戎，披髮衣皮，自古及今，其族類自若也。使長狄之種所賦之形與四夷等，彼將安其氈毳，甘其湩酪，未必敢與上國抗衡，縱使蟊賊邊鄙，亦將知難而退，詎至若此極耶？惟其偉岸自伐，故飛揚跋扈，陵跨中國，塊視泰華，垤視城郭，蟻視甲兵。兄踣於前而不悛，弟仆於後而不止，挫愈奮，敗愈張，非覆宗絕祀，蕩無炊火，未有晏然而不為諸華之害者也。

貔虎之猛，形實驅之；犬馬之馴，形實束之。長狄族類豈皆好為暴哉？一受長狄之形，雖欲已而有不能自已也。心為君則形為臣，形為君則心為臣。同是貌也，仲尼聖而陽貨狂⑱；同是目也，大舜仁而項籍暴⑲。賦其形者非有異，特制其形者不同耳。苟長狄能制其形，則必能保其形矣，豈至身首異處而為萬世戒哉？小心翼翼，徽柔懿恭，見者忘其十尺之高，是亦西夷之人也。議者勿謂狄無人！

【注釋】❶叔孫得臣　春秋魯大夫名。謚莊叔。❷長狄　種族名。為春秋時狄族的一支，體形高大。春秋時流徙於西起山西太行山一帶，東至山東西境的山谷間，經常侵擾周王室和齊、魯、衛、宋、晉、鄭諸國，後為晉所滅。❸僑如　鄋瞞國（即長狄）君主名，為叔孫得臣所殺。❹防風氏　夏時部落酋長名。相傳在今浙江省武康縣有古防風氏之國。據《國語・魯語》記載：吳伐越，在會稽山獲一大骨，骨長滿車。夫差使人問於孔子，孔子說：「昔禹致群臣於會稽之山，防風氏後至，禹殺而戮之，其骨節專車。」❺會稽　山名。在浙江省紹興縣東南，位於曹娥江和錢塘江之間，主峰為紹興的會稽山。相傳是夏禹會集諸侯的地方。❻巨無霸　也作巨毋霸。為王莽時奇士。傳說身長一丈，大十圍，軺車不能載，三馬不能勝。以鐵箸食，王莽留置於新豐，改姓為巨毋氏。後昆陽之戰，王莽以霸為壘尉，使其驅逐猛獸出陣以助威。❼昆陽　舊縣名。漢置，屬潁川郡，劉秀曾在此打敗王莽。北齊廢。故城即今河南省葉縣治。❽遇川澤則黑而津四句　意謂人民生活在不同的環境，而膚色體形皆有所不同。《周禮·地官·大司徒》：「以土會之法，辨五地之物生：一曰山林，……其民毛而方。二曰川澤，……其民黑而津。三曰丘陵，……其民專而長。四曰墳衍，……其民晳而瘠。五曰原隰，……其民豐肉而庳。」注：「庳，猶短也。」案：本文痺，當作庳。❾鵾鵬　或作鯤鵬。是古代傳說中的大魚和大鳥。據《莊子·逍遙遊》中記載，北海有大魚名鯤，化而為大鳥名鵬。❿蜩鷃　蜩即蟬，鷃是鷃雀，皆為小物。在《莊子·逍遙遊》中，舉出蜩鷃與鯤鵬，比喻物有大小，情志懸殊。⓫冥靈　古代傳說中的樹木名。據《莊子·逍遙遊》中記載，楚之南有木名冥靈，以五百歲為春，五百歲為秋。⓬蟪蛄　蟬的一種。在《莊子·逍遙遊》中，舉出蟪蛄夏生秋死，故不知有春秋，以與冥靈和大椿比較，比喻萬物壽命各有長短，見識各有深淺。⓭鑪錘　陶冶鍛鍊，比喻造化。在本文中引申為造物者之意。也作鑪捶。⓮衣不勝而成霸晉之功　指趙文子（名武）。是晉趙衰曾孫，晉平公時用為正卿，晉霸業的復興全賴其力。然而據《禮記·檀弓》的記載：「文子其中退然，如不勝衣。」不勝衣即不能承受衣服的重量，比喻恭敬退讓。⓯貌不稱而擅佐漢之謀　指張良（字子良）。輔佐劉邦取得天下，是漢朝開國功臣。然而太史公在《史記·留侯世家贊》記載：「余以為其人計魁梧奇偉，至見其圖，狀貌如婦人好女。蓋孔子曰：『以貌取人，失之子羽。』留侯亦云。」按：留侯即張良。⓰形不長而專伐蔡之勛　指裴度（字中立）。唐憲宗時淮蔡作亂，王師數不利，群臣爭請罷兵，度力請討賊，親自督戰，擒吳元濟，因功封晉國公，復知政事。惟其自題寫真贊云：「爾才不長，爾貌不揚，胡為將，胡為相，一點靈臺，丹青莫狀。」⓱緣斯　長狄君長名。⓲同是貌也二句　陽貨是春秋魯人，名虎，貌似孔子，初為季氏家臣，後專政，欲除去三桓的勢力，事敗，奔齊、晉。因貨曾暴虐匡人，故其後孔子經過匡地，匡人誤為陽貨而遭圍攻。⓳同是目也二句　項籍字羽。傳說舜與項羽眼中都有兩瞳孔。《史記·項羽本紀贊》記載：「吾聞之周生曰：『舜目蓋重瞳子。』又聞項羽亦重瞳子，羽豈其苗裔耶？何興之暴也？」

【語　譯】防風氏雖身長過人，卻逃不過在會稽山的被誅殺；巨無霸的身軀雖有十圍之大，卻免不了昆陽一役的戰敗。形體的長大不足以仗恃，由來已經很久了。

大自然的創造萬物，就像一部有機體，這情形，也好比陶鈞冶製各種不同形類的土坏，在大自然的陰氣與陽氣張合變化之下，而各種不同的形體也就出現了。生活在川澤地區的人民，皮膚的顏色黝黑而光潤；若生活在高平地區，就顯得白皙而瘦瘠；若生活在低平地區，就會有些肥胖而矮小；若生活在山林地區，那就不僅多毛，而且面部也會呈現方形了。給予萬物形體的造物主並沒有愛憎之心，而接受形體的萬物也沒有恩怨之情。所以鯤魚與鵬鳥不因為形體的巨大而自以為了不起，蟬和鷃雀也不因形體的嬌小而心有不滿；冥靈不因為長壽而沾沾自喜，蟪蛄也不因為生命的短促而暗自憂愁。私自將天地所賦與的形體以為一己所獨有，這已經得罪了造物主，又怎敢仗恃著形體去做壞事呢？瘦弱如承受不起衣服重量的趙文子復興了晉國的霸業，他在形體上並沒有什麼可依恃的；貌如婦人的張良是輔佐劉邦建立漢朝的大功臣，他在形體上並沒有什麼可依恃的；身材矮小的裴度為唐朝平定了蔡州的亂事，他在形體上也沒有什麼可依恃的。由此可以知道，無所仗恃的人可以長存，有所仗恃的人反遭敗亡；身材瘦弱微小未必不是福氣，體形雄偉高大未必不是禍患。有魁梧的形體不能利用，反而被魁梧的形體所利用，這難道不是很大的悲哀嗎？

長狄這種族，他們的體形與其他種族有非常大的差異，這大概是造物主無意間的偏差吧！自從長狄君主緣斯以來，自負體形的高大，暴虐輕侮中國，但每次出兵總是失敗。第一次出兵敗於長丘，緣斯被俘；再次出兵敗於齊國，僑如的弟弟榮如的頭顱被埋於周首北門之下；第三次出兵敗於鹹地，僑如的頭顱被埋於子駒門下；第四次出兵潞國被滅，僑如的弟弟焚如被俘。到最後整個種族都被殲滅了，沒有一個人能遺留下來，這難道不是被自己的形體所連累嗎？東方的夷人，披散著頭髮並在身上刺有圖案，而從古到今，他們的種族依然生活得很好；西方的戎人，披散著頭髮並穿戴毛皮衣服，而從古到今，他們的種族也依然生活得很好。假使長狄種族所賦與的體形與四方的民族相同，他們將安於穿著毛織的衣物，習於食用乳汁乳酪等食品，未必敢與中國相抗衡，即使侵害偏遠之地，也將知難而退，又怎麼會弄到這種亡國滅族的地步呢？就是因為他們由於身材雄偉而自以為是，以至於蠻橫兇暴，侵陵中國，看泰山、華山有如土塊，看城池宮牆有如小土堆，看盔甲兵士有如螞蟻。先有做哥哥的失敗跌倒而不知悔悟，做弟弟的接著敗亡於後也不知停止，愈受挫折愈是奮勇，愈遭失敗愈是囂張，不到滅了宗族，斷了香火，炊煙盡絕，總不肯安靜下來，而不終止對華夏各國的侵害。

貔貅和老虎的兇猛，是受形體的驅使；狗和馬的溫馴，則是受了形體的限制。長狄種族難道都喜歡蠻橫兇暴的行為嗎？一旦賦與長狄魁梧的形體，即使想要制止自己也控制不住了。若以心為君主，則形體當為臣子而受驅使；若以形體為君主，則心必為臣子而受驅使。有同樣的容貌，孔子為聖人，而陽貨卻是個狂徒；有同樣的兩個瞳孔，大舜仁慈，而項羽兇暴。所賦與外在的形體並沒有不同，只是控制形體的人不同罷了。如果長狄能控制他們的形體，也就能長久保有形體，又怎至於身首分離而作為萬世人的警惕呢？周文王小心謹慎，和善柔順，懿德謙恭，使人忽略了他十尺的身高，其實他也是西方夷狄之人呀！後世的評論家，可不能說夷狄之中沒有善人啊！

【研析】本文主旨，在痛斥長狄自負軀幹絕異，而暴蔑上國，雖每出輒敗，然始終不知悔改，是以卒遭種族殄滅，「靡有孑遺」的悲哀。

就內容說，作者首先指出形體偉壯的不可恃。其次則言造物主的一視同仁，雖體貌不同，然應各自珍惜，而無所恃者，往往可成不世之功。第三段言長狄仗著體形長大而不知悛改，終遭「種殲族殄，宗覆祀絕」的厄運。最後又進一步說明長狄為形所累，而為暴不仁，乃至身首異處，為萬世戒。

就行文說，作者以突起之筆，挾萬鈞之勢，引史實以入本題，然後再以排比對稱的文句，細說有恃無恃的異同，文氣起伏跌宕，說理肯切而必，運筆最為自如。寫長狄的「每出輒敗」，「偉岸自伐」，「飛揚跋扈」，尤為生動，充分展現了作者的才華。

全文就形式說，則採起、承、轉、合四段式，以長狄的自負軀幹絕異為立論重點，又以「同貌」、「同目」而有不同的表現作比較，歸結在「身首異處，為萬世戒」的警語上，大有使人不勝惋惜之感。最後，作者又指出「長狄能制其形，則必能保其形」，又如能「小心翼翼，徽柔懿恭」，那麼必會得人欽敬而忘卻其高了。

文中警句特多，如「衣不勝而成霸晉之功者，無所恃也」、「貌不稱而擅佐漢之謀者，無所恃也」、「形不長而專伐蔡之勛者，無所恃也」。又如「種殲族殄，靡有孑遺，豈非形為之累耶」、「同是貌也，仲尼聖而陽貨狂」、「同是目也，大舜仁而項籍暴」……凡此均足以啟我後人，當作「小心翼翼，徽柔懿恭」的修為，化暴戾為祥和，使強凌弱、眾暴寡的現象，永遠絕跡於人寰。

卷二十

秦伯使西乞術❶來聘

文公十二年

【題　解】此事載於《左傳》文公十二年（西元前六一五年）。大意是說：秦康公六年的秋天，派遣大夫西乞術到魯國聘問，並且說明將要攻打晉國，這意思當然是不要魯國幫晉國的忙。魯卿襄仲負責接待他，但不肯接受聘禮，於是說：「貴國國君沒有忘記和先君的友好，派您光臨魯國，來鎮定安撫我們的國家，並十分厚重的贈給我們大器（圭璋之屬），寡君實在不敢接受。」西乞術回答說：「這點微薄的小禮物，不值得辭謝。」襄仲辭謝了三次，西乞術回答說：「寡君願意在周公、魯公（伯禽）這裏求取福祿來事奉貴國國君，所以才把這一點不成敬意的小禮物，派遣臣下致送於執事之前，以作為祥瑞的信物，用它來表達寡君的命令，締結兩國之間的友好，因此才敢把它致送給您。」襄仲說：「假如沒有君子，如何能治理國家呢？秦國絕對不是鄙陋的國家。」於是就以重禮贈送給西乞術。

天下之情，待之厚者責之厚，待之薄者責之薄。厚責難勝，謗之所集；薄責易塞，譽之所歸。是故名大於實者，先榮而後辱；實大於名者，先辱而後榮。非人情之多變也，失所期則怒，過所期則喜，喜怒之變，即榮辱之變也。總角之童，一拜一起，粗中儀節，不中朝而譽滿州閭；至於成人，則正冠束衽，終日兢兢，少有惰容，鐫譙四起。天下之情，夫豈難見耶？

秦之為秦，介在西戎，聲教文物闕如也。至於魯，則習周公、伯禽之教，世秉周禮，俎豆羽籥，弁冕鼎鉶，蔚然先王之遺風在焉。雖宋、衛、陳、鄭，號為諸華者，猶且下視之，況如秦之僻陋在夷者乎？

當西乞術入境之時，魯人固預以戎狄待之矣。入粵者不敢言鎛❷，入胡者不敢言弓❸，入燕者不敢言函❹，入魯者不敢言禮❺。孰謂西乞術出於戎狄下國，乃不量其力，欲與魯之君臣周旋酬酢於玉帛鐘鼓之間乎？四方將命而來，至於雉門兩觀❻之下者，鮮不失禮受辱而退；孫文子有同登之辱❼，范獻子有歸費之辱❽，徐容居有進含之辱❾，齊慶封有〈茅鴟〉之辱❿，矧區區西乞術，詎能免此辱耶？想術奉璋薦瑞之際，公卿環列，輿隸堵觀，俟其步武之蹉跌以為嘲，伺其辭令之舛差以為哂。今術俯仰音吐，丰容華暢，出於魯人之意表，始以為烏鳶，今乃為鸞鳳；始以為蓬蒿，今乃為梧檟。此襄仲所以失聲歎息，而繼之以重賄也。觀其儀，固魯人之常見；聽其言，亦魯人之常聞。襄仲所以變色而稱揚之者，庸非以夷狄遇之耶？曰：不有君子，其能國乎者？駭而疑之也。曰：國無陋矣者，矜而進之也。前之倨，適所以為後之恭；前之輕，適所以為後之重。其視鄭人之璞，稱頌未已，而唾罵隨至⓫者，亦有間矣。

名逐我則逸，我逐名則勞。甚智而居以愚，甚辯而居以訥，他日微見端倪，少出鋒穎，一談而人一警，一動而人一服，雖欲逃名，名亦將逐之而不置矣。未智而先得智之名，未辯而先得辯之名，終日矻矻追逐以求副其實，一不稱而萬有餘喪矣。昔之智者所以寧使名負我，而不使我負名也。名負我，則責在名；我負名，則責在我，二者之勞逸相去亦遠矣。雖然，此猶未免名與我之對也。形不知有影，而影未嘗離形；聲不知有響，而響未嘗離聲；聖人不知有名，而名未嘗離聖人。嗚呼！豈春秋之士所及哉？

【注釋】❶西乞術　春秋秦穆公時大夫。西乞為複姓。術歷聘諸國以離散晉之與國，後與孟明視、白乙丙同襲鄭時，為晉所獲。❷入粵者不敢言鎛　鎛是一種鋤田的農具。粵人務農為生，所以到粵地的人不敢賣弄對農業的認識。❸入胡者不敢言弓　胡人善騎射，所以到胡地的人不敢賣弄弓箭之術。❹入燕者不敢言函　函是護身的鎧甲。燕人善於打造鎧甲，所以到燕地的人不敢賣弄有關鎧甲的知識。❺入魯者不敢言禮　魯國是周公之後，世習禮教，所以到魯地的人不敢賣弄禮儀。❻雉門兩觀　指國都之所在。雉門，是諸侯的宮門之一。兩觀，指宮殿門外的兩座高臺，可供遠觀或張貼法令。❼孫文子有同登之辱　衛國的大夫孫文子前往魯國聘問，當魯襄公登上臺階時，孫文子也並肩登上。依禮國君當行於前，叔孫穆子相禮，忙向前阻止，孫文子無話可說，但也沒有悔改的樣子。事見《左傳》襄公七年。❽范獻子有歸費之辱　晉國范獻子（即士鞅）前往魯國聘問，季孫存心得罪晉國（因不滿叔孫主政），故意用齊國的屬國鮑國回費地的禮節招待范獻子。范獻子大怒，認為鮑國地位低國家小，不願接受招待鮑國所用七牢的禮節，並威脅將轉告晉君。魯人害怕，增加四牢，使用十一牢的禮節。事見《左傳》昭公二十一年。❾徐容居有進含之辱　徐國大夫容居，代表徐君到邾婁國弔考公之喪，以大夫的身分，而竟想比擬諸侯行坐含進侯玉的禮節。因僭禮為邾婁人所拒。按：邾婁國考公，依鄭玄注為魯隱公益的曾孫，但考公時，徐國已被吳國所滅，所以顧炎武以為當作定公才對。事見《禮記・檀弓下》。❿齊慶封

有茅鴟之辱　齊國大夫慶封逃亡到魯國，叔孫穆子設宴招待他，慶封先遍祭諸神，有違祭食之禮，叔孫穆子不悅，讓樂工為他誦〈茅鴟〉這首詩，諷刺他的不敬，而慶封仍不明白。事見《左傳》襄公二十八年。按：祭食之禮各有其處，不可共祭。⓫鄭人之璞三句　鄭人以玉未理為璞，周人以鼠未腊為璞（璞，亦作朴）。此名同實異，易使人惑於名而不知其實。事見《戰國策．秦策三》。

【語譯】就天下的常情說，總是對於厚待的人期望大，對於不厚待的人期望小。太高的期望讓人難以勝任，這是怨謗所以集身的緣由；微小的期望容易達成，這是讚譽所以歸身的原因。因此，聲名大於內涵的人，就往往會先享有榮耀而後受屈辱；內涵過於聲名的人，也往往會先受屈辱而後享有榮耀。這並不是人情的善變，而是因為不能達到別人所期望的程度，難免引發怨怒，若超過了別人所期望的程度，自然也就能博得喜悅，別人怨怒與喜悅的轉變，也就是個人榮耀與屈辱的轉變。未成年的孩子們，行禮進退，能大略合於儀節，很快就會傳遍鄉里而讚譽有加；至於成年人，雖然衣冠端正，言行謹慎警惕，若稍有懈怠，就會有苛責之聲由四方傳來。天下的常情難道還不容易看得出來嗎？

秦國的疆域，與西戎為界，在教育文化方面，非常欠缺。至於魯國，則世世閑習周公、伯禽的教化，代代秉持著周朝的禮儀，不論是禮器舞樂、禮帽食器，在在都呈現著先王所遺留下來的風範。雖然宋、衛、陳、鄭各國，號稱華夏諸國，尚且為魯國所輕視，更何況是偏遠落後，居於夷狄的秦國呢？

當西乞術抵達魯國時，魯人原本就打算以夷狄來看待他。因為到粵地的人不敢賣弄農業知識，到胡地的人不敢賣弄箭術，到燕國的人不敢賣弄有關鎧甲的知識，到魯國的人不敢賣弄禮儀。誰能料到西乞術來自戎狄的下國，竟也不自量力，敢與魯國的君臣周旋應對於聘問的禮樂之中？四方各國奉命前來的使者，到了魯國的國都後，很少有不失禮或受辱而回的：衛國的孫文子有與魯君並肩登階的失禮之處，晉國的范獻子被接待以鮑國回費地的禮節而受辱，徐國的容居以大夫的身分想比擬諸侯行坐含進侯玉之禮而為邾婁人所拒，齊國的慶封因違反祭祀之禮而被諷刺以〈茅鴟〉之詩，何況是小小一個西乞術，怎麼能免於失禮受辱呢？想必當西乞術捧持著圭璋進獻瑞玉之時，公卿大夫環列四周，奴僕侍衛圍堵以觀，就等著他行步舉止有所失誤時加以嘲笑，或等待他在言辭語氣上有差錯時加以譏笑。如今西乞術的進退動作、聲音談吐，華美而順暢，出於魯人的意料之外，起初以為如烏鳶之聲，不值一聽，而今卻為鸞鳳之鳴；起初以為如蓬如蒿，不值一顧，而今卻有梧檟之姿。這就是襄仲所以失聲歎息，繼而贈送以厚禮的原因。其實，看他的舉止，本來就是魯人所習以為常的；聽他的談吐，也是魯人耳熟能詳的，襄仲所以會臉色大變而稱揚不已，難道不是因為他以夷狄的身分來看待西乞術嗎？他說：假如沒有君子，如何能治理國家呢？心中因驚駭而有所懷疑。然後又說：秦國絕對不是鄙陋的國家，心中有所尊敬而增加了他的分量。先前的傲慢，因此變為後來的謙恭；先前的輕視，因此變為後來的尊重。這比起對鄭人所獻的璞玉來說，稱頌的話尚未完畢，而唾罵的聲音馬上跟著來的情形，那就有很大的差別了。

聲名追逐我則安逸，我去追逐聲名則勞苦。非常有才智而以庸愚自居，非常有辯才而以口訥自處，若有一天微見端倪，稍露鋒芒，言談之間，使人驚訝；舉動之際，令人懾服，在此情況下，即使想逃避美名，美名也將追隨於我而無法推卻了。若沒有才智而空有才智的美譽，沒有辯才卻虛有辯才的聲名，一天到晚辛勞追逐，以求名副其實，稍有一事不恰當，而其餘所做的努力都付諸東流了。這就是從前明智的人所以寧可使名有負於我，而不使自己有負於名的原因。名有負於我，則他人的責求在於名；我有負於名，則他人的責求在於我，二者之間勞逸的比較實在相差太遠了。即使如此，這樣的看法也未免太將名與我對立看待。例如形體不知有影子的存在，然而影子卻未嘗離開過形體；聲音不知有響的存在，而響卻未嘗離開過聲音；聖人不知有美名的存在，而美名也未嘗離開過聖人。唉！這哪裏是春秋時候那些追逐美名的士人所能趕得上的呢？

【研析】本文主旨，雖在稱許秦使西乞術的舉止、談吐、儀節有度，而使向以視秦為「西戎僻陋」的襄仲，大感驚奇。然而作者卻能借題發揮，進而說明名實的相待，而甚智、甚辯之人，雖居愚、訥之地，而名的相隨，亦未嘗或離。言淺意深，於我後人啟示良多。

就內容說，文分四段。作者首先指出人情的所以易見，乃由於榮辱的所繫。其次則言秦魯二國，文物聲教的差異甚遠，而魯素以「僻陋」視之。第三段說明西乞術聘魯，言行儀節得宜，大出魯人的意表，致使襄仲驚歎不已。最後則言名與實實相待，不曾相離，而智者、辯者，雖居愚、訥之地，而名亦逐之不置。

就行文說，作者先以共識之理作引言，而以秦的「僻陋」相承，緊接著即以西乞術的舉止得宜為重點，一則說明魯為禮義之邦，「四方將命而來」者，鮮不失禮的實例，一則明獨獨西乞術能「俯仰音吐，丰容華暢」，這就不得不使魯人大為吃驚了。此種情理兼顧、順流而下的行文方式，誠可令人心折。然後再以「名逐我」、「我逐名」的勞逸問題，反襯西乞術的實至名歸。這樣的寫法，又在有意無意間，給人以深遠的啟示。

好名，是人的常情。然名又有實名、虛名的不同，不知修為，而只知一味地不擇手段去追求美名的人，即使能達到心願，亦不能維持長久，這是智者所不屑一顧的。作者以「聖人不知有名，而名未嘗離聖人」作結，誠可發人深省。而又以「豈春秋之士所及」譽西乞術，尤可示人名之不可苟得。處今之世，我知識分子，當知如何共勉！

隨會料晉師

文公十二年　吳將伐魯問叔孫輒❶公山不狃❷　哀公八年

【題　解】此事載於《左傳》文公十二年（西元前六一五年）。大意是說：秦國為了報復令狐那一次戰役，於是就在康公六年的冬天，出兵攻打晉國，並佔領了晉國的城邑羈馬。晉人發兵抵禦。趙盾率領中軍，荀林父為輔佐，郤缺率領上軍，臾駢為輔佐，欒書率領下軍，胥甲為輔佐，在河曲迎戰秦軍。

這時臾駢建議說：「秦軍不能在外持久，我們應該加高壁壘，鞏固軍營來等待。」秦軍將要出戰，於是秦伯就徵求士會的意見採取什麼方法來作戰。士會回答說：「趙氏新近提升了他的所屬大夫臾駢，他一定會出主意讓我們的軍隊久駐於外而疲勞。另外趙氏有一個旁支的子弟名叫趙穿，他是晉君（襄公）的女婿，雖然年少，卻能得到趙盾的寵信，並不懂得作戰，喜好勇猛而狂妄，又厭惡臾駢輔佐上軍。在這種情況下，如果能派出一些勇敢而不丕烈的武士襲擊上軍，也許可以有所斬獲。」於是秦伯就把璧玉投在河中，向河神祈求戰爭的勝利。十二月初四，秦軍襲擊晉國的上軍，趙穿追擊秦軍沒有能追上，回來以後，發怒說：「帶著糧秣，披著甲冑，本來就是要尋求敵人的，而今敵人來了，卻不出擊，不知在那裏等什麼？」軍吏說：「那一定是有所等待。」趙穿說：「我不懂什麼計謀，我要獨自出去。」於是就率領著他的部屬出戰。趙盾說：「假如秦國俘虜了趙穿，就是俘虜了一卿。秦國打了勝仗回去，我們用什麼來報答晉國的父老？」於是下令全軍出戰，雙方才一接觸，就彼此退兵了。

當天夜晚，秦國的使者告訴晉軍說：「我們兩國的軍隊都沒有打痛快，請明天再見。」臾駢說：「我看這使者的眼睛，不停地轉動，聲音失常，這明明是怕我們，準備逃走了。把他們逼到黃河的岸邊，一定會被打敗。」這時胥甲、趙穿擋在軍營的大門口呼喊著說：「死傷的人還沒收集，就將他們拋棄掉，這是不仁慈，不等到約定的期限，就把人家逼到險地，這是沒有勇氣。」於是晉軍停止出擊。而秦軍也就趁著這天晚上逃走了。後來又攻打晉國，侵入瑕地。

另外有一件相類似的事，載在《左傳》哀公八年（西元前四八七年）。大意是說：吳國為了邾國的緣故，將要攻打魯國，吳王夫差向叔孫輒（案：孔疏：定公十二年叔孫輒與公山不狃帥費人以襲魯，兵敗奔齊，後又自齊奔吳。）詢問魯國的實情。叔孫輒回答說：「魯國有名無實，攻打他，一定可以如願。」回來以後，把這件事告訴了公山不狃，公山不狃說：「這是不合於禮的。君子離開了自己的國家，就不去敵仇之國，在自己的國家，沒有盡到做臣子的禮節，現在離開了，而又去攻打他，只知為敵國奔走效命，這樣做，還不如去死呢！如果有所囑託，就應當隱避。況且一個人的行為，不要為了厭惡祖國的某些人，而就因此禍害國家鄉里，現在你為了一點小怨恨，就是顛覆祖國，這怎麼可以做得出來呢？」之後，吳王又向公山不狃詢問，公山不狃雖然回答魯不可伐，但仍接受了吳王的所託，而率兵攻打魯國。所不同的，只是選擇險要難走的路行軍，以延誤時日，使魯國有所準備罷了，並沒有做到他自己所說「有所託則隱避」的地步。

作者就是就著這兩件事予以比較說明，並闡發其義蘊。

見一事而得一理，非善觀事者也；聞一語而得一意，非善聽語者也。理本無間，一事通則萬事皆通；意本無窮，一意解則千語皆解。圯上之書❸一編耳，尺簡寸牘所載幾何？豈能盡括車壘輿地之形，預數嬴項韓彭之難❹哉？然子房❺得之，則問羊知馬，覘影知形，迎閱而群策鋒起，隨諷而眾識叢生，此所以能用有限之書，對無窮之變也。如使子房見一事而滯於一事，聞一語而滯於一語，則雖盡納九州之圖於胸中，倉卒造次，亦必有書之所不能該者矣。書已盡，變方出；書已陳，變方新。非告往知來者，殆未足與議也。

蓋嘗以《左氏》所載論之，隨會自晉奔秦，而為秦謀晉，說者祇以為隨會之過耳；公山不狃自魯奔吳，而不為吳謀魯，說者祇以為公山不狃之善耳。過在隨會，於我何損？善在不狃，於我何加？政使能體之於身，則所懲者特謀宗國之一過，天下之過果盡於此乎？所法者特全宗國之一善，天下之善果盡於此乎？惟舉一隅而反三隅，則因二子得失之迹，固可為吾身無窮之用焉。隨會有謀晉之過，而不失為良大夫，吾是以知素行之不可無；公山不狃有全魯之善，而不免為叛人，吾是以知小節之不足恃。以隨會之賢，而忽有謀晉之過，吾是以知惡念之難防；以不狃之不肖，而忽有全魯之善，吾是以知善念之易發。使隨會事事皆若謀晉，則隨會將轉而為不狃；使不狃事事皆若全魯，則不狃將轉而為隨會。吾是以知治己者必長其善而絕其過。以終身論，則隨會為君子，不狃為小人；以一事論，則隨會為小人，不狃為君子。吾是以知論人者必略其暫而待其終。自兩端而推之，可慕可懲，可遵可戒，舉集其中，然其用猶未窮也！

抑又有大可論者焉。隨會，晉之良也，其言於晉國無隱情，其祝史陳信於鬼神，無愧辭也，必非賣宗國以求和者也。其意以為，一心可以事百君，百心不可以事一君，在晉則當忠於晉，在秦則當忠於秦。苟於秦伯之問而不以實對，明則有隱於秦伯，幽則有愧於鬼神矣。抑不知子為父隱，臣為君隱；在他人則以直為直，在君父則以隱為直。今隨會視君父如他人，盡發宗國之情以資寇讎，是攘羊之徒❻耳。惜夫隨會後太公❼而生，不聞反葬之義❽；先夫子而沒，不見遲行之風❾。故其視父母之國，恝然無情，意在為直，卒陷於不直。吾是以知善之難擇，而是之難審也。至於公山不狃所以眷眷宗國，藹然忠厚，蓋以聞闕里洙泗之餘教❿而然耳。然自隨會而觀不狃，則厚薄有間，若格之以吾聖人之法，則不狃之所自處者，亦未得為盡善也。不狃對叔孫之辭正矣，至於使之為帥，乃導而之險，以困吳師。惜其始正而終入於詐也。魯國當隱，吳亦不當欺。不狃苟未忘宗國，則辭於吳子，弗與伐魯之役，既不負於舊君，亦不負於新主，義聲將徹於吳魯之間矣。今身為吳帥，而心為魯用，懷二心而事人，庸非聖門之罪人乎？吾是以益知善未易擇，愈擇愈差；是未易審，愈審愈謬。君子之於學，其可以易心處之哉？

讀隨會、不狃之事者，不過以為兩事而止耳。類而通之，區而別之，直而推之，曲而暢之，聞見層出，眾理輻湊，此陳亢⑪之所以問一得三⑫也，此顏子⑬所以聞一知十⑭也，此大舜所以聞一善言見一善行，若決江河，莫之能禦也！

【注釋】❶叔孫輒　春秋魯人。為叔孫氏州仇的庶子，字子張，因不得志於叔孫氏，曾投靠陽虎，欲去三桓而取代叔孫武叔，兵敗奔齊。❷公山不狃　《論語・陽貨》作公山弗擾。春秋魯人，為季氏費宰。因不得志於季氏，曾投靠陽虎，據費邑而叛。❸圯上之書　漢張良曾遊下邳圯上，遇黃石公，授《太公兵法》一冊。事見《史記・留侯世家》。圯，即橋。❹嬴項韓彭之難　嬴指秦始皇嬴政，在西元前二二一年統一中國，成為中國第一個實行中央集權的王朝，自稱始皇帝，然而傳至二世子嬰即滅亡。項指項羽，秦末隨叔父項梁起兵吳中，大破秦兵，率諸侯師入關中，殺子嬰，自立為西楚霸王，後為漢王劉邦追圍於垓下，自刎於烏江邊。韓指韓信，善用兵，助劉邦滅項羽，封為楚王，與張良、蕭何稱漢興三傑，後為呂后所殺。彭指彭越，秦末起兵，初事項羽，後歸劉邦，多建奇功，封梁王，後被人密告謀反而夷三族。❺子房　張良之字。原為戰國時韓人，其先祖五世相韓。秦滅韓，良曾在博浪沙椎擊始皇，誤中副車，乃改姓名，逃亡下邳，得圯上老人授《太公兵法》。後助劉邦滅項羽，定天下，封留侯。見《史記・留侯世家》。❻攘羊之徒　指只知直道而行不得其當的人。在《論語・子路》篇中，葉公告訴孔子說，他鄉里中有個直躬的人，父親順手牽了人家的羊，自己出來告發；孔子則告訴他說，父親替兒子隱過，兒子替父親隱過，這其中就包含著正直的道理了。❼太公　周代呂尚的稱號。本姓姜氏，其先封於呂，又以呂為氏，故稱呂尚，字子牙。晚年隱於渭水濱，文王出獵相遇，交談後大悅，並說：「吾太公望子久矣。」因號太公望，而立為師。後輔佐武王克殷，封於齊營丘。見《史記・齊太公世家》。❽反葬之義　周太公望立為大師，受封於齊營丘，可是直到五世的子孫，都送到周地埋葬。意謂忠臣不欲離王室之事，不忘其根本。見《禮記・檀弓上》。❾遲行之風　當孔子要離開齊國的時候，急得連米都來不及淘好，撈起來就走；離開魯國的時候，卻說：「我要慢慢的走啊！」意謂不忍離父母之國遠去。見《孟子・萬章下》。❿闕里洙泗之餘教　指孔門的教誨。闕里，在今山東省曲阜縣城的闕里街，是孔子的故里。洙泗，二水名，孔子講學之處即在二水之間。⓫陳亢　春秋陳人。字子元，一字子禽，孔子弟子，少孔子四十歲。⓬問一得三　陳亢問伯魚孔子對他是否有特別的教誨，伯魚回答說沒有，只是曾問他是否學過詩、學過禮，否則就不知道如何講話，不能在社會立身。陳亢很高興，認為自己問一件事，卻得到了三個答案，即：學詩的道理，學禮的道理，還知道君子不偏私自己的孩子。見《論語・季氏》。⓭顏子　即顏回。春秋魯人。字子淵，故也稱顏淵。孔子弟子，敏而好學，貧居陋巷，簞食瓢飲，不改其樂，孔子稱其賢。與閔子騫、冉伯牛、仲弓並列於孔門德行科。後世尊其為「復聖」。⓮聞一知十　孔子問子貢他和顏回哪個聰明些，子貢則回答說他無法與顏回相比，因顏回聞一能知十，自己只能聞一而知二。見《論語・公冶長》。

【語　譯】見到一件事情而僅能體認一種道理，則不是善於觀察事理的人；聽到一句言語而僅能領會一種意念，則不是善於聽聞言語的人。道理本無二致，若一事通達，則萬事皆可通達；意念本來是無窮盡的，若能了解一種意念，則千語皆可了解。圯上老人所送的《太公兵法》只是一部兵書，在這樣短小的簡冊中能記載多少內容呢？難道還能包括所有的車馬、要塞和地理形勢，或預卜嬴政、項羽、韓信、彭越等人的成敗禍福嗎？然而張良得到這一部書，卻能問羊知馬而從旁推敲，見影知形而有所領悟，隨著原文的閱讀，各種策略就如鋒芒的突起，隨著文辭的諷誦，各種諫諍的意見，猶如野草的叢生，這就是能利用書本中有限的資料，去應付世事無窮的變化。假如張良觀察一件事而拘泥於一個事理，聽聞一句言語而拘泥於一個意念，那麼雖能將中國九州的地圖完全熟背下來，而在倉促匆忙之中，也必定會遭遇到書本中沒有記載的情況，非得查盡全書，才想得出應變的方法；或把書都翻爛了，才想得出新點子來。若不是能告往知來的人，是沒有辦法和他計議的。

人們曾經根據《左傳》的記載有所議論，隨會從晉國出奔秦國，而為秦國謀計侵晉的事宜，一般評論的人只認為這是隨會的過失；公山不狃從魯國出奔吳國，而不願為吳國提供入侵魯國的謀略，一般評論的人只以為這是公山不狃的善行。過失在於隨會，對我有什麼損失？善舉在於公山不狃，對我有什麼好處？照常理說，假使設身處地的去檢討這件事，那麼所當懲戒的，只是謀害宗國的一件過失，然而天下的過失，果真就以此為盡頭了嗎？所可以效法的，只是保全宗國這一點善行，然而天下的善行，果真就沒有別的了嗎？若能舉一反三，則藉著這兩個人的得失痕跡，就可以作為自身無窮的妙用。隨會有謀害晉國的過失，仍然不失為一個良大夫，我因此知道平日的操守不可不注重；公山不狃有保全魯國的善行，仍然不免為叛逆之人，我因此知道偶然的小節操是不足以仗恃的。以隨會的賢明，竟然犯了謀害晉國的過失，我因此知道人心惡念的難防；以公山不狃的不肖，竟忽有保全魯國的善行，我因此知道人心善念的易發。假使隨會所做的每一件事情都像謀害晉國一樣，那麼隨會將轉而為叛逆的公山不狃；假使公山不狃所有的行事，都像保全魯國一樣，那麼公山不狃將轉而為明智的隨會。我因此知道善於修治自己的人必求增長心中的善念而防止過失的行為。就終身的行事而論，那麼隨會是君子，公山不狃是小人；若單就以上這一件事而論，則隨會是小人，公山不狃是君子。我因此而知道，若要評論人不能單就一事而論，應縱觀他一生的行事才能蓋棺論定。從善惡兩端的行事去推敲，不論是可欣慕的，可懲罰的，可遵循的，可戒惕的，全都聚集起來，這中間仍有無窮盡的妙用啊！

進一步說，還有更值得討論的呢。隨會，是晉國的良大夫，他分析晉國的情勢毫無隱瞞，即使是祝史用來祈陳取信於鬼神，也是毫無愧辭的，絕對不是出賣宗國來求取和順的。他的意思以為，用同樣的心意可以奉事不同的國君，不可以用不同的心意來奉事一個國君，身在晉國就當忠於晉君，身在秦國就當忠於秦君。若對於秦伯的問話不以實情回答，那就在表面上有所隱瞞於秦伯，在隱暗中有愧於鬼神了。然而他卻不知道做兒子的當為父親隱瞞，做臣子的當為國君隱瞞的道理；對待他人則以直道為直道，對待君父則以隱瞞為直道。如今隨會把君父當作是其他毫無干係的人，詳盡的將宗國的情報提供給敵國，根本就是行不得當的攘羊之徒。只可惜隨會生存的年代比太公晚，未得聽聞忠臣反葬之義；又比孔夫子早逝，未能見到離國遲行的風範。所以他對待父母之國冷漠無情，本意是想行直道，最後卻陷於不直的惡名。我因此知道所謂的善行其實難以抉擇，而所謂的是非也是難以審定的。至於公山不狃所以眷眷然不忘宗國，心存忠厚，這大概是因為曾經受過孔門教誨的濡染才會有這樣的表現。若從隨會的不直來與公山不狃的忠厚比較，彼此的善惡當然有所區別，假如用聖人的法理來責求，那麼公山不狃的處事方式，也算不得是盡善盡美的。公山不狃回答叔孫輒的話，可以說是義正辭嚴了，至於他受命為元帥，卻引導吳師行走難險的道路，來延誤時日。可惜的是他起初正直，最後卻不免於欺詐。為魯國固當有所隱瞞，對吳國也不該有所欺騙。公山不狃若真的沒有忘卻宗國的恩情，就應該向吳王辭謝，不參加攻打魯國的戰事，如此就可既不辜負舊君，也不至於對新主有所虧欠，他的忠義聲名就將響徹於吳魯兩國之間了。而今他身為吳軍將帥，卻一心為魯國打算，懷著二心來奉事人主，這難道不是孔聖門中的罪人嗎？我因此更知道善行的不易抉擇，愈抉擇愈有差失；是非的不易審定，愈審定愈是荒謬。君子對於學問的研求，哪裏可以用慢易的心情去處理呢？

研讀隨會與公山不狃事情的人，只把它們當作兩個獨立事件而已。若能類比其共通之處，區別其相異之點，於正直的事加以推衍，於不直的事加以發抒，則聽聞見識層層出新，各種事理均集中於此，這就是陳亢所以能問一知三，顏回所以能聞一知十的道理。也正是大舜所以能聽到一句善言或見到一件善事，就決定去實行，好像江河的潰決，是沒有辦法抵禦的啊！

【研析】本文主旨在闡明隨會與公山不狃二人行事之是非。以此為基點，引而申之，觸類擴闡，借明了徹事理之法，於讀書、為學、做人、處世，啟示良多。

就內容說，文分四段。作者首先以見事、聽語、讀書，當徹悟其理，觸類旁通，方可應萬變而不窮為引言，緊接著就以文題相承，以隨會、公山不狃為鑑，反覆辨言善念、惡念的難防與易發，進而言及論人之道，當以終身為歸，不宜以一事為定。第三段則指陳隨會、公山不狃的是非作為，並析其所以然之故，由是推言君子為學之道。最後則言讀書當以理群類，輻湊其理，推闡其義，然後方可收問一得三、聞一知十之功。

就行文言，作者一開始就以點化指引之筆，啟悟世人，雖為常理，但一經指出，卻能使人大有茅塞頓開之感。文章進入本題以後，則採徐行漸進、反覆辨言的方式，就著隨會、公山不狃二人的行為，予以申說，先論其舉措的是非，再以君子、小人交互相許，說理言事，兩得其宜。隨後，即指出二人是非的癥結所在，並以「善未易擇，是未易審」作結，尤見作者推闡的周延。最後則以讀書當善於融貫眾理為歸，言簡義明，給讀者帶來了無限的省思。

全文以念念不忘宗國之言最為突出，也最耐人尋味。任何人皆知，宗國乃生我、長我、育我的地方，以關係言最密，以情誼言最親，即使為情勢所迫，而暫時離去，如一旦宗國有難，誰又能昧其良知而恝然無動於衷？這也就是作者在本文中為什麼特別稱許公山不狃的原因了。至於隨會，作者雖以「非責宗國以求和」為他辯護，然亦終不願以直相許，明乎此，其間的是非曲直，也就不難理會了。

晉使魏壽餘偽以魏叛以誘士會

文公十三年

【題　解】此事載於《左傳》文公十三年（西元前六一四年）。大意是說：晉人憂慮秦國任用士會，所以六卿就在離京城不遠的諸浮地方聚會，來商討對策。趙宣子說：「隨會（即士會）在秦，賈季在狄，國家的危難每天都可能發生，怎麼辦呢？」中行桓子接著說：「請復用賈季，因他知曉外境的事務，並且他的祖父狐偃對國家曾有過大功勳。」郤成子說：「賈季喜好為亂，況且有殺陽處父的大罪，不如任用隨會。因他能處卑賤而有羞恥心，能柔順而不犯上，有智謀，足可以使用，況且又無罪。」

於是使魏壽餘偽裝以魏邑的主人背叛晉國，來誘騙士會回國。晉人同時也偽將魏壽餘的妻子兒女拘捕到晉國來，而使壽餘在夜晚逃逸，向秦國表示願意以魏邑並其臣民歸附，秦伯答應了他的請求，於是就利用上朝的機會，壽餘暗中踩士會的腳，使他會意。

忍棄其所不可棄者，必有大不可棄者也。刃在頭目，斷指不顧；病在腹心，灼膚不辭，彼豈以為不足愛而棄之哉？是必有大不可棄者而奪其愛也。君子之於信義，與生俱生，猶手足體膚之不可須臾捨也。一旦幡然棄之，自處於信義之外，豈得已哉？其必有說矣。

隨會之信義，歷數晉之公卿未能或之先也，至於詐秦歸晉之際，雖借辭於髡衍，問策於儀秦，殆不過如此。會果何所見而忍於自棄耶？蓋壽餘之來，會之終身通塞決於俄頃，歸亦今日，否亦今日，此時不反，後將無時；此策不行，後將無策。此其所以忍棄平昔之所不可棄者也。

嗚呼！使會知自古皆有死❶之說，則歸與不歸，固有命矣。不然身將歸晉，吾恐其心放而不知歸也！為身謀則工，為心謀則拙，會也亦不善處輕重之間矣。雖然，為身謀而棄信義，夫人知其不可矣；為國謀而棄信義可乎哉？溫嶠❷為王敦❸所留，敦遣歸建業❹，嶠實欲歸晉，外懼敦之疑，乃陽不欲行，既辭復入，至於再三。嶠之所以詐敦者，即會之所以詐秦伯也。會為身謀，固不逃君子之論矣；嶠為國謀，獨不可諒其心而許其權乎？晉祚存亡，一嶠是繫，使嶠幸逃虎口，則危可平，難可解，亡可存，豈惟江左是賴？其自宣景❺而下，實寵嘉之，義存君親，庸非不信之信乎？曰：信義不可須臾棄也。君子平居暇日，尚不忍以不信不義自處，況敢以澆君親乎？吾平居暇日，未嘗為詐，因君父之難而為之，是我之詐由君父而生也。詐由君父而生，是亦君父之詐也。免君父於難，而納君父於詐，有忠孝之心者，忍為之乎？此吾之所以罪嶠也。危晉者王敦耳，使嶠力竭不能救社稷，而繼之以死，是亡晉者王敦也，非嶠也。今嶠苟為詐謀，雖幸存社稷，然以不正之名累君父，是危晉者王敦，而累晉者溫嶠。以五十步笑百步，相去幾何哉？

世俗之說，以為君父在難，若可圖全，詭譎邪枉，靡所不可，皆指嶠輩為法。抑不知吾身在難，知自愛者必不敢設詐以自免，至於君父在難，則為之，豈不謂以詐免身，則無以自解；以詐免君父，則可以歸之君父以自解耶？是君父乃吾歸惡之地也，是以所賤事君父也，薄莫甚焉！隨會之過，冠圓冠者❻舉知之，至於溫嶠之事，吾恐意在於忠孝而未嘗學者不幸而蹈其失，故論之以待後世君子。

【注釋】❶自古皆有死　語出《論語・顏淵》：「子貢問政。子曰：『足食，足兵，民信之矣。』子貢曰：『必不得已而去，於斯三者何先？』曰：『去兵。』子貢曰：『必不得已而去，於斯二者何先？』曰：『去食。自古皆有死，民無信不立。』」❷溫嶠　（西元二八八－三二九年）晉太原祁縣人。字太真。初在并州任劉琨參軍，後元帝鎮江左，嶠受命奉表南下，頗得朝士推重。明帝即位後，任中書令。咸和初，任江州刺史，鎮武昌，後蘇峻、祖約作亂，乃與庾亮、陶侃等出兵討伐，事平還鎮，不久病死，謚忠武。見《晉書・溫嶠傳》。❸王敦　（西元二六六－三二四年）晉臨沂人。字處仲。為王導堂弟，娶武帝女襄城公主，拜駙馬都尉。元帝即位建業，以敦為鎮東大將軍，鎮武昌，恃功專權，據武昌反，入朝自為丞相。明帝太寧二年，舉兵再反，入江寧，途中病死，戮屍懸首於市。❹建業　古地名，即建康。秦時為秣陵縣，漢代沿置；三國時，吳改名建業，晉初又復稱秣陵，太康三年，分秣陵水以北為建業，為丹陽郡治，後避愍帝（司馬鄴）諱，改為建康。東晉及南朝各代均以此為國都。故城在今南京市。❺宣景　宣，謂司馬懿。三國魏溫縣人。字仲達。有雄才，多權變，為曹氏父子所重用。後其孫司馬炎篡魏，建立晉朝，追諡為宣帝。見《晉書・宣帝紀》。景，謂司馬師，字子元，司馬懿的長子。後晉武帝代魏，追諡為景帝。見《晉書・景帝紀》。❻冠圜冠者　謂通達事理的儒者。莊子曰：「周聞之，儒者冠圜冠者知天時，履句屨者知地形，緩佩玦者事至而斷。」見《莊子・外篇・田子方》。

【語　譯】一般人若忍心捨棄他不可捨棄的，必定有他非如此不可的原因。刀刃橫在頭眼之前，為免一死，即使因而斷指也無所顧惜；病灶在腹心之間，為求治癒，即使必須灼傷皮膚也不介意。人難道是認為手指、皮膚不值得愛惜而輕易捨棄嗎？這必然有他非如此不可的原因而放棄他所愛惜的。君子和信義的關係，是與生俱存的，猶如手足體膚不可有片刻的分離。一旦忽然捨棄，而置身於信義之外，難道是心甘情願的嗎？其中必然有原因。

隨會的信義，遍數晉國的公卿大臣，沒有人及得上他，至於詐騙秦國回返晉國這件事，即使是向淳于髡、公孫衍討教計謀，或向張儀、蘇秦請教策略，大概也不過如此而已。隨會究竟是為了什麼理由而忍心放棄自己的操守呢？想那壽餘的到來，可使隨會終身的窮達決定於俄頃之間，要回去也在今天，不回去也在今天，此時若不回去，以後再也沒有機會了；眼前的計策若行不通，往後再也沒有計策可行了。這就是他為什麼忍心捨棄平日所不能捨棄的理由。

唉！假使隨會知道自古皆有死的道理，那麼歸與不歸，本來就可以聽天由命了。否則雖然身已歸晉，我卻擔心他的心已放失而不知所歸啊！為脫身作打算可說是精明，為心安作打算則可說是笨拙，隨會也是不善於衡量輕重的人哩！雖然，為己身作打算而捨棄信義，人們都知道那是不可行的；那麼為國家作打算而捨棄信義，難道就可行嗎？晉時溫嶠為王敦所強留，後來王敦打算遣送他回國都建業，溫嶠其實是歸心似箭，卻因為害怕王敦起疑心，而假裝不想離開，一而再，再而三地辭行之後又折回。溫嶠之所以詐騙王敦，正如同隨會之所以詐騙秦伯。隨會為自身作打算，固然無法避免君子們的批判；溫嶠實在是為國家作打算，難道就不能體諒他的用心，而讚許他的變通之計嗎？晉國的存亡，全維繫在溫嶠身上，若使溫嶠能僥倖逃離虎口，那麼晉的危亂可得平息，災難可得解除，國祚可得存續，難道只是處在江左的君民所依賴的嗎？自宣帝、景帝以來，對溫嶠就寵愛有加，信義始終存在君臣的相親之間，溫嶠的所為，難道不是以他對王敦的不信來達成他對晉君的信義嗎？我認為：信義不可有片刻的離棄。君子在平日閒暇之時，尚且不忍心自處於不信不義的行為中，又怎敢以不信不義的罪名玷辱國君呢？我平日閒暇之時，未嘗有詐欺的行為，如今為了解救君父的災難而使詐，這表示我的詐騙行為是因為君父而產生的。詐騙的行為由於君父而產生，這也就等於是君父的詐騙行為。使君父免於災難，卻使君父扣上詐欺的罪名，一個有忠孝存心的人，忍心這樣做嗎？這就是我用以責備溫嶠的理由。危害晉朝的是王敦，假使溫嶠竭盡心力仍不能挽救國家，繼而以死殉國，則覆亡晉朝的是王敦，並不是溫嶠。如今溫嶠輕率地使用詐謀，雖然僥倖地使國家不亡，然而卻以邪曲的惡名連累了君父，這樣一來，危害晉朝的是王敦，而牽累晉朝的就是溫嶠了。以五十步笑百步，相差能有多少呢？

世俗的說法，認為君父在危難中，只要可以謀取安全，任何詭詐不正的法子，沒有什麼不可運用的，這都是指溫嶠這一類人的做法來說的。卻不知當自身處於危難時，知道自愛的人一定不敢使用詐術以求自免於難，至於君父在危難中，就如此做法，這豈不表示若以詐免身於難，就無法替自己找到正當的理由；若以詐免君父於難，就可以君父的名義替自己找到正當的理由嗎？如此君父就成為我推卸惡名的地方，這是用輕賤來奉事君父，還有比這更刻薄的行為嗎！隨會不信不義的過失，只要是通達事理的儒者都明白，至於溫嶠的作為，我是恐怕因為他意在忠孝，而使不曾學習的人不幸而重蹈其過，所以提出來討論，以期待後世的君子有所明辨。

【研析】本文主旨在強調信義的不可須臾離。君子與小人之分，即在於是否能堅守信義。並以此為中心，引喻推闡，不僅為士會惜，而且亦為世人憂，用意至善，寓義尤深。

就內容說，文分四段，作者首先指出一般人忍心捨棄其不可捨棄的，一定有其非如此不可的原因。其次則設言隨會詐秦歸晉的理由。再其次則進一步分析不管為身為國，均不可棄信義於不顧。最後駁斥世俗之言的非是，以歸於信義。

就行文說，作者先以常理作引言，再以隨會之事與常理相契合，在文勢的轉折上，非常自然。隨後即以古事言今事，又以今事應古事，古今交織，形成一密不可分的組織體，又由簡而繁，又由繁而簡，就理言事，深入淺出，不僅有跌宕之筆，亦且有綿密之情，然終不以情害義，由懸宕而趨於平淡，並對後世之學者，寄以厚望之意，於此最可窺作者用筆的高妙。

全文以「自古皆有死之說」為堅守信義的準則。無信不立，無義難行，不立不行，不僅不能為君子，就是與鄉曲野老相較，亦難望其項背。準是以推，世俗之論，凡以身之通塞，可以設詐，以救君父於難，可以不講信義，以救亡圖存，可以詭譎枉邪者，均難立於君子之林。凡為一己的通塞而行不義者，即使成功，亦難為人看重，凡以不信不義的手段，以救君父之難者，這無異陷君父於不信不義，而講信義的君父，必不樂為之救。凡以詭譎枉邪的卑劣行為，以救亡圖存者，必將名存而實亡。作者惟恐世人以此相高，故發此洪鐘巨響以警世，其用心實不可謂不深啊！

魏壽餘履士會之足於朝

文公十三年

【題解】此事載於《左傳》文公十三年（西元前六一四年）。大意是說：晉國的大夫士會，足智多謀，為秦所用（按：士會在文公七年奔秦，此時已為秦軍謀士），晉人欲以誘騙的手段，使他回國，於是就派魏壽餘假裝叛晉，並以魏邑及其臣民歸附於秦。在上朝的時候，魏壽餘不便相告，暗中踩士會的腳以示意。接著秦伯出兵河西，準備接收魏邑，魏人在河東（此時秦晉以黃河為界），壽餘趁機說：「請在秦國的晉人能與魏邑的有關官吏說話的人，我和他先渡河。」秦伯派遣士會。士會辭謝說：「晉人，有如虎狼，假如他們背信不放我回來，我就是死了，妻子被殺了，對您秦君來說，也並無益處，您可不要後悔。」秦伯說：「假如晉人背信，我要是不把您的妻子送還晉國，黃河為證，可以由它處罰。」這時士會才無所顧慮地渡河歸晉。

匪手攜之，言示之事❶；匪面命之，言提其耳❷。久矣！夫喻人之難也。我以為羊腸，而彼方以為衢道；我以為烏喙，而彼方以為稻粱。主涇賓渭❸，分騖背馳，奚適而能相喻哉？言者不知聽者之心，而每恨其悟之遲；聽者不知言者之心，而每駭其談之遽。攻愈力，閉愈堅；叩愈煩，應愈怠。南面而君，北面而臣，東面而師，西面而徒，所以百諫而不從，屢告而不入者，職此之由也。

蓋嘗觀魏壽餘之誘隨會，一履其足而歸晉之機已傳，是獨何術而動物悟人如此其捷耶？殆非壽餘術之工，乃隨會聽之切也。會思晉之念，如獸思壙，鳥思林，魚思淵，蹙閼拘繫❹而不得騁。一旦壽餘以歸晉之機動之，微見其端，心領神受，舄交踵接，閟策已通，庸非聽之切則得之速耶？使會歸晉之念不切，則壽餘雖刺其股，搏其膺，亦將撫機而不喻矣。歜職相感以一抶而商人戕❺，蓄憾之切者也；魏韓相警以一肘而智伯滅❻，慮患之切者也；餘會相悟以一履而去計定，謀歸之切者也。使數子者移蓄憾為蓄德，移慮患為慮善，移謀歸為謀道，則將皆默會至理於交臂目擊之間，豈有告諄諄而聽藐藐者耶？信矣！切之一字，誠入道之門也。

自孔孟而後，感發轉移之機不復見於天下，蓋數千年於此矣！學者慨誦塵編，浩然歎息，以為沒身不可復遇也。抑不知道不可離，理不可亡，孔孟雖往，感發轉移之機豈隨孔孟而往哉？前觀之古，後觀之今，仰觀之朝，俯觀之野，利害相激，事會相投，此機此理，隨遇而發。下至於龍斷罔利❼之徒，萬貨錯陳，五方畢會，低昂盈縮，出沒變化，一瞬未終，彼此咸喻。相語不以口而以形，相視不以迹而以神，是廛肆市區皆處洙泗之濱，工賈商旅皆具游夏❽之用也！舉目皆妙用，而吾自不觀；盈耳皆至言，而吾自不聽，終日與理遇，而反有不遇之歎，噫！理不遇人耶？人不遇理耶？

【注釋】❶匪手攜之言示之事　引《詩經．大雅．抑》篇文。是說不但親手提攜，而且指示事情的是非。❷匪面命之言提其耳　引《詩經．大雅．抑》篇文。是說不但當面命令，又恐其聽不清楚，而用手提著耳朵來告誡。

❸主涇賓渭　涇、渭為二水名。涇小渭大，此處有反賓為主之意。涇水發源於甘肅省六盤山，東南流入陝西省。渭水發源於甘肅省渭源縣西鳥鼠山，東南流入陝西省，過西安，至高陵縣臨潼附近會涇水，東流抵潼關入黃河。❹蹙閼拘繫　指受拘束不得自由。蹙閼，受阻礙。拘繫，被束縛。❺歜職句　齊懿公（商人）為公子時，與邴歜之父爭田未勝，即位後，將其屍體掘出砍去雙足，並使邴歜為其駕車。又奪納閻職之妻，而使閻職作陪乘。後齊懿公游於申池，邴歜與閻職也同浴於池中，歜以馬鞭擊職，職大怒，歜說：「妻子被人奪了都不生氣，打你一下又何妨？」職反譏說：「比砍了他父親的腳而不敢恨怒的人又如何呢？」於是兩人共謀殺了懿公，將他的屍體棄於竹林中，回來在宗廟祭告後，公然出走。事見《左傳》文公十八年。❻魏韓相句　智伯向趙襄子求取蔡皋狼之地，未得。智伯怒帥韓魏之甲攻趙氏，趙襄子走晉陽。三家以國人圍而灌晉陽城，未成。智伯行於水中說：「吾乃知水可以亡人國！」魏桓子以肘觸韓康子，韓康子則踩魏桓子腳，而後共議以汾水灌安邑，絳水灌平陽，因與趙襄子密約期。趙夜使人殺主隄之吏而決水灌智伯軍，智伯軍因救水而亂，韓魏兩軍左右分擊之，遂殺智伯，盡滅其族，瓜分其地。❼龍斷罔利　指商賈操縱市面，獨取利益。龍斷也作壟斷，原指斷而高的岡壟。語出《孟子・公孫丑下》：「有賤丈夫焉，必求壟斷而登焉，以左右望而罔市利。」❽游夏　子游、子夏。子游姓言名偃，子夏姓卜名商，二人皆孔門中長於文學的弟子。

【語　譯】《詩經》上說：「不但親手提攜，而且指示事情的是非。」又說：「不但當面命令，又恐其聽不清楚，而用手提著耳朵來告誡。」喻示人的困難，由來已經很久了！我認為是羊腸小道，而對方卻以為是通衢大道；我認為是鳥嘴，而對方卻以為是稻粱。就如以涇水為大而以渭水為小，反賓為主；雙頭馬車，背道而馳，要如何才能相互明白呢？說者不明白聽者的心意，而每每嫌恨其遲遲不能領悟；聽者不明白說者的用心，而往往驚駭於其言辭的急切。攻擊愈是用力，閉守愈是堅固；叩擊愈是煩促，回應愈是怠慢。不論是為君、為臣，或為師、為徒，所以多次勸諫而不能聽從，屢屢忠告而聽不入耳的，就是這個理由。

我曾經觀察魏壽餘誘引士會一事，只踩一下他的腳就已傳達了歸晉的訊息，這究竟是用什麼方法，而能感動啟發人如此快速？我推測並非壽餘的方法特別有技巧，是由於隨會探聽消息的心情迫切。士會思念晉國的心情，有如走獸思戀壙野，飛鳥思戀山林，游魚思戀深淵，卻受阻被拘而無法自由馳騁。一旦壽餘以歸晉的機會暗示他，只稍見端倪，便心知其意，完全了解，才只不過腳鞋一交接，閉塞的思路馬上通暢，這不就是因探聽消息的人心情急切而才能馬上明白暗示的嗎？假使士會歸返晉國的意念不急切，即使壽餘對他刺股搥胸，也將只是茫茫然不能體會。邴歜只是抽了閻職一鞭，就相互感應，因而共同殺了商人（齊懿公），這是由於積恨復仇的急切所致；韓康子只是用肘碰了魏桓子一下，就相互警醒，因而使智伯喪家滅族，這是由於憂患去敵的急切所致；壽餘只是用腳踩了一下士會，因而相互領悟，就定下了去秦的計策，這是由於圖謀歸國的急切所致。假使這幾個人能以積恨復仇的用心修養品德，以憂患去敵的用心努力為善，以圖謀歸國的用心勵志求道，那麼就都能默然領會真理於肘一碰、眼一望之間，哪裏還會有說的人苦口婆心而聽的人心不在焉的情事呢？無可置疑的，「切」這個字眼，實在是入道的門徑。

自從孔子、孟子以後，感動啟發而轉移的機緣就不再發生，到現在大概有數千年了吧！學者們概然誦讀古籍，而浩然歎息，認為這輩子也不可能碰上這種情況了。卻不明白道是不可離而理是不可無的，孔孟聖人雖已遠去，感發轉移的機緣難道也隨著孔孟而遠去嗎？縱觀古代和現在，上至朝廷，下至民間，無不利害相激盪，事機遇會相投合，這種機緣、道理，隨時隨地都可能發生。下至操縱市場的商賈，面對著數不清的雜陳貨物，各地人馬集聚在一起，做出各種不同的姿勢，變化之妙，有如神出鬼沒，可是還不到一轉眼的功夫，就彼此會意了。他們說話，不用口，而用姿勢，相看不用動作，而用神色，這種情形，就如同商店市區處在孔門的旁邊，那些工商各行人士，也都具備子游、子夏會意的妙用啊！放眼所見皆為妙用，而我卻不去觀察；充塞耳中的都是至理明言，而我卻不用心去聽取，終日與真理相遇，卻慨歎不遇真理，唉！究竟是真理不遇人呢？還是人不遇真理呢？

【研　析】本文主旨在闡發「道」、「理」二字的不可離與不可忘。惟有一心向道，而不忘其理，進而融貫通徹，心領神會，方可一觸即發，一拍即合。作者借「魏壽餘履士會之足於朝」這件事，引而申之，來抒發一己之所感，甚具意味。

就內容說，文分三段：作者首先指出由於立場的不同，而觀點自異，喻人之難，皆由此起。其次則言蓄憾、慮患、謀歸之切，故能收「微見其端」，而「心領神受」之效。最後則說明感發轉移之機，無處不在，如為有心，即可隨遇而發，彼此相感。

就行文說，本篇走筆，非常平實，引常理以入本題，這是作者的一貫手法，然本篇卻拿常理以與本題相對，借收相反相成的效果，這樣明顯對立的寫法，最能給人深刻的印象，令人會意首肯之後，禁不住的還要作深一層的思考，所謂文章之「味」，就在這裏了。

文中用一「切」字，指出為「入道之門」，更可看出作者的刻畫入微，然後再以「理不遇人耶？人不遇理耶？」作結，使文字前後互相輝映，更可使人體悟到「切」字的重要。如無深切或切身之痛的感悟，又如何能「入道」能互相感發呢？所謂入道，就是深明其理，而深明其理之前，往往必須經過一番刻骨銘心的痛苦，來換取這個「切」字。我們如能作這樣的看法，那麼在本文第一段所說的「喻人之難」，以及結語的「理不遇人、人不遇理」之歎，不也就理明義顯了嗎？

趙盾納捷菑❶于邾❷

文公十四年

【題解】此事載於《左傳》文公十四年（西元前六一三年）。大意是說：邾文公的元妃齊姜，生了定公；次妃晉姬，生了捷菑。文公死，邾婁人立定公為國君，於是捷菑就逃奔到晉國。

此時晉國的趙盾將中軍主政，率領著諸侯的軍隊八百輛戰車，將捷菑送回邾國。邾婁人辭謝說：「齊女所生的貜且年長，應該立為國君。」（按：貜且，即定公）趙盾聽了之後說：「立嫡以長，這是合於情理的，如果不聽從，不吉祥。」於是就回去了。

物固有不可並者。一事而是非並，擇一焉可也；一人而褒貶並，擇一焉可也。參是於非，等褒於貶，則其論鬭鬩❸陵奪，無以自立於天下。信矣！說之不可並也。並其不可並，豈君子樂為異論哉？天下之言，固有相反而不可相無者，殆未易以前說律也。是非有時而並存，褒貶有時而並立，異而同，舛而合，戾而順，睽而逆，惟君子為能言之，君子為能一之。

晉趙盾以諸侯之師，納捷菑於邾，鳴鐘擊鼓，至其城下，屈於邾人長少之義，徒手而還。責之者咎其知之晚，獎之者歎其改之勇，論者莫能並也。吾以為二說要當兩行然後可。治疾欲速，愈久愈侵；知非欲蚤，愈久愈謬。由是說則盾可責，遇過之尚淺者，盍以此警之？已成之疾，難望其瘳；已成之非，難望其革。由是說，則盾可獎，遇過之既深者，盍以此誘之？用前說警過之淺者，使不敢自堅；用後說誘過之深者，使不至自棄。缺一焉可乎哉？

苟徒執一說，沒其獎而專其責，以謂盾也受愬之時，弗詢弗考；發命之時，弗慮弗圖。內興車甲，外勤諸侯，跋履山川，傳其國都而後反。盾意雖回，而既憊之力，既費之財，終不可回也。悔於邾，不若悔於晉；悔於郊，不若悔於都；悔於朝，不若悔於室。其悔彌遠，其失彌多，改過雖美，豈如無過之可改為快哉！嗚呼！無疾則不必醫，無過則不必論，醫為病設，論為過設，使盾審之於初，師不出，過不形，則亦何論之有？惟其陷而能拔，迷而能反，棄前日之勞，成今日之決，此獎之之說所以不可偏廢也。一言之尤，一筆之誤，或者猶諱其短而遂成之，況盾以明主之令，八百乘之賦，反見阻於蕞爾小國。驅馳暴露之疲，餫饋屝屨之耗，侯甸男邦之訾，勇於徙義皆不暇顧，是豈碌碌凡子所能辦乎？戲之代括❹，突之攘忽❺，以強脅弱，自古而然。盾若挾晉之威，援周宋之比❻，邾將覆亡之不暇，何力之敢抗？今見義之大，而忘邾之小，不念前功之可惜，惟知今失之當除，盾之大過人者此也。

蓋嘗觀戰國之際，諸子蠭起，終身蔽蒙者置不足議。至若宋牼❼、淳于髡之徒，皆親嘗為孟子之所折壘摧陣衄矣，終不肯幡然儒服，竟自名其家，是非不知操術之誤，反顧平生肄習之勤，未能決然捨也。彼於呻吟佔畢間，尚戀戀不肯棄，況輿師之眾，征伐之重乎？獎盾之義，宜吾之不敢廢也。吾嘗歷考世變，冒甚厚之名，必就甚厚之實；辭甚厚之實，必避甚厚之名。其避其就，不出名實之兩端而已。盾之退師，將以避名耶，則有輕率之譏；將以就實耶，則無錙銖之獲。所避非名，則避者果何事？所就非實，則就者果何物？學者嘗試思之？

【注　釋】❶捷菑　人名。春秋時邾國文公庶子。晉趙盾欲助其為邾國之君而未成。參見本篇題解。❷邾　春秋古國名。周武王封顓頊後裔於此。也作邾婁。戰國時稱為鄒。地在今山東省鄒縣東南。❸鬩鬩　兄弟失和發生爭執。在此指互有矛盾爭執。❹戲之代括　戲與括為周朝魯武公的二子，括即伯御，為長子，戲為括之弟，即魯懿公。魯武公以二子見周宣王，王立戲。當時樊仲山父雖諫以不可，宣王不聽，終立戲。後魯人終殺懿公而立伯御，是為孝公。事見《國語・周語上》。❺突之攘忽　突與忽為春秋時鄭莊公的二子。忽長為太子，莊公卒，太子忽即位，是為昭公。突為宋國外甥，宋聞鄭卿祭仲立忽，乃使人誘執祭仲，使立突，否則必死。當時宋強鄭弱，祭仲不得已立突，是為厲公。昭公聞祭仲立突，出奔衛。事見《史記・鄭世家》。❻援周宋之比　周指周朝、周天子。武王滅殷而有天下，國號周。宋指宋國，為紂庶兄微子的封地。周天子統領諸侯，自非宋國可比。喻勢力強弱懸殊。❼宋牼　又作宋鈃、宋榮。戰國宋人，與孟子同時。他主張「見侮不辱，救民之鬭；禁攻寢兵，救世之戰。」荀子將他列入墨家，也有人將他列為名家或小說家。

【語　譯】有些事是不可以相提並論的。一事若有是有非，擇其一以為定論是可以的；一人若有褒有貶，擇其一以為定論也是可以的。若是非相參，褒貶相等，那麼其評論就會陷於矛盾互相攻伐，根本就無法立言於天下。毫無可疑，是非的說法是不可以並存的。若將不可並的說法並論，這哪裏是君子喜歡與人唱反調呢？其實天下的言論，本來就有論點互異卻不可一無的，這不能援用以上的說法作律則。是與非有時可以並存，褒與貶有時可以並立，既相異又相同，既相違又相合，既暴虐又順應，既背離又相迎，惟有君子能說出其中的道理，能作一樣的看待。

晉國趙盾率領諸侯的軍隊，護送捷菑回郗國，鳴鐘擊鼓，到了郗國城下，屈於郗人所謂以年長者為君的大義，空手而還。責備他的人歸罪他知道過錯為時太晚，稱揚他的人則讚歎他有改過的勇氣。沒有評論的人能將兩種說法相提並論。我則認為這兩種說法應同時論及才妥當。治療疾病愈快愈好，時間拖得愈久，病情愈劇；知錯改過愈早愈好，時間拖得愈長，過失愈大。若從這個觀點來看，那麼趙盾是應該受到責備的，犯過尚淺的人，何不以這個例子警惕自己？病入膏肓的重病，很難指望能得痊癒；既已鑄成的大錯，很難指望能改正歸善。若從這個觀點來看，那麼趙盾是值得獎勵的，犯過已深的人，何不以這個例子來勸勉自己？用前一種說法來警惕犯過尚淺的人，使他不敢固執不改；用後一種說法來鼓勵犯錯已深的人，使他不至於自暴自棄。缺少了任何一種說法，可以嗎？

若只堅持一種說法，毫無獎勵而專重於責備，認為趙盾在接受捷菑訴說的時候，並沒有詢問查考清楚；發布命令的時候，也沒有深慮謀劃。對內啟動車馬兵甲，對外勞動各國諸侯，辛苦跋涉山川，兵臨郗國國都卻無功而回。趙盾雖已回心轉意，然而已經疲憊的人力，已經浪費的財力，終究無可挽回。到了郗國才悔改，不如悔於晉國；到了遠郊才悔改，不如悔於國都；在朝中才悔改，不如悔於家室內。悔改得愈遠，過失就愈大，能改過雖是美事，總不如無過可改更令人快意！

唉！沒有疾病就不必求醫，沒有過失就不必評論，醫療是為病人而設，評論是為過失而設，假使趙盾事先經過仔細的考慮，不發兵出師，不形成過失，又怎會生出各種評論呢？就是因為他陷於過錯而能自拔，迷途而能知返，揚棄前日的勞頓，作成今日的決定，這就是讚揚他的說法所以不可偏廢的理由。一句話說得不對，一筆寫錯了，有些人尚且忌諱他的缺點而終成為過失，更何況趙盾以諸侯盟主的命令，率領了八百輛兵車，反而被一個小小的邾國所阻止。至於車馬驅馳暴露的疲乏，軍需物資的損耗，各諸侯邦國的非議，在勇於改過向義的前提下都無暇顧及，這難道是凡夫俗子所能做到的嗎？周宣王不顧勸諫立戲代括為魯公，宋國強迫祭仲立突代忽為鄭公，用強勢威脅弱小，自古以來就是如此。趙盾若挾恃著晉國的威力，則晉與邾勢力強弱懸殊，邾國滅亡都來不及了，哪有力量去反抗呢？如今見正義的浩大，而忘卻邾國的弱小，不眷戀著先前的功業以為可惜，只知道今日的過失應當立即悔改，趙盾大過人的地方就在這裏。

我曾經研究過當戰國的時候，諸子成群而起，那些終身被邪說蒙蔽的人不值一提。至於宋牼、淳于髡這些人，都曾經被孟子挫敗摧折，卻始終不肯悔改從儒，竟各自名其家甘為異端，他們並不是不知道過去所執持的學說是錯誤的，只是因為花費了大半輩子的工夫在這上面，無法毅然決然的捨棄所學。這些人在朗讀吟誦之間，尚且依戀不捨得放棄，何況是車馬兵師的眾多，征伐事件的重大呢？讚揚趙盾的義舉，當然是我所不敢廢棄的。我曾經考察過多變的世事，一般假冒美名的人，必然是為了有厚利可圖；推辭厚利的人，必然是為了逃避美名。不論是推辭或接受，都不出於名與利這兩端。趙盾的退師回國，若是為了逃避美名，就將遭受輕率的譏諷；若是因為有利可圖，就實在沒有半點收穫。所逃避的既然不是美名，到底是逃避什麼？所從事的既然不是利益，那麼到底是從事什麼呢？學者們可曾試著想過？

【研析】本文以趙盾為中心，以常理為陪襯，就著是非、褒貶的運用，深入淺出地交互為說，循著既定的理路，委婉曲折地表明其所以然之故，對於趙盾的輕率行事，固有微譏，然而對於他的「不念前功之可惜，惟知今失之當除」的做法，卻譽為「大過人者」的義行。這種隱惡揚善的用心，我們是樂意舉雙手贊成的。

就內容說，文分四段，作者首先指出對於一事的是非，一人的褒貶，雖難於等量齊觀，然而君子則認為可以並存不廢，相反而不可相無。其次則言「知事之晚」與「改過之勇」，雖褒貶不同，然卻各有其作用。第三段則進一步說明過失已成，不可徒事責難，能勇於悔改，其行為是絕對可以稱揚的。最後列舉史實來證明一個人的難於更張，用以反襯趙盾勇於行義的深可嘉許。

就行文說，除採漸進的方式外，在結構上，也極為謹嚴。對於理念的表達，使人有一種由朦朧而漸趨明朗的感覺。在走筆上，長短相對文句的運用，尤其為人激賞，如：「嗚呼！無疾則不必醫，無過則不必論，醫為病設，論為過設，使盾審之於初，師不出，過不形，則亦何論之有？」這些文句，不僅活潑有力，而且也極富表白功能，確能帶給讀者清新神怡的感覺。結語能以名實兩端為歸，這不能不說是作者的卓識。

不過作者在文中所說：「宋牼、淳于髡之徒，皆親嘗為孟子之所折壘摧陣衄矣，終不肯幡然儒服」的見解，並予他們以「操術之誤」的批評，我們很難苟同。因為在戰國之際，諸子爭鳴，各闡其說，各抒所見，何能因孟子之一言而竟然棄其所守？果爾的話，那麼也就沒有此一時期學術的蓬勃發展了。

周公❶王孫蘇❷訟於晉

文公十四年

【題解】此事載於《左傳》文公十四年（西元前六一三年）。大意是說：周匡王即位，太宰周公閱與卿士王孫蘇爭政，打算在晉國了結此一訟案。這時匡王竟然違背了原先幫助王孫蘇的諾言，而讓卿士尹氏與大夫聃啟在晉國為周公訴冤求理。結果由趙宣子出面，才平息了王室的這場紛爭，並且使他們恢復了原來的職位。

昔者文王聽虞芮之訟❸，而商道始衰。聽訟非文王之心也，東冰西炭，凍者不得不西；左淵右陸，溺者不得不右。虞芮之訟，文王未嘗招之使來，蓋麾之不能去也！文王雖不與虞芮期，而虞芮自至，故議者以二國之向背，筮商周之興亡也。舜避朱❹，禹避均❺，益避啟❻，其辭其受，未嘗不視獄訟之所歸以為決。虞芮之訟，近捨朝歌❼而遠趨豐鎬❽，彼紂雖倔強於酒池肉林間，直寄坐焉耳。吾嘗持是而觀後世隆替之由，權在則昌，權去則亡，未有失其權而國不隨亡者也。

周道既降，孱王僕臣不能主方夏之柄，儕於列國，至匡王⑨之世則殆甚焉。周公大臣也，王孫蘇卿士也，二臣有訟，不之王而之晉。君天下者尚將照臨萬國，大明淑慝，外薄海表，咸得其職。今至不能尸階阼⑩之訟，則國之置王果何用乎？虞芮介然遠國矣，其質成於周，議者尚為商危之。向若飛廉⑪惡來⑫，內相忿競，棄紂而即文，紂雖無道，亦未必能堪也。匡王怡然坐視，不惟不駭，反使人於晉助所厚者之訟，惴惴然恐其不伸。巍然袞衣，號稱天子，顧乃企足矯首，待晉之予奪以為輕重，何其衰也！是周之危過於商，而匡王之無恥甚於紂也！

周之頹敝甚於商季，何為當亡而不亡？晉侯之小心不及於文王，何為可取而不取？蓋嘗思其故矣：紂之末年，雖三分失其二⑬，然威令尚行境內，凶虐尚能及人，故民不堪其暴而共亡之。晚周之微，門內小訟猶不得專，雖欲淫侈，誰聽其掊克？雖欲殘酷，誰受其指令？其起其仆，近不係斯民之休戚，遠不係諸侯之強弱，晉雖陽尊貌敬，實不過以邾、莒遇之耳，何嫌何疑而遽欲墟之哉？故周非不亡，無可亡也；晉非不取，不足取也。

大抵能害人者必能利人，能殺人者必能生人。紂雖下愚不移，然操柄猶未盡失，使其移比干⑭之戮於崇侯⑮，移崇侯之寵於比干，朝發鹿臺⑯之財，暮發鉅橋⑰之粟，烏知其不祈天永命，編名六七君⑱之列乎？至於匡王，枵然建空名於六服⑲之上，禮樂刑政，舉不在己，雖欲自奮，其道何由？是將僨之商，猶有復起之望；未墜之周，已如既隕之時也。左支廢，右支緩，奄奄餘息，綿百世而閱千齡，樂乎哉！周過其曆⑳之言，吾未敢信。

【注釋】❶周公　名閱，為周公旦之後。閱為周之大宰。❷王孫蘇　人名。周之卿士。❸文王聽虞芮之訟　商時虞芮二國相與爭田，久而不平，因西伯（周文王）陰行教化，諸侯皆往決平，虞芮之君乃相與朝周。入其境，則見耕者讓畔，行者讓路；入其邑，則男女異路，老者不負重；入其朝，則士讓為大夫，大夫讓為卿。虞芮二國君因受感化乃相讓所爭地以為間原。❹朱　唐堯之子，名朱，封於丹淵，故稱丹朱。因不肖，故堯禪位於舜。❺均　虞舜之子，名均，封於商，故稱商均。相傳舜以商均不賢，乃傳位給禹。禹立，封商均於虞。❻啟　夏禹之子，繼父有天下，在位九年而崩。❼朝歌　為殷商自帝乙以至紂的都城。故城在今河南省淇縣北。❽豐鎬　也作酆鄗。豐是周文王都邑，在今陝西省鄠縣東。鎬是周武王都邑，在今陝西省長安縣西南。❾匡王　周匡王，名班。為周頃王子。在位六年而崩（西元前六〇七年）。❿堦陀　堦，同「階」，臺階，為登堂道。陀，堂前階石的兩端。堦陀在此指周朝廷之內。⓫飛廉　人名。或作蜚廉。為商紂王之諛臣，矯捷善走。周武王克商時，被驅於海隅而戮。⓬惡來　人名。飛廉之子，商紂王之臣。有力而善進讒言，後被周武王所殺。⓭三分失其二　指殷紂王失去天下三分之二的民心。《論語．泰伯》中孔子說周文王「三分天下有其二」。⓮比干　人名，商紂王的叔父。與箕子、微子稱殷之三仁。因強諫紂王之淫亂而被剖取心。⓯崇侯　殷紂王之臣，名虎。曾讒西伯於紂王，紂王因囚西伯於羑里，後西伯脫歸，伐崇侯而作豐邑。⓰鹿臺　殷紂王聚集財物的府庫，別稱南單之臺，周武王伐紂，紂兵敗，登鹿臺自焚而死。故城在今河南省淇縣境。⓱鉅橋　古府倉名。在今河北省曲周縣東北。武王伐紂後，曾散鹿臺之財，發鉅橋之粟。⓲六七君　指聖賢之君。孟子說：「由湯至武丁，聖賢之君六七作。」見《孟子．公孫丑上》。⓳六服　周代把服屬於王室的地方，根據遠近分為六級，由近而遠為侯服、甸服、男服、采服、衛服、蠻服。⓴周過其曆　武王克商後，卜世三十，卜年七百，然而周傳國三十六世，八百六十七歲，因稱周過其曆。語出《漢書．諸侯王表序》。

【語　譯】在從前，由周文王審理虞芮二國爭田的訟案來看，就可推知商朝的國運已開始衰微。審理訟案並不是周文王的本心，但若東側寒冷如冰，西側溫暖如炭火，那麼受凍的人就不得不奔向西側；若左邊是深淵，右邊是陸地，那麼溺水的人就不得不走向右邊。虞芮兩國的爭訟，周文王並不曾招呼他們前來，就是趕都趕不走呢！周文王雖然沒有與虞芮有任何約定，可是虞芮卻自動前來，所以一般評論家都拿虞芮兩國的向背，來預卜商、周兩朝的興亡。堯傳位給舜而不傳子丹朱，舜傳位給禹而不傳子商均，禹欲傳位給益而不傳子啟，這其間的取捨，未嘗不是看訴訟案件的歸向為決斷。虞芮兩國的訴訟，捨棄近處的商都朝歌，而到遠處的周都豐鎬，可知商紂雖然作威作福於酒池肉林之間，其實只是空有其名，坐在那裏虛張聲勢罷了。我曾經以這個例子來觀察後代興衰的理由，當政權掌握在手中時國家就會興盛，一旦政權旁落國家就會滅亡，沒有喪失政權而國家不隨著滅亡的。

周朝的國運既已衰微，懦弱的周王和臣子們已經無法掌握中國的政權，而使地位下降與諸侯國並列，到匡王的時代，更是衰弱到了極點。周公閱是周朝的大臣，王孫蘇是周朝的卿士，兩位大臣發生糾紛，不向周天子控訴，而到晉國去請求判決。一個君臨天下的天子，應統治天下萬邦，為各國諸侯明辨是非善惡，並推廣於四海，使每個臣子都能得到應得的職位。如今竟連自己朝廷內的糾紛都不能解決，那麼國家設置君主有什麼用處呢？虞芮是距離周都遙遠的小國，卻千里迢迢的前往周都打官司，評論的人尚且為商朝感到危險。假如當時商朝的飛廉、惡來兩個佞臣在朝中發生爭執，卻捨棄紂王而到周文王那裏請求裁決，紂王雖然暴虐無道，也未必能忍受得了這種恥辱。而今周匡王安然坐視，對這件事不但不感到訝異，反而派人到晉國去為他所偏袒的人說情，同時心中忐忑不安，惟恐不能討回公道。周匡王高居王位，身穿龍袍，號稱天子，不料竟蹺著腳伸長脖子，等候晉國的判決，以作為裁奪的輕重，這是多麼衰弱無能的天子！這分明表現出周朝的衰微遠過於商朝，而匡王的無恥也遠過於紂王啊！

周朝的頹廢衰敗遠過於商末，為什麼該亡而不亡？晉侯的小心謹慎也比不上周文王，為什麼可滅周而不滅呢？我曾經研究過這其中的道理：殷紂的末年，雖然已失去了三分之二的民心，然而政令仍通行於國中，他的兇狠殘虐也尚能危害到人民，所以人民在不堪暴政的情況下共同推翻了商朝。周朝末年的衰微，周天子連宮廷內臣子們的糾紛尚且不能解決，周王即使想要荒淫奢侈，誰去聽任他橫徵暴斂？即使想要兇狠殘酷，誰去聽任他指使呢？當時周朝的一切作為，就近處來說，無關於人民的憂患與安樂，就遠處來說，也不影響諸侯們的強盛與衰弱，晉國雖然在表面上尊崇恭敬周天子，事實上不過把周朝看作是郲莒之流的小國罷了，有什麼嫌隙或猜忌必須馬上滅掉周朝呢？所以周朝並不是不會滅亡，而是沒有什麼值得滅亡的；晉國並不是不想取代周朝，而是沒有什麼值得取代的。

大體說來，有能力害人的人必然有能力利人，有權力殺人的人也必然有能力存活人。紂王雖然冥頑不靈，可是他所操持的政權並沒有完全喪失，假使他把殺害比干改為殺害崇侯，對崇侯的寵信改為寵信比干，早上散發鹿臺的財物給人民，晚上發放鉅橋的糧食給百姓，又怎知他不能祈得上天賜福長壽，而並名於賢君之列呢？至於周匡王，空有其名居於六服各諸侯之上，所有禮樂、刑法、政治大權，都無法掌握在手中，即使他想奮發圖強，又有什麼方法可行呢？由此可見即將崩潰時的商朝，仍有復興的希望；而尚未瓦解的周朝，卻像個已經滅亡了的國家。這就如同人一樣，左半身既已殘廢，右半身也隨著癱瘓，奄奄一息的苟延殘喘，即使活到一百歲甚至一千歲，又有什麼樂趣可言呢！史家說周朝的國祚已經超過了應享的年限，我卻不敢苟同這種說法。

【研析】本文就著周公閱與王孫蘇爭訟於晉的史實，來推斷周匡王之時，已毫無權威可言，不惟衰頹已極，簡直形同贅旒，僅具空名而已。主旨既立，而推演之筆，循序而下，作者的觀感，隨著文字的展現，也就一一地表露無遺了。

就內容說，文分四段，作者首先指出為政以得民為本，人民的向背，乃國家興亡的基因。其次則言匡王的失權已甚，竟無法平抑大臣的爭訟，與贅旒無異。第三段進一步說明周室既然衰頹已極，為什麼還不滅亡的原因。最後則就著商紂與周匡王作一比較，在情勢上說，紂雖下愚，猶能勝過匡王的空名。就史言事，見解非常正確。

就行文說，作者首先抓住興亡之跡，以史為鑑的鐵則，然後運用無比銳利的透視力，將胸中所蘊，痛快淋漓地一瀉而出，故能筆隨意轉，指陳鑿然。

文中推理之言甚切，如「晚周之微，門內小訟猶不得專，雖欲淫侈，誰聽其掊克？雖欲殘酷，誰受其指令？其起其仆，近不係斯民之休戚，遠不係諸侯之強弱，晉雖陽尊貌敬，實不過以邾、莒遇之耳」，這見解極為透闢。俗語說，一葉知秋，而於「門內小訟猶不得專」，其他舉措的仰人鼻息，也就不言可喻了。堂堂天子，淪落如此境地，難道還不可以說「名存而實已亡」？

至於作者於文中所指「故周非不亡，無可亡也；晉非不取，不足取也」之言，似有商榷餘地。因春秋之季，諸侯所盡力以爭的，不過霸主而已，政由己出而已，儘管周室衰微，王綱解紐，然而周代的禮教尚存，是以任何諸侯都不願冒天下之大不韙，因滅周而招致其他諸侯的共同聲討。如時代進入戰國，這種推斷就大有可能了。

卷二十一

晉侯秦伯圍鄭

僖公三十年

【題　解】此事載於《左傳》僖公三十年（西元前六三〇年）。大意是說：在魯僖公三十年九月初十這天，晉侯（文公）、秦伯（穆公）率軍包圍鄭國，因為鄭伯（文公）曾對晉侯無禮，而且又私和楚國親近。這時鄭大夫佚之狐進言說：「國家危險了，如果能派燭之武去拜見秦君，那麼包圍我們的軍隊，就會退去。」鄭伯聽從了佚之狐的諫言。可是燭之武反而推辭說：「在臣壯年的時候，尚且不如人，現在已經老了，恐怕無能為力了！」鄭伯說：「我沒有能早日任用您，現在國家危急了才來請您，這是我的過失，可是鄭國亡了，對您也沒有好處啊！」於是燭之武就答應了。在當夜用繩子把他從城牆上吊下來，進見秦伯說：「秦、晉兩國包圍鄭國，鄭國已經知道要滅亡了，假如滅亡了鄭國對陛下有好處的話，那是足可以煩勞君王左右的隨從的，您當然知道，越過一個國家把疆域擴展到遠方，那是非常困難的，為什麼要滅亡鄭國來增大鄰國的土地呢？鄭國的富強，也等於陛下的削弱，如能不滅亡鄭國而讓它作為東道的主人，使臣的往來，適時的供給所缺少的一切，這對陛下來說，也沒有什麼害處呀！而且陛下也曾經賜給過晉君好處的，同時晉君也答應把焦、瑕割讓給陛下，可是結果如何呢？他早上渡過黃河，晚上就設版築起城牆來了，這是陛下所知道的事情。說到晉國，它哪裏有知足的時候呢？既然東邊向鄭國開拓了土地，又想著向西方擴展疆域，在此情況下，如果不侵削秦國，又向哪裏奪取領土呢？侵削秦國的土地來增加晉國的利益，希望陛下慎重地考慮考慮啊！」秦伯聽了非常高興，於是與鄭國簽訂了盟約，派遣杞子、逢孫、楊孫在鄭國戍守，就班師回去了。這時子犯請晉文公攻擊秦軍。文公說：「不可以，假如不是此人的力量，我們是不會有今天的，靠著別人的力量而又去敗壞他，這是不仁，失去了友邦，這是不智，將和整的局面變為戰亂，這是不武，我們還是班師回去吧！」也率領著軍隊回去了。

天下之事，有非出於人情之常者，其終必不能安。受施者致其報，施者享其報，人情之常也。居施者之地而為報者之事，非人情之常也，矯也。其所以矯情而為之者，抑有說矣。彼徒見夫有德於人者，責報則兩傷，忘報則兩全也，遂以謂忘報者，猶足以全其恩，況吾度越常情之外，居施者之地，而為報者之事，其恩厚豈有涯哉？抑不知君子不盡人之歡，亦不盡己之歡；不竭人之忠，亦不竭己之忠，人與己無二情也。人受施於我，其報猶有時而厭，況我有施於人，反僕僕然為報者之事，是果人情之所安乎？惟其不出於吾情之所安，雖矯而行之，激而為之，矯者怠，激者衰，則吾情終有時而不能繼矣。恩之而不能繼，則釁隙生焉，曾不如相忘者之為安也。常理之外，不可加一毫之理；常情之外，不可加一毫之情。是故過厚者必薄，過親者必疏，過愛者必憎，過喜者必怒，情豈有過而不反者哉？

蓋嘗觀秦穆❶晉文❷之爭端，然後知常情之果不可加也。晉文以一亡公子而列於五霸，揆厥本原，果誰之力耶？流離之時，使無秦穆，則為尪為瘠，為僵為殍；呂郤之難❸，使無秦穆，則為灰為燼，為煙為埃。始拔之於尪瘠僵殍之中，終脫之於灰燼煙埃之外，使襲先祀，使君萬民，使專土疆，使擅利勢，一身之間，自冕及舄，皆秦穆所致也。有丘山之施，而不受涓滴之報，在秦穆既為盛德矣。今秦穆非特不責報於晉，乃反致其報於晉，務欲加於常情，以結晉之歡焉。嗚呼！情果可加，則聖人已先加之矣！聖人所不能加，而秦穆則欲加之，豈自以為勝於聖人耶？秦穆始欲加聖人之所不能加，終則自不能繼而怨隨之，隙開於鄭之圍，而成於殽之役④。吾是以知始之加，乃終之損也。

或者咎秦穆與晉俱圍鄭，反背晉而戍之。吾謂是固秦穆之罪，然其禍源正不在是。一室之人，同盤而食，辛甘酸鹹所嗜猶雜然而不齊，況二國並立，形異勢異，利異害異，秦穆乃以秦徇晉，無役不會，無盟不同，挾未報之德，矯情屈意，反若受役於晉者，是安可久耶？釁隙不發於今，必發於後。燭之武之說，三大夫之戍⑤，特釁隙之迹，而非其端也。

噫！晉人初受秦穆生全之際，懷恩未報，方以為我負秦。習見秦穆服從之久，少有不合，遽以為秦負我。是秦穆之以恩召怨，固可責；晉人之以恩為怨，尤可責也。以恩為怨，少知自愛者皆恥之，獨秦穆之失，不得不發之以告學者焉。露之濡，根莖苗節無不沾；雨之降，丘陵原隰無不被，天之恩物至矣。然日出陽升，則天不知有露也；雲歸空霽，則天不知有雨也。種一草，植一禾，幸而滋榮，則朝環夕繞，認以為己恩，爬搔培壅，未必不反為物之害者，其秦穆類耶？

【注釋】❶秦穆　即秦穆公。❷晉文　即晉文公（？—西元前六二八年）。春秋五霸之一。名重耳，獻公子。因驪姬之難流亡狄國，在外十九年，賴秦穆公之助回國即位。任用狐偃、趙衰、先軫等賢臣，平王子帶之亂，納周襄王，救宋破楚，繼齊桓公為諸侯盟主。在位九年。❸呂郤之難　呂指呂甥，即陰飴甥。郤指郤芮。二人皆晉惠公之舊臣，因畏懼晉文公的迫害，而陰謀焚燒文公宮室並弒殺文公。由於宦官披的密告，文公乃暗至秦國王城見秦穆公，其後呂、郤果放火燒公室，因搜索不到文公而趕到河上，秦穆公以誘兵之計將他們殺了。事見《左傳》僖公二十四年。❹殽之役　西元前六三〇年，晉文公與秦穆公共圍鄭國，秦私與鄭議和，並助鄭防晉，晉軍於是撤退。西元前六二八年，晉文公卒，鄭國又使秦杞子掌管北門，於是秦國想乘晉國新喪，無暇外顧之機，襲滅鄭國。結果在殽山被晉國與姜戎之兵邀擊，全軍覆沒，秦將百里孟明視、西乞術、白乙丙被俘。事見《左傳》僖公三十年、三十二年。殽山一作崤山，又名崤陵、嶔崟山。在今河南省洛寧縣北觀魚堂一帶。歷史上著名的函谷關即因此山道路狹隘高深如函而得名。❺三大夫之戍　三大夫指杞子、逢孫、楊孫。事見本篇題解。

【語　譯】天下的事情，有不出於人情之常的，到最後必不能心安。受人恩惠的人盡力報答，施人恩惠的人享受別人的報答，這是人的常情。若處在施恩的地位，卻從事於報恩的行為，這並不是人的常情，是矯情。其所以故違人情而為報恩的事，也有一番說辭。他們但見施恩德的人，若責求別人的報答，往往兩敗俱傷；若忘卻別人的報答，就可以兩全，就認為忘卻別人報答的人，尚且能夠保全彼此的恩情，又何況我超越了常情以外，明明處於施恩者的地位，卻從事於報恩的行為，這樣的恩情哪裏會有邊際呢？卻不明白君子不強求別人盡歡心，也不強求自己盡歡心；不苛求別人竭盡忠誠，也不苛求自己竭盡忠誠，不論責求別人或自己，沒有不同的待遇。別人受我的恩惠，他的報恩尚且有倦怠的時候，何況我有所施恩於人，反而勞頓於報恩報德，這果真是人情所能安的事情嗎？就是因為不出於我本心所願，雖矯情而行，勉強而做，然而矯情有懈怠的時候，勉強的心也有衰微的時候，那麼我的用心也就終將有不能接續下去的時候了。厚施恩惠而不能長久繼續，則積怨就產生了，還不如兩相忘記來得妥當。在常理之外，不可再加一毫的理；常情之外，不可再加一毫的情。所以太過恩厚必至於輕薄，太過親密必至於疏遠，太過溺愛必至於憎惡，太過喜悅必至於怨怒，人情豈有太過而不招致反效果的嗎？

我曾經觀察秦穆公與晉文公之間的爭端，然後才知道常情之外果然不可隨意再加。晉文公以一個流亡公子的身分而躍居五霸之一，若追究本源，究竟是誰的力量使然？在逃難的時候，假使沒有秦穆公的收留，則將孱弱憔悴、凍餓身死；在呂甥、郤芮那次災難中，假使沒有秦穆公的援助，就將被燒成灰燼，化為塵埃。先幫助他免於孱弱憔悴、凍餓而死的窘境，最後又協助他解脫化為灰燼塵埃的災難，使他承襲先王的祭祀，使他君臨萬民，使他統領一國的疆域，使他獨攬利勢的大權，他的一身，從頭上的帽子到腳上的鞋子，都是秦穆公為他打點的。有如丘山樣的恩德，卻沒有接受涓滴的報酬，這在秦穆公來說，可算是莫大的美德了。而今秦穆公非但不責求晉國有所報答，反而盡力的報答晉國，務求多加恩惠，超越常情之外，以討晉國的歡心。唉！常情之外若果真能隨意加添，那麼聖人就早已先增加了！聖人所不能增加，而秦穆公卻擅自加多，難道他自以為勝過聖人了嗎？秦穆公起先想著增加聖人所不能增加的，終於因後繼乏力而使怨恨隨之而生，嫌隙開端於秦晉共同圍鄭，而終於形成在殽山的一次戰役。我因此明白起初的刻意討好，乃是造成往後兩兵相向的原因。

或有人歸咎於秦穆公，認為秦與晉相約圍鄭，反而背叛晉國為鄭國戍守。我認為這件事固然是秦穆公的罪過，然而兩國交惡的禍源卻不在此。一個屋簷底下的人同桌吃飯，辣甜酸鹹等口味尚且各有不同，何況是兩國並立，形勢利害又各不相同，秦穆公卻委屈秦國，討好晉國，（在晉國的邀約下）沒有一次戰役不參加，沒有一次盟會不同席，明明挾有晉未報的恩德，卻矯情屈意，反而有如受於晉的役使，這種作為怎可能長久呢？彼此間的嫌隙即使不發作於今天，往後也必有爆發的時候。燭之武說服秦穆公，三大夫的為鄭戍守，只不過是交惡的跡象，而不是紛爭的開端。

唉！當晉文公剛受秦穆公的幫助，得以保全性命的時候，心懷感恩而尚未能報答，總以為自己對秦有所虧欠。其後逐漸習慣於秦國的聽從順服，稍有一點不合意，馬上就認為秦國對自己有所虧欠。如此說來，秦穆公的以恩德召來怨仇，固然可責；而晉文公的恩將仇報，則更加可責。受人恩惠，反而以仇相報，稍知自愛的人都恥於如此，惟獨秦穆公所犯的過失，不能不舉發出來，告喻學者們。露水的滋潤，任何植物的根莖苗節沒有不沾益的；雨水降落時，任何丘陵平原沒有不被及的，上天對萬物的恩典可說無以復加。然而旭日一旦東昇，上天便已忘記曾有露水的滋潤；雲氣既已消散，晴空萬里，上天就不復記得曾有雨水的灑落。有的人種植一草一禾，幸而能繁榮滋長，便朝夕環繞它，認為是自己的恩惠所致，其實過度的整理培養，未必不會對植物反而造成傷害，這不就與秦穆公的行為相類似嗎？

【研析】本文以秦穆公為中心，分析他對晉施恩，不僅不斤斤於報答，反而以報恩的心，盡情地討好晉國，結果反因恩召怨的始末。直指之言，有是有非，當分別以觀。

就內容說，作者首先以人情之常來範圍天下事，矯情、反常，均易生釁隙。其次則言秦、晉的反目成仇，乃秦穆公的咎由自取，不應「居施者之地」，而盡「為報者之事」。第三段說明秦穆公所以臨陣背晉退兵，乃由於情、勢、利、害使然。並借以反襯矯情、屈意行為的不可久。最後則言秦穆公因恩召怨之失，鮮為人知，特發以示人。

就行文說，作者以人情之常理引入正文後，即用「丘山之施」的大恩，加在晉文公的身上，大有使晉文公「無以為報」的感覺。然後再以「無役不會，無盟不同」矯情屈意徇晉的作為，討好晉國，目的在使晉國常懷感激之心。哪知道這種做法，不僅沒有得到應得的報償，反而使晉國習以為常，視為當然，少有不合，則以為「秦有負我」的想法。這就是秦穆公因恩召怨的由來。同時也展現了作者描繪的用心與手法。

考秦之與晉，確有大恩。而渡河設版的事件，是在晉惠公時代，與晉文公無關；殽之戰，發生在晉文公卒後，也和他扯不上關係。我們如僅就秦穆對晉文的施恩來說，那麼晉文公並沒有「忘恩負義」的行為。因此，我們認為作者在本篇的說理言事上，均有牽強之嫌。因恩固可以召怨，然如能一本道義的良知，為其所當為，行其所應行，則又何怨之有？作者以為秦對晉有大恩，在此大前提下，不論秦國有任何對不起晉國的事，晉國均當隱忍承受，而絕對不可報復才對。然而既為「二國並立，形異、勢異、利異、害異」，在此各為己國爭利避害的原則下，晉國又如何能不怨尤？更何況秦穆公的退師又全為己國著想？不然又何以使三大夫留戍鄭國以作內應？這種欲擒故縱的手法，是陰險？還是狡詐？況臨陣違約，乃兵家大忌，置晉軍於不顧，又何信義之可言？照理說，當晉文公知曉此事之後，應當勃然大怒，聽從臣下的建言，截擊秦軍才對，可是他卻以「不仁、不智、不武」為言，而化解了這一次的不愉快，於此不也就可以看出晉文公的報恩之心了嗎？置此不論，而僅以秦穆公的因恩召怨為說，我們認為雖然能自圓其說，但卻未臻公允。

秦穆出師襲鄭

僖公三十二年　秦師過周北門　僖公三十三年　秦使孟明❶為政　文公元年　晉秦戰彭衙復用孟明　文公二年　秦濟河焚舟　文公三年

【題解】此事載於《左傳》僖公三十二年（西元前六二八年）。大意是說：在僖公三十年的九月十日，秦晉聯合進攻鄭國，不料秦穆公竟接受了鄭大夫燭之武的遊說，單獨退兵，並派杞子、逢孫、楊孫三人留戍鄭國。事隔兩年之後，秦大夫杞子自鄭國派人稟告秦伯說：「鄭人讓我掌管他們都城北門的鎖鑰，如果暗中派軍來襲，可以把鄭國滅掉。」於是穆公就向大夫蹇叔請教，蹇叔說：「勞動軍隊，來襲擊遠方的國家，這是我從來沒有聽說過的。軍隊遠行，勞苦力竭，遠方的主人以逸待勞，這恐怕不可以吧！軍隊的行動，鄭國一定知道，軍隊勤勞而又無所斬獲，一定會有背犯的想法，況且軍行千里，又能瞞得住誰呢？」穆公沒有採納蹇叔的諫言，並召集孟明、西乞、白乙三人在東門外率師出發。這時蹇叔哭著對孟明說：「孟明啊！我現在僅能看見軍隊的出發，卻看不到軍隊的回來！」穆公馬上派人責斥蹇叔說：「你知道什麼？假如你活到中壽就死的話，現在你墳墓上的樹木，已經長到兩手合抱那樣粗了。」蹇叔的兒子，也參與了這次的遠征，他哭著送行說：「晉人一定在殽山抵禦我們的軍隊，殽山有兩座大陵，它的南陵，是夏后皐埋葬的地方，北陵周文王曾在這裏避過風雨。你們一定會戰死在這中間，我將在這裏收葬你的屍骨。」秦軍於是就向東出發了。

僖公三十三年(西元前六二七年)，秦軍經過周天子的王城北門，依禮軍士們應脫下頭盔下車步行，表示對天子的尊敬，可是竟有三百多輛兵車的士兵卻跳躍著上車，這情形被年齡尚幼的王孫滿看到了，於是告訴周王說：「秦軍輕佻無禮，一定會打敗仗。因為輕佻則少計謀，無禮則行事疏忽，進入危險地區，竟然粗心大意，又沒有計謀，怎能不打敗仗呢？」

秦軍剛到達滑國，這時鄭國有一位商人名叫弦高，打算去王城做買賣，正好遇到了秦軍，他靈機一動，就先用四張熟牛皮，然後再用十二頭牛來犒勞秦軍說：「我們鄭國的國君聽說將軍將要行軍經過敝邑，所以特地派我來犒勞您的部屬。」孟明說：「鄭國已經有了準備，我們沒有指望了，攻打不能取勝，圍城又沒有後援，我們還是回去吧！」於是滅了滑國，就班師回去了。

這時晉大夫原軫（即先軫）向襄公建議說：「秦伯違背了蹇叔的話，由於貪心而勞苦人民，這是上天賜給我們的好機會，上天的賜給不可失，敵人不可放縱，放縱敵人，就會發生禍患，違背天意，就不吉祥，一定要趁此機會攻打秦軍。」大夫欒枝說：「現在還沒有報答秦國的恩惠，而竟然攻打他的軍隊，難道在我們的心目中，還有剛死去的國君嗎？」先軫說：「秦國不為我們的喪事哀痛，反而攻打我們同姓的國家（滑國），這是秦國的無禮，還有什麼恩惠可言？我聽說：『一天放縱敵人，可能造成好幾代的禍患。』這是為子孫作打算，哪裏可以說目無先君呢！」於是就發布命令，趕快動員姜戎的軍隊，晉襄公也把喪服染成黑色，梁弘駕御戰車，萊駒為車右，在四月十三日這天，大敗秦軍於殽山，並俘虜了百里孟明視、西乞術、白乙丙回來。晉文公的夫人文嬴知道以後，馬上向襄公為秦國的三位主帥求情，請釋放他們。

當秦穆公知道三位將領要回國的時候，就穿著素服在郊外迎接他們，並且對著被釋放回來的將士哭號著說：「由於我不聽從大夫蹇叔的話，以致使你們幾位受到侮辱，這都是我的罪過。」接著又說：「這是我的過錯，大夫有什麼罪呢？況且我絕不能因了一次小過失而掩蓋他的大功德。」

經過這次戰役之後，秦穆公對孟明始終沒有失去信心。如文公元年（西元前六二六年），秦大夫及左右向秦伯建議殺孟明，穆公不但不殺孟明，反而使他執政。又如文公二年（西元前六二五年），秦晉戰於彭衙，穆公仍用孟明率師以報殽山之役。結果孟明又打了敗仗。可是秦伯依然任用孟明。而孟明則進一步的修明政事，設法改善人民的生活。到了文公三年（西元前六二四年），秦伯又行攻打晉國，渡過黃河，並且燒了船隻，佔據了王官與郊地。這時晉軍不敢出戰，秦軍於是就從茅津渡過黃河，在殽山為過去戰死的將士樹立標記，然後回國。秦伯自此以後，就成了西戎的領袖，這是由於任用孟明的關係。

天下之事，以利而合者亦必以利而離。秦晉連兵而伐鄭，鄭將亡矣。燭之武❷出說秦穆公，立談之間，存鄭於將亡，不惟退秦師，而又得秦置戍而去，何移之速也！燭之武一言使秦穆背晉親鄭，棄強援附弱國，棄舊恩召新怨，棄成功犯危難，非利害深中秦穆之心，詎能若是乎？秦穆之於晉，相與之久也，相信之深也，相結之厚也，一怵於燭之武之利，棄晉如涕唾，亦何有於鄭乎？他日利有大於燭之武者，吾知秦穆必翻然從之矣。是則杞子❸襲鄭之謀，實燭之武有以開之也。舉鄭國之人，咸誦燭之武退兩國之師，續百年之祀於頰舌❹之間，孰知危亡之釁亦已芽於武之頰舌乎！秦穆從燭之武之言而戍鄭者，非愛鄭也，利在焉故也；從杞子之言而襲鄭者，非憎鄭也，利在焉故也。心無晉鄭，惟利之趨，豈有輕絕數十年締交之晉，而反重結數年始附之鄭者乎？燭之武以利始之，杞子以利終之，使外無弦高❺之謀，內有三子❻之應，豈復有鄭乎？是燭之武之留戍，乃所以留禍，雖免國於晉，而輸國於秦也。君子之重言利，其以是哉？

秦穆既以利輕絕晉，亦必以利輕絕鄭。利心一開，不能自窒，宜其蔑蹇叔❼之諫，而取殽之敗也。殽之役，說者或歸其曲於晉，以謂秦所襲者鄭，所滅者滑❽，於晉未有朝夕之急，乃冒喪而邀之。吾以為晉固可責，秦穆亦不得無罪焉。孫權❾與劉備❿約同伐劉璋⓫，備方發被髮入山⓬之辭以拒權，不旋踵而自取之，此權所以深怨而有荊州之師⓭也。晉與秦同圍鄭，秦獨退師留戍以背晉，不旋踵而自襲之，此晉所以深怨而有殽之師也。前則恐人分其利，後則以己專其利，最人情之所甚惡。知權之怨備，則知晉之怨秦矣，安可獨歸曲於晉乎？

然秦穆懲殽之敗，仍用孟明增修國政，竟刷大恥⓮。夫子驟列其悔過之誓於二帝三王之後者，抑有意焉：一悔可以破百非，一善可以滌百利。秦穆在《春秋》中，朝議暮貶，左瑕右玷，雖擢髮不足以數其罪；及入於《書》，則溫然粹然，不見微隙，是典謨誥誓之秦穆，而非復《春秋》之秦穆也，聖人之勸深矣。自時厥後，晉有邲之敗⑮，齊有鞌之敗⑯，楚有鄢陵之敗⑰，其餘敗軍者，未易槩舉，如秦之懲敗而悔過者，則無聞焉。此《書》之所以止於秦也。繼秦穆而有悔過自誓之舉，則夫子之序《書》詎終於秦耶？

【注釋】❶孟明　春秋秦將。名視，字孟明，百里奚之子。秦穆公時，派他領兵襲鄭，晉人截擊於殽函，大敗。後三年伐晉，渡河焚舟，晉人懼，不敢出兵，乃封殽尸而還。從此，秦遂稱霸西戎。❷燭之武　春秋鄭大夫，以邑為氏，燭城在今河南新鄭縣。❸杞子　春秋秦大夫。見本篇題解。後杞子奔齊。❹頰舌　比喻人有能言善辯的才華。❺弦高　春秋鄭國商人。見本篇題解。❻三子　即杞子、逢孫、楊孫三大夫。❼蹇叔　春秋秦穆公賢大夫。見本篇題解。❽滑　春秋姬姓小國，伯爵。故址即今河南省偃師縣南的緱氏城。魯僖公三十三年為秦所滅，後屬晉。❾孫權　（西元一八二—二五二年）三國吳開國的君主。字仲謀，吳郡富春人。繼承其兄策據有江東地，西破黃祖，與劉備合力破曹操於赤壁。此後西聯蜀漢，北抗曹魏，形成三分局面。後稱帝，都建業，國號吳，史稱吳大帝。見《三國志・吳書・吳主傳》。❿劉備　（西元一六〇—二二三年）三國蜀漢開國的君主。字玄德。河北涿縣人。漢景帝子中山靖王劉勝之後。有大志，結交關羽、張飛等圖謀天下，曹丕篡漢後，備即位於成都，與魏、吳鼎足而立。後為吳將陸遜所敗，死於白帝城，謚昭烈皇帝。見《三國志・蜀書・先主傳》。⓫劉璋　三國蜀漢人。字季玉。繼父焉襲益州刺史職，曹操加璋振威將軍。別駕張松說璋迎先主（劉備），後先主圍成都，璋出降，遷璋於南郡。孫權取荊州，以璋為益州牧，駐秭歸而卒。見《三國志・蜀書・劉璋傳》。⓬被髮入山　孫權欲與劉備共取蜀，遣使報備，備欲自圖蜀，拒答不聽，且告以同盟毋相攻伐，以免曹操趁其隙。權乃遣周瑜率水軍住夏口。備調瑜：「汝欲取蜀，吾當披髮入山，不失信於天下也。」使關羽屯江陵，張飛屯秭歸，諸葛亮據南郡，備自住孱陵。權知備意，因召瑜還。然其後備乃取蜀自領益州牧。事見《獻帝春秋》。⓭荊州之師　漢獻帝建安二十年（西元二一五年），孫權以劉備已得益州，使使報欲得荊州，劉備答以：「須得涼州，當以荊州相與。」孫權忿而遣呂蒙襲奪長沙、零陵、桂陽三郡。事見《三國志・蜀書・先主傳》。按：荊州為漢武帝所置十三刺史部之一。轄境約為今湖北、湖南兩省及河南、貴州、廣東、廣西的一部分，地處長江中游，是政治、軍事的重地。⓮竟刷大恥　秦穆公在殽之戰後三年興兵伐晉，渡河焚舟，攻佔了王官和郊地，晉人懼不出戰，秦軍乃在殽地埋葬了殽之戰亡的將士，而後返國。⓯邲之敗　西元前五九七年，楚（莊王）圍鄭，晉（景公）以荀林父為中軍，率兵援鄭，與楚戰於邲（在今河南省鄭縣東）。因晉軍將領各有意見，結果為楚所敗。事見《左傳》宣公十二年。⓰鞌之敗　西元前五八九年，齊頃公率兵侵魯、衛，晉景公遣郤克率軍救援，在鞌（在今山東省歷城縣內）大敗齊師。事見《左傳》成公二年。⓱鄢陵之敗　西元前五七五年，晉厲公以欒書為中軍，出兵伐鄭，鄭求救於楚共王，楚以司馬子反為中軍救鄭，兩軍相遇於鄢陵（在今河南省滎陽縣縣治）。楚軍大敗，共王乘夜而逃，子反自殺。晉軍入楚軍營，吃楚軍留下來的糧食吃了三天。事見《左傳》成公十六年。

【語　譯】天下的事情，因利而相結合的，也一定因利而相離。秦晉兩國聯兵伐鄭，鄭國眼看著就要滅亡了。燭之武出面遊說秦穆公，在短暫的談話間，竟保全了即將滅亡的鄭國，不僅退了秦國的軍隊，又使秦國留置兵力助鄭國戍守而後才離去，局勢的轉變是何等的快速呀！燭之武的一席話使秦穆公背叛晉國而親附鄭國，放棄強有力的同盟而附從弱國，捨棄舊有的恩情而招致新的仇恨，拋棄可成的戰功而冒險犯難，若不是這其間的利害關係打動了秦穆公的心，怎可能發展成這種情勢呢？

秦穆公的對於晉國，相互交往是那麼久，相互信任是那麼深，相互結好又是那麼厚，一旦為燭之武所列舉的利益所誘引，揚棄晉國有如鼻涕唾液，對鄭國又何嘗安著好心呢？他日若有大於燭之武所提供的利益，我知道秦穆公一定會馬上有所轉變，以追求更大的利益。如此看來，杞子掌管城門引秦軍偷襲鄭國的陰謀，實在是燭之武所引起的禍根。當全鄭國的人民，都頌揚燭之武退了秦晉兩國的軍隊，憑藉著他的能言善辯，存續了鄭國百年祭祀的時候，又有誰知道危亡的徵兆，也同樣萌芽於燭之武的辯才中呢！秦穆公聽從了燭之武的意見而派兵戍守鄭國，並不是愛惜鄭國，而是有利可圖才這樣做；後來又聽從杞子的計謀而派兵襲擊鄭國，也不是憎惡鄭國，而是有利可圖才這樣做的。秦穆公心中並不特別偏袒晉國或鄭國，只是看哪兒有利益就趨向那兒，不然他怎會輕易的斷絕了締交數十年的晉國，反而重重的巴結才親附數年的鄭國呢？燭之武以利益開啟了兩國間的友好，杞子則以利益終止了兩國間的友好，假使外無愛國商人弦高退敵的計謀，而內有秦國三大夫接應秦軍，怎還會有鄭國的存在呢？因此燭之武的留下秦軍戍守，正是留下了禍源，雖然使國家免於被晉所滅，卻不免於將鄭國拱手獻給秦國。君子的以利為重，難道就是為的這個下場？

秦穆公既然因為利益而輕易的棄絕晉國，也將因利益而輕易的棄絕鄭國。貪利的心一旦開啟，就無法自我約束，難怪他蔑棄蹇叔的諫言，而自取殽之役的大敗。秦晉殽山的這次戰役，評論的人或歸咎於晉，認為秦國所襲擊的是鄭國，所滅亡的是滑國，對於晉國並沒有絲毫的危害，晉國卻冒著國喪而截擊秦軍。我以為晉國固然應該責備，至於秦穆公也不能說他是無罪的。這就有如孫權約同劉備伐劉璋共取蜀州一樣，當時劉備以「將披髮入山，以不失信於天下」為藉口而予以拒絕，哪知過不了多久卻獨自率兵攻取了蜀地，這是孫權所以怨恨劉備而有日後的襲取荊州的原因。晉與秦國相約圍鄭，秦國竟逕自退兵又留戍鄭國而背叛了晉國，也是沒過多久卻獨自發兵偷襲鄭國，這是晉國所以深怨秦國而有日後的殽函之戰的原因。起先是唯恐別人分去他的利益，後來則是自己專有利益，這最是人情所痛惡的。若能了解孫權為什麼怨恨劉備，就可以知道晉國為什麼怨恨秦國了，怎能只歸罪於晉國呢？

然而秦穆公有鑑於殽之戰的大敗，仍任用孟明以增修國政，最後竟能洗雪敗軍的奇恥大辱。孔子修訂《書經》依序將秦穆公悔過的誓辭列在二帝三王的後面，是有意義的：因為痛徹的悔悟可以破除所有的過失，洞明的善念可以洗滌所有的利欲。秦穆公在《春秋》一經的記載中，一再被議論貶斥，盡是錯誤瑕疵，即使拔盡頭髮也難以列舉他的罪過；一旦載入《尚書》，就溫厚精純，不見絲毫的瑕隙，這是典謨誥誓中的秦穆公，而不再是《春秋經》中罪行難數的秦穆公，由此可知，聖人對後世勸勉的用心是多麼深遠了。從殽函戰役以後，晉國有邲之役的戰敗，齊國有鞌之役的戰敗，楚國有鄢陵之役的戰敗，其他各國戰敗的例子，無法一一列舉，像秦國能警惕於失敗而悔改的則不曾聽說過。這就是《尚書》所以終止於〈秦誓〉的理由。若繼秦穆公之後有能悔過自誓的行為，那麼孔夫子修訂《書經》，難道會終於〈秦誓〉嗎？

【研　析】本文以秦、晉聯兵伐鄭為始，以秦穆公的殽之戰敗悔過自持為終，論析其中種種是非利害的因果，而歸結於秦穆公的因戰敗深悔前愆，及聖人嘉其善舉的用心。

就內容說，文分四段。作者首先指出秦國所以背晉存鄭，乃以利害深中於秦穆公之心使然。其次則言秦穆公的幡然順從燭之武之言，退師戍鄭，乃別具用心，其謀略之高，非燭之武所及。第三段說明秦、晉殽之戰，各有所持，亦各有所失，不得盡責於一方。最後，則言秦穆公既懲於殽之敗，而又不廢孟明。自此而後，諸侯之間敗軍之事，實不勝舉，然竟無如秦穆的懲敗自悔者，是以孔子嘉其善，而《書》以此為終。

就行文說，作者用一利字貫穿全局。我們在文中不難發現，秦、晉的聯兵攻鄭，是因利而為，而秦的背晉退兵，何嘗不是為利而作的權宜之計？因利益的衝突，致生怨尤，而彼此的爭奪、侵佔，也就在所難免了。作者在本文一開始，就用「天下之事，以利而合者亦必以利而離」來作警語，驗諸秦、晉的聯兵伐鄭，所言確有所見。這也就難怪孟子為什麼要說「春秋無義戰」了。

就全文說，我們認為第二段的寓義最為深刻。燭之武固有口舌之才，然秦穆公的洞察機先，放長線釣大魚的胸襟，也尤其難得。秦、晉兩國，不僅國相匹，而且一向關係親密。在此情況下，如秦無大利可圖，又怎忍「棄舊恩」，而「召新怨」？世人對於燭之武的能退兩國之師稱頌不已，然而秦穆公的使三子戍鄭，其所用心，又有幾人能予覺察？我們讀《左傳》，僅看到秦穆公不聽從蹇叔的忠告，致遭殽之戰的慘敗，而認為罪有應得。可是如依穆公的安排，鄭國既有內應，而今暗中出師奇襲，來一個裏應外合，破鄭乃必然之事。無如天有不測風雲，當軍行滑國之時，竟然遇到鄭國的商人弦高，將消息走漏，而致使功虧一簣。我們如果就事論事，那就不得不說「謀事在人」，而「成事在天」了。

齊國莊子❶聘魯郊勞贈賄禮成而加之以敏　僖公三十三年

鄭公孫段❷相鄭伯禮無違　昭公三年　昭公如晉郊勞贈賄無失禮　昭公五年

孟僖子❸不能答郊勞　昭公七年　孟僖子病不能相禮乃講學之　昭公七年

趙簡子❹問子太叔❺揖讓周旋之禮　昭公二十五年

【題　解】此事載於《左傳》僖公三十三年（西元前六二七年）。大意是說：齊國的國莊子到魯國來聘問，從接受魯國的郊外迎接，一直到贈送禮物送行，除全部依禮而行合於儀節外，而表現的容儀，也非常和善審慎。所以魯大夫臧文仲對僖公說：「國子執政，齊國還是講求禮儀的，君王應該去朝拜齊國。臣聽說：服順有禮儀的國家，就是對本國的一種保衛。」與此事有關的記載，尚有：

一，魯昭公三年的夏天，鄭國的國君到晉國去，這時由公孫段擔任相禮的工作，表現得非常恭敬，一點都沒有違禮的地方。因此很得晉侯的嘉許，於是把一份策書交給他說：「你的父親子豐，對晉國有過功勞，我聽說以後，並沒有忘記，所以我要把州地的田賞給你，以酬謝你們過去的功勳。」公孫段向晉君拜了兩拜，並且磕了頭，就接過策書出去了。當時的君子對這件事評論說：「禮儀，是人所最急需的，以公孫段的驕傲，一旦在晉國言行合禮，尚且還能承受福祿，更何況始終能實行禮儀呢?《詩》說:『人的言行,如不合於禮儀,為什麼還不快些去死呢?』大概就是指此而說的吧!」

二,魯昭公五年,昭公到晉國去,從郊外的迎接慰勞,直到贈禮物送行,一點失禮的地方都沒有。於是晉侯對大夫女叔齊說:「魯侯不也是精善於禮的嗎?」女叔齊回答說:「魯侯哪能算是知禮!」晉侯說:「為什麼?從郊外的迎接慰勞,一直到贈送財物送行,全無違禮的地方,為什麼不知禮?」女叔齊回答說:「這只能說是儀式,不能說是禮。禮,是用來防守國家、推行政令、不失去百姓的。現在魯國的政令在於私家,不能取回來,有子家羈,不能任用,觸犯大國的盟約,欺凌虐待小國,趁著別人的危難而取得利益,卻不知道自身已在危難之中。將公室的軍隊一分為四,人民依靠三家大夫來養活,民心不在魯君,魯君也不考慮他本身的後果,做一個國君,災難將要及身,卻不以目前的處境為憂,禮的根本和枝節就在這裏。然而他卻瑣瑣屑屑地急著講求儀式,在這種情況下,說他精善於禮,不是距離太遠了些嗎?」當時的君子,認為叔侯在這方面是懂禮的。

三,魯昭公七年三月,昭公到楚國去,當經過鄭國的時候,鄭伯在師之梁(鄭城門名)慰勞他,這時孟僖子任儐言的助手,不能相禮。到楚國後,又不能對郊外迎接慰勞的儀式答禮。同年九月,昭公從楚國回來,孟僖子對自己不精通於禮感到難過。於是就不遺餘力的跟精通禮儀的人學習,臨死時,召集他手下的大夫說:「禮,就好像人的脊骨,不懂禮,就無法自立,我聽說,將有一位明達得志的人名叫孔丘,他是聖人的後代,假如我得以壽終,一定要把南宮敬叔與孟懿子兄弟二人託付孔夫子,跟他學禮,以穩定他二人的地位。」所以南宮敬叔和孟懿子就把孔子當老師來事奉。

四，魯昭公二十五年的夏天，叔詣與晉趙鞅、宋樂大心、衛北宮喜、鄭游吉（即子太叔）、曹人、邾人、滕人、小邾人相會於黃父（今山西省沁水縣西北），來商議平定王室的亂事。趙簡子（即趙鞅）命令諸侯的大夫輸送王粟，並準備戍守周敬王的輿卒和領導人，並且說：「明年將送王到王城。」這時鄭的正卿子太叔會見趙簡子，簡子向他請問揖讓、周旋應行的禮數。子太叔回答說：「您所問的是儀式，不是禮啊！」簡子說：「敢問什麼是禮呢？」子太叔回答說：「我游吉曾聽先大夫子產說過：『禮，是天的常道，地的正理，人民所當行的，天地間的常道與正理，人民實當以之為法則。』」

以上就《左傳》有關禮的記載，大致說來，可以分為二類：一為周旋、應對的儀節，一為治國安民的大則大法，本文作者即以此作為論點，分析其得失，借以表現一己的見解。

同言者，權之以事；同事者，權之以人。國莊子聘魯，郊勞贈賄，禮成加敏，而臧文仲❻稱之。魯昭公朝晉，郊勞贈賄，無失禮，而晉平公❼稱之。至於趙簡子之問禮，亦止於揖遜周旋之間焉。是三者，其言同也，其事同也。因其同而同之，則女叔齊❽之對平公，子太叔之對簡子，既皆以為儀而不以為禮，彼臧文仲其亦知儀而不知禮者歟？是殆未嘗權之以人也。臧文仲何如人也，其身死，其言凜然。在《春秋》中如砥柱之屹橫流，非女叔齊、子太叔輩所敢仰望也。臧文仲之所知，女叔齊、子太叔所不能知者多矣，未有女叔齊、子太叔之所知，臧文仲反不能知者也。今女叔齊、子太叔尚識其為儀，而臧文仲乃指以為禮，其必有說矣。道無精粗，無本末，未嘗有禮外之儀，亦未嘗有儀外之禮也。升降裼襲❾，與窮神知化者，本無二途；掃灑應對，與存心養性者，本無二說，未有析禮與儀為兩物者也。禮與儀既不可離，故古者言禮與儀亦未嘗有所擇。專言禮者，如曰大禮，如曰有禮，非謂禮中無儀也；專言儀者，如曰多儀，如曰威儀，非謂儀中無禮也。隨意而言，隨言而足，曷嘗聞指一物而為禮，又指一物而為儀者哉？

春秋之初，去古猶近，是理未亡，此臧文仲之論所以不數數然為之區別也。德又下衰，禮與儀始判而不合，見拜者止謂之拜，見揖者止謂之揖，見獻者止謂之獻，見酬者止謂之酬，遂以此為禮之極，而至理精義漫不復知矣。故女叔齊、子太叔不得已而指之曰，此儀也，非禮也，儀之外當知復有所謂禮也。二人者，夫豈不知言出而道離哉？亦有所不得已焉耳。使其居臧文仲之時，肯判禮儀以開破裂之漸耶？是非女叔齊、子太叔之說變於臧文仲之說，蓋女叔齊、子太叔之時薄於臧文仲之時也！

孔子不攻異端⑩，而孟子則攻之⑪，豈樂異於孔子哉？亦迫於時耳。世俗乃謂因孟子之言而異端之害始出，因女叔齊、子太叔之言而禮儀之辨始明。抑不知君子願如孔子之不攻，而不願如孟子之攻；願如臧文仲之不辨，不願如女叔齊、子太叔之辨。昏昏之毀，吾所甘受；察察之名，乃吾力辭而不可得者也，此豈易與世士言耶？魯昭公知郊勞贈賄之禮，而不知乾侯之危⑫；孟獻子⑬不知郊勞擯相之禮，而反知孔子之聖。當時之所謂禮者，不足以定賢愚如此，為君子者，安得不力辨於毫釐之際耶？苟尚如臧文仲之信國莊子，則吾恐伯石⑭之汰亦可以聲音笑貌取州田之賞矣。吾是以知女叔齊、子太叔之謂，有所不得已也。

【注　釋】❶國莊子　即國歸父，春秋齊上卿，莊為其諡號。《通志・氏族略・三》：「齊有國氏，姜姓，其先共伯，齊之公族也。……世為齊上卿。」❷公孫段　字子石，子豐子，鄭穆公孫。見《左傳》襄公七年及昭公三年。❸孟僖子　即仲孫貜，為魯大夫。曾相昭公如楚，病不能相禮，乃講學之。及將死，召諸大夫諭以重禮，並令其子何忌師事孔子。❹趙簡子　即趙鞅，春秋晉人。趙武之孫。定公時為卿。❺子太叔　即游吉，春秋鄭正卿。美秀而文，熟於典故。繼子產為政，不忍猛而寬，鄭國多盜，吉興兵盡殺而止。❻臧文仲　即臧孫辰，魯大夫。❼晉平公　晉悼公子，名彪。在位二十六年，時晉政歸趙武、韓起、魏舒三家。平公曾因欒盈之叛而滅欒氏宗。❽女叔齊　春秋晉大夫。一名女齊，又名司馬侯。其論禮儀事見本篇題解。❾升降裼襲　進退應對之儀。升降，或上或下，指進退之意。裼襲，袒上衣而露稱裼，掩上衣而不外見稱襲。《禮記・表記》：「裼襲之不相因也，欲民之毋相瀆也。」注：「不相因者，以其或以裼為敬，或以襲為敬。禮盛者，以襲為敬，執玉龜之屬也；禮不盛者，以裼為敬，受享是也。」❿孔子不攻異端　語本《論語・為政》，子曰：「攻乎異端，斯害也矣。」⓫孟子則攻之　語本《孟子・滕文公下》，孟子曰：「我欲正人心，息邪說，距詖行，放淫辭，以承三聖者。」⓬乾侯之危　魯昭公在位二十五年時，季氏、叔孫氏、孟氏三家共伐公，昭公奔齊，後公求入晉，晉六卿受季氏之賂，處昭公於乾侯（在今河北省成安縣）。昭公在外八年，卒於乾侯。⓭孟獻子　即仲孫蔑。春秋魯大夫。曾曰：「畜馬乘，不察於雞豚，伐冰之家，不畜牛羊，百乘之家，不畜聚斂之臣。」時稱賢大夫，襄公時卒。⓮伯石　春秋晉楊食我之字，叔向子。楊為叔向食邑，故其子稱楊食我。伯石黨於祁盈而助亂，為晉所殺而族滅。見《左傳》昭公二十八年。

【語譯】對於同樣的言論，應以事情的不同來衡量；對於同樣的事情，則應以人的不同來衡量。齊卿國莊子聘問魯國，從郊外迎接到饋贈禮物，行禮如儀，處事恰當，臧文仲因此而稱讚他。魯昭公聘問晉國，從郊外迎接到贈送禮物，沒有失禮的地方，晉平公因此而稱讚他。至於趙簡子向子太叔問禮，也止於揖讓應對的禮節。這三件事，言論是相同的，事情也是相同的。若歸納它們的相同之處，則女叔齊的回答晉平公，子太叔的回答趙簡子，既然都認為只是儀節，而不以為是禮，那麼臧文仲也只是知道儀節而不知禮的嗎？如此的看法就是沒有以人來衡量。臧文仲是何許人物，他雖然已死，而他的言論凜然存在於《春秋》中，有如砥柱的屹立於洪流，不是女叔齊與子太叔這些人所敢仰望的。臧文仲的所知，女叔齊與子太叔所不能明白的可多著呢，絕沒有女叔齊、子太叔的所知，而臧文仲卻不能明白的。如今女叔齊與子太叔尚且識得那只是儀節，而臧文仲卻指以為禮，其中必定有原因。真理不分精粗，無所謂本末，未嘗有禮以外的儀節，也未嘗有儀節以外的禮。進退應對，與窮盡貫通宇宙的神妙變化，本沒有不同的二道；掃灑應對，與保存本真修養善性，本沒有不同的二理，未曾有將禮與儀分而為二的。禮與儀既然不可分離，所以古時候討論到禮和儀也未嘗有所分別。專說禮的，例如大禮、有禮，並不表示禮中無儀；專提儀的，例如多儀、威儀，也不表示儀中無禮。隨意而言儀，隨言而足禮，又何嘗聽說有指其一而為禮，又另指其一而為儀的呢？

春秋初年，離古代尚近，這種道理還未喪亡，這正是臧文仲的論禮為什麼不忙著區分的理由。在道德日見衰敗的情況下，禮與儀才開始判然有所分別而不相合，見人長跪拱手而拜的只說拜得是否適當，見人拱手作揖的只講作揖是否合宜，見人進奉獻禮的只談進獻的是否應該，見人酬酢應對的也只論酬酢應對得是否得體，就以為這是禮的極致，而對於禮的至理精義就漫然而不再能知了。所以女叔齊與子太叔不得已而指稱為儀，不可稱為禮，這表示在儀之外應該還有所謂的禮存在。這兩個人難道不明白這種話一出口就會使禮儀分離嗎？他們也是有所不得已。假使他們是生活在臧文仲那個時代，還會分別禮與儀而開啟破裂的端緒嗎？這並不是女叔齊與子太叔有意改變臧文仲的說法，實在是女叔齊與子太叔的時代比臧文仲的時代風氣要來得輕薄啊！

孔子不攻擊異端，而孟子則極力攻討，難道是他樂於與孔子不同嗎？也是迫於時勢而如此。世俗卻因此而認為，由於孟子的言論才引發了異端的禍害，由於女叔齊、子太叔的言論而使禮與儀有了明顯的界線。卻不知道君子但願能像孔子的不攻，而不願像孟子的不得不攻；但願能像臧文仲的不須分辨，而不願像女叔齊與子太叔的不得不有所分別。愚昧昏亂的毀謗，是我所甘心承受的；清晰明辨的美名，卻是我極力辭謝而不可得的，這種道理難道容易向世人解釋得清楚嗎？魯昭公熟悉郊迎慰勞及餽贈禮物的儀節，而卻不知將有出國乃至卒於乾侯的危難；孟獻子不熟悉郊迎慰勞相禮的儀節，反而能明白孔子的賢聖。當時所謂的知禮，並不足以用來界定賢與愚的情形是這樣，身為君子的人，又怎能不盡力的在這方面辨別清楚呢？如果也像臧文仲如此的相信國莊子，那麼我恐怕像伯石這樣驕奢的人，都可以輕易的以虛偽的聲色笑貌取得州田的封賞了。我因此而知道女叔齊與子太叔的說法，是有所不得已的。

【研　析】本文以禮為中心議題，析言其演變的情由，借明時移世變，而不得不作權宜的分判。作者以禮寓義，明察寄深之言，確實值得吾人一品再品。

就內容說，文分三段，作者首先用權事權人之法，嘉許臧文仲的所知博淹，所以他能視禮儀為一，非禮外有儀，亦非儀外有禮。其次則言女叔齊與子太叔所以分禮儀為二，非不知禮儀的不可分，乃由於「德又下衰」，致「禮與儀始判而不合」。最後則指出時移世變，此正女叔齊、子太叔所以不得不如此的原因。

就行文說，作者不僅著眼於禮的重要，而尤其強調了禮的本末不可倒置。禮、儀本為一體，不可強行分離，當臧文仲之世，言儀式而禮的大本亦存在其中，言大本亦未嘗不講儀節。然而禮者，就個人說，它有自立、定位之功；就社稷說，它有防守其國，推行政令，無失其民之效；就理法說，它是「天之經、地之義、民之行」的依據，而儀節僅為其中之一罷了。然而後世不察，僅注意郊勞贈賄之禮的末節，而不講守國安民之實，僅於外國國君前表現恭敬之儀，而不顧自身修為的謙讓之禮，如是以談禮，何禮之有？孔子云：「禮云、禮云，玉帛云乎哉！」難道只是虛言嗎？作者自僖公三十三年時的聘問之禮，以至昭公二十五年的揖讓周旋之禮，就時代說，相隔有一百一十年之久，於其間演化的跡象，作一觀察比較，由渾然一體的「禮」，而分出枝節的「儀」，究其原因，乃由於「德又下衰」，而致「禮與儀始判而不合」，誠一針見血之言，而對於女叔齊、子太叔有所不得已之評，可謂知言。

狼瞫❶死秦師

文公二年

【題解】此事載於《左傳》文公二年（西元前六二五年）。大意是說：在這年的春天，秦國的大夫孟明視率兵攻打晉國，主要目的就是報復僖公三十三年夏四月殽地的那次戰役。兩國的軍隊在彭衙展開戰爭，不幸秦軍反而被打敗了。秦軍何以會被打敗？這話要從「殽之役」說起。

當「殽之役」的第二天，晉襄公綑綁了秦國的俘虜，命令萊駒（襄公的車右）用戈把他殺了。由於俘虜突然的大聲呼喊，致使萊駒因一時受驚嚇竟然將戈掉在地上，這時狼瞫即刻把戈揀起，殺了俘虜，並且緊抓著萊駒追上襄公的坐車，於是襄公就叫狼瞫為車右。

可能是狼瞫官運不佳，到了這年八月，晉與狄在箕地作戰時，先軫竟罷黜了狼瞫，任用續簡伯為車右。狼瞫非常生氣。他的朋友說：「何不去死呢？」狼瞫說：「我現在還沒有找到死的地方。」他的朋友說：「我願意和你一起發難，殺死先軫。」狼瞫回答說：「《周書》中有這樣的記載：『有勇而無義，因而殺了在上位的人，死了以後就不能進入明堂。』死得不合道義，這不是勇敢。為國家所用叫做勇，我因勇敢求得了車右，因沒有勇敢而被罷廢，這也是應該的。假如說在上面的人不了解我，而又罷廢得得當，那也就是了解我了。你姑且等待著吧！」到了彭衙這次戰役，雙方剛擺好陣勢，狼瞫就率領著他的部屬，飛馳的衝進秦軍，死在裏面。晉軍隨即也跟著進攻，把秦軍打得大敗。君子以為「狼瞫在這樣的情況下死去，可以稱得上君子了。《詩》說：『君子如果發怒，動亂差不多很快就會被阻止。』又說：『周文王勃然一怒，於是就整頓了他的師旅。』發怒不去作亂，而以從軍打仗犧牲，可以說是君子了。」

譽人之所毀者，未必皆近厚也；毀人之所譽者，未必皆近薄也。然君子常欲求善於眾毀之中，而不忍求惡於眾譽之外，是文毀為譽者，君子之本心，變譽為毀者，要非君子之得已也。

狼瞫之死，左氏之所譽也。自左氏既譽之後，更千百年，大不見排於君子，小不見嗤於眾人，共相保持其名而至於今日。我乃一旦抉其隱，發其慝，隳毀其千百年所保持之名，是豈君子之所忍耶？瞫為戎右，先軫❷不知其勇而黜之。瞫不死於先軫而死於秦師，抑其怒於私讎，發其怒於公戰，是固世所共譽也。苟以正義責之，則瞫在所毀不在所譽，何也？瞫怒先軫不知其勇，其死於秦者，所以彰先軫之不知人也，名則忠晉，而實愧先軫也。

嗚呼！是誠瞫過也，同於為過，有輕重焉，有小大焉。陽處父易賈季之班，先軫黜狼瞫之右，同是時也，同是事也，同是怨也，賈季則積其忿而殺陽處父，狼瞫則移其忿而死秦師。觀賈季之狠，則知狼瞫之賢矣，雖曰不免於過焉，其輕重大小，非可與賈季並論也。

自子文❸之無慍而視狼瞫，則可責；自賈季之報怨而視狼瞫，則可嘉。君子之待狼瞫，當恕而不當嚴也。必嚴以正義責之，奪其忠晉之譽，而歸以愧先軫之毀，何其責人無已耶！抑不知春秋諸臣，憾於黜免，肆其悖逆，因收秩而逐王者，吾於石速❹見之矣；因奪政而逐君者，吾於司寇亥❺見之矣。孰肯如瞫死敵以愧人耶？使當時之臣被黜免者，皆如瞫死敵以愧人，則為國者，惟患愧人者之不多耳。苟誠多焉，鄰敵外寇將無容足之地矣。論者盍獎其死敵之功，而憐其愧人之情，勿探其愧人之情，而掩其死敵之功也。吾故曰：君子之待狼瞫，當恕而不當嚴也！

然瞫烈士也，回犯上之氣而為徇國之勇，雖未中節，要非常人之所能望也。待常人當以常法，待非常人不當以常法。恕，常法也，所以待常人也。拊摩戲狎，所以待孩孺，加之成人則為侮；闊略優容所以待鄉鄰，加之益友則為疏。苟以待常人之恕，而待非常之人，則恕之適所以辱之也。以瞫之義烈，豈僕僕乞憐而求人之恕者耶？瞫雖往矣，吾想其心必願受人之責，而不願受人之怨也，請得而備責之。

人心當知所止，職當戰則戰，當守則守，職當先則先，當後則後，心止於事，事止於心，非可出其位也。惟各止其位，故冉有之用戈不為讎齊❻，顏回之後至不為懼匡❼，子思之守國不為厚衛❽，曾子之避寇不為畏越❾，皆止其所止而已矣。狼瞫前日為右，死敵可也，既不為右，固可以止。今乃無職而侵在職者之憂，輕進而死於敵，則是心不止於事，而思出其位矣。思不出位，出位則邪，思之所發既邪，雖所成之功壯偉勁厲，外為人之所歎譽，而一心之間，實忿懟怨恨之所集也。當瞫赴敵之時，忿懟怨恨，交衝競起，含毒而沒，雖得千百年之虛譽，豈能救其心之擾哉？我實清淵，人以我為汙渠，於我何損？我實邱垤，人以我為岱華❿，於我何加？君子當自觀吾之所以為吾者如何耳，人之毀譽何有焉？九原⓫可作，吾意狼瞫聞吾之言，未必不過於左氏之譽也。

【注釋】❶狼瞫　春秋晉大夫。其死於秦師事見本篇題解。❷先軫　春秋晉大夫。一稱原軫。城濮之役，將中軍，敗楚師。秦晉殽之役，襄公從軫之謀而大敗秦師。後軫死於狄師。事見卷十六〈先軫死狄師〉題解。❸子文　春秋楚鬭穀於菟字，伯比子。事成王為令尹。自毀其家，以紓國難。未明而立朝，日晡而歸食。朝不謀夕，家無盈積。三仕不善，三已不慍，孔子稱之曰忠。❹石速　春秋周惠王膳夫，因惠王收回其俸祿而與蔿國等五大夫發動叛亂，依靠蘇氏，奉事子頹，攻打惠王，未成，逃亡到溫地。蘇氏則奉事子頹奔衛，衛、燕之師乃攻周逐惠王，立王子頹為周天子。❺司寇亥　衛卿，衛侯輒時為司寇。後因官職被奪，憤而夥同匠人以逐衛侯。見《左傳》哀公二十年。按：《禮記・檀弓上》孔疏引《世本》：「衛靈公生昭子郢，郢生文子木及惠叔蘭，蘭生司寇亥，為司寇氏。」❻冉有之用戈不為讎齊　語本《孔子家語・正論解》：「齊師伐魯，季康子使冉求率左師禦之，……師入齊軍，齊師遁，冉有用戈，故能入焉。孔子聞之曰：『義也。』」按：冉有為季氏宰，奉命禦敵，自當勇進，非以齊為仇也。❼顏回之後至不為懼匡　語本《論語・先進》：「子畏於匡，顏淵後。子曰：『吾以女為死矣！』曰：『子在，回何敢死？』」此以顏回（顏淵）不輕易赴鬥而死，並非因畏懼匡人而後至。❽子思之守國不為厚衛　語本《孟子・離婁下》：「子思居於衛，有齊寇。或曰：『寇至，盍去諸？』子思曰：『如伋去，君誰與守？』」伋為子思名。❾曾子之避寇不為畏越　語本《孟子・離婁下》：「曾子居武城，有越寇。或曰：『寇至，盍去諸？』……寇退，曾子反。左右曰：『待先生如此其忠且敬也，寇至，則先去以為民望；寇退，則反。殆於不可！』」孟子則評曾子與前述之子思守國認為：曾子和子思守著同樣的道，不過曾子是師長，處在父兄的地位，可以走開；子思是臣子，處在卑微的地位，不可走開。曾子和子思假使把所處的地位交換一下，都會依照自己的地位行事。❿岱華　泰山與華山，此以泰山華山的高大比較邱垤的低小。岱山即泰山，為五嶽中的東嶽，在山東省西部，主峰在泰安縣東北的玉皇頂，海拔約一五二四公尺，是關東最高的山，自古被認為天下第一高峰，距天最近，帝王登泰山祭天，因此泰山有高大崇偉的意思。華山也稱太華山，為五嶽中的西嶽，在陝西省華陰縣南，秦嶺東北，高約二二〇〇公尺。⓫九原　山名。在今山西省絳縣北境，為春秋晉卿大夫的墓地所在，也作九京。後世以九原為墓地的代稱。

【語　譯】能稱譽為人所毀謗的，未必都是近於敦厚的人；而詆毀為人所稱譽的，也未必就是近於刻薄的人。然而君子常願能從眾人的詆毀中找出善的一面，卻不忍心從眾人的讚譽之外探求缺失的一面，所以掩飾過失而多加稱譽，是君子的本心，若將稱譽變為毀謗，對君子來說實在是不得已的。

狼瞫的戰死，是左丘明所稱譽的。自從左丘明給予讚譽之後，經過了千百年，既不被君子所排拒，也不為眾人所嘲笑，共同保持著他的名譽而到現在。我若一旦揭發他的隱情，敗壞了他千百年來所保持的美名，這哪裏是君子所忍心作的呢？狼瞫原為車右，先軫不知道他英勇而竟然黜免了他。狼瞫不死在先軫的面前，而戰死在秦軍之中，克制了私仇的忿恨，而將怒氣發洩於為公的戰事上，這固然是世人所共同稱譽的。如果以正義來責求他，那麼狼瞫應該被批評，而不是被稱讚，這話怎麼說呢？狼瞫怨恨先軫不知道他有勇氣，他戰死在秦軍的行為，就等於彰顯了先軫的不能知人，名義上是盡忠於晉國，事實上是使先軫感到愧咎。

唉！這誠然是狼瞫的過失，但同樣是過錯，卻有輕重大小不同的差異。像陽處父調換了賈季的班位，先軫罷黜了狼瞫車右的職位，同樣的時機，同樣的事件，產生了同樣的怨恨，可是賈季則蓄積他的忿怒而殺了陽處父，而狼瞫則轉移他的忿怒而戰死在秦軍中。看了賈季的兇殘，就可以知道狼瞫的賢明了，雖然說仍不免於有過失，但這過失的輕重大小，是不可以拿來與賈季相提並論的。

若從子文的三次罷官無慍色來比較狼瞫，是應該責備；若從賈季的報復怨恨來比較狼瞫，則值得嘉獎。君子看待狼瞫，應該寬諒而不該嚴苛。若一定拿嚴格的正義來責求他，奪除他忠於晉國的美譽，而歸咎他愧對先軫的罪名，如此責求人未免太過分了！卻不知道在春秋時代為人臣的，由於怨恨被黜免，恣意違抗，因為俸祿被取消而驅逐君王的，我從石速身上找到例證；因為政權被奪除而驅除君王的，我從司寇亥身上得到例證。有誰願意像狼瞫那樣戰死在敵陣中使人慚愧呢？若使當時為人臣而被黜免的，都像狼瞫戰死於敵陣以羞愧上級，那麼治國的君王，只擔心像如此羞愧人的人不多。如果這種人很多，則鄰敵外寇就沒有可容足的地方了。評論的人何不獎勵他衝鋒死敵的戰功，而哀憐他藉此以羞愧敵人的用心，不要再追究他羞愧上級的用心，而掩蔽了他戰死敵陣的功勞。我因此認為：君子看待狼瞫，應該寬諒而不該嚴苛啊！

然而狼瞫是一位烈士，他能回轉冒犯上級的怒氣，使變為殉國的忠勇，雖然不合節度，卻也不是常人所能及得上的。看待常人應當用平常的法度，看待非常人則不當以平常的法度去衡量。恕道，是常法，是用來對待平常人的。撫慰親暱而不拘於禮，是對待孩子們的方式，若用來對待成年人，就是輕侮的行為。疏略而寬容，是與鄉親鄰居相處之道，若用來對待益友，就未免太輕忽了。如果以對待常人的恕道，對待一個非常人，那麼對他的寬諒反而是侮辱了他。以狼瞫的義氣忠烈，難道是勞頓奔走，乞求人憐憫寬恕的人嗎？狼瞫雖然死了，我推想他的本心必然是寧可被人責備，而不願意受人寬恕，現在就讓我好好的來責備他。

人心的思慮應當知道有所克制，職務上應該奮戰就要勇往直前，應該防守就要嚴陣以待，職責當先就先，當後就後，意念要止於職事，職事要止於心中，不可超越職位以外。就是因為人們應各自堅守崗位，所以冉有用戈矛禦敵，並不算是與齊國有仇；顏淵跟隨孔子遭遇匡人之圍而失散落後，並不算是畏懼匡人；子思守死捍衛衛國，並不算是厚待衛國；曾子在武城逃走避寇，也並不算是懼怕越人，都是照自己的本分行事而已。狼瞫前日擔任車右的職位，死於敵陣是可以的，既然不再擔任車右，就可以不再衝鋒陷陣。如今不在職位上而侵犯在職者的權責，冒險輕進而死於敵陣，就是意念不能止於職事，而思慮超出職位了。思慮不可超越職責的範圍，若超出本分就會產生邪念，思念既然邪惡不正，即使所成就的功勳壯偉勁厲，在表面上為人們所歎服稱譽，而在心中，其實卻聚集了無限的憤怒怨恨。當狼瞫勇赴敵陣的時候，憤怒怨恨交相競起，心懷怨恨而死，雖然僥倖獲得千百年的虛譽，又怎能解救他心中的困擾呢？實際上我是清澈的水源，別人卻誤以為是汙穢的溝渠，這對我有什麼損害？實際上我只是個小山丘，別人卻誤以為我是名山峻嶺，這對我有什麼助益？君子應該反省的是，我之所以為我，究竟是怎樣的一個人，別人的毀謗或稱譽又有什麼干係呢？若已死的人可以復活，我相信狼瞫樂意聽到我這一席話，未必不會超過左丘明的讚譽。

【研　析】本文主旨，在論述狼瞫死秦師的過失。本君子之心以恕其過，本《春秋》之義以責其失。雖為翻案文章，然於析理說事之間，卻處處表現了作者的獨到見解。責難與寬恕並舉，期盼與輕重同說，於事理的思維上，帶給後人的啟發甚多。

就內容說，文分六段。作者首先說明君子的本心是「文毀為譽」，如「變譽為毀」，實非得已。其次則指出狼瞫忍怒而愧先軫的非是。第三段則就著狼瞫、賈季二人過失的大小，作一比較，認為二者不可相提並論。第四段列舉春秋諸臣的行為舉措，借以表明君子對狼瞫的當怨而不當嚴責的道理。第五段則言所以責狼瞫，是以非常人來看待他，大有本《春秋》責備賢者之意。最後則指出為人行事，當止其所當止，不當含忍忿怒，違心越分以邀虛名，當以清者自清、濁者自濁的心情自處。

就行文說，全文結構謹嚴，放收之筆，最為突出。過失有大小，固不可並論，然而如「自子文之無慍視狼瞫」，與「自賈季之報怨視狼瞫」，則其可責、可恕之意自現，一收一放，何等筆法。至於對狼瞫「赴敵之時，忿懟怨恨，交衡競起，含毒而沒」的心理揣度，更是刻畫入微，透人心扉。

作者本《春秋》之義以責賢者之心，就大處說，雖沒有什麼不對，不過就戰爭言，我們則認為尚有可商榷的地方。大家都知道，戰爭是以求勝為目的，所以在戰術戰略的運用上，一定要善於行使出敵不意、攻其不備之策，方可殺敵致果。彭衙之役，秦軍是為報「殽之役」的恥辱而來，不僅有所備，而且更有戰勝的把握與決心。在此情況下，如不能制敵機先，又如何能求得勝利？而狼瞫的當機立斷，率領部屬，以飛馳的速度，以無比的勇氣，衝入敵陣，用最少的犧牲，換取最大的勝利，這正是兵家所追求的，何為不當？如必待命而行，坐失可用之機，致遭慘痛之敗，狼瞫固可不負其咎，然而先軫之罪，豈不更大？

我們再就《左傳》所載當狼瞫被黜之時，怒是怒，但並未失去理智，這種抑私怨而覓死所的做法，是值得大書特書的。因此，對於左氏之譽，我們視為當然。

本《春秋》以責人，固然沒有什麼不妥，可是話又要說回來，「人非聖賢，孰能無過」？即使聖人亦所不免，更何況是一介武夫？因此我們對於本文作者的用心，深表嘉許，而對於左氏的稱譽狼瞫，也深表敬意。

楚人滅江❶秦伯降服

文公四年

【題解】此事載於《左傳》文公四年（西元前六二三年）。大意是說：楚國把江國滅了，秦伯為了這件事穿上素服，避開正寢不居而出居別室，吃飯不設盛饌，亦不舉樂，超過了應有的禮數。大夫勸諫。秦伯說：「同盟的國家被滅亡了，雖然不能援救，哪裏還可以不哀憐呢？同時我也可以借此自我警惕啊！」這件事情發生以後，當時有資格評論的君子說：「《詩》說：『由於過去夏、殷二國末君的暴虐，失去了人心，因此就被滅亡了。四方的諸侯以此為鑑，於是就不斷的推尋探討自謀之道。』這話說的大概就是秦穆公吧！」

呂氏就此記載以探討秦穆公的用心，就當時情勢來反襯穆公的突出表現，不僅為諸侯哀，亦為穆公惜。

天下之可懼者，惟出乎利害之外乃能知之。風濤浩蕩，舟中之人不知懼也，而舟外之人為之懼；酣醉怒罵，席上之人不知懼也，而席外之人為之懼。狂之既瘳，追思方狂之時，不知何以自容；痛之既定，追思方痛之時，不知何以自處。身遊乎吉凶禍福之途，心戰乎搶攘爭奪之境，眩瞀顛錯，昏惑舛逆，未有知懼之為懼者也。

春秋之世，王澤既竭，反道敗德，亂倫悖理，不可概舉。尊莫尊於王，而有如子頹之出王❷，有如子帶之出王❸，此天下之大變也，此事之大可懼者也。親莫親於父，而有如商臣之弒父❹，有如蔡般之弒父❺，此天下之大變也，此事之大可懼者也。

自是而降，則如滅國之禍，尤所謂慘烈而可懼者。國於天地，有與立焉，封殖於唐、虞，長育於夏、商，溉灌潤澤於文、武、成、康之際，廟陳四代之鼎彝，府藏百世之典籍，朝有世臣，野有世農，肆有世工，市有世賈，雖蕞爾小國，不知幾人之力，幾日之功，扶持保衛，而至於斯也。一日忽為強暴之所陵滅，係其君，俘其臣，墟其宮，遷其社，刊其木，堙其井，聖賢千餘年之所培養者，芟滅無餘，此豈小故也哉！凶威虐焰，可駭可愕，可憫可傷，而當時之君視之，恬不以為懼，赴告之車未反，而金石之樂已淫；簡冊之墨未乾，而淫虐之令已下。此無他，惟處於危亂之中，而不知懼之可懼也。

秦穆公於江之滅，獨怵然戒，惕然悟，避朝貶食，不勝其憂，非出於危亂之外，豈能深見可懼之真者乎？天下諸侯皆處於危亂之內，而穆公獨出於危亂之外，何也？蓋自殽函一悔之後❻，虛氣俱盡，正心徐還。回視前日之所誇者，今皆可慚；回視前日之所安者，今皆可怪。股慄於眾人熟寢之時，目眩於眾人交賀之際。此避朝貶食之事，秦之群臣以為過，而穆公猶以為不足也。

穆公信能推此懼心而充之，視天下之諸侯，國一滅則心一警，心一警則政一新，是傷彼所以藥此，損彼所以增此也，固可以離危亡之門，而卜治安之基矣，豈止西戎之霸耶？

【注釋】❶江　春秋古國名。嬴姓。地在今河南省息縣西南。西元前六二三年為楚所滅。❷子穨之出王　子穨為周莊王子。惠王時，蒍國、邊伯、石速、詹父、子禽五大夫與蘇氏奉事子穨，攻打惠王，未成，後藉衛、燕之師逐惠王，立王子穨為周天子。後二年鄭伯與虢公奉事惠王，進攻王城，殺了王子穨與五大夫。事見《左傳》莊公十九、二十一年。❸子帶之出王　子帶為周惠王子，襄王兄弟，又稱大叔，封於甘為甘昭公。子帶有寵於惠后，本欲立其為嗣君，未及立而死。後子帶通於隗氏，襄王廢隗氏，穨叔、桃子奉事子帶領狄師攻成周，周師大敗，襄王離成周居於鄭國氾地。次年晉侯殺子帶，襄王回朝。事見《左傳》僖公二十四、二十五年。❹商臣之弒父　商臣為楚成王子。商臣弒父一事見卷十六〈楚太子商臣弒成王〉篇題解。❺蔡般之弒父　蔡景侯為太子般娶楚女為妻，又與之私通，太子般因而殺死景侯。事見《左傳》襄公三十年。❻殽函一悔之後　秦穆公未聽蹇叔之諫，以孟明、西乞、白乙為將，欲以杞子為內應攻襲鄭國，事為鄭商人弦高所識破而未成，遂滅滑國而回，在殽山被晉與姜戎之師所敗，三將被俘。晉因文嬴之請釋回三將，秦穆公素服次郊，嚮師而哭，以為己過。事見《左傳》僖公三十三年。

【語譯】天下可懼怕的事，只有超脫利害關係以外的人，才知道可怕。在風力強勁波濤洶湧的水面上，坐在船裏的人不知道害怕，而船外的人卻為他們感到恐懼；酩酊大醉的人破口怒罵，席上的人不覺得可怕，而席外的人卻為他們感到恐懼。狂病痊癒之後，回想起發狂時的種種窘態，不知當時如何自容；悲痛停息之後，回想傷痛時的種種不堪，不知當時如何自處。縱身行走於吉凶未卜、禍福難測的路途上，心思交戰於搶劫爭奪的境地中，目眩眼花，錯誤顛倒，昏亂迷惑，悖逆倫常，卻沒有能了解這其中的險惡而感到害怕的。

在春秋時代，王室的德澤既已衰竭，各種違反正道、敗壞德行、違亂人倫、悖逆常理的行為，實在無法一一列舉。大家都知道，最尊貴的莫過於君王，而竟然有如子頹的驅逐惠王，以及子帶的驅逐襄王亂事的發生，這是天下的大變動，也是最令人恐懼的事。最親敬的莫過於父親，而竟然有如太子商臣的謀弒楚成王，以及太子般的謀害蔡景侯的慘劇，這是天下的大變局，也是最教人恐懼的事。

從此以後，像滅國這樣的災禍，更是慘烈而可怕。一個國家能存在於天地間，必定有輔佐它茁壯的人，封土建國，始於唐堯、虞舜，成長發育於夏、商兩代，又經過文、武、成、康各王的灌溉潤澤，宗廟中陳列著四代的鐘鼎彝器，府庫中收藏了百世的典籍，朝廷中有世代的重臣，田野間有世代的農夫，商場中有世代的百工，市場上有世代的商賈，雖然是一個小小的國家，不知要靠多少人的力量，費多少時日的工夫，去扶持保衛它，才能有個像樣的規模。若一旦忽然被強暴的勢力欺陵而滅亡，拘囚它的君主，俘虜它的臣子，摧毀它的宮殿，遷移它的祭祀，砍伐它的樹木，填塞它的水井，使先聖先賢們千百年來用心血所經營的結果，消滅無餘，這哪裏只是小小的變故呢！兇狠威烈的暴虐氣燄，令人害怕驚愕，更教人憐憫傷痛，然而當時各國的君王看這件事，絲毫不以為恐懼，前往告急的車馬尚未回返，而金石管弦的樂聲隨處可聞；史官記載於簡冊的筆墨還沒有乾，而淫虐的詔令就已經下達。這沒有其他的理由，只有身處危亂中，才會不知道該畏懼的可畏懼。

秦穆公在江國被滅之後，唯獨他驚恐戒懼，惕然有所警悟，遠避寢宮，減少飲食的菜餚，表現出非常憂愁的情緒，若不是能超脫於危亂之外，又怎能深切的體會到亡國可怕的真情呢？天下的諸侯都處於危亂之中，而秦穆公獨能跳脫於危亂之外，究竟是什麼原因呢？原來他從殽函戰役大敗而有所悔悟以來，虛浮的氣勢一掃而盡，純正的心緒逐漸恢復。回頭看看前日所引以為傲的，如今卻感到羞愧；再回頭看看前日所安然自處的，如今卻感到怪異可怕。在眾人安然熟睡時顫慄恐懼，在眾人交相稱賀時目眩眼花。對於秦穆公的遠避寢宮，減少宴樂，秦國的臣子們都以為超過禮數，然而穆公還認為做得不夠呢！

秦穆公若能推展這種戒懼的心而發揚光大，並且用來觀察天下的諸侯，每當一個國家滅亡就產生一次警惕，心中一有警惕就革新一次政治，這等於藉他方的傷害，治療自己的病痛，藉他方的虧損，增厚自己的基礎，如能這樣做，那就可以遠離危亡的禍源，而奠定長治久安的基礎了，難道只是稱霸西戎嗎？

【研　析】本文主旨，在探討江國被楚人滅亡後，秦穆公所以素服、出居別室、貶食、不舉樂的用心。面對春秋時代凶威、虐焰、出王、弒父的大變局，而諸侯卻視之安然不知畏懼的時候，獨秦穆公能見江國的被滅，知所警惕，深以為憂。有這種不同凡俗的表現，也就可以推知為什麼他能稱霸西戎了。

就內容說，文分五段。作者首先提醒世人，必須置身事外，方可明察真象，確知何者為可懼。其次則指出春秋時代大變局的起因與可怕，給後人帶來無限的省思。第三段言滅國的災禍雖然慘烈，可是居處其中的當時國君，卻能「視之恬不以為懼」。第四段則進一步說明秦穆公降服、貶食不勝其憂的原委。最後則言秦穆公如能擴充此畏懼之心以治其國，不僅可以遠離危亡，而且還不只稱霸西戎。

就行文說，不僅走筆酣暢，而跌宕起伏之勢，尤其可觀。時而就史實以說「大變」之情，借明「大可懼」之勢。時而就滅國以論暴寡凌弱之主，借顯繫君、俘臣、墟宮、遷社之慘。時而就「凶威虐焰」之猛，以示「可駭、可愣、可愕、可傷」之意。然而當時的國君，卻以安之若素的心情，泰然處之。這一方面是作者為顯示秦穆公的有為作伏筆，同時更可以借此伏筆，來反襯當時的諸侯，已經到了麻木不仁的地步。所以作者才進一步的說：「赴告之車未反，而金石之樂已淫；簡冊之墨未乾，而淫虐之令已下。」這種行為舉措，不是麻木不仁又是什麼？緊接著作者又以突起之筆，寫秦穆公的「怵然戒，惕然悟，避朝貶食，不勝其憂」的情景，又何止於神態活現呢？最後歸結的話，有大為秦穆公惋惜之意。就史言事，我們認為這些見解，都甚為正確。

隨會能賤而有恥

文公十三年

【題　解】此事載於《左傳》文公十三年（西元前六一四年）。大意是說：晉大夫隨會，於文公七年（晉靈公元年）奔秦，現在晉人反而憂慮秦國任用隨會了。於是六卿在離都城不遠的諸浮聚會，商討如何讓隨會回國。中行桓子說：「我看請賈季回來比較好，因他熟悉鄰國的事情，而且過去又有功勞。」可是郤成子卻以不同意的口吻說：「賈季喜歡作亂，而且罪大，不如請隨會回來。因為隨會能夠做到卑賤而知道恥辱，柔弱而不受侵犯，他的智謀，足可以擔當大任，而且又沒有罪過。」最後決議派魏壽餘偽裝以魏邑叛晉的方法，誘隨會回國。（參見卷二十〈晉使魏壽餘偽以魏叛以誘士會〉及卷十八〈士會不見先蔑〉）

呂氏以隨會的「能賤而有恥」，為修養功夫的全德，以此為中心，立論建言，反覆析述，深入淺出，不僅可以發人，同時更可以警世。

凡人之疾，能仰而不能俯，謂之籧篨❶；能俯而不能仰，謂之戚施❷。二者均疾也，彼之不能仰猶此之不能俯，其疾豈有深淺之辨哉？形而有疾，心亦有疾，可貴而不可賤者，籧篨之類也，厥疾之證，有餘於節廉而不足於勞苦；可賤而不可貴者，戚施之類也，厥疾之證，有餘於勞苦而不足於節廉。證雖不同，同於為疾而已矣。世俗乃喜其一而惡其一，能貴而不能賤者則謂之高，能賤而不能貴者則謂之卑。是說既行，狷介之士，競以高亢自喜，聞金穀米鹽之語，則傲睨而不聽；視鞭扑箠楚之事，則嘔噦而不觀。清遠閒曠，夢寐於大庭尊盧❸之上，周旋於浮丘洪崖❹之間。方無事時，非不可喜也，一旦納之於浩攘叢劇之場，投之於迫急顛頓之地，則艴然駭，怵然懼，雖輿臺皁隸❺，平昔屏息避道仰望之於泥塗之下者，皆得而靳侮之。前日之高，乃所以為今日之卑，豈非世俗之說誤之乎？身有俯仰而疾無淺深，疾有貴賤而名無高卑。以籧篨之所有易戚施之所無，是謂無疾之人；以貴者之所有易賤者之所無，是謂無偏之士。烏可喜其一而惡其一哉？

晉人之稱隨會者前後相望，獨郤成子「能賤而有恥」一語，非特可以見隨會之全德，亦可以起後世一偏之疾，此吾所以三復其言而不厭也。負於途，販於肆，耕於野，泯泯棼棼，所謂賤者，天下豈少哉？然彼皆當賤者也，非能賤者也。以隨會之雅量曠識，乃不屑不厭，下親勞苦之事；宜廊廟而安閭閻，是以謂之能賤；宜圭組而安布韋，是以謂之能賤；宜鐘鼎而安簞瓢，是以謂之能賤。既甘賤者之勞苦，而復去賤者之卑汙，全人之所不能全，斯其所以為全德歟！

想隨會身親賤事之時，趨則皆趨，役則皆役，焦焦然一庸保也。至於臨之以利，迫之以害，則勁厲之節，凜然於冒沒❻爭奪之中，清微之風，肅然於埃土氛翳之表，昂屹湧溢，挺拔而出，蓋有不可得而掩者。隨會無賤者之所短，賤者無隨會之所長，其獨稱全人於晉國，有以也哉！

抑嘗深味郤成子之語，能賤者固難於有恥，然所以無恥者，實由乎不能賤也。公卿大臣，出入禁門，訏謨帝所，一有失節，則天下之責四面而至。彼豈不知為可恥者？其所以忍愧負辱，徘徊而不敢發者，正以能貴而不能賤也！彼其心以謂一日忤旨，譴責隨至，冕服褫矣，徒馭散矣，賓客落矣。一聞其語，猶心悸而神泣，況身履之耶？此所以寧受恥而不顧也。向使其貴而能賤，則安能鬱鬱坐受天下之譙責耶？故郤成子之語，又當以馬文淵❼之論終之。

【注　釋】❶籧篨　醜疾名。患者面仰不能下俯，如粗圍竹席為穀倉，臃腫而不能俯。❷戚施　佝僂駝背。也指佝僂駝背的人。❸大庭尊盧　大庭，古國名，或說即古帝神農氏的別號。尊盧一作尊盧，為傳說中的古帝名。大庭尊盧在此指虛幻渺遠，不切實際的境界。❹浮丘洪崖　浮丘公為傳說中上古的仙人。洪崖亦為傳說中的仙人，黃帝之臣伶倫仙號洪崖。浮丘洪崖在此指不問世事，與世無爭之人。❺輿臺阜隸　奴僕，賤役。指地位卑微的人。❻冒沒　輕率而不考慮其他。❼馬文淵　馬援字文淵，東漢扶風茂陵（今陝西省興平縣）人。少有大志，諸兄皆以為奇。嘗謂：「大丈夫為志，窮當益堅，老當益壯。」又云：「凡人為貴，當使可賤。」見《後漢書・馬援傳》。

【語　譯】凡人的疾病，能上仰而不能下俯的，稱為籧篨；能下俯而不能上仰的，稱為戚施。這兩種都是疾病，戚施的不能上仰有如籧篨的不能下俯，這兩種疾病難道有深淺的分別嗎？人的肢體上有病，心中也不免有疾，能居尊貴而不能安處低賤的，就像是患籧篨病一類的人，這種毛病的癥狀是，高潔清廉有餘而卻不能辛勞勤苦；能安處低賤而不能居尊貴的，就像是患戚施病一類的人，這種毛病的癥狀是，辛勞勤苦有餘而卻不能高潔清廉。癥狀雖然不同，卻同樣都是患有疾病。世俗之人只喜歡其中的一種而厭惡另一種，對於能居尊貴而不能處低賤的，就稱他為清高，能處低賤而不能居尊貴的，就說他是卑賤。這種論調既然風行於世，那些守正不阿狷介的人，競相以清高沾沾自喜，聽到人家談論到金穀米鹽，就傲慢輕視而不屑一聽；看到人鞭笞行刑，就作嘔欲吐而不屑一顧。自視清高曠達閒適遠離人世，日日夢遊於虛幻飄渺之境，與仙風道骨的人相交遊。在平安無事的時候，這樣的處世態度並非不可喜，然而一旦將他置於浩劫攘奪、叢雜劇變的場合中，或將他投於迫切危急、顛躓困頓的環境裏，就會變色驚駭，惶恐懼怕，而高亢之氣全失，到這時候，即使是以往那些奴僕賤役，平日對他屏息避道，只能卑恭屈膝而仰望的人，都可以任意譏笑侮辱他。這不禁使人想到，前日的那種只能高的見解，就是所以成為今日卑的因素，這難道不是被世俗的說法所誤導的嗎？就人的軀體說，有的患了只能俯或只能仰的病，可是就疾病說則無輕重的分別；就患疾病的人說，有貴有賤，可是病名並沒有高卑的不同。拿籧篨所專有的來替換戚施所欠缺的，就可以稱作是沒有疾病的人；將尊貴的人所專有的來替換卑賤的人所欠缺的，就可以稱作是中正不偏的人。怎麼可以只偏愛其中的一種而厭惡另一種呢？

晉國稱讚隨會的，前前後後不知有多少人，唯獨郤成子所說「能處於卑賤的地位而有羞恥心」這一句話，不只可以看出隨會完好無缺的美德，也可以矯正後世人偏愛一方的缺失。這就是我所以再三的重複這句話而不感覺厭煩的理由。負載於道路上，販賣於商場間，耕種於田野中的人，紛亂眾多，像這種所謂卑賤的人，天下哪裏會少有呢？然而這些人是本來就應該卑賤，而不是能處於卑賤的。以隨會非凡的氣度及廣博的識見，乃能不介意不厭倦，親自從事勞苦的差役，應該居於高位而安處於鄉里中，所以說他能處卑賤；應該執圭璧著官服卻安於穿戴粗布衣裳，所以說他能處卑賤；應該享有鐘鼎美食卻安於粗茶淡飯，所以說他能處卑賤。既能安於卑賤者的勞苦差役，而又能免除卑賤者卑下汙穢的行為，保全別人所不能保全的節操，這就是他所以能有完美品德的道理！

我推測在隨會從事於勞苦的差役時，該奔波的就奔波，該勞役時就勞役，急急忙忙，有如打雜的工人一般。至於面臨利害緊要的關頭時，則他堅貞不移的氣節，凜然矗立於倉卒爭奪之中，有如清涼的微風拂過塵土雲表，昂然屹立如泉湧溢，挺拔特出，而無法加以掩蔽。隨會沒有卑賤者的缺點，而卑賤者沒有隨會的長處，他能獨稱全人於晉國，是有原因的！

我也曾深深的體味過郤成子的話，知道能處於卑賤的人固然很難有羞恥心，然而所以會無恥的原因，實在是因為不能安處於卑賤。公卿大臣，出入於宮廷的禁門，輔佐君主決定策略於朝廷之上，一有失節的行為，那麼天下的責備就會從四面交相而來。那些人難道不知這樣做是可恥的嗎？他們所以隱忍著愧辱，猶豫而不敢有所行動，正是因為他們只能居於尊貴，而不能處於卑賤啊！他們心中認為，一旦違逆了君主的旨意，譴責馬上就會來到，官服將被褫奪，供差遣使用的人將會星散，門下的賓客也將零落他去。一聽到卑賤這種字眼，尚且心中驚恐而駭然欲泣，何況是親身處於卑賤呢？這就是他們為什麼寧可忍受恥辱而毫不顧惜的原因。如果他們向來能高居官位而又能安處於卑賤，那麼如何能悶不吭聲的接受天下人的責備呢？所以郤成子的話，又應當以馬文淵的言論來作結束。

【研析】本文主旨，在稱述隨會為一才德兼具、宜貴安賤、賤而有恥的全人。作者就郤成子「能賤而有恥」一語，先作透闢而深刻的體悟，然後再運用無比的想像力，傾吐一己的感懷，故能生動有力，寓義深長，鮮活可味。

就內容說，文分四段，作者首先以疾無深淺，名無高卑為喻，借明世人行事，不當有所偏，不可喜一惡一的道理。其次則稱許隨會宜貴而安賤的修為全德。第三段則以隨會具體的作為，說明晉國獨以全人相稱的原因。最後則指出一般公卿大臣所以寧願忍受恥辱而不顧，悉為能貴而不能賤所致。

就行文說，作者慣用相關的理則為引言，以與所要論述的主題相配合，借收漸入佳境的效果。本文亦不例外。不過就全文說，引言部分所佔篇幅幾乎為全文的一半，似嫌太長，有喧賓奪主的不調和。而二、三兩段，為主旨所在，在運筆、下語、遣詞上，最能看出作者的才華。例如他分析「賤者」與「能賤者」的不同說：「負於途，販於肆，耕於野，……皆當賤者也，非能賤者也。」

什麼才是能賤呢？像「隨會之雅量曠識，乃不屑不厭，下親勞苦之事，宜廊廟而安閭閻，是以謂之能賤」，就是因為隨會能貴能賤，兼具貴、賤者之所無，而方得到全德之人的雅譽。

我們認為，本文最具意味的言論，應該在結語中。如作者說：「能賤者固難於有恥，然所以無恥者，實由乎不能賤也。」賤者的無恥，當然是真正的賤者。而貴者的無恥，這就全由不能賤所致了。所謂能賤，他應該是「臨之以利，迫之以害，則勁厲之節，凜然於冒沒爭奪之中，……昂屹湧溢，挺拔而出」的表現。這不就是孔子所說：「君子固窮，小人窮斯濫矣。」（〈衛靈公〉）以及孟子所言「貧賤不能移，威武不能屈」（〈滕文公下〉）的境界嗎？對於「能賤」的人，孔子稱為「君子」，孟子稱為「大丈夫」，本篇作者則以「全德」相許，就近世以觀，那就更具意味了。

卷二十二

甯嬴❶從陽處父

文公五年

【題解】此事載於《左傳》文公五年（西元前六二二年）。大意是說：晉國的大夫陽處父到衛國去聘問，回來的時候經過甯地，逆旅大夫甯嬴願意追隨他。可是只走到溫地就回來了。他的妻子問回來的原因，甯嬴回答說：「他太剛強了。《商書》說：『本性深沉的人，要用剛強來克服，亢爽的人，要用柔弱來克服。』那個人剛上加剛，恐怕不得善終呢！老天雖然是純陽的剛德，尚且不干犯四時的寒暑次序，何況是人呢？而且華而不實，就會聚集怨恨，要是觸犯他人而聚集怨恨，那就難以安定自身了。我怕得不到利益，反而遭到災禍，因此離開了他。」文公六年，晉賈季就把陽處父殺了。

呂氏據此立論申說，指出陽處父芳華畢露，剛盡發之於外，易為人喜，亦易為人厭。同時也借以稱許甯嬴能當機立斷，免遭不測的災禍。

易喜者必易厭。有書於此，一讀而使人喜者，屢讀必厭；有樂於此，一奏而使人喜者，屢奏必厭。蓋是書是樂之味，盡發於一讀一奏之間，外雖可喜而中既無餘矣。其初之喜，乃所以為終之厭也。善著書者，藏其趣於無趣之中，非欲掩人之目也，得趣於無趣，則其趣無時而窮也；善作樂者，藏其聲於無聲之中，非欲塞人之耳也，得聲於無聲，則其聲無時而窮也。至書無悅人之淺效，而有化人之深功；至樂無娛人之近音，而有感人之餘韻。凡天下之理，不能窺於未得味之前，必不能捨於既得味之後也。

昔吾夫子設教於洙泗之間，子貢初見，挾其智而傲之❷；子路初見，挾其勇而陵之❸。夫以夫子之聖，猶不能動物悟人於一日之速也，彼陽處父何人耶？甯嬴一見之於塗，遽棄其妻子，躡屩擔簦❹從之如不及，自世俗觀之，其移人之速，若過於夫子矣。然夫子雖不能服由賜於一見，而能役由賜於終身❺；陽處父雖能致甯嬴於一朝，而不能留甯嬴於數日。以一朝之功而較終身之效，孰勝孰負，孰優孰劣，必有能辨之者矣！

抑嘗深考甯嬴之言，然後知陽處父所以易使人喜，易使人厭者，抑有由也。蓋處父之剛，盡發之於外，而中無留者，溢於聲音，浮於笑貌，泛於步趨，流於寢食，平生之神氣，皆發露於眾人耳目之前。外雖震厲，而中無所蓄；外雖暢茂，而中無所根。其始見也，其美易見，其德易親，所以易使人喜也；其既見也，索之易窮，探之易盡，所以易使人厭也。發之為春華，曾不能斂之為秋實，玩虛華而忘實味，是豈為腹不為目者❻所肯留哉？此甯嬴所以乍喜乍厭，而不避往來之煩也！雖然甯嬴捨處父於數舍之邇，伯宗慕處父於數世之下，是甯嬴棄處父之華於芳烈方盛之時，伯宗拾處父之華於顛頓既落之日。使伯宗❼居甯嬴之地，得事處父於未有禍敗之前，吾知其終身執鞭，與之同戮而不悔矣！嬴之知幾，賢乎哉！

【注　釋】❶甯嬴　春秋晉甯邑逆旅大夫。參見本篇題解。❷子貢初見挾其智而傲之　此事於古籍未見明載。惟子貢利口巧辭，孔子常黜其辯，或指此而言。見《史記‧仲尼弟子列傳》。又《孔子家語》中〈弟子行〉、〈賢君〉、〈辯政〉諸篇所載，子貢於孔子之所問，有近似不遜之語。因其聰敏，疾問而語急，容或有之。❸子路初見挾其勇而陵之　語本《孔子家語‧子路初見》：「子路見孔子，子曰：『汝何好樂？』對曰：『好長劍。』孔子曰：『吾非此之問也，徒謂以子之所能，而加之以學問，豈可及乎？』……子路曰：『南山有竹不柔自直，斬而用之，達于犀革，以此言之，何學之有？』孔子曰：『括而羽之，鏃而礪之，其入之不亦深乎？』子路再拜曰：『敬而受教。』」又《史記‧仲尼弟子列傳》：「子路性鄙，好勇力，志伉直，冠雄雞佩豭豚，陵暴孔子。孔子設禮稍誘子路，子路後儒服委質，因門人請為弟子。」❹躡屩擔簦　指離家遠遊。屩，草鞋。簦，長柄笠。皆遠行的用具。❺役由賜於終身　語本《淮南子‧人間》：「人或問孔子曰：『顏回何如人也？』曰：『仁人也，丘弗如也。』『子貢何如人也？』曰：『辯人也，丘弗如也。』『子路何如人也？』曰：『勇人也，丘弗如也。』賓曰：『三人皆賢夫子，而為夫子役，何也？』夫子曰：『丘也仁且忍，辯且訥，勇且怯，以三子之能易丘一道，丘弗為也。』」❻為腹不為目者　指聖人。語出《老子》：「五色令人目盲，……是以聖人為腹不為目，故去彼取此。」❼伯宗　字尊，孫伯起（起亦作糾）之子，春秋晉大夫。每朝，其妻必戒之曰：「子好直言，必及於難。」不聽。終為三郤（郤錡、郤犨、郤至）所譖遇害。見《左傳》宣公十五年、成公五年、十六年。

【語　譯】能輕易引人喜歡的，必然容易使人生厭。比如這裏有一本書，只要讓人讀上一遍就喜歡的，若多讀幾次必然使人感到厭煩；這裏有首樂曲，只演奏一回就使人喜歡的，若多奏幾次必然也會使人感到厭煩。因為這本書和這首樂曲的韻味，在第一次閱讀和演奏中就已全部發揮，淺露在外的雖令人喜愛，而內中已經沒有餘味了。起初的喜愛，卻成了後來所以厭棄它們的原因。善於著書的人，將書中的情趣隱藏於無趣之中，並非有意掩蔽人的眼睛，乃是讓讀者在無趣之中尋得趣味，那麼這種趣味就沒有窮盡的時候；善於製作樂曲的人，將美妙的聲音隱藏於無聲之中，並非有意堵塞人的耳朵，乃是讓聽者在無聲之中獲得美聲，那麼這種美妙的聲音就沒有窮盡的時候。最好的書籍沒有取悅人的淺顯作用，而有教化人的深刻功效；最好的樂曲沒有娛樂人的淺俗作用，而有感化人的無窮韻味。大凡天下人所共守的道理，若不能在未得味之前窺察明白的，必然不能在既得味之後捨棄不顧。

從前孔夫子在洙水與泗水間施行教化，子貢與他初見面時，依恃自己的才智而表現傲慢；子路與他初見面時，依恃自己的勇力而不恭遜。以孔夫子的聖明，尚且不能在短促的時間內感動醒悟他人，那個陽處父是什麼樣的人？甯贏竟在他的旅途中一見到他，馬上拋妻棄子，追隨他離家遠遊，猶恐趕不及，若從世俗的觀點來看，陽處父移易人的快速，好像超越了孔夫子。然而孔夫子雖然不能在初見面時使子路與子貢順服，卻能使他們終身膺從；陽處父雖然能在一天之內得到甯贏的信服，卻不能使他在身邊多留幾天。拿一天的功效和一生來比較，哪個勝，哪個敗，哪個佔優勢，哪個居下風，必然有人能分辨明白！

我也曾深入的探討過甯贏所說的話，然後才知道陽處父所以能輕易博得他人的欣慕，卻又容易使人厭倦，也是有原因的。因為陽處父的剛強，完全表現在言語動作上，而胸中沒有一點保留，氣勢洋溢於聲音之中，浮現於笑貌之上，顯現於步趨之間，流露於寢食之際，平生的神氣，都發露在眾人的耳目之前。外表雖威嚴震厲，而胸中無所蓄積；外貌雖暢達茂盛，而胸中並無根柢。當第一次和他接觸交談時，他的美德容易讓人發現，使人不自覺的親近，所以容易使人欣慕，等到經過一番交談之後，再探索他的美德就容易使人覺得貧乏而空洞，所以容易使人產生厭倦。在春天綻發為美麗的花朵，卻不能在秋天結為果實，只知玩賞空虛的花朵，卻忘記品嚐果實的美味，這哪裏是講求實際不講浮華的人願意留處的呢？這也正是甯嬴所以會忽然欣慕又忽然厭倦，而不顧往來奔波煩勞原因的所在啊！雖然甯嬴在數天之後捨棄了陽處父，而伯宗卻在數世之後仰慕陽處父，這種情形就像是甯嬴在陽處父的美德正如花香濃郁茂盛之時捨棄了他，而伯宗卻仰慕陽處父在他的美德已如黃花憔悴凋落的時候。若使伯宗居處於甯嬴的地位，得以在陽處父未遭禍敗之前奉事他，我知道伯宗將終身為他執鞭駕車，即使與他一起遇禍被殺也不後悔！甯嬴的洞察先機，真是賢明啊！

【研析】個性剛強外向的人，每以爽朗正直見稱於人，所以易為人喜愛、激賞。因其盡發於外，不留餘韻，所以品之必厭。陽處父就是這樣的人，故能得到甯嬴的一見傾心，願意追隨，供其差遣。本文即以此為中心，引理說事，以發其所見。

就內容說，文分三段：作者首先用好書、美樂、至理，必待品嘗、把玩、探索方可得其三昧而益覺無窮為引言，借以反襯易喜必易厭的真實性。其次則以孔子感子貢、子路的深遠、長久，來證明陽處父悅甯嬴的淺薄與短暫。最後則指出陽處父所以易為人喜易為人厭的原因，並稱許甯嬴為具有知幾之明的賢人。

就行文說，前兩段為陪襯，最後一段為主體。而文氣卻能依情理直下，前後呼應。如第二段不僅為第一段作解說，同時更能為第一段作證明，史實昭然，不由得你不信。事理交融，這不能說不是作者巧意的安排。行文至此，讀者所急切知道的主體，才姍姍來遲的露面，這在結構上說，最具匠心。主體一露面，就像水銀瀉地，立刻與一、二段融為一體，而一切的狐疑，即時化為烏有，這又是何等手法！

就全文說，陪襯似嫌過長，不無喧賓奪主的不協調。可是就寓義說，卻有索之不盡、探之不窮的警世韻味。春華美豔，何如秋實？細品其味，實有不能已於言者。

邾文公❶遷於繹❷

文公十三年

【題　解】此事載於《左傳》文公十三年（西元前六一四年）。大意是說：邾文公為了要遷都繹地，所以事先占卜吉凶。史官說：「這件事，對人民有利，對國君不利。」邾子說：「假如對人民有利，也就是對我有利，要知道上天生育人民，而又為他們設置國君，就是要對他們有利益。人民能得到利益，我也就一定在其中了。」當時左右的侍從說：「生命可以延長，君王為何不去做呢？」邾子說：「天命是教我養育人民，至於一個人生命的長短，那是很難說的，如果對人民有利，遷都就是了，沒有比這樣做再吉利的了！」於是就遷到繹地。這年的五月，邾文公死了，當時的君子說：「邾文公知道天命。」

呂氏有感於邾文公之言，以理念為先，引申闡發，以至正之理，闢囂淫妖祥之說，理明事驗，固屬必然，即事不驗，亦無傷於至正之理。並極力推崇左氏評邾文公「知命」之言，為「善論」。

理之未明，君子責也，置是責而不憂，其責固不可逭，惴惴然不勝其責，而亟求理之明，則天下之患必自此始。自夫人之有亟心也，始求說於理之外，姑借世俗之所共信者以明吾理。樂其說之易行，忘其害之終及，夫豈知今日之快，乃所以召他日之患耶？囂淫妖祥❸之說，執左道以迷民者也，辭而闢之，不責之君子將誰責？然君子任是責者，不亟於明理，而急於辨誣。謂以理告人，喻者十三，以事告人，喻者十九，蚩蚩之氓❹，難以是非動，易以禍福回。於是俯取禍福之說，即其共信者而曉之：武王不避往亡而勝商❺，明帝不避反支而隆漢❻，太宗不避辰日而興唐❼。汝謂必凶，我反得吉；汝謂必否，我反得亨，借是事以明是理，向之溺於囂淫妖祥之說者，果何辭而對耶？嗚呼！是徒思其說之易，而不思其害之及也。

說以事立，亦以事隳；人以事信，亦以事疑。君子所恃以闢囂淫妖祥之說者，理在焉，故也。苟捨吾理，而屑屑然較事之中否，則人雖今日以事而信吾說，他日亦必以事而攻吾說矣。自古及今，囂淫妖祥之說，其不驗固眾，然幸而偶合者，亦不乏也。我專舉其不驗者，彼專舉其偶驗者，萬一彼之事多於吾之事，則吾不戰而自屈矣。至正之理，不與事對，今吾以欲亟之故，捨理就事，下與異端並立於爭奪之場，而僥倖于一勝，危矣哉！

善夫左氏之論邾文公也！文公卜遷於繹，瞽史❽以為不利，文公不從其言，賀遷者在門，弔喪者在閭，此固瞽史得以藉口，而鬨其說者之所諱避而不敢稱也。今左氏不諱不避，明著之書，又從而以知命許之，獨何歟？蓋左氏所主者在理不在事，事之偶驗，不足為吾說之助；其偶不驗，亦不足為吾說之疵也。有是理然後有是驗，布算以步，星有是理也，故驗不驗之說生焉；測圭以視，日有是理也，故驗不驗之說生焉。乃若壽夭死生之正命，囂淫妖祥之邪說，判為二途，邈不相涉，安得以彼命之壽不壽，為此說之驗不驗哉？

當文公之既死，指以為瞽史之驗者，固不足論；當文公之未死，指以為瞽史之不驗者，亦不免捨理就事也。左氏所以發知命之言於文公既死之後者，良以事雖偶合，理本不然。違卜而終，既不足以損文公之明，則言卜而驗者，豈足以增瞽史之重哉？吁！瞽史所以能簧鼓一世者，不過幸其事之驗耳！自左氏知命之言立，則事雖偶驗，人不復言，瞽史之技至是而窮矣！伐其本，塞其源，信矣！左氏之善為論也。

【注釋】❶邾文公　春秋邾國之君，名蘧篨，在位五十一年卒。參見本篇題解。❷繹　邾邑名。邾都本在鄒縣，鄒縣東南有繹山（一名嶧山），邾徙都於繹山旁，境內別有繹邑。❸囂淫妖祥　流俗盛行的災異傳說。❹蚩蚩之氓　泛指平民百姓。語出《詩經．衛風．氓》：「氓之蚩蚩，抱布貿絲。」蚩蚩，敦厚老實的樣子。氓，即民。❺武王不避往亡而勝商　北魏道武帝皇始二年（西元三九七年）秋九月，賀驎飢窮，率三萬餘人寇新市。甲子晦，帝進軍討之。太史令晁崇奏曰：「不吉。」帝曰：「何也？」對曰：「紂以甲子亡，兵家忌之。」帝曰：「周武不以甲子勝乎？」崇無以對。見《北史．魏本紀一》。❻明帝不避反支而隆漢　東漢明帝時，掌衛尉的官署，在反支日不受章奏，帝聞而怪曰：「民廢農桑，遠來詣闕，而復拘以禁忌，豈為政之意乎？」於是遂蠲其制。見《後漢書．王符傳》。明帝善於刑理，法令分明，日晏坐朝，幽枉必達，內外無倖曲之私，在上無矜大之色，漢室因以隆盛。見《後漢書．明帝紀》。反支，指禁忌的日子。❼太宗不避辰日而興唐　唐太宗時，張公謹以功封鄒國公，任襄州都督，以惠政聞，卒於官，太宗將出次哭之，有司奏以：「日在辰，不可。」太宗曰：「君臣猶父子也，情感於內，安有所避！」遂哭之。事見《舊唐書・張公謹傳》。太宗在唐代，為大有為的國君，故曰興唐。❽瞽史　樂官。古代樂官多以瞽者充任，故稱樂官為瞽。本文中稱史官為瞽史有貶斥之意。

【語譯】真理未能辨明，是君子的責任，假使擱置這個責任而不加以憂慮，雖說該擔當的責任不可逃避，若惶恐不安如無法勝任此責，而急於辨明真理，那麼天下的禍患就必定要從這裏開始，從人有迫切的心起，就急著開始尋求真理以外的說明，姑且借用世俗所共同相信的事例來闡明我所抱持的真理。我樂於這種說法的易行，卻忘記所招致的禍害終將到來，哪裏知道今日的快意，竟所以召來他日的禍患呢？囂淫妖祥的說法，本來就是執持著旁門邪道來迷惑眾民的，若要用嚴辭予以闢斥排拒，這種責任，不求於君子又求誰呢？然而承擔此責任的君子，卻不致力闡明真理，而急於辨明誣罔的言論。認為用真理來曉諭人，能明白的只有十分之三，以事實來告諭人，能明白的有十分之九，凡夫俗子，很難以是非的觀念去打動他，卻很容易以禍福的報應去使他回心轉意。於是隨手拾取禍福的說法，就百姓所共同相信的事例來告訴他們，例如：周武王不避諱在甲子日出兵，而擊敗了商紂；東漢明帝不避諱反支日受章奏，而使漢室得以興隆；唐太宗不避諱辰日哭弔臣下，而開創了大唐的盛世。你認為必然得禍，我反得大吉；你認為必遭艱困，我反得亨通，借著上述的這些事實來闡明真理，以往耽溺於囂淫妖祥之說的人，還有什麼話可說呢？唉！這是只顧到這種說法的易行，而沒有想到所招致的禍害終將來到。

學說因事而確立，也因事而廢敗；人因事而立信，也因事而生疑。君子所依憑以駁斥囂淫妖祥之說的，是因為有真理存在的緣故。如果捨棄真理而忙碌著去計較事實的是否應驗，那麼別人雖然因為今天所舉證的事例而相信我的說法，他日也必然舉證別的事實來反駁我。從古到今，各種囂淫妖祥的說法中，不得驗證的固然很多，然而僥倖得到應驗的，也不乏其例。我專舉不得驗證的，對方專舉偶然應驗的，萬一對方所能提供的事例多於我所能提供的事例，那麼我不需經過交戰就已經屈居下風了。至正的真理不一定能與事實相對稱，如今我因為心急捨棄真理而遷就事實，屈下與異端學說並立於爭奪的境地中，以求僥倖能獲勝，實在是危險啊！

左丘明論邾文公的一段話說得真好！邾文公占卜遷都於繹是否合宜，瞽史認為不利，文公並沒有聽從他的話，結果，慶賀他遷都之喜的人還在宮中，前來弔喪的人已經到了國境之內，這件事的發生固然使瞽史得到藉口，也使得駁斥瞽史之說的人有所避諱而絕口不提。如今左丘明既不忌諱也不迴避，明載於書中，接著又以「知天命」來稱許文公，這是為什麼呢？因為左丘明所著重的在真理而不在事實，偶然驗證的事例，對於我的說法並沒有什麼助益；偶而不得驗證的，也不足以對我的說法造成瑕疵。世間有了這種道理，然後才有這種驗證，排列算式，來推測天空中的星球，因其彼此均有距離，而且不停的在運行，所以產生了是否應驗的說法；以測量圭表進行日影的觀察，而太陽的確有這樣的現象，所以產生了是否應驗的理論。至於壽命的長短與誕生、死亡這種天命之事，與囂淫妖祥的邪說，根本就是兩回事，毫不相干，怎能以文公的是否長壽，來證明我的說法是否能得驗證呢？

當邾文公既死之後，指這件事以為瞽史的說法得到驗證的人，固然不值得一提；倘若文公並未因此而死，則指這件事以為瞽史的說法得不到驗證的人，也不免捨棄真理而遷就事實。左丘明所以在文公死後發出「知天命」的言論，正是因為事實雖偶而得到應驗，而真理本非如此。違反卜辭而死，既不足以損傷文公的賢明，那麼推衍卜辭而得應驗，難道就能增加瞽史的被人看重嗎？唉！瞽史所以能以巧言迷惑人於一時，只不過是因為僥倖有事實得到應驗罷了！自從左丘明確立了「知天命」的言論以來，即使事實偶而得到應驗的，人們也不再提及，瞽史的技倆到這時也就沒轍了！伐絕其根本，阻塞其源頭，這才是最徹底的做法。左丘明是善於立論的人，一點也不錯。

【研析】明理，是宋人學術的趨勢；更何況呂氏也是一位理學大家。本文即以理念為先，來破除嚚淫妖祥之說的不足信，進而以至正的理則，衡量事故的是非，並對左氏不諱不避明著之於書的知命之言，大加推崇，這大概是拜有宋一代學術之賜吧！

就內容說，文分四段，作者首先指出明理，乃君子之責，然不可為急切明理辨誣，而求說於理之外，因而導致災禍的發生。其次則力闢以事為驗證的不可靠，必以理為恃，方足以闢妖祥而正異端。第三段言左氏不避生死之諱，而載之於書者，乃主理不主事。故事之驗與不驗，在所不計。最後則直指邾公的生死，本非瞽史所能知，驗固不足論，不驗亦不免捨理就事，惟左氏以「知命」為言，才是至理的善論。

就行文說，一、二兩段，強調明理的重要，惟以理方可正事端的是非，破除迷惑大眾的嚚淫妖祥之說，如急於明理辨誣，而取世俗所信的禍福之說，來對付妖祥之論，或可僥倖勝於一時，而終必「亦以事隳」。這在立論上，可說是第一段為第二段的張本，而第二段則為第一段的落腳點。三段以後，才說到本題，就邾文公之明達，左氏之知命，對瞽史卜辭之說，作一徹底的清除，大有使人撥雲霧而見青天的感覺。

就全文說，本篇仍嫌引論太多，主體文字，反不足與之抗衡。可是就文氣言，卻能一理直下，沒有給讀者留下間隙，這就不能不說是作者有得的匠心獨運了。另外值得一提的是：呂氏好為翻案文章，本文卻一反常態的對左氏大加稱許，非常難得。

齊公子商人❶驟施於國

文公十四年

【題解】此事載於《左傳》文公十四年（西元前六一三年）。大意是說：魯女子叔姬嫁給齊昭公，生了舍。因叔姬不受寵愛，所以舍也沒有威信。這時公子商人卻不斷的在國內施捨財物，而又聚養了很多門下士，把家產用完以後，就向掌管公室財物的官員借貸來繼續施捨。這年的五月，昭公死，舍即位。秋七月某日的夜裏，商人就把舍殺了，將君位讓給元（元，為桓公子，即惠公）。元說：「你謀求君位已經很久了。我能事奉你，你不可以因把君位讓給我而多積蓄憾恨，你將可使我免於被殺嗎？還是你去做國君吧！」

呂氏據此，針對商人的弒君篡國為其作辯護。以為商人的所以如此，不是商人本心之惡，乃因昭公示之以利而動其惡。

自治之說，古今論治者以為根極，然固有名似而實非者，不可不深辨也。自治之說曰：木有蠹而風摧之，隄有穴而水潰之，國有隙而姦乘之。無蠹之木，視風如吷；無穴之隄，視水如陸；無隙之國，視姦如愚。吾苟自治其國，渾全堅密，無間之可入，則雖有老姦巨猾，亦將斂手縮頸，退就民伍，何變之敢生？此固世俗所謂自治之說也，抑不知木與風相拒，故常防其蠹；隄與水相拒，故常防其穴；苟有國者，惴惴然深閉固守，日與姦相拒，則為治者亦勞矣！且彼未嘗察姦之所由生也。

惟皇上帝，降衷❷于下民，豈有生而惡者哉？物有以動之矣。匹夫掉臂而行於道，未有為盜之心也。少焉見道旁之室，珍貨溢目，而藩拔級夷，莫適為主，然後寇攘之計始興。未見是室，則無是心，既見是室，則有是心，是其為盜，不出於心而出於室明矣。

齊公子商人弒其君舍而篡其國，議者皆追咎昭公❸嫡庶不嚴，使商人乘隙以騁亂；吾獨謂商人未嘗乘昭公之隙，而昭公實開商人之隙也。向若昭公之時，國勢上尊，民志下定，則雖有悍戾過商人者，亦曷嘗有覬覦之念哉？惟其賤正妃而叔姬❹無寵，輕冢嗣而舍無威，邦本既搖，商人始動其無君之心，而驟施之計行矣。施而謂之驟者，見其昔未嘗施，而今驟施也。昔未施而今驟施，是昔未嘗有此心，而今始有之也。商人本心無惡，因昭公示之以利，而動於惡，然則篡弒之惡，果生於商人耶？果生於昭公耶？尚論古人者，當追咎昭公之生姦，不當追咎昭公之防姦也。物來攻我，我則防之，自我致亂，將何所防耶？以木憂風則可，以蠹憂風則不可；以隄憂水則可，以沼憂水則不可，未有己招之而己防之也。不思己之生姦，而反尤姦之攻己，有見於人而無見於己，其用心果如何耶？此自治之論，名似而實非，不可不深察也！

雖然，天下固有元惡大憝，發釁端於無釁之中者矣，殆未可專責人君之開隙也。曰：人君以天下為一體，萬物盈于天地間，闔散盈虛，往來起伏，皆君心之發見也，後世果真有性惡之人，則君固不任其責矣。惟惡不出於性而出於物，故雖君未嘗親誘之，苟為物所誘，是亦君誘之也；雖君未嘗親陷之，苟為物所陷，是亦君陷之也，將何地以逃其責？

故曰：「百姓有過，在予一人❺。」

【注　釋】❶商人　春秋齊懿公名，桓公子。昭公卒，子舍立，商人弒之而自立。在位四年，為邴歜與閻職合謀而弒。❷降衷　上天降下誠善。指民性言。衷，誠、善。《書・皐陶謨》：「同寅協恭，和衷哉！」注：「衷，善也。」《荀子・成相》：「欲衷對，言不從。」注：「衷，誠也。」❸昭公　春秋齊君，名潘，桓公之子。繼兄孝公為齊君，在位二十年。❹叔姬　即子叔姬，魯女，嫁齊昭公，生子舍。叔姬不受寵，舍也沒有威信。昭公死，舍即位，為公子商人所弒。周卿士單伯為魯人齊請子叔姬，齊恨魯恃王室之勢，執單伯又執子叔姬。次年冬十二月，齊尊周王之命，方使叔姬歸魯。❺百姓有過在予一人　語出《尚書・泰誓中》。意指百姓應予以教化，若不教百姓使有罪，過實在我（人君）一人。

【語　譯】自治的說法，古今論治道的人都以為是根本之道，然而卻有名義上相似而事實上並非如此的，不可不深加辨別。自治的說法認為：樹木中生有蠹蟲才會被風摧倒，隄岸有了洞穴才會被水沖潰，國政中有了缺失才會使奸人有可乘之機。不生蠹蟲的樹木，看待大風與微弱之氣沒有兩樣；沒有洞穴的隄岸，看待大水與陸地沒有兩樣；沒有缺失的國政，看待奸人與愚民沒有兩樣。如果我治理國事渾全而堅密，沒有一點縫隙可入，那麼雖然有十分奸詐狡猾的人，也將會有所顧忌而束手縮頸，退處於眾民之列，哪裏還敢變亂造反呢？這固然是世俗所謂自治的說法，卻沒有想到樹木因為必須與風相抗拒，所以常要防止蠹蟲的生長；隄岸因為必須與水相抗拒，所以常要防止洞穴的產生；如果治理國事的人，惶恐不安的封閉固守，鎮日與奸人相抗拒，那麼治理的人也未免太勞累了！而且他並不曾去探究奸人究竟是如何產生的。

偉大的上天，降賜一顆誠善的心給萬民，哪裏有生而本性為惡的呢？是外物的誘惑使他心動的。若有人悠游自在的走在路上，並沒有偷盜的意念。不一會見到路旁的房室，滿是珍貴的財貨，而圍牆臺階都已傾圮毀壞，不知主人在哪裏，於是強盜搶劫的心思就產生了。沒有看到這房室，就沒有這樣的惡念，既然看到了這房室，就產生了這樣的惡念，因此人偷盜的意念，並不是出於本心而是出於房室，也就很明顯了。

齊國的公子商人，殺了他的國君舍而篡奪王位，評論的人都歸咎於齊昭公對嫡庶之分不嚴明，使商人有可乘之機得以放肆作亂；我獨認為商人未嘗乘昭公所開的間隙，實在是昭公開啟了商人可乘的間隙。倘若在以往昭公執政的時候，在上位的人以國勢為重，在下位的人心情平定，那麼就是有強悍暴戾過於商人的人，又何嘗會有覬覦王位的非分之想呢？就因為昭公賤視正妃使淑姬不得寵，輕視嫡長子，使舍沒有威信，國家的根本既經動搖，商人才開始產生除去國君的念頭，而突然施捨財富於國人的計謀也因此見諸行動了。施捨而說它是突然，是因為過去不曾看見商人施捨，如今竟突然間施捨。以往不曾施捨，如今突然施捨，正表示他以往未嘗有這種惡念，如今才開始有的。商人的本性中並沒有惡念，是昭公以利昭示於他，才使他產生惡念，這樣說來那麼篡位弒君的惡念，究竟是生於商人呢？還是生於昭公呢？追論古人的行事，應當追咎昭公的滋生奸邪，而不是追咎昭公的防阻奸邪。外物來攻擊我，我加以防衛，我自己招惹來的禍亂，如何去防衛呢？站在樹木的立場來憂慮大風的吹襲是應該的，若因生蠹蟲而擔憂大風的吹襲則沒有意義；站在隄岸的立場來憂慮大水的沖擊是應該的，若已成為沼澤而擔憂大水的沖擊則沒有意義，未嘗有自己招來的禍患由自己來防衛的。不反省自己的滋生奸邪，反而怨尤奸邪來攻擊我，眼中只看到別人而看不到自己，究竟是什麼樣的用心呢？這正是自治的說法中名義相似而事實不同之處，不可以不深入的去探究啊！

雖然說世間本來就有大兇大惡的人，無緣無故的挑釁作亂，並不能專門責備人君的開啟可乘之隙。我認為：人君視天下為一體，而萬物充塞於天地間，不論聚散盈虛或往來起伏，都是君心所當發現的，後世若果真有天性本惡的人，那麼人君當然可以不必擔當這種責任，只不過惡念並不出於本性而出於外物的引誘，所以人君雖然未曾親自去誘惑人民，如果讓人民被外物所誘惑，也算是人君所造成的誘惑；人君雖然未曾親自去陷害人民，如果讓人民被外物所陷害，也算是人君所造成的陷害，人君如何能逃避這種責任呢？所以《尚書》說：「百姓有過錯，全在於我一人。」

【研析】治國之道在防奸，而防奸之道，在察奸之所由生。如自我致亂，則不但不知所防，同時更是生奸之源。自古及今，亡國敗家者，多由此起。本文即以此為中心，論述公子商人得以弒君篡國，癥結就在這裏。

就內容說，文分四段，作者首先指出世俗的「自治說」，治國在於「渾全堅密」，使老奸巨猾，無間可入，而尤當「察奸之所由生」。其次則舉事以證人心本善，所以有寇攘之心生，乃由於珍貨引誘所致。第三段則直指商人弒君篡國，其隙乃由昭公所開，非商人乘昭公之隙。最後則言國君當防以物誘人，否則，雖非國君所親誘，然亦難逃其責。

就行文說，第一段與第三段相呼應，第二段與第四段相貫聯，這種交互為文的方式，是作者有意的安排。如果就文題「齊公子商人驟施於國」來寫文章，有一、三兩段也就夠了。不過作者有意借題發揮，表明一己對人性的看法，這就未免要大費周章了。因此必須在第一段後，說明人心本善。其所以為惡，完全由於「物誘」使然。但人君有化民成為美俗，免為物害的責任，所以又必須寫第四段，而強調「百姓有過，在予一人」了。這種安排，就全文來說，甚為勉強。因為性善、性惡之說，迄無定論，即使是為時代所驅，亦當自圓其說。既云人心本善，又何能見財起意？既云惡不出於性，又何能為物所誘？「百姓有過，在予一人」，這是一句應天承命的話，期之於聖君則可，期之於齊昭公，又如何而可？為文忌生枝節，當以切題為尚。

楚鬬克❶公子燮❷作亂

文公十四年

【題　解】此事載於《左傳》文公十四年（西元前六一三年）。大意是說：楚莊王即位，令尹子孔和潘崇帥師襲擊舒氏諸小國。派公子燮（莊王傅）與子儀（即鬬克，莊王師）二人留守。沒想到這兩個人竟然發動叛亂，一方面加築郢城的城牆，同時又派惡人刺殺子孔，但沒有成功。到了八月，子儀、公子燮就挾持著楚莊王離開郢城到商密去，幸虧廬邑大夫戢黎及其輔佐叔麇及時設計誘殺他二人，才沒有使叛亂擴大。

他二人所以叛亂，是因起初鬬克（子儀）被囚禁在秦國，後來秦國在殽地戰敗，就派他回國求和，媾和後，願望反未得到滿足。公子燮是因想做令尹也沒有達成願望，所以二人才發動叛亂。

呂氏據此，直指鬬克、公子燮的作亂，有違常理，純屬淺薄急躁之徒的行為。可是莊王亦非廓然大度明察之君，致有此亂事發生。

理有常然，而事有適然，因適然之事，而疑常然之理，智者不由也。歷數天下之事，出於常然者十之九，出於適然者百之一，以一廢百奚可哉？父子，天性也，父不以嘗有商般❸而疑其子；兄弟，天倫也，兄不以嘗有蔡霍❹而疑其弟。相雖有莽，而古今之廊廟未嘗無相；將雖有卓❺，而古今之邊閫未嘗無將。苟持不必然之事，而奪必然之理，則物物可畏，人人可防，其心焦然，無須臾寧矣。

君人者，固有常體，操至公以格天下，合此者升，戾此者黜；向此者擢，犯此者刑。初未嘗容心於其間，故有譴怒而無猜嫌，有疏斥而無疑貳，旦見其惡投之嶺海，暮見其善列之朝廷。上無永廢之人，下無自絕之志，此固君人者之常體也。險薄之徒，乃謂已疏者不可再親，已遠者不可再近，一經擯辱，即為仇怨。如鬬克、公子燮之於楚，特以結秦成而功不酬，求令尹而請不遂，伺間投隙，卒成大變，況於罹投放竄殛之刑❻者乎？故吾不廢之則已，既廢則使不能復興，可也；吾不退之則已，既退則使不能復進，可也。是說既行，世主之心術始蠱矣！

抑不知二子之變，蓋出常理之外。南嚮而治，一日萬幾，賞未值功，爵未滿者者，駢肩交蹠，巧歷❼有所不能計。苟皆如二子之為，則滔滔四顧，孰非君之讎乎？推而下之，則嘗咎之僕，不可荷囊橐；嘗叱之狗，不可衛門闌也，世寧有是理耶？自古及今，挈於鼎鑊，起於碪質，釋於囹圄，任股肱心膂之寄，閎大博碩，震耀彝鼎者，代不乏人，盍條陳彙舉，以開廣主意？不當獨摘二子之亂，敗其君恢然之度也！二子之亂，固不可以常理論，彼楚莊命之居守，待以不疑，無負於二子，而二子則負之，無乃有君人之度乎？是不然，守國，重事也，非臨大節不可奪者，莫能也。令尹非可求之官，而臣之有勞於國，亦豈當如市人計物取值哉？二子之浮淺躁露如是，雖守一障猶難之，況委之空宮而授之鑰乎？吾見楚莊無君人之明，而未見其全君人之度也！

信如是說，則人君號為度有餘而明實不足者，必將濟之以察歟？

曰：是非兩物也，道學❽不講，蔽者遂謂恢厚純誠不足以御末世之變，於是揣摩以鉤人之隱，臆度以料人之情，日求而日疏，曾不知天理洞然，本無不燭，而吾乃揣摩以汩之，臆度以撓之，溷亂方寸，使之舛錯，其所以自智者，乃所以自昏也。揣摩臆度之私盡，則是非美惡之理彰。至明之地，本在恢厚純誠中，世俗乃捨之而競求於譎詐辨慧之際，何異賈楚而屠燕哉？爾欲察，毋厭昏；爾欲巧，毋厭拙。

【注釋】❶鬭克　春秋楚之申公，鬭班之子，字子儀，任大司馬，為楚莊王師。因叛亂而死，見本篇題解。❷公子燮　春秋楚公子。因求令尹不得而作亂，見本篇題解。❸商般　楚太子商臣與蔡太子般，二人皆逆而弒父。❹蔡霍　蔡叔與霍叔。均為周武王弟。蔡叔名度，封於蔡，與兄管叔鮮散播流言，謂周公將不利於成王，並聯合紂子武庚作亂，被周公放逐而死。霍叔名處，封於霍，與管叔、蔡叔同監紂子武庚，後以作亂，廢為庶人。見《史記．管蔡世家》。❺卓　董卓（？—西元一九二年）。東漢隴西臨洮（今甘肅省岷縣）人。字仲穎。靈帝時為并州牧，帝死，外戚何進恐宦官奪權，而召董卓帶兵進洛陽，誅殺宦官。事後，卓自為相國，廢少帝，殺何太后，立獻帝，淫亂凶暴，袁紹等起兵討伐。卓乃挾持獻帝還都長安，自為太師，並焚燒洛陽，到處屠殺掠奪。後王允誘使呂布殺卓，棄屍於市。見《三國志．魏志．董卓傳》。❻投放竄殛之刑　據《左傳》文公十八年：「舜臣堯，賓于四門，渾敦、窮奇、檮杌、饕餮，投諸四裔，以禦螭魅。」或以渾敦即讙兜，窮奇即共工，檮杌即鯀，饕餮即三苗。而《尚書・堯典》云：「流共工於幽州，放讙兜于崇山，竄三苗于三危，殛鯀於羽山。」則投放竄殛皆流放之刑。❼巧歷　或作巧曆。精於曆算術數的人。❽道學　指宋儒所講性命義理的學說。

【語　譯】常理是經常如此，而事件有恰巧如此的，若因為恰巧如此的事件，而懷疑經常如此的常理，有智慧的人是不會這樣做的。遍數天下所發生的事，出於常理的有十分之九，出於恰巧如此的只有百分之一，以一廢百怎麼可以呢？父子之情是天性，天下為人父的不因為曾經有商臣與般而猜疑自己的兒子；兄弟之情是天倫，天下為人兄長的也不因為曾經有蔡叔與霍叔而猜疑自己的弟弟。宰相中雖然出了個王莽，然而古今的朝廷中卻不曾沒有宰相的設置；將帥中雖然出了個董卓，可是古今防衛邊疆的軍隊中也不曾沒有將帥統兵。如果執持著不是必然的事件，而強奪必然的常理，那麼物物都可畏懼，人人都當提防，心中焦慮，沒有片刻的安寧。

統治人民的國君，應有不變的準則，操持最公允的態度來感化天下，合於準則的加以提拔，違背此準則的予以罷黜；遵循此準則的就擢升，觸犯此準則的就處罰。未嘗有一點私心存在其間，所以雖然有所譴責怒罵而無所猜嫌，有所疏遠貶斥而不懷疑他有貳心。早上發現他有過錯，就將他流放到荒僻的嶺海，傍晚得知他有善行就將他拔舉到朝廷之中。對上位者來說，沒有永遠廢棄的人；下位的人也沒有自我斷絕的心，這本來就是人君治國的準則。那些邪惡而不厚道的人，卻認為已經被疏遠的人，不可能再得到親近，一旦遭到貶斥受辱，馬上就變成仇人冤家。就像鬭克與公子燮在楚國，只是因為秦求和成功而願望得不到滿足，想做令尹也沒有達成願望，便窺伺可乘的時機，終於釀成大禍，更何況是遭到放逐之刑的人呢？所以我不廢棄人則已，既經廢棄，則使他永遠不能復興是可以的；我不罷黜人則已，既經罷黜，則使他永遠不被進用也是可以的。這種邪說既已流行，世間為人主的心術就開始受到蠱惑了！

卻沒有想到這兩個人的造反，是出於常理之外的。南向為君治理天下，每天處理繁多的政務，因此使獎賞與功勳不能相稱，或爵位不能滿足意願的，人數眾多，即使是精於算術的人也無法計算。如果都像這兩個人的作為，那麼放眼四看，哪一個不是人君的仇敵呢？再往下推衍，則曾經鞭打過的僕人，就不能再讓他背負行囊；曾經喝斥過的狗，就不能再靠牠看守門戶，世上哪有這種道理？從古到今，從鼎鑊酷刑中提攜，或從斷頭臺上起用，或從監牢中釋放出來，寄託以親信輔佐的大任，而能建立豐功偉業，震耀天下，聲名不朽的，每個朝代都有例可循，何不將這些人事列舉出來，以開拓君主的胸襟？不應當只摘取這兩個人作亂的例子，來敗壞君主恢閎的氣度啊！這兩個人的造反，固然不能以常理來判斷，而楚莊王派他二人留守，對他們沒有絲毫疑忌，並沒有對不起這兩個人的地方，然而這兩人卻辜負了他，這樣的作為應該算是有人君的氣度了吧？話卻不能這樣說，因為防衛國土是重大的責任，若不是能在生死存亡關頭不改變節操的人，不能擔當這個重任。令尹並不是隨意可以求得的官位，而臣下能為國建立功勳的，難道也該像市場中人一樣，買多少東西給多少錢嗎？這兩人如此的浮淺躁急不沉著，即使要他們防守一個堡壘都有困難，何況是把空無人馬的宮城託付給他們，還把鑰匙一併交出呢？所以我只看到楚莊王沒有人君的知人之明，並沒有看到他具備治理人民的氣度啊！

如果這種論調是正確的，那麼一些號稱有人君的氣度而事實上沒有知人之明的君主，就一定要用明察來補救囉？我認為：氣度與明察，不是兩件不同的事物，由於不講公理，被蒙蔽的人認為用恢宏博厚精誠不能治理末世的變亂，於是私下揣摩以探求別人的隱私，暗自臆度以推求別人的用心，結果反而愈探求愈疏遠，卻不知天理明澈透達，本來就沒有什麼不能燭照得清清楚楚，我卻私下揣摩而汨沒天理，私自臆度而擾亂天理，使自己的心思混亂，而作錯誤的判斷，我所自認為明智的作法，反而造成了一己的昏庸愚昧。揣摩臆度的私心若能完全捐棄，那麼是非美惡的真理就能得以彰明。最清明的境界原本存在於恢厚純誠的精神之中，世俗中人卻捨棄這種精神，而競相追求於詭譎詐騙及好辨狡黠之際，這與戰國時代的遊說之世，今天出賣楚國明天屠滅燕國的用心，又有什麼兩樣呢？你要想明察，就不能厭惡昏暗；你要想得工巧，就不能厭惡笨拙。

【研　析】《荀子・天論》說：「天行有常，不為堯存，不為桀亡。應之以治則吉，應之以亂則凶。」所謂有常，即常行之道，也就是天道，亦即本文作者所說的常理。循常理而行則吉，逆常理而行則凶，此亦必然之理。執此理以衡古今，鮮有能出其外者。如有，則為「適然」之事，必不可用常理予以權衡。本文即以此為基點，就文題推闡其見解。

就內容說，文分四段，作者首先指出為人處世，當以必然之理為準則，不可以不必然之事而疑常理。其次則講明國君在人事任免上，當有一定的體制，務使上無永廢之人，下無自絕之志。第三段則言不惟鬬克、公子燮的作為出於常理之外，而楚莊公亦實有未能全人君之度的缺失。最後，則闡發全人君之度的根本要圖，在於洞明天理——恢厚純誠。

就行文說，作者執一理而衡萬事，先以「適然」之事不足以當常理為始，引而申之，散為諸端，以父子之性，兄弟之倫，君之體，臣之義，而歸之於講明道學，本恢厚純誠的理念，以御末世的變化。一理貫穿全文，相形之下，「適然」之事，出於理外的作為，則愈顯其臆度、譎詐、器小、識淺的不足恃了。文氣起伏跌宕，時而執事以喻理，時而就理以明事，本天理洞然，無所不燭的信念，一則揭二子之私，一則明莊王未為全度之君，理切事驗，交織推演，嚴謹而有法度，事顯而義理自明，實在是巧於謀篇的好文章。

單伯❶請子叔姬❷ 文公十四年　季文子如晉 文公十五年　齊人赦單伯歸子叔姬 文公十五年

【題解】此事分別載於《左傳》文公十四、十五年（西元前六一三、六一二年）。大意是說：魯卿襄仲（莊公子），派人向周天子報告，請以天子的榮寵，在齊國求取子叔姬（昭姬）說：「既然殺了她的兒子（舍），哪裏還用得著他的母親？請允許魯國接納她並加以懲處。」就在這年的冬天，周天子派卿士單伯到齊國請求送回子叔姬，哪知齊人（指齊懿公商人）反把他抓了起來，同時也拘執了子叔姬。齊人所以這樣做，一方面是恨魯國仗恃周天子的勢力以求叔姬，另外也想借這種作為，來羞辱魯國。直到次年的春天，魯大夫季文子為了單伯和子叔姬，專程走了一趟晉國，欲因晉而向齊說情。後來因為有周天子的命令到達，齊人不但釋放了單伯，同時也把子叔姬送回魯國。（參本卷〈齊公子商人驟施於國〉）

可是公羊、穀梁二家，卻認為單伯所以被執，是因為他淫於子叔姬，並且以為單伯為魯大夫而非周卿士。呂氏據《春秋》所載為單伯平反，是左氏而非公、穀，鐵案如山之證，即使秦、儀、代、厲當前，亦難以為解。

前人未決之訟，後人之責也；前儒未判之疑，後儒之責也。吏職官府，儒職簡牘，官府有枉，簡牘亦有枉。辨今世之枉者，屬之吏；辨異世之枉者，屬之儒。人雖有去有來，然同一官府也；事雖有久有近，然同一簡牘也。吏不得以非己之時而卻其訟，儒者亦豈以非己之時置其疑而不辨哉？單伯為魯請子叔姬於齊，左氏無異辭，公羊❸、穀梁❹兩家以為單伯淫於叔姬，是以見執。從左氏耶，則單伯無毫髮之愆；從公、穀耶，則單伯有丘山之惡，此千載未斷之獄，待儒之閱實也。吾請以經為律，以傳為案，以同時之人為左驗，平反而昭雪之。

今訴人之罪者，所訴之牒其氏族、爵位、鄉土猶不能知，則弗待訊鞫而知其為誣。單伯實周臣，而公穀乃以為魯之大夫，周魯之辨且復倒置，尚未辨其為何國人，則所言之罪豈足信乎？吾非據《左氏》而指單伯為周臣也，公穀方與左氏訟，《左氏》之言雖直，焉能折二家之口哉？吾之所以指單伯而為周臣者，蓋以經知之，非以《左氏》知之。畿內諸侯見於經者多矣，祭伯之來❺，凡伯之伐❻，毛伯之錫命❼，召伯之會葬❽，考其書法與單伯無少異，公穀何所據，而以彼為周，以此為魯乎？自周之外，經未有書諸侯之臣為伯者，特舉內大夫以明之：翬挾柔溺❾，豹婼意如❿之類，不氏而名者也；叔孫得臣⓫、仲孫何忌⓬之類，兼氏而名者也；公子慶父⓭、公弟叔肸⓮之類，配親而名者也；仲遂叔老⓯、叔弓叔詣⓰之類，配仲叔而名者也。二百四十二年之間，不書名者，獨季子⓱來歸一語而已，曷嘗聞內大夫不名而書伯者乎？公穀之誣，瞭然矣！政使如公穀之說，以單伯為魯大夫，則聖經不名而書伯，亦當如季子之比。季友有討亂之略，有託孤之忠，以身為一國之安危，故《春秋》不名以貴之。若單伯果魯大夫，聖經不名而書伯，必有大功大善，居季子之右，安得反負淫齊之罪乎？負甚大之罪，而得甚美之褒，則何以為孔子？何以為《春秋》？孔子是則公穀非，孔子非則公穀是，持二說以詰二家，雖秦、儀、代、厲⑱亦未必能置對也。

左公穀者曰：單伯之列於經，自請叔姬以前，如逆王姬⑲，如伐宋⑳，如會鄄㉑，不絕於簡；至請叔姬之後，則載於策者，有單子而無單伯，庸詎知書伯者非魯，書子者非周乎？曰：爵列升降，各隨其時，如滕㉒前侯而後子，不聞其有兩滕也；杞㉓前伯而後子，不聞其有兩杞也，是何足以病吾說哉？或者又曰：前古枉直未辨者何可勝數，單伯之事，特牛一毛，倉一粟耳，浩浩塵編，子能盡發而細辨之乎？曰：人無故負冤，更百世而莫能雪，後之人又以為瑣屑而不足問，是終天地而無伸眉之日矣。推是心以涖官臨政，則攬山積之文書，對麕至之黎庶，必將厭其叢脞，漫不復經意。抑不知我視之甚微，彼視之甚重；我視之甚緩，彼視之甚急，亦何愛頃刻之勞，而使彼齎沒身之恨乎？肆於塾，聽於府，執筆之際，皆不可不思！

【注釋】❶單伯　周卿士。曾奉周頃王命為魯適齊請子叔姬，見本篇題解。❷子叔姬　即叔姬。❸公羊　指《公羊傳》的作者。《公羊傳》也稱《春秋公羊傳》，一般認為是戰國齊公羊高所作，但只是口頭流傳，並沒有成書。根據徐彥疏引戴宏序，說是漢景帝時公羊高的玄孫壽和胡毋子都寫在竹帛上的。漢何休有《公羊解詁》，闡發《春秋》微言大義。後代研究者很少，直到清代才又興起。❹穀梁　指《穀梁傳》的作者。《穀梁傳》也稱《春秋穀梁傳》。范甯〈春秋穀梁傳序．疏〉：「穀梁子，名淑，字元始，魯人，一名赤，受經於子夏，為經作傳，故曰《穀梁傳》。」❺祭伯之來　《春秋》隱公元年：「冬十有二月，祭伯來。」《左傳》：「十二月，祭伯來，非王命也。」❻凡伯之伐　《春秋》隱公七年：「冬，天王使凡伯來聘，戎伐凡伯于楚丘以歸。」《左傳》：「初，戎朝于周，發幣于公卿，凡伯弗賓。冬，王使凡伯來聘。還，戎伐之于楚丘以歸。」❼毛伯之錫命　《春秋》文公元年：「天王使毛伯來錫公命。」《左傳》：「王使毛伯衛來賜公命。叔孫得臣如周拜。」按：毛為采邑，伯為家號，衛乃毛伯之名。❽召伯之會葬　《春秋》文公五年：「王使召伯來會葬。」《左傳》：「召昭公來會葬，禮也。」按：召伯世為天子卿，又世稱伯。❾翬挾柔溺　翬，公子翬，魯大夫，字羽父。挾，魯大夫名。柔，魯大夫名。溺，公子溺，魯大夫。❿豹婼意如　豹，叔孫豹，魯大夫，謚穆子，亦稱穆叔。婼，叔孫婼，豹庶子，謚昭子。意如，季孫意如，魯大夫，謚平，亦稱季平子。⓫叔孫得臣　魯大夫，謚莊叔。⓬仲孫何忌　魯大夫，即孟懿子。⓭公子慶父　魯桓公子，莊公弟，即共仲。⓮公弟叔肸　魯宣公弟。⓯仲遂叔老　仲遂，公子遂，魯卿，莊公之子，謚襄，又稱襄仲。叔老，叔肸之子，公孫嬰齊之孫，又稱子叔齊子。⓰叔弓叔誼　叔弓，魯大夫叔老之子，又稱子叔子，謚敬子。叔誼，《左傳》無此人，疑為叔詣之訛，公、穀作倪，魯大夫，叔鞅之子，叔弓之孫。⓱季子　春秋魯桓公少子，莊公之弟，名友，號成季，故稱季友。平定慶父之難，立僖公，敗莒師有功。為魯上卿，專國政，其後代稱季孫氏，為三桓之一。⑱秦儀代厲　秦，蘇秦。儀，張儀。代，蘇代，蘇秦弟，亦習縱橫家理論，燕昭王派他聯合各國諸侯以抗秦，代由此名顯當時。厲，蘇厲，蘇代弟，亦習縱橫家理論，仕於齊。見《史記・蘇秦列傳》。⑲逆王姬　《春秋》莊公元年：「夏，單伯送王姬。」送，公、穀作逆。⑳伐宋　《春秋》莊公十四年：「夏，單伯會伐宋。」㉑會鄄　《春秋》莊公十四年：「冬，單伯會齊侯、宋公、衛侯、鄭伯於鄄。」㉒滕　古國名。周文王子叔繡封此，在今山東省滕縣。㉓杞　古國名。周武王克商，封禹後東樓公於杞，後為楚所滅。地在今河南省杞縣。

【語　譯】前人不能判決的訟案，後人有責任做決斷；前代的儒者不能判斷的疑點，後世的儒者有義務辨別清楚。官吏的職責，要處理官府中的訟案，儒者的職責，要辨別簡牘中的疑點，官府的判決可能有冤屈，簡牘的記載也可能有曲筆。判別當世冤屈的責任，屬於官吏；辨明異世曲筆的責任，則屬於儒者。人事雖有變更，然而判案的卻是相同的官府；事件雖有遠有近，可是記載的卻是相同的簡牘。官吏不能因不是自己當時的事為藉口而推卻訟案，儒者難道就可以因為不是自己時代中發生的事件，將疑點棄置而不加辨明嗎？單伯為魯國向齊國要求遣回子叔姬，對這件事，左丘明沒有別的說辭，公羊高與穀梁赤兩家則以為單伯與子叔姬有姦情，所以才被拘執。若相信左丘明，則單伯沒有絲毫過錯；若聽從公羊、穀梁兩家之說，則單伯有莫大的罪惡，這是千百年來未能決斷的爭論，正等待後世儒者去查對核實的。現在我就以《春秋經》為律則，以三傳為案情，以同時代的人物為驗證，平反洗雪冤情，使真相大白。

如現在有控訴他人罪狀的，若訴狀中連對方的氏族、爵位、籍貫名稱尚且不能清楚，那麼不必加以詢查就知道這是誣告。單伯其實是成周的臣子，而公羊、穀梁卻以為他是魯國大夫，周魯的辨別尚且顛倒錯置，還不能分辨清他究竟是哪一國人，那麼所陳述的罪行難道可以相信嗎？我並不是僅根據《左傳》而指稱單伯為周臣，公羊、穀梁二家正與左氏有所爭辯，即使《左傳》的論點是正確的，又怎能使兩家折服呢？我所以指稱單伯為周臣，是由經文中得知，而不是從《左傳》中得知。天子轄區內的諸侯記載於經文中的很多，例如「祭伯之來」、「凡伯之伐」、「毛伯之錫命」、「召伯之會葬」，稽考對他們的記載方式，都和單伯的書法沒有一點差別，公羊、穀梁二家有什麼根據，而認定其他人是周人，單伯卻是魯人呢？除了周王室之外，《春秋經》中沒有書寫諸侯的大臣為伯的，茲略舉對諸侯大夫的稱謂來證明：如「翬挾柔溺、豹婼意如」之類，是不書姓氏只記名的；「叔孫得臣、仲孫何忌」之類，是兼稱氏與名的；「公子慶父、公弟叔肸」之類，是配上與君主的親屬關係而稱名的；「仲遂叔老、叔弓叔詛」之類，是配上仲叔姓氏而稱名的。經文所記載的二百四十二年之間，不稱名的，只有「季子來歸」這一句而已，又何嘗聽說過對諸侯的大夫不稱名而稱伯的呢？如此則公羊、穀梁的誣衊就很明白了！如果就依公羊、穀梁所說的，認為單伯是魯大夫，則聖人所作的經文中不書名而稱伯的，也應當和季子一樣。季友有討平亂事的雄才大略，有受君託孤的耿耿忠心，一身承擔了全國的安危，所以《春秋經》中不稱呼他的名表示尊崇他。如果單伯果然是魯大夫，則聖人所作的經文中不書名而稱伯的，必然有莫大的功勳善行，比季子有更大的功勞，怎麼可能反而蒙受在齊國私通子叔姬的罪名呢？若背負著甚大的罪名，而獲得甚美的稱揚，那麼又何以為孔子？何以為《春秋經》呢？若孔子是正確的，則公羊、穀梁兩家就是錯誤的，若孔子是錯誤的，則公羊、穀梁兩家就是正確的。拿以上這兩種說法來反詰公羊、穀梁兩家，即使是蘇秦、張儀、蘇代、蘇厲等人也未必能回答得出來。

偏袒公羊、穀梁二家的人認為：單伯記載於經文中的，自請子叔姬以前，如「逆王姬」、如「伐宋」、如「會鄄」等事，不絕於書；到請子叔姬之後，記載於經文中的，只有單子而沒有單伯，又怎能判斷稱為伯的不是指魯大夫，稱為子的不是指周王臣呢？我的回答是：爵位的升降，更隨時代有所變更，如滕國之君先前稱侯而後稱子，卻不曾聽說有兩個滕國；杞國之君先前稱伯而後稱子，也未曾聽說過有兩個杞國，這一點又如何能駁倒我的說法呢？或有人認為：古代的事枉直不能辨別的怎麼能數得清，單伯這一件事，有如牛身上的一根毛，穀倉中的一粒粟米而已，世間這麼多的書籍，你能將所有枉曲的事件全部發掘出來而詳細加以辨明嗎？我認為：若有人無故蒙受冤屈，經過千百年而無法澄清，後世的人又以為是瑣屑之事不值得探究，這就永遠沒有揚眉吐氣的一天了。若推衍這種心情去從事官職治理政事，那麼坐對堆積如山的公文書信，或面對成群而至的黎民百姓，必將厭惡他們的細碎煩瑣，漫不經意的不肯用點心思。卻不知我認為沒有什麼的小事，對方卻看得非常嚴重；我認為一點都不急的事，對方卻以為急於星火，又何必珍惜頃刻的筆墨之勞，而使對方永遠承受著終身的憾恨呢？不論在學校修習課業，或在官府聽斷訟案，下筆之際，都不可不用心思量！

【研　析】人皆有匡謬刊誤的理念。古籍中的記載，有的因殘闕而致誤，有的因傳聞而異乖，更有的因好惡而曲筆。凡此，後世的讀書人，均有本正理、據實情，而予以闡明使是非大白於世的責任。作者即以此為信念，「以經為律，以傳為案，以同時之人為左驗」，引申闡發，反覆探討，務使理無所晦，情無所隱，事無所屈，而一置之於光天化日之下，供人品味鑑賞。

就內容說，文分三段，作者首先指出辨疑決訟，乃後人之責，用此引出《左傳》所載單伯與公羊、穀梁迴異之議。其次則就《春秋經》的書法，確指單伯為周臣而非魯大夫。如以季子為比，則尤其不當說他淫於叔姬。最後，辨解偏袒公、穀之人的非是，並申述為單伯平反的用心。

就行文說，以理念為先著，就史事以證理。然後再衡情以度理，就理以明事，情理交融，而事以為質，使是非自然顯現，而命意之旨，至此也就表露無遺了。

全文引證繁富，使事無所遁，使理無所曲，為本文一大特色。而尤其可貴者，則為就經以論三家，那麼是非曲直，何待多言？於此亦可見呂氏對經傳融貫之精，理解之深，故能說理周延，而無懈可擊。

世間最大的痛苦，是「人無故負冤，更百世而莫能雪。」呂氏念茲在茲，為使人免於「沒身之恨」，所以對「肆於塾，聽於府」的人，以「執筆之際，皆不可不思」相期勉，其用心又是何等深遠啊！

宋華耦❶辭宴

文公十五年

【題　解】此事載於《左傳》文公十五年（西元前六一二年）。大意是說：宋國的司馬華耦，到魯國來會盟，他的部屬也都跟著來了。所以《春秋》稱他為「宋司馬華孫」，表示尊敬的意思。當時魯文公要親自與他宴飲，華耦辭謝說：「君王您的先臣督，得罪了宋殤公，名字被記載在諸侯的簡策上，臣下繼承了他的祭祀，豈敢讓君王您蒙受恥辱？請在上大夫（亞旅）那裏接受命令就可以了。」魯人以為華耦的對答敏捷達禮。

呂氏據此，就著「華耦來聘，無故揚其先人之惡以辭宴，魯人以為敏」為立論重點，直指左氏所言為非是。尤其對「魯人以為敏」之說，表示最難容忍，是以不遺餘力的予以排擊。

君子之立言，待天下甚尊，期天下甚重，雖至奧至邈之理，未嘗敢輕視天下，逆料其不能知。故識雖在一世之先，而心嘗處一世之後，是非推遜不伐而自託於謙退也。降衷在天，秉彝在民，凡具耳、目、鼻、口號為人者，罔不備參贊化育❷之神，經緯幽明之用，吾其敢以淺心隘量，大棄之於罷冗❸無能之地乎？至於父母之邦，尤君子之所祇畏而不敢忽者也。「維桑與梓，必恭敬止❹。」於一草一木猶嚴如是，況於人乎？

左氏世傳以為魯史，則魯其父母之邦也，其載華耦來聘，無故揚其先人之惡❺以辭宴，乃繫之曰：魯人以為敏。左氏之意，豈不以耦之辭令，魯人之所誇，而非君子之所貴乎？耦之言，少知禮義者，皆知賤之，雖當時二三浮薄輩妄相矜衒，然曲阜❻龜蒙❼七百里之封，寧無一人知其非者？今概稱「魯人以為敏」，果哉？左氏之論也，概稱「魯人以為敏」，是謂魯空國無君子，抑不思所謂魯人者，誰非爾之黨友乎？誰非爾之姻戚乎？誰非爾之師長乎？一出言而盡詈黨友、姻戚、師長於庸鄙之域，倨傲暴慢之氣勃然可掬，歸之以不孫不弟之名，吾意左氏不能辭也。

昔吾夫子亦嘗稱魯矣，曰：「魯無君子，斯焉取斯❽？」是夫子一言而待魯為君子，左氏一言而待魯為小人，人心之不同如是哉！魯，一魯耳，夫子以夫子之心觀之，故見其可稱；左氏以左氏之心觀之，故見其可鄙。所存易於內，而所觀變於前也。或謂左氏之言魯人特蚩蚩之流耳，至於閎達博雅之君子，敢名之以魯人哉？曰：閎達博雅之君子，其材雖出人千百等，然履魯地，啜魯泉，服魯藥，食魯粟，苟不名之以魯人，豈九夷八蠻之人乎？一為君子而背鄉閭，蔑名教，不以魯人自命，是外父兄而恥與同類也，夫豈君子之所敢安哉？吾益見左氏之誤也。

雖然，眾不可概言也，本不可忘也。左氏之失固不可復蹈也。迺若十人之聚，三家之市，凡鄙汙下，皆無足取斷之一言，不亦可乎？曰：至理均賦，先覺者為聖為賢，未覺者為庸為鄙，彼雖未覺，然是理洋溢往來於眉睫步趨間，屈伸俯仰無非動人悟物者，吾方左酬右酢之不暇，慢心何自而生？人見吾與庸鄙接，而不知吾常與天理接也。終日與天理接，敢輕乎哉？

【注　釋】❶華耦　宋大宰華父督的曾孫，此時任宋司馬之職。❷參贊化育　參與贊助天地化育萬物。語本《中庸・二十二章》。❸罷冗　孱弱無用。冗一作宂。多而無益。❹維桑與梓必恭敬止　語出《詩・小雅・小弁》。桑梓兩種樹木，古代住宅旁多有栽種，後世乃以桑梓為鄉里代稱。❺揚其先人之惡　謂華耦宣揚其曾祖華父督殺其君殤公的罪行。《春秋》桓公二年：「宋，督弒其君與夷。」按：與夷即宋殤公。❻曲阜　今山東省縣名。在濟南市南。為少昊之墟，春秋時魯國的舊都。❼龜蒙　二山名。龜山，在今山東省泗水縣東北。蒙山則在蒙陰縣南。二山相連並稱，蒙山在龜山東。❽魯無君子斯焉取斯　這是孔子評論弟子宓子賤的話。意思是說：「假如魯國沒有君子的話，宓子賤從哪裏取法這種君子的好品德呢？」文中二斯字，上斯指宓子賤，下斯指君子之德。見《論語・公冶長》。

【語　譯】有德的君子所發出的言論，看待天下人甚為尊崇，對天下人的期望也甚為殷切，即使是至為奧妙至為深遠的真理，也不曾敢輕視天下人，認為他們不能知曉。所以見識雖在世人之先，而用心卻退處於世人之後，這並不是君子委婉謙遜不誇耀，以自託於謙虛退讓的美名。因為降下誠善的雖是上天，秉承常道的卻是萬民，凡生有耳、目、鼻、口號稱為人的，沒有一個不具備參讚天地化育萬物的靈性，與匡正天地間各種有形無形之法則與秩序的用心，我怎敢以膚淺的心思和狹隘的度量，大膽的將萬民棄置於孱弱無能的境地呢？至於父母之國，更是君子所敬畏而不敢有絲毫疏忽的。《詩經》上說：「對桑樹與梓木，應有恭敬的態度。」對於家鄉的一草一木尚且如此看重，何況是鄉里中的人呢？

世傳左丘明為魯國史官，那麼魯國就是他的父母國，而他記載宋國華耦前來訪問，無緣無故張揚先人的罪行以辭謝魯君的宴飲這一件事時，竟然寫道：魯國人認為華耦聰敏而達事理。左氏的意思，難道不是以為華耦應對的言辭，是魯國人所誇讚，卻不是君子所以為然的嗎？華耦的言辭，只要是稍知禮義的人，都知道是鄙賤的，雖然當時有少數浮淺輕薄的人，妄加相互的誇耀，然而從曲阜到龜蒙，魯國七百里的封地中，竟然沒有一個人知道他的謬誤嗎？而今一概的稱說「魯人以為敏」，果真是這樣的嗎？依左氏的說法，一概稱說「魯人以為敏」，這是說全魯國沒有一位君子，卻不想想看所謂的魯國人，哪一個不是你的朋友？哪一個不是你的親屬？哪一個不是你的師長？左氏一發出言論，盡將朋友、親戚與師長置於庸鄙之地，驕傲暴慢的氣勢，活現的表露了出來，全部給他們加上不謙遜不恭順的惡名，我想左氏是不能辭其咎的。

以前孔夫子也曾經提到魯國，他說：「假如魯國沒有君子的話，宓子賤從哪裏取法這種君子的好品德呢？」這是夫子一句話看待全魯國人為君子，左氏一句話卻看待全魯國人為小人，人心的不同就像這樣啊！魯國，指的是同一個魯國，夫子以夫子的存心來看待，所以能見到他可稱許的；左氏以左氏的用心來看待，所以只見到他可鄙視的。內心所存有了不同，而眼前所見也就難趨一致了。或有人認為，左氏所說的魯人，只不過是平凡庸俗的人，至於閎達博雅的君子，怎敢稱之為魯人呢？我認為閎達博雅的君子，他的材智雖超過常人千百等，然而他所踐踏的是魯國的土地，所飲用的是魯國的泉水，所服用的是魯國的藥材，所食用的是魯國的粟糧，若不稱他是魯人，難道是四方蠻夷的人嗎？一旦身為君子竟而背棄鄉里，蔑視名教，不以魯國人自居，這根本就是把父兄當作外人，而恥於與他們同類，這哪裏是有德的君子所能安處的呢？在這裏，我更可以看出左氏的誤謬來。

雖然，凡事不可一概而論，人也不可忘本，左氏的過失固然不可再犯。至於僅有十人的村落，三戶人家的市場，這些鄙俗汙穢地方的人們所說的話，都沒有值得取法的，以上這樣的觀點不也說得通嗎？我認為：上天將真理公平的賦與人們，先覺的人成為聖賢，不能有所覺悟的人，則成為庸鄙平凡的人，這些人雖然未曾覺悟，然而所秉賦的天理卻洋溢於形貌之間，表現於往來行走之中，任何的屈伸俯仰，沒有不可以動悟眾人萬物的，我正忙於左右應酬接待尚且沒有空閒，傲慢的心從哪裏而生呢？別人只看到我與庸鄙的人相交往，而不知道我常能與天理相交接。終日與天理相交往，哪裏還敢輕慢不遜呢？

【研　析】《論語・子張》子貢說：「君子一言以為知，一言以為不知，言不可不慎也。」這無異告訴後人，即使是一位君子，平時說話，也要小心謹慎，尤其是對人有所評論的時候，更應如此，以免落人口實。本文作者，就是針對左氏評論華耦的言辭，提出一己的見解，借以指陳左氏所言為非是。

就內容說，文分四段，作者首先認為：君子立言，當以尊重之心待天下，在態度上，不應有所輕重。其次則指出華耦揚先人之惡、辭謝魯君之宴，左氏以「魯人以為敏」稱許他，實難辭「不孫不弟之名。」第三段駁斥左氏所稱的「魯人」，為一般浮薄之流，而並非指閎達博雅君子之說的更為錯誤。最後則說明至理無不在，人的動靜云為，無不與天理相交接，故亦無可輕之人。

就行文說，以「魯人以為敏」為基點，以天理均賦為依歸，引而申之，以為人本天理生，所不同者，僅先覺、未覺之別。先覺者，為聖為賢；未覺者，為庸為鄙。然而未覺之人，亦具有天理之質，而君子屈伸俯仰之間，無非是動人悟物為務，出入於天理之間，所交接者，盡為天理，就此以推，所謂的「魯人」，絕非僅指浮薄矜衒之輩，而閎達博雅的君子，亦應涵蓋其中。既然君子亦包括在其中，華耦不知「子為父隱」之理而反宣揚其曾祖父之惡，魯之君子，又怎可能對他妄加稱許呢？所以作者以肯定的筆觸，表示左氏「魯人以為敏」的記載，是不對的。

全文一理直貫，雖間有說事之筆，然說事亦為使理更加明顯，故能事理交融，表現了作者設想的周延。

公孫敖二子❶

文公十五年

【題解】此事載於《左傳》文公十五年（西元前六一二年）。大意是說：齊人送回魯大夫公孫敖的靈柩，欲以安葬其父共仲（即慶父）的葬禮來安葬他。這時襄仲（即公子遂，公孫敖的從父昆弟）卻不想去哭喪。於是惠伯（魯桓公曾孫）向他建議說：「喪事，就對待親人說是終結，雖然不能有一個好的開始，有一個好的結果總是可以的。前賢史佚曾這樣說：『兄弟間要各自盡力做到完美，如對貧乏的救濟，喜慶的祝賀，災禍的弔唁，祭祀的恭敬，喪事的悲哀等，感情雖不相同，可是也不要斷絕彼此間的友愛，這是對待親人應有的道德。』如你自己不喪失道德，對人還有什麼好怨恨的呢？」襄仲聽了這番話，甚為高興，於是就領著兄弟們依禮前去哭喪。

後來，公孫敖在莒所生的二子回來，孟獻子（仲孫蔑）喜歡他二人，此事全國皆知。這時有人想誣陷他們二人，對孟獻子說：「這兩個人打算要殺你。」孟獻子把這個話告訴了季文子（即季孫行父，魯大夫）。他們二人說：「孟獻子因愛我們而聞名，我們卻以要殺他而聞名，這不是遠離於禮嗎？既然遠離於禮，還不如死的好。」二人皆以守門禦寇奮勇而死。

呂氏據此，以為左氏所載，有違倫理之常，就著孟獻子與公孫敖二子的關係，闡發權位的移人，不僅可怕，而且久遠。

物之移人者莫如權位。仰視其冠，昔鶡今貂；俯視其服，昔緼今貉；飢視其食，昔簞今鼎；渴視其飲，昔瓢今卮。是孰使之然哉？權位移之也！其移有大者焉，卑者可使倨，重者可使浮，樸者可使華，恪者可使慢。其移又有大者焉，貴者自處於尊未足駭，使尊者反安於卑，可駭也；尊者反安於卑未足駭，使貴者併忘其尊，可駭也！吾是以知權位之移者，不特其人而又且及他人；不特移當時，而又且及後世，居權位之間者可輕乎哉？

始公孫敖生穀與難而出奔，復生二子于莒。孟獻子❷實穀之子，其視公孫敖，則祖廟也，其視在莒之二子，則叔父季父也。二子還魯，傳稱孟獻子愛之聞于國，及有戕伐之譖，二子則曰：「夫子以愛我聞，我以將殺子聞，不亦遠於禮乎？」乃皆犯寇而死。味二子之言，反視孟獻子若大父行，自處於孺子之列，左氏從而載之，亦忘二子之為叔父也。獻子雖地居宗主，位列國卿，然天屬尊卑，要有常分，愛而不敬，固已非禮，二子見人爵之尊，而忘天屬之重，後人之載筆者，亦從而忘之，權位之移人可畏哉！本宗之親，長幼高下，雖牧圉阜隸甚戇而昏者，猶能數之；今一移於權位，卑者自視若尊，尊者自視若卑，繆亂舛錯，不復能記，則他事遺落者可勝計乎？父兄之所訓，師友之所詔，其廢忘者不知其幾也？稚幼之所志，壯大之所習，其廢忘者不知其幾也？邦國之所係，朝廷之所紀，其廢忘者不知其幾也？凡吾前日之所學所聞，所講所畫，綦有派別，羅列胸次，皆坐聲利而汩陳之，可不深懼耶？

嗚呼！孟獻子之沒，至於今將二千祀矣，其聲華寵利，蕩為太虛，不可控摶，焉有氣燄之能移人哉？然讀其書者，習其章句，安其訓詁，尚有不寤二子之為叔父，獻子之為兄子者，況於身處其時，親當其地，乃欲卓然自覺於沉酣膠擾之中，難矣哉！

【注釋】❶公孫敖二子　公孫敖，魯大夫，又名穆伯敖，亦稱穆伯，公子慶父之子。敖先娶於莒，名戴己，生文伯，名穀；其娣聲己，生惠叔，名難。穀生孟獻子，為魯卿。這裏的二子，指敖在莒所生，非穀與難。據《左傳》文公八年載，穆伯（敖）到莒國去會盟，並為襄仲（敖從父昆弟）迎親，不料穆伯見莒女美，竟然自己娶了她，襄仲請求攻打穆伯，後經叔仲惠伯的調解，穆伯允將莒女己氏送回莒國，兄弟這才和好如初。文公八年，穆伯奉命到成周弔喪，哪知他不但沒有去成周，反而帶著弔喪的禮品逃往莒國跟隨己氏去了。這個己氏，就是給襄仲迎親而敖自娶的那個莒女。後來在莒生了二子（見文公十四年傳），即此二子。文公十四年九月，公孫敖死在齊國，直到次年夏，魯國才允許齊國將其靈柩送回。襄仲所以不願意去哭喪，大概是因為奪妻之恨尚未盡消。❷孟獻子　文伯穀之子，公孫敖之孫，時為魯卿。

【語譯】環境情勢的使人轉變，沒有能和權位相比的。抬頭看看他所戴的帽子，以前是粗布縫的，如今是貂皮做的；低頭看看他所穿的衣服，以前是粗劣的麻布衣，如今是珍貴的貉皮裘；飢餓時看看他所吃的，以前是竹器所盛的粗飯，如今是金鼎烹調的美食；口渴時看他所飲用的，以前是瓢，如今是卮。是誰使他如此的呢？權位使他轉變的。其轉變再大些，那就可使謙卑的人變為驕傲，穩重的人變得輕浮，樸實的人變為奢華，敬謹的人變為怠慢。其轉變還有更嚴重的，尊貴的人自處於尊貴，沒什麼好訝異的，假使尊貴的人反而安處於卑賤，可真教人驚訝；尊貴的人反而安處於卑賤，也沒什麼好大驚小怪的，假使連尊貴的人都忘了他自己原是尊貴的，那才真教人驚駭呢！我因此而知道權位的移人，不僅只及於本人，而且會波及旁人；不僅可以改變當世，而且還影響到後世，居處於權位之中的人能不謹慎嗎？

起初，公孫敖生了文伯與惠叔，然後出奔，又在莒國生了兩個兒子。孟獻子其實是文伯的兒子，他看公孫敖，是祖父，他看公孫敖在莒國的兩個兒子，則是叔父季父的關係。可是兩人回到了魯國，《左傳》卻記載說：孟獻子喜歡他二人，此事全國皆知，後來有人誣陷他們要殺孟獻子，他們二人則說：「夫子因為愛我們而聞名，我們卻以要殺他而聞名，這不是遠離於禮嗎？」於是都以守門禦寇奮勇而死。體味這兩人所說的話，反而把孟獻子看成父親的行輩，而自處於子姪之列，左氏照著記載下來，也忘了他二人是叔父的身分。孟獻子雖然是一宗的嫡長子，位列國卿，然而親屬關係的尊卑是恆久不變的，對長輩只愛而不敬，本就不合於禮法，這兩人只見到官爵的高貴，而卻忘記了親屬關係的尤當尊重，後世記載的人，也跟隨著記錄而忘記了這一點，權位對人的轉變實在是很可怕啊！同宗的親屬，長幼高下，即使是牧養牛馬的賤役，愚魯昏昧的人，也能分辨清楚；一旦受了權位的影響，輩分卑的人自視為高，輩分高的人自視若卑，繆誤錯亂，不再能記得，那麼其他被遺忘忽略的事，還能算得出有多少嗎？父兄的訓誡，師友的昭示，被廢棄而遺忘的不知有多少？幼年時的志向，成長之後的所學，被廢棄而遺忘的也不知有多少？邦國所賴以維繫的，朝廷所賴以綱紀的，被廢棄而遺忘的更不知有多少？凡是我從前所學的，所聽聞的，所講求的，所謀劃的，有如星羅棋布的陳列胸中，而今都因名利而汩沒了，能不深以為懼嗎？

唉！孟獻子的死亡，到現在將近二千年了，他的聲名和恩寵利祿，早已消散於太虛之中，無能加以把持，哪還有氣燄能影響後人呢？然而研讀《左傳》的人，學習其中的文法章句，習慣於其中的文字解釋，尚且還有人不能領悟到這兩人身為叔父，而孟獻子為他們兄長之子，何況是身處於那個時代的人，親當其境，而想能卓然自覺於酣醉動亂之中，難哪！

【研　析】權位，可使人由賤而貴，由貧而富，由困窮而通顯，由默默無聞而聲名大噪。甚者，一旦權位繫身，即被尊榮所蒙，被聲色利欲所汩，忘卻一切，乖亂倫常而不以為恥，擱其良知而不以為羞，而紀事者，亦視為當然，並從而載諸筆端，以傳後世。作者有感於左氏之載，後人之習，特發而明之以警世。

就內容說，文分三段，作者首先指出權位移人的大且久，身居其間者不可輕忽。其次則就尊卑倒置，錯亂乖繆，而世人反以為安的情景，以明權位移人的可怕。最後則以後人不察，習其章句，安其訓詁，不悟二子為叔父，獻子為兄子之情，隱指左氏實難辭其誤導世俗之責。

就行文說，先就世人習以為常的心理，剖析權位不僅可使尊者安於卑，而且可使貴者忘其尊；不僅可移當時，而且可移後世。一著筆即令人首肯，緊扣人心。接著就以孟獻子與公孫敖二子間的尊卑倫理關係，來證實其立言之有據。孟獻子是公孫敖的孫子，對其二子說為姪輩，可是此時卻高居魯國的卿位，而二子自莒來歸，就輩分說為叔父，然就《左傳》的記載來看，其所用的言辭，好像晚輩對長輩（二子稱孟獻子為「夫子」）。最使人不解的是左氏竟用「其二子來，孟獻子愛之」的字眼來記載此事，這不像是長輩對晚輩的口氣嗎？其所以以尊（長輩）為卑（晚輩），以卑為尊，作者以為全係權位使然。是以進而闡發其所見，以明倫理，以正視聽，使貴顯者知所警惕，使無位者敦其品節，其用意不為不深。至其餘韻之所示，則為讀書不可不明辨就裏，「安其訓詁」，又何能有一得之見？

全文理與事驗，寓意深遠。

卷二十三

齊人侵我西鄙

文公十五年

【題解】此事載於《左傳》文公十五年（西元前六一二年）。大意是說：齊侯進攻魯國的西境，並且認為諸侯不會前來救援，所以也就無所顧忌的又去討伐曹國，理由是因為曹國曾經去朝見魯國。

大夫季文子（即季孫行父）說：「齊侯恐怕難免災禍，自身所行無禮，反而討伐舉措合禮的國家，他（齊侯）以為：『你為何依禮而行？』要知道，禮是用來順從上天的，這是常道。自己的行為違反了上天，還要討伐別人，這就難以避免災禍了。《詩・小雅・雨無正》說：『何以不能相互敬畏？皆因不畏懼上天。』君子的所以不虐待幼小卑賤，乃是由於畏懼上天。在〈周頌・我將〉中說：『畏懼上天的威靈，於是才能保有福祿。』不畏懼上天，又能保得住什麼呢？用作亂的方式取得國家，然後奉行禮法來保有君位，仍然畏懼不得善終，如果再多做不合禮的事情，那就恐怕真的不能得到善終了。」

呂氏據此，悟出逆取順守的傳統說法為非是，並作正本清源的辨解，反覆闡發，而以「取守之無二道」作結，立論非常嚴正，寓義尤為深遠。

言在此而觀在此者，眾人之觀也；言在此而觀在彼者，君子之觀也。兩訟在庭，甲操券契，乙奉質劑，聱牙撐拒，健吏閣筆不能下。他日偶視故府之牘，適聽道路之言，罅開節解，舉無遁情。牘豈豫為此時設，言豈特為此事發哉？邈乎不相涉，而其證甚的；寥乎不相及，而其喻甚親。吾知其說矣！無心之言其言真，無心之見其見定，是故觀言有術，略其專而察其旁。堅白乎求之惠鄧❶；清淨乎求之老莊❷；刑名乎求之申韓❸；耕稼乎求之陳許❹。規規然自局於簡冊之內而不敢騁，君子謂之俗儒。

取守之論，儒者之所爭，而未有知其所由始者也。自叔孫通❺、陸賈❻之徒進說於時，而逆取順守之說浸淫於天下。後之人雖爭之強，辨之疾，終莫能泝其源而拔其根，殆觀其專而不觀其旁之病也。盜發於秦，盜獲於吳，眾人不察之地，可不少留意耶？

齊懿公❼伐曹❽入其郛，季文子非之累數十言，其辭雖不一，大要皆為懿公發也。吾讀其語，至於「以亂取國，奉禮以守，猶懼不終」，然後知秦漢取守之說，其所從來遠矣。文子之言，本論伐曹，偶及於取守，寓意而非造意，泛言而非立言，從容游談，忽不自知判取守為兩事。吾是以知逆取順守之論濫觴於春秋，而襄陵於秦漢也。吾請置叔孫通、陸賈之徒，而獨與季文子辨。取守一道也，源涇而瀾渭❾，根蕕而葉薰，古無是論也。取守之論，其分於春秋之際乎？吾於文子之言有見也。百年禮法之家，不幸而子弟欲敗其家，猶必徘徊猶豫，半出半入，未敢奮然遽行其意，彼其去禮法未遠，其心猶有所畏也！堯、舜、禹、湯、文、武以來，取以是，守以是，未嘗斯須去禮，前聖後聖相付甚嚴。至於春秋列國，正其隙方開之時，故文子之言猶若有所憚者，既曰「以亂取矣，以禮守矣」，復繼之曰「猶懼不終」。一語開之，一語閉之，一語招之，一語麾之。前語方脫口，而遽汲汲於自贖，豈非取守之論方分，而文子之心猶有所未安者耶？時寖遠，論寖廣，至於隋唐之際，所謂逆取順守，弄文墨者往往道之，晏然不疑，若誤記以為六籍語者，尚奚言哉？此吾所以獨與文子辨，而竊意取守之論起於春秋之時也。

唐太宗並緣此義，手戕二昆⑩，臨朝而無愧色。第貞觀之治，前代鮮居其右者，世俗遂謂文子之言猶信胠篋探囊⑪而揖遜守之。謂之工於守財則可，謂之勇於改過則不可。為盜者棄其所攘，然後不謂之盜；逆取者捨其所取，然後不謂之逆。安有身擁盜物，而自名順守者乎？吾是以知取守之無二道也。

【注釋】❶堅白乎求之惠鄧　堅白，離析堅白，以明堅和白為完全不同的兩個觀念，為名家理論之一。惠鄧，惠施與鄧析，皆為名家重要人物。❷清淨乎求之老莊　清淨，虛淨寡欲，崇尚自然，為道家思想主流。老莊，老子與莊子，同為道家代表人物。❸刑名乎求之申韓　刑名，強調循名責實，以鞏固君權，為法家的一派。申韓，申不害與韓非，同為法家代表人物。❹耕稼乎求之陳許　耕稼，指君民並耕，自食其力的主張，為農家的根本思想。陳許，陳仲子與許行，同為農家代表人物。❺叔孫通　漢時薛人。初仕秦，後歸漢，遊說高祖徵求魯諸生，採集古禮和秦制，制定朝儀；漢代的朝制典禮，多出自叔孫通。官至太子太傅。見《漢書・叔孫通傳》。❻陸賈　漢初思想家、辭賦家。楚人。有辯才，劉邦打天下時，以其為謀士，後並多次出使南越，官至太中大夫。力主提倡儒學，並輔以黃老思想，對漢初政治影響很大。見《史記・酈生陸賈列傳》。❼齊懿公　春秋齊君。為桓公子，名商人。昭公卒，子舍立，商人弒之而自立，後為邴歜與閻職合謀所弒，在位四年。❽曹　古國名。周武王克商，封其弟叔振鐸於曹，春秋魯哀公八年為宋所滅。故址在今山東省定陶、曹縣一帶。❾源涇而瀾渭　以涇水為源頭，以渭水為流波。涇渭各有發源地，不可混而為一。如以二水相較，涇小渭大，涇短渭長。❿唐太宗並緣此義二句　唐高祖得天下，多以太宗之功，故高祖屢許以為太子，太子建成懼廢，與齊王元吉謀害太宗，未發。後太宗於武德九年六月引兵入玄武門，殺建成、元吉。高祖大驚，遂以太宗為皇太子，於八月即帝位。事見《新唐書・太宗本紀》。⓫胠篋探囊　撬開箱子，伸手至袋中取物。為盜竊之行為。

【語譯】言語論及此事，而觀點、看法也僅止於此，這是眾人觀察事情的態度；言語論及此事，而著眼點卻能及於他事，這是君子觀察事情的態度。兩造在法庭上訴訟，甲方持有契約，乙方執有合同，以兇惡的態度互相爭執抵拒，再能幹的官吏也只好停筆難以下判決。他日偶然翻閱到舊時的文書，或恰巧聽到路人的談論，一下子就可以將各種疑惑關節全部開解，使真相大白，毫無隱情。往日的文書難道是預先為此事而設定，路人的議論難道是特別為此事而發的？兩事雖然一點關係都沒有，而所提供的證據卻如此確鑿；本為風馬牛不相干的事，而比喻竟然如此貼切。我知道其中的道理了！原來無心的話，最為真實，無心的見證，最可取信，所以觀察別人的言語要有技巧，應捨棄他所刻意要表達的，而從旁觀察。講堅白的離析，只知向惠施、鄧析求證；講清淨無為，只知向老子、莊子追求；講刑名法術，只知向申不害、韓非探尋；講耕稼農事，只知向陳仲子、許行尋找。僅就短淺的識見，拘限於簡冊之內，而不敢有所跨越，這只是君子所稱的俗儒而已。

取國與守國的言論，歷來為讀書人所爭議，卻沒有人能知道是從什麼時候開始的。自從叔孫通、陸賈這些人向皇帝進言，遂使逆取順守的論調逐漸流行於天下。後世的人雖然用心去爭論，努力加以辯解，終究不能尋得其根源而予以拔除，大概就是犯了只針對重心，而未從旁觀察的通病吧？就如盜竊案件發生在秦國，而盜賊卻在吳地被捕獲一樣，眾人不曾察覺的地方，能不加以留意嗎？

齊懿公討伐曹國並攻進了外城，季文子指出這是錯誤的行為，並提出許多理由，這些話雖然意義不同，但大多是針對齊懿公而說的。我看了這些言論，讀到「用作亂的方式取得國家，然後奉行禮法來保有君位，仍然畏懼不得善終」，然後才明白，秦漢以來逆取順守的論調，根源是多麼的久遠。季文子的一席話，本來是評論攻伐曹國的不當，偶然涉及到取守的事，原只是言外的寄意，並非有意的表達；只是隨便提及，而不是有意的論說，在從容自在毫無拘束的談論中，不知不覺的就將取守分成兩件事。我因此知道逆取順守的論調，是起源於春秋之世，而盛行於秦漢之時。我現在就先將叔孫通、陸賈這些人擱置在一旁，而獨與季文子論辯。取守本是同一個道理，若要說以涇水為源頭以渭水為波瀾，或是說植物的根臭而葉香，自古以來是沒有這種說法的。對於取守，持有不同的論點，不就是從春秋之際開始的？我從季文子的談話中可以得到見證。相傳百年的禮法之家，若不幸出了不成材的子弟想敗壞門風，尚且徘徊猶豫，遮遮掩掩，不敢驟然照著己意施行，因畢竟他離禮法未遠，心中仍有所畏懼啊！自堯、舜、禹、湯、文王、武王以來，取國以禮法，守國以禮法，未嘗有片刻離於禮法，前後世的聖人相與交付甚為嚴謹。到了春秋，各國並列，正是取守之分的間隙剛開啟的時候，所以季文子的話似乎仍有所忌憚，他既然指出「用作亂的方式取得國家，然後奉行禮法來保有君位」，接著又說「仍然畏懼不得善終」。一句話剛揭開這層意思，第二句話馬上加以掩蔽；一句話剛點明這個意思，第二句話馬上加以抹除。前一句話剛說出口，又急急於為己開脫，這難道不是取守的言論剛開始有所區分，而季文子心中仍有所不安嗎？年代愈久遠，這種論調也流行愈廣，到隋唐之際，所謂逆取順守的論調，為那些舞文弄墨的人所經常提及，而安然不疑，彷彿誤以為那是六經之中的文字，那還有什麼好懷疑的呢？這就是我所以只與季文子論辯，而竊以為取守之論是起源於春秋之時。

唐太宗就是假借這個理由，親手殺害了兩個兄弟，君臨朝廷，而絲毫沒有愧疚。又因為貞觀之治的盛世，前代少有能超越的，世俗之人就傳述季文子的言論，如同相信人可以盜取財物而以謙遜的態度去保守它一樣。說這種人善於守財是可以的，若說這種人勇於改過就沒什麼道理了。做強盜的人放棄所搶得的財物，然後才能說他不是強盜；用作亂的方式取得國家的人放棄君位，然後才能說他不是不合禮法。哪裏有身擁竊盜而來的財物，而大言不慚的說自己是奉行禮法來保有它呢？我因此而知道取國與守君位並沒有不同的道理。

【研　析】讀書貴悟，能悟始能貫通其理，宏達其說，進而建立一己之論，以糾正過去的錯誤見解。

如此，不僅可使是非曲直大白於世，同時也可使世人知所遵循取捨，借以導社會國家於正軌。書生的可貴在此，而其所以為世人敬重亦在此。作者於深悟會通之餘，發而為文，就取守之道，反覆闡述，作正本清源的描繪，嚴正的論斷，無異是一些野心家的當頭棒喝，使不得有所藉口。

文分四段，作者首先指出觀言聽訟，應略其專對而細察旁證，不當規規然自局於簡冊之內，而流為俗儒。其次則謂取守之論，雖為儒者所爭辨，然終不能溯其源。第三段則就季文子之言，反覆析辨，探源竟委，而確指逆取順守之論，始於春秋。最後，則以唐太宗為例，進一步申明取守無二道。

這是一篇深有所得領悟之言，就季文子偶然涉及的寓義，引發出逆取順守的獨特見解。我們認為作者所強調的，應為堯、舜、禹、湯、文、武以來的以禮取，以禮守，非為春秋時的逆取順守，所以他將叔孫通、陸賈之徒的進說，僅數語帶過，僅視其不知其源而已。既然強調以禮取以禮守的重要，卻不正面去分析辨說，反而深責逆取順守的不合禮法，不遵正道，這種以反為正、烘托的筆法，正是作者高明而值得學習的地方。此外，作者「與文子辨」的一大段文字，也寫得非常精彩，對文子心理的分析，尤能獨到。如「至於春秋列國，正其隙方開之時，故文子之言猶若有所憚者，既曰『以亂取矣，以禮守矣』，復繼之曰『猶懼不終』。一語開之，一語閉之，一語招之，一語麾之。前語方脫口，而遽汲汲於自贖，豈非取守之論方分，而文子之心猶有所未安者耶？」這種就事度理之言，假如文子地下有知，將必欣然而首肯。

楚大饑庸❶人帥群蠻❷叛楚

文公十六年

【題解】此事載於《左傳》文公十六年（西元前六一一年）。大意是說：趁楚國大鬧饑荒的時候，庸人帥領著群蠻反叛，而麇人也率領著百濮聚集在選地（今湖北省枝江縣境），準備攻打楚國。這時楚國連北境申、息兩要地的城北門都不敢啟開。於是有人建議遷都阪高（今湖北省襄陽縣西），大夫蔿賈馬上阻止說：「不可以。我能往，寇也能往，不如攻打庸國。因麇與百濮，認為我們正鬧饑荒，不能出兵，所以才攻打我國，如果我們出兵抵禦，一定畏懼罷兵而回。要知道，百濮散居各地，勢將各回其所居邑，誰還有時間來計算他人？」於是出兵。只有十五天的時間，百濮就各自罷兵回去了。

經過廬邑（今湖北省南漳縣東）以後，就大開當地的倉廩，上下同食。大軍駐紮在句澨（今湖北均縣西）。先派廬邑大夫戢黎攻庸，剛攻到庸的方城（今湖北竹山縣東），就被庸人打敗，並俘擄了子揚窗（戢黎屬官，名窗），僅隔三宿，子揚窗竟逃了回來，並說：「庸師眾多，又聚集了群蠻，不如起用楚國的大軍，合兵進攻。」師叔（楚大夫潘尪）勸止說：「不可以。現在姑且和庸師對陣而假裝敗北，使庸軍驕傲，彼軍驕傲，我軍憤怒，而後可以克敵制勝。先君蚡冒（楚武王兄）所以能使陘隰國服順，就是用的這種方法。」後來又與庸軍對陣，七次對陣，七次都假裝敗北。這時庸人以為楚軍不值得一戰，所以也就不設防備。哪知楚子卻乘坐傳車，在臨品（湖北均縣界）會師，分為二隊，派子越從石溪，子貝從仞（石溪、仞二地皆在今湖北均縣界，為入庸要道）進攻庸國，這時秦人、巴人乃至群蠻，都來加盟楚師，於是就輕而易舉地把庸國滅了。

呂氏據此，對蔿賈大加讚揚，以為楚能滅庸，轉弱為強，蔿賈當居首功，並以漢代的張良、邳彤相許。所見既真，故其言也厲。

豐歉在人而不在天，強弱在人而不在地。歸豐歉於天，閉口而俟死者也；歸強弱於地，束手而就亡者也。是故天時雖歉，以人而豐；地勢雖強，以人而弱，強弱豐歉之權，係於人而已。

楚地跨南服，威令行於諸侯。自蚡冒❸以來，羈百蠻以長繩而鞭箠之，雖輿臺隸人，莫不氣呑鴃舌之君長。歲小饑饉，庸人率群蠻而叛之，正如蚊虻撲緣❹，何足介意？而一國駭懼，聚謀徙都，仰視庸濮❺，岌如泰山之將壓，慄慄危懼，朝不謀夕。當是時，楚國封疆豈削於前？輿賦豈減於舊哉？特主謀者弱，雖封疆輿賦之盛不能使之強也。及蔿賈❻之言一發，大小老稚皆有奮心。自廬❼以往，振廩同食，見氣之盈，而不見囷之竭；見師之飽，而不見歲之饑。潰蠻滅庸，四境如掃。嗚呼！不有君子，其能國乎？蒍賈未謀也，則楚以強為弱；蒍賈既謀也，則楚以歉為豐。無其人，則山川形勢地雖與之而不能全；有其人，則運饋糧餉天雖奪之而不能病。人之權重矣哉！

或曰：楚之是役，有廬戢黎❽之兵，有子揚窗❾之謀，有師叔❿之謀，有子越⓫子貝⓬之旅，合眾智，萃群力，用集大勛，豈專蒍賈之功歟？曰：至難回者，天下之勢，是勢一回，則風驅雷動，雲飛川決，雖僬僥戚施亦皆鳴劍抵掌，赴功名之會，故回大勢號為天下之至難。有張良以決鴻溝之追⓭，則參勃信布⓮之徒不可勝用也；有邳彤以決河北之留⓯，則弇異漢恂⓰之徒不可勝用也。天下患無張良，而不患無參勃信布；天下患無邳彤，而不患無弇異漢恂。當楚人策畫未定之際，使無蒍賈之一言，退自竄於阪高之墟，則雖有數子之智勇，不過崎嶇草莽間，其有匹夫之決者，不過先狗馬填溝壑耳。賈也昌言於庭，抶楚國頹仆之勢而起之，偏國中勃勃皆有生意，淬戈礪刃，惟恐見敵之晚。雖無數子，豈無能辨此者乎？戰於外，鼓於中，籌於上，用力愈佚，受賞愈醲，昔之治兵，蓋未嘗無次第於其間也。

【注釋】❶庸　古國名。春秋時為楚所滅，秦置上庸縣，地在今湖北省竹山縣東南。❷群蠻　散居在今湖北境內各處自成部落的蠻族，與當時庸國相近，故得以帥領他們。❸蚡冒　春秋楚人，若敖的孫子，名熊眴，繼霄敖為楚君，在位十七年卒。其弟熊通弒蚡冒子代立，是為楚武王。❹蚊䖟撲緣　蚊䖟附緣於馬身。撲，本作僕，附也。見《莊子・人間世》。❺濮　種族名。此指百濮，因無君長統領，各以邑落自聚，故稱百濮。此百濮散居在今湖北省石首縣附近。❻蔿賈　楚大夫，字伯嬴，孫叔敖之父。見《左傳》僖公二十七年。❼廬　楚邑名，在今湖北省南漳縣東。❽戢黎　廬邑大夫。見《左傳》文公十四年杜注。❾子揚窗　杜注：「窗，戢黎官屬也。」子揚為其字，窗為其名。❿師叔　楚大夫潘尪。⓫子越　即子越椒，子越其字，又字伯棼，亦稱鬬椒，楚令尹子文的從子，司馬子良之子，後亦為楚令尹、司馬。見《左傳》文公九年及宣公四年。⓬子貝　楚人，《左傳》僅文公十六年一見。⓭張良以決鴻溝之逭　張良，字子房，漢初政治家，助劉邦滅項羽，定天下，封留侯。見《史記・留侯世家》。鴻溝，古運河名，故道在今河南省北部滎陽縣、鄭縣。開鑿於戰國魏惠王時，楚漢相爭，曾以此為界。見《讀史方輿紀要・河南・開封府・祥符縣》。全句意謂：當韓信破齊以後，項羽自知少助食盡，信又進兵擊之，羽乃與漢王約，中分天下，割鴻溝以西為漢，以東為楚。羽解而東歸，漢王欲西歸，張良諫，遂用其計，五年圍羽垓下，楚地悉定。見《漢書・高帝紀》。⓮參勃信布　參，謂曹參，西漢沛人。秦末為沛縣獄吏，與蕭何同佐高祖定天下，封平陽侯。見《史記・蕭相國世家》、《漢書・曹參傳》。勃，謂周勃，漢沛人。輔佐高祖定天下，封絳侯，平呂氏亂，迎文帝即位，拜右丞相，卒諡武。見《漢書・周勃傳》。信，謂韓信，漢初淮陰人。善用兵，助高祖滅項羽，封為楚王，與張良、蕭何稱漢初三傑，後為呂后所殺。見《漢書・韓信傳》。布，謂英布，因早年曾受黥刑，故又稱黥布。初從項羽破秦軍，封九江王。後降漢從劉邦擊項羽，天下安定後，被封為淮南王。因造反事敗，被殺。見《史記・黥布列傳》。⓯邳彤以決河北之留　邳彤，字偉君，東漢信都（今河北省冀縣）人。初為王莽和成卒正，後歸光武，以功封靈壽侯。以信都在黃河以北，故稱河北。全句意謂：建武元年夏四月，世祖（光武帝）從薊（今河北省薊縣）還，失軍，欲至信都，彤乃選精騎迎世祖，與世祖會信都，世祖雖得二郡之助，而兵眾未合，議者多言可因信都兵自送西還長安。彤曰：「議者之言皆非，今釋此而歸，豈徒空失河北，必更驚動三輔，墮損威勢，非計之得者也。」世祖善其言，乃止。見《後漢書・邳彤傳》。⓰弇異漢恂　弇，謂耿弇，字伯昭，東漢扶風茂陵人。從光武帝破銅馬、赤眉、青犢諸賊，以功封好時侯。見《後漢書・耿弇傳》。異，謂馮異，字公孫，東漢父城人。好讀書，通《左氏春秋》、《孫子兵法》，後屬光武帝為主簿，以累功封陽夏侯，卒諡節。見《後漢書・馮異傳》。漢，謂吳漢，字子顏，東漢宛人。有智謀，為亭長。王莽末，歸光武，拜偏將軍。伐蜀，與公孫述八戰八克，以功封廣平侯，卒諡忠。見《後漢書・吳漢傳》。恂，謂寇恂，字子翼，東漢昌平人。明經修行，時稱長者，從光武定河北，拜河內太守，行大將軍事，屢平群寇，封雍奴侯，卒諡威。見《後漢書・寇恂傳》。

【語　譯】收成的豐歉在於人為而不在天時，國力的強弱也在於人為而不在地勢。將收成的豐歉依歸於天時，有如不事勞動而閉口等死一樣；將國力的強弱全歸於地勢，也有如無事作為而等待滅亡一樣。所以天時雖然歉收，卻可因人為的因素而得豐年；地勢雖然強固，卻可因人為的關係而衰弱，強弱豐歉的決定權，完全操持在人的手中。

楚國跨據南方疆域，聲威與號令行於諸侯各國。自蚡冒為君以來，控制群蠻並加以役使，即使是奴僕賤役，氣勢沒有不壓過群蠻的君長。一旦年歲小有饑荒，庸人就率領著群蠻叛亂，這件事正像蚊虻附緣於馬身，有什麼值得介意的呢？然而全楚國驚駭恐懼，君臣聚會作遷都的打算，仰望庸濮之人，危急的好像泰山就要倒壓下來，戰慄恐懼，朝不保夕。在這個時候，楚國的疆土難道有所削減嗎？兵車軍隊難道有比以前短少嗎？只不過是主持國政的人太懦弱，雖然有廣大的疆土與眾多的兵馬也不能使國力強盛。直到蔿賈的意見一說出口，自大官小民至老年稚弱都有奮起之心。經過廬邑以後，就大開倉廩，上下同食，只見氣勢的盈滿，而不感覺到糧食的短缺；只見到軍隊的飽食，而不感覺到年歲的饑荒。擊潰群蠻，襲滅庸國，很快就掃平了四境的亂事。唉！如果沒有君子，國家還能保得住嗎？蔿賈未曾為國圖謀之前，則楚以強國而自居弱勢；既經蔿賈籌劃之後，那麼楚國反以歉收為豐年。若沒有這個人，即使山川形勢佔了極大的地利，也不能保全國勢；有了這個人，則運送的軍糧雖然為天時所奪，也不能妨害到軍民的士氣。人的影響力是多麼重要啊！

或有人認為：楚國的這一次戰役，參與的有廬邑戢黎的軍隊，有子揚窗的情報，有師叔的謀略，有子越、子貝率軍助陣，是集合眾人的智慧，發揮群體的力量，才能建立的功勳，怎能全歸於蔿賈的功勞呢？我的回答是：最難扭轉的是天下大勢，這種情勢一挽回，則風起雷動，雲飛川決，就是弱小駝背殘廢的人也都能拔劍擊掌，奔赴功名的盛會，所以才把扭轉大局，號稱為天下最難的事。楚漢相爭，因有張良在決定以鴻溝為界之後的獻策追擊，所以像曹參、周勃、韓信、英布這樣的人才，才不可盡用；漢光武時，由於邳彤的獻計，決定留守河北，所以像耿弇、馮異、吳漢、寇恂這樣的人才，才不可盡用。天下所憂慮的是沒有張良這等人，並不擔心沒有曹參、周勃、韓信和英布；天下所憂慮的是沒有邳彤這等人，並不擔心沒有耿弇、馮異、吳漢和寇恂。當楚人的策劃尚未決定的時候，若沒有蔿賈的一席話，則楚人將奔竄退守於阪高荒野之間，雖然有眾人的智謀與勇力，也不過是在崎嶇草莽間苟延殘喘，即使有逞匹夫之勇的人決心殉國，結果也不過是先比狗馬填屍於溝壑罷了。蔿賈在朝廷中曉明大義，使楚國頹敗的氣勢振奮起來，使全國的人民，勃然有生機，磨練戈戟刀刃，惟恐不能打前鋒殺頑敵。即使沒有盧戢黎、子揚窗、師叔、子越、子貝這些人，難道就不能辦到這種地步嗎？國家用兵，通常都是軍隊作戰居外，將帥指揮居中，而攻守謀略的籌劃居上，愈是不用勞力，所受的獎賞反而愈豐厚，前人的治兵領軍，並不是沒有個次序道理在其中的。

【研　析】明智的人，輒能洞察事理，掌握先機，如逢賢君，則可收相得益彰之效。本文主旨，即在強調左氏所載，蔿賈獻策楚君，力排眾議，終能轉危為安，滅庸服蠻一則史實的可貴，特據以闡發，借明良策的難得，制敵機先的不易，有警惕作用，尤有啟發作用。

文分三段，作者首先就年歲的豐歉，國家的強弱，全在人謀，而不在天地作開端，來引發第二段謀國端賴君子，弱主難使國強的道理，所以第三段也就順理成章的落在謀略的重要上面，並舉漢代的張良、邳彤二人，來證明其說的不虛。

就行文言，作者循既定的構思，一理直下，有如水銀落地；筆鋒所觸，就像秋風掃落葉，處處顯現出理明事驗、爽朗自然之情，令人為之心快。如寫蔿賈之謀則謂：「及蔿賈之言一發，大小老稚皆有奮心。自廬以往，振廩同食，……見師之飽，而不見歲之饑。潰蠻滅庸，四境如掃。

嗚呼！不有君子，其能國乎？」這是何等使人心快的文筆！又如：「有張良以決鴻溝之追，則參勃信布之徒不可勝用也；有邳彤以決河北之留，則弇異漢恂之徒不可勝用也。天下患無張良，而不患無參勃信布；天下患無邳彤，而不患無弇異漢恂。」這又是何等使人心折的理則！此種前後輝映、事理交融的行文造詣，能說不是作者的獨到之處？至其就蔿賈建言而推闡的手法，這不僅可見作者說理的周密，尤其可見作者素養的博厚。

鄭子家❶為書告趙宣子❷

文公十七年

【題解】此事載於《左傳》文公十七年（西元前六一〇年）。大意是說：晉侯（靈公）在黃父（今山西省翼城縣東北的烏嶺）閱兵，借著這個機會，再度在扈地（今河南省原武縣西北）會合諸侯。當時晉侯不願和鄭伯（穆公）見面，因他有貳心於楚國。這時鄭大夫子家，寫了一封信，派通訊官送給晉卿趙宣子說：「寡君即位的第三年，就召請蔡侯和他一同事奉貴國的國君。九月，蔡侯進入敝邑前去貴國，因敝邑有侯宣多（鄭大夫）所造成的禍難，所以寡君無法與蔡侯同行。十一月，消滅了侯宣多，馬上就隨著蔡侯向執事朝覲。十二年六月，歸生（子家自稱）陪伴著寡君的太子夷（靈公）到楚國請陳侯（共公）一同朝拜貴國國君。十四年七月，寡君又朝拜貴國國君借以完成有關陳國的事情。十五年五月，陳侯從敝邑前往貴國朝拜。去年正月，燭之武（鄭大夫）前來貴國，安排使敝邑太子夷朝拜的事宜。八月寡君又來朝拜。以陳、蔡兩國距楚這樣近，而竟不敢有事楚的貳心，這完全是由於敝邑的緣故。為什麼敝邑這樣事奉貴國國君，還不能免於災禍呢？寡君在位，朝見貴國先君（襄公）一次，朝見貴國國君兩次，太子夷與敝邑君的二三臣下，也不斷地到絳城（晉都城）來，以我們這樣的小國所應該做的事，實在無法再能有所超過了。現在你們大國卻說：『你們的事奉，尚不能讓我快意。』可是現在，敝邑已經盡了全力，就是被滅亡，也不可能再有所增加了。古人曾經說過：『怕頭怕尾，那麼整個身體，也就所剩無幾了。』又說：『鹿在臨死的時候，不會再發出好聽的聲音。』小國的事奉大國，如果大國以德對待小國，那麼小國就像個人的樣子，如不以德相對待，那小國就是鹿了。狂奔走險，在急迫的時候，何能有所選擇？更何況你們大國的命令，沒有一定的標準，我們現在已經知道就要滅亡了，因此我們將傾全國之兵，在鯈地等待著，就請執事下達命令吧！」晉國有見事態嚴重，於是派大夫鞏朔（即鞏伯，又謂士莊伯）到鄭國修好，並以趙穿（即趙武子，趙盾從弟）、公壻池（晉大夫，名池，晉侯女婿）為人質。

呂氏據此，發抒所感，以為晉、鄭兩國，雖然時而和好，時而交惡，可是於需索抗辭之間，猶有親情存在，故不易反叛。至於鄭國與楚國，雖貌恭心肅，此基於畏懼使然，為求生存，實出於不得已，故易為離叛。

井有餘潤，圃者不為之增畦；車有餘載，馭者不為之增橐。天下之理，惟厚於養而薄於求，然後可以相待而至於無窮。先王之有天下也，分地分民，以建諸侯，圭焉而朝，鼎焉而食，輅焉而趨，鼐焉而燕。臺其門，觀其闕，秋毫皆君賜也。雖日薦幣而暮奉籩③，猶不足以答天地大德。而先王制為五服六年一朝之典，夫豈欲佚諸侯而驕之哉？蓋在我者常欲有餘，在彼者常欲不足。使諸侯養其忠而不得盡展，蓄其力而不得盡施，此所以傳百世而無不軌不物之患也。

晉於鄭何益哉？嘗建置其社稷乎？未嘗也；嘗擁立其君長乎？未嘗也。雖時有涓滴之惠，然干戈相尋，德不償怨。彼其所以龜塗著道④，君臣相望於晉之郊者，豈得已哉？特畏其力焉耳。晉人猶不饜而多求於鄭，鄭不勝其求，移書以直之，晉人氣褫神奪，僕僕然行成遣質，惟恐不及。以大國之尊，而下行小國之事，甘受屈辱而不敢辭，蓋求之太甚，固有以招之也。周不能歲朝諸侯，而晉則能之，晉之拊循諸侯過於周則可，不然則執訊之辱不發於鄭，亦必發於他國也。過任之事，父不能得之子；無已之求，君不能得之臣，況俱號為諸侯者乎？

雖然，晉楚俱大國也，鄭介晉楚之間者也。鄭之於晉，其抗辭以對者，蓋非一端，如壞館❺、登陴❻、爭承❼、問後之類，行行然每不肯為晉下。至於事楚則異是矣，飭車而朝，走幣而使，惟恐少忤其意，敢抗辭以對者殆無幾何。其勇於晉而怯於楚乎？曰：晉，中國也，可告語者也；楚，蠻夷也，不可告語者也。鄭有晉憾，猶敢訴焉，至於楚，則不敢訴而敢叛。二者孰為得失哉？以迹而論，則楚恭而晉倨；以心而論，則晉親而楚疏。人徒見鄭之君臣入楚之境，貌恭心肅，遂以為畏楚；入晉之境，辭費說煩，遂以為慢晉。抑不知為晉楚謀者，寧受其畏乎？寧受其慢乎？必知所去取矣！諫疏不至於朝，訴牒不至於府，晏然靖謐，號為無事，以晉楚之事格之，無乃猶有可察者乎！

【注釋】❶鄭子家　即鄭大夫公子歸生。子家，其字。見《左傳》文公十三年杜注。❷趙宣子　即趙盾。晉卿。❸旦薦幣而暮奉籩　幣，古代用以祭祀的繒帛。籩，古代祭祀燕享用以盛果實脩脯的竹器。句意謂早晚祭祀祈禱，表示恭順忠藎的意思。❹龜塗著道　卜筮行路的吉凶。❺壞館　子產相鄭伯如晉，晉侯以魯襄公死正在喪期，不予接見，於是子產在一怒之下，就將賓館的牆垣，全部毀壞掉。見《左傳》襄公三十一年。❻登陴　謂子產授兵登陴，似有叛晉之意。見《左傳》昭公十八年。❼爭承　謂與晉爭貢賦的次序。即多少。見《左傳》昭公十三年。

【語譯】即使井底還有多餘的用水，園丁不會因此而多闢菜畦苗圃；即使車中還有多餘的空間，車夫也不會因此而多載行李。天下的道理，惟有多加養護而少予索求，然後才可能相安無事而永遠和諧。古代聖王的保有天下，劃分地區人民，來封建諸侯，並賜圭使他們來朝，賜鼎使可為食，賜車使可為乘，賜大鼎使得以燕享作樂。既而又為其修築城門、興建宮闕，可說沒有哪一樣不是君王賜與的。這種隆情厚意，即使是早晚以祭品恭敬的祈禱祭祀，仍是無法報答天地的大恩德。然而先王制定五服的制度，諸侯六年朝覲一次的典則，難道是要放縱諸侯而使他們驕傲不馴嗎？其實，在我（先王）這方面，應常想著給人多留餘地，在另一方面（諸侯），應常想著回報的還不夠多。使諸侯培養他們的忠心，而不要發揮殆盡；積蓄他們的財力，而不要全部繳納，如此才能相傳百世而沒有踰禮犯法的禍患。

晉國對鄭國有什麼恩德呢？曾經為他建置社稷了嗎？沒有；曾經擁立過他的君長嗎？也沒有。雖然不時施予小小的恩惠，然而也經常挑釁用兵，干戈相向，這一點微小的恩德根本抵不過所積的怨恨。而鄭國所以卜筮行路的吉凶，君臣經常往來於晉國的道路中，難道是甘心情願的嗎？不過是畏懼晉國的勢強罷了。可是晉人仍舊不能滿足，而向鄭國索求更多，鄭國忍受不了晉國的索求，所以才用書信直接表明態度，晉人隨即喪失了驕傲的神氣，急忙派人和解，連遣送人質，都惟恐趕不及的樣子。以如此大國的尊嚴，卻卑下的去從事小國才有行為，甘願受屈辱而不敢有所推託，這正是因為索求太多，欺人太甚，活該招來這種侮辱。周室無法使眾諸侯年年前來朝見，而晉國則能做到，要說晉國對諸侯的安撫有過於周室是可以的，不然，這種執詢訊問的恥辱即使不發生於鄭國，也必將發生於其他的國家。若要求超過能力所能負擔的，即使是父親，也不能在兒子那裏得到；永無止境的需求，即使是君王，也無法在臣子那裏得到，更何況彼此都是處於平等地位的諸侯呢？

雖然，晉國和楚國都是大國，鄭國是處於晉楚兩強之間的小國，而鄭國對於晉國，論辯抗爭的情形，並不只這一件事，例如毀壞賓館牆垣、授兵登城、爭貢賦的次序、不按時聘問等等的事，倔強不服而每每不肯屈下於晉國。至於奉事楚國就不是這樣了，整備車馬前去朝見，厚攜幣帛前往進貢，惟恐有一點違背忤逆，膽敢提出抗議言辭的情形，大概沒有發生過幾次。這難道是鄭國勇於與晉相爭，而怯於與楚相抗嗎？答案是：晉國，是禮儀之邦，可以理相告；楚國，是蠻夷之邦，有理也說不清。鄭國對晉國有所怨怒，尚且敢據理力爭，至於楚國，則不敢有所申訴，然而卻敢叛變造反。比較之下，這兩者的得失如何呢？根據事跡而論，則鄭對楚恭順而待晉倨傲；若從心態而言，則鄭與晉之間仍有親情存在，與楚卻疏遠而無情。人們只見到鄭國的君臣進入楚國境時，外貌恭順心存敬肅，就以為是畏懼楚國；進入晉國境時，言辭多論辯煩，就以為是待晉傲慢。卻不知為晉國或楚國圖謀的人，寧願接受鄭國的畏懼呢？還是寧願遭受鄭國的怠慢？想必能知道如何取捨吧！倘若在國家的朝廷中，沒有臣下的諫疏章奏，官府中也沒有人民的訟案訴狀，安然寂靜，號稱天下無事，若以晉楚兩國這件事來比較，恐怕仍有可商榷的地方吧！

【研　析】俗語說：「事在人為」。而明察果決，即為謀事之本。晉侯不見鄭伯，這是公然的侮辱，大夫子家能及時「移書以直之」，致使「晉人氣褫神奪」，「遣質惟恐不及」，這就不能不歸功於明察果決的功效了。

就內容說，文分三段，作者首先言先王封建諸侯，待之惟恐不厚不周，以培養其忠貞不二之心。其次則指出晉人於鄭責之太切，求之太過，為其取辱的根由。最後說明鄭國所以敢抗辭以對晉，恭肅以對楚，全由於「中國」「蠻夷」的不同。

就行文說，作者主要意旨，在於強調晉人對待鄭國過於輕視無禮，而又要求太多，致使鄭國忍無可忍，不得已才出此下策，傾全國之兵，與晉決一死戰。晉知其理虧，又怕失去鄭國，所以才遣使修好。至於一、三兩段，只是主旨的陪襯，由於作者的巧意安排，使讀者在情理的感覺上，並沒有什麼勉強牽合。更由於鄭處在晉、楚二大國之間，使作者又生出對鄭國外交辭令以及行事態度上的差異看法。「晉，中國也，可告語者也；楚，蠻夷也，不可告語者也。」這意思是說，晉是受周公之教的文明大國，是講理的國家，可以理相告，據理力爭。而楚國則是蠻夷不講理的國家，不可以理相告，即使有理也是說不清的。基此之故，所以不管在行跡上，或是心理上，都有所不同。於此，我們當可看出小國求生存的不易，而子家的移書趙盾，也未嘗不可視為外交手段的一種。而作者所謂「以晉楚之事格之，無乃猶有可察者乎」之意，或即在此。

邴歜閻職❶弒齊懿公❷

文公十八年

【題解】此事載於《左傳》文公十八年（西元前六〇九年）。大意是說：在齊懿公為公子時，與大夫邴歜的父親爭奪田地，沒有得勝，等到即位以後，就把邴歜父親的屍體挖出來將腳砍去，還讓邴歜為他駕車。大夫閻職的妻容貌美好，懿公把她納諸宮中，奪為己有，又使閻職為驂乘。這年五月，懿公在申池游玩，邴歜、閻職二人剛好在池中洗澡，於是就合謀乘機殺了懿公，將其屍體棄置在竹林中。二人回去直到在宗廟祭祀了祖先，設置好酒杯，才從容不迫地離去。

呂氏據此，對懿公作一通盤的檢討：由於一己的慹然無情，而認為天下人皆如是，終以此見弒。在其未弒君竊國以前，為達到目的，不惜驟施於國，及其被殺，竟無一人執戈以赴其急，於此，就更可看出小惠的不足仗恃了。

事有出於常情之外者，非人之所不能及，則必不能及人者也。肘腋怨讎，腹心讎敵，曠懷大度，高出於常情之外，夫豈常人所及哉？智不踰於常人，而欲為非常人之事，則必愚者也，闇者也，發褚以示盜者也，決隄以俟溺者也，跣足於雄虺之榛，而裸身於餓虎之蹊者也。至於姦雄凶猾之人，每持寧我負人，無人負我之語，睚眦之怨必削株拔根無噍類乃止。彼豈不知含洪光大為盛德事哉？蓋思其上者慨然以為不可學，至其下者輾然以為不足學也！

齊懿公奪閻職之妻，刖邴歜之父，而復親近二人者，與之狎昵，卒屠其軀。意者懿公豈不分菽麥者耶？則戕君竊國❸，機略初不在人後，乃於人情易見之利害，舛錯如此，世未有知其說者。抑不知懿公之事，他人視之若不近人情，而懿公實未嘗不用其情也。彼懿公身為公族而弒其君，於其父子親族之間亦已薄矣。至於宗族殘忍鷙暴，慹然無情，推己之情而謂人皆然，此其所以日親歜職，而不料其果於復讎也！人怪懿公之不近人情，而不知懿公之禍，正坐以己之情而度人之情也！請以太子劭之事實之。劭與弟濬俱謀逆，潘妃者，濬之母而劭之所欲殺也，劭將殺其母而親其子，疑若非人之情，抑不知劭濬之情同於悖逆❹。元嘉❺之變，潘妃既戮，而濬之附劭有加於前，兄梟弟獍❻，何其異軀而同情也！商人之待歜職，正如劭之待濬，自謂人皆如己，不復置疑，此吾所以推懿公之禍，正在於用情也！

吾攷傳之所載，二子既戕懿公，舍爵而行，略無所憚，而又竊有所感焉。當懿公謀逆之時，貸粟之際，曲澤私德，偽聲虛譽，營丘之民奔走而歌舞之，故能以支代宗而竊其國。居位未幾，以凶虐而殺其身，向日之受其姑息者，竟無一人仗戈以赴其急，推刃之人，緩步出郊，略無所憚。至於是然後知區區之小惠果不足恃也！齊懿公罪惡貫盈，本無足責，吾特表而出之，以為好行小惠者之戒。

【注釋】❶邴歜閻職　均齊大夫。《史記・齊太公世家》作丙戎、庸職。❷齊懿公　桓公子，名商人。桓公多內寵，如夫人者六人，密姬生懿公商人。見《史記・齊太公世家》。❸戕君竊國　指懿公。事見卷二十二〈齊公子商人驟施於國〉。❹劭與弟濬俱謀逆六句　劭為南朝宋文帝義隆長子，於元嘉五年立為皇太子。濬為文帝次子，於元嘉十二年封為始興王。潘妃，即潘淑妃，生始興王濬，元皇后性妒，以淑妃有寵於上，恚恨而殂，淑妃專總內政，由是太子劭深惡淑妃及濬。濬懼為將來之禍，乃曲意事劭，劭更與之善。後聽女巫嚴道育言，二人共謀造反，劭弒文帝及潘淑妃，即位後，劭召濬，以潘妃為亂兵所害相告。濬以「此是下情，由來所願」見答，劭以濬為侍中。不久二人均被殺。見《資治通鑑・宋紀九・文帝元嘉二十九、三十年》。❺元嘉　南朝宋文帝年號，在位三十年（西元四二四－四五三年）。❻兄梟弟獍　兄指劭，弟指濬。梟為食母的惡鳥，獍為食父的惡獸。梟獍，比喻不孝或惡狠忘恩的人。

【語　譯】行事有的出於常情以外，若不是一般人所不能及，那麼這個人的作為，一定趕不上一般人。如對於關係最為密切之間的恩怨，信任有加之間的仇恨，仍能以曠達的胸懷、宏大的度量，不計一切的與之相處，超過、高出一般常情以外，這種作為哪裏是平常人所能趕得上的呢？如果智慧不能踰越平常人，竟想做非常人的事情，那麼這一定是個愚笨的人，闇昧不明的人，打開緒囊來告示盜賊的人，決開隄防來等待淹死的人，再不然就是赤著腳行走在充滿毒蛇的榛莽中，或是不穿衣服而置身於餓虎出沒之路的人。至於那些玩弄權術、凶暴狡猾的人，每每執持著寧願我辜負別人，也不使別人辜負我的話，即使是對於舉目相忤的小怨隙，也一定要把對方斬草除根地消滅殆盡才停止。難道說他就不知道內含光采、以寬大的胸襟包容別人，為美盛的道德之事嗎？實由於他總是想在上位的人，沒有什麼可學，至於位居其下的人，又笑他們不值得去學所致啊！

齊懿公霸佔了閻職的妻子，砍去了邴歜父親的腳，而又親近這兩個人，和他們廝混在一塊，終遭殺身之禍。一般人以為難道懿公是豆麥（親仇）不分的人嗎？那麼當初他殺君竊國，機智謀略並不在人後，竟在一般人情容易看見的利害上，是如此的乖謬錯誤，這是由於世人不知就裏的關係。也就是不能知道懿公的行事，在旁人看來，像是不近人情，然而懿公實在不曾不用其心情。因為懿公他身為公族竟然殺了國君，這在父子親族之間來說，已夠刻薄的了。至於對那些宗族們的殘忍凶暴，也同樣的毫不動情，於是他就由一己的心情推想，而認為一般人都是這樣，這就是他為什麼一天一天地親近歜、職而沒有料到他們果真會復仇啊！一般人都責怪懿公的不近人情，卻不知懿公的災禍，正是因為以自己的心情去揣度別人的心情所致啊！現在就請容我用南朝劉宋太子劭的事情來予以證實。劭與弟濬同時陰謀造反，而潘淑妃是濬的生母，卻是太子劭要殺的人，太子劭將要殺潘妃反而親近她親生的兒子，這當然有人會懷疑不是人的常情，卻不知劭、濬的共同心情是背叛造反。元嘉的政變，潘妃既已被殺，可是濬的附順劭卻勝過以前，兄弟二人，一個是梟，一個是獍，為什麼會不同的人而心情竟然相同呢！商人的對待歜、職，正像劭的對待濬，自認為每個人都和一己相同，不再有任何懷疑，這就是我用來推求懿公的災禍，正在於所用的心情所致啊！

我稽考《左傳》的記載，對歜、職二人既然殺害了懿公，又在廟中告奠以後，才從容地離開，似乎無所畏懼這件事，而又私自有所感悟。當懿公陰謀叛逆的時候，私產用盡向公家貸粟濟貧的當兒，布施一己曲私的恩德，一時虛偽的聲譽四起，全國都（營丘）的人民，互相奔走歌頌他的善舉，所以才能以庶支代正宗而竊奪了國家。只可惜在位沒有多久，因凶殘暴虐而為人所殺，可是先前那些受了他的寬容偏愛的人，竟然沒有一個拿著武器來趕赴他的急難的，而反使殺害他的人，從容不迫地步出郊野，似乎一點畏懼都沒有。事情發展到此，然後才能悟知區區的小恩惠，實在不足以憑恃啊！齊懿公的罪惡，已經到了無以復加的地步，本不值得責斥，我特別要把他發表出來，就是為了要告誡那些好行小恩惠的人！

【研　析】齊懿公商人，弒君自立，不但不知安撫臣下，反而驕縱凶虐，刖人父之足，奪人之妻，此仇此恨，如說不報，「則必不能及人」。商人不解此理，反以一己的情懷度人，仍與邴歜、閻職親近，終被所殺，這能說不是咎由自取，惹火燒身嗎？《大學》說：「言悖而出者，亦悖而入；貨悖而入者，亦悖而出。」實為不易之理。

文分三段，作者首先指出智不踰常人，而不可為非常人之事，借以引出懿公的所作所為，乃不智之舉。其次則言懿公的被弒，乃由於用己出於常情之外的情來衡度所有的人，以示其被殺，乃為必然。最後，則進一步說明施行小惠的不可恃，適足以暴露其姦惡的行為。

本文當與〈齊公子商人驟施於國〉合看，方可窺齊懿公心術行為的全貌。作者於此文，僅就商人的「用情」不尋常，不為世人所察，又恐自己的見解不為世人接納，特舉出南朝劉宋文帝太子劭之事，來作為實證。此事於史實言之，真可說是無獨有偶了。其次，作者對商人的惡貫滿盈，有意避而不言，僅說其被弒時「竟無一人仗戈以赴其急」，來印證「好行小惠」的不足恃，以顯示偽君子、假善人的真面孔，用意不為不深。

襄仲❶殺惡及視❷及叔仲惠伯❸立宣公❹

文公十八年

【題　解】此事載於《左傳》文公十八年（西元前六〇九年）。大意是說：魯文公有二妃，長妃齊女，為哀姜，生子惡及視，次妃敬嬴，生宣公（據《史記》載名倭）。敬嬴很得寵愛，私下與襄仲勾結，宣公年長，敬嬴就把他託付給襄仲。襄仲想立宣公，而叔仲不同意。這時襄仲向齊侯請示，表明要立宣公，因齊侯新立，想親近魯國，於是就答應了。冬十月，襄仲殺了惡及視，立宣公為魯君。《春秋》記載說：「子卒」，這是為了隱諱事實的真象。

襄仲詐用君命（指惡）召惠伯（即叔仲），其家臣公冉務人阻止說：「去一定會死。」叔仲說：「為君命而死是可以的。」公冉務人說：「若為君命，是可以死；不是君命，何以要聽從？」叔仲不聽勸阻，毅然而往。果不出其家臣所料，一到，就被襄仲殺害，埋在馬糞中。公冉務人護送著叔仲的妻兒，逃到蔡國，不久就又建立了叔仲氏。再說夫人哀姜，因兩個兒子（惡及視）被殺，只好回到娘家齊國而不再回來。臨走時，哭著經過集市，說：「天啊！襄仲無道，竟然殺了嫡子而立庶子。」全市的人聽了以後，也跟著哭泣，所以魯人就稱她為哀姜。

呂氏據此，固斥襄仲之非，而尤痛叔仲之死。謂其捐身隕命，甘與草木同朽，為君子所深惜。並以「君子惡徒善」作結，此不惟點出叔仲赴死之本，同時也彰明了「一死報君王」之非，佐國者，宜何如其勉！

天下之亂，無形者不可討，無志者不果討，無助者不能討，合是三無，亂之所以成也。匿機閉鍵，覆阱韜戈，城府高深，不見纖隙，是謂無形。視國傳舍，視君弈棋，小寇不訶，大寇不禦，是謂無志。胆壯形羸，志強勢弱，孑然孤立，莫救危亡，是謂無助。發於彼者有形，立於我者有志，資於外者有助，亦何姦之不消，何難之不平哉？宜消而長，宜平而傾，此君子之所以深嗟而屢歎也！

叔仲惠伯之禍，吾嘗三復其事而悲之。惠伯受遺輔政，履危疑之朝，固當蚤警暮戒，大布耳目，剪荊棘於萌芽之始，殪虎兕於蠕動之初，雖深譎沉隱之謀，猶必鉤考而披抉之，況襄仲親以殺嫡立庶之計顯語惠伯？不訊而承，不索而獲，是天發其姦，賜惠伯以討亂之機也。惠伯撫機不發，見亂之形，恬不為備。意者惠伯沉浮婾阿，無徇國之志歟？惡視之難，殺身就義，凜然不負其意，謂惠伯無徇國之志者，誣也。有徇國之志，而見逆國之形，是宜忠憤俱發，百舍一赴，如注坡馬，如縱壑魚，如解縚鷹，靡容晷刻之緩。顧乃束手待斃，噤無所為。殆惠伯困於無助，畏襄仲之多助而不敢發也！

襄仲所恃為助者，獨齊耳，出姜實齊女，而子惡齊之自出也，齊所以不顧其親而從其請者，特以襄仲專政，欲以親魯耳。惠伯若亟遣使於齊，援姻戚之義，明利害之數，以感動齊侯，則齊未必不翻然改計。蓋棄至親之甥，而即甚疏之人，齊必不為也；捨已立之君，而待將篡之賊，齊又不為也；墮救患之名，而取黨姦之謗，齊又不為也。惠伯倘如前所陳，以曉齊侯，則齊知子惡有惠伯為之內主，又知襄仲不能專魯之權，則安肯捨此而助彼乎？襄仲既失齊助，則塊然几上肉耳。僑如倚晉傾魯，氣蓋一國，晉人朝悔，而僑如夕走❺。惠伯誠能厚結齊懽，以孤襄仲之援，吾見臨淄之旜未反，而東門之室已虛矣。釋此不為，乃殞身命，甘與草木同腐，此君子所以深為惠伯惜也。嗚呼！襄仲泄謀於人，在法當敗；公室連姻於齊，在法當親。惠伯可討不討，而使襄仲轉敗為成；可附不附，而使齊侯變親為怨，雖有區區之心，何救龜玉之毀❻乎？是以君子惡徒善！

【注釋】❶襄仲　字仲名遂，春秋魯莊公子，襄為其謚。其後子孫以謚為氏。仲居東門，亦稱東門氏。事僖公、文公為卿。文公卒，仲殺太子惡及其母弟視而立庶子俀，是為宣公。❷惡及視　文公長妃齊女哀姜生。惡為兄，視為弟。見《史記・魯周公世家》。❸叔仲惠伯　名彭生，魯大夫叔牙之孫。❹宣公　名俀，文公子，次妃敬嬴所生。見《史記・魯周公世家》。❺僑如倚晉傾魯四句　僑如，即魯卿叔孫宣伯，莊叔子。事見《左傳》成公十六年。大意是說：魯成公和晉侯、齊侯、衛侯、宋國華元、邾人在沙隨集會，商討攻打鄭國的事情。這時僑如派人告訴晉卿郤犨說：「魯侯在壞隤地方等候晉、楚戰爭的勝負。」這無異說魯君坐觀其成。當時郤犨統領著新軍，主持東方諸侯招待接洽的事務，他一方面在僑如那裏取走了財貨，同時又在晉君面前毀謗魯君，所以晉侯不和成公見面。僑如一看有機可乘，於是又派人告訴郤犨說：「魯國有季文子和孟獻子，就好比晉有欒武子和范文子，如果能把他二人殺了，魯國就不會三心二意，其他小國也會跟著服從晉國。希望你能逮住季文子，我把孟獻子弄死，然後魯國就會死心塌地的服順晉國，否則季文子一回來，一定會背叛。」於是晉人在苕丘逮住季文子。成公回到鄆地等待，派子叔聲伯向晉國交涉放回季文子。郤犨對聲伯說：「如果你去掉孟獻子，而留下季文子，我就把魯國的政權交給你，對待你比對待公室還親。」聲伯回答說：「僑如的事情（私通成公母穆姜，欲除掉季文子、孟獻子），你一定聽到了，如果將此二人去掉，就等於丟棄魯國和懲罰寡君，這樣魯國必定會滅亡，魯國靠近晉國的仇國齊、楚，所以也一定會成為晉國的仇敵，到那時就無法補救了。」郤犨又用封邑來引誘聲伯，聲伯始終不為所動，並且義正辭嚴的請求放回季文子。這時范文子、欒武子也以季文子的忠誠、聲伯的無私以及僑如的奸邪相告，終於允與魯國媾和，放回了季文子。冬十月，放逐了僑如。❻龜玉之毀　指國運乖舛或國家衰敗。龜、玉，皆大寶，古時並為國家重器。《論語・季氏》：「虎兕出於柙，龜玉毀於櫝中，是誰之過與？」疏：「龜玉皆大寶，故設匱以藏之。」

【語　譯】天下的叛亂，在沒有現形以前，不可以討伐；沒有意志作為的人，不敢討伐；在沒有奧援的情況下，不能討伐，總合以上的三種沒有，就是叛亂所以形成的原因了。隱藏機密，封閉門鍵，覆蓋陷阱，深儲戈矛，高深城府，看不出半點破綻，這就叫做無形。平時只是巡視一下國家供來往行人休息住宿的地方，再不然就是陪侍國君下棋，對於小的敵人，不敢訶責，對於大的敵軍，又不能防禦，這就叫做無志。膽量大形體瘦弱，意志強力量不足，孤立無援，不能救助危亡，這就叫做無助。戰亂在對方發生已經顯現形跡，在我這方面具有堅定的意志平亂，向外求援又可得到大力的幫助，在這種情況下，還會有什麼奸惡不能消滅，什麼危難不能平息呢？應該消滅的反而得以茁壯，應該平定的反而為其傾覆，這就是君子所以屢次深加嗟歎的了！

至於叔仲惠伯所遭遇的災禍，我曾再三的為此事感到難過。當時惠伯既然接受遺命輔佐國政，處在危疑四起的朝廷之中，本來就應當時刻警戒，多布置耳目，暗設眼線，在荊棘剛萌芽的時候，就把它剪除，在虎兕剛要行動的時候，就把牠殺死，如能這樣做，即使是深沉詭譎隱密的陰謀，也一定可以探詢考查得一清二楚而將它披露出來，更何況襄仲親自把殺嫡立庶的計畫，很明顯的告訴了惠伯？這種不需要審問就已承認，不需索求就可獲得的事情，明明是上天揭發其奸計，賜給惠伯以討伐叛亂的大好機會。而惠伯卻只是按住扳機而不發動，眼看著叛亂的形成，卻相安無事地不作戒備。一般人以為惠伯的隨著時勢上下、沒有主見、游移不決的作為，不就是不能為國殉難的表現嗎？可是當惡、視二人遇難之際，他能毫不遲疑地為正義而死，表現出不辜負遺命的無畏意志，如要說惠伯沒有為國而死的志節，那是冤枉的。既有為國而死的志節，而見到叛國禍亂的形成，就應該忠勇、義憤同時發作，就是路途再遠，也要迫不及待地趕去，就像縱馬斜坡，飛馳而下；就像剛放出淵壑中的魚，疾游而去；也像剛被解開繩索的老鷹，一飛沖天，這是不容許有片刻時間遲緩的。可是惠伯竟然毫無辦法坐待滅亡，只是閉口不語，一點作為也沒有。這恐怕是惠伯以無助為困難，而又畏懼襄仲的援助多而才不敢發動的吧！

說穿啦，襄仲所仗恃的援助，也只不過齊國罷了，可是「出姜」實為齊國的女兒，而子惡乃齊姜所生，齊國所以不顧其親情，而順從了襄仲的請求，只是因為襄仲當時專政，欲借此機會親近魯國罷了。這時惠伯若能當機立斷趕快派遣使臣出使齊國，用親戚的大義請求救援，並說明實際利害的關係，來感動齊君，如此一來，齊侯不一定不會馬上改變計畫。因為捨棄至親的外甥，而親近疏遠的人，齊侯一定不會去做；捨棄已立的國君，來等待將要篡位的國賊，齊侯也不會去做；毀棄救助患難的聲名，而採取奸黨毀謗的言論，齊侯也不會去做。惠伯假如能以前述的情節，來曉諭齊侯，那麼齊侯知道子惡有惠伯在朝內為他主謀，又知道襄仲不能獨掌魯國的政權，怎能願意捨棄至親的外甥，而去援助甚為疏遠的人呢？襄仲既然失去了齊君的援助，那也就形同几案上的一塊肉，只有任人宰割了。像那魯卿僑如，當時想依靠晉國的幫助，來傾覆魯國，氣勢蓋過一國，哪知晉人一旦悔悟，而僑如馬上也就被放逐了。惠伯誠能深厚的交結齊國的歡心，來孤立襄仲的援助，那就將可看到出使齊的使臣尚未回來，而東門氏襄仲的家室已經變成廢墟了。捨此不去做，竟然犧牲生命，甘願與草木一樣的腐朽，這是君子為惠伯所深感痛惜的。唉！襄仲將陰謀奸計透露出來，在法理上說應當失敗；魯國的公室，與齊國聯姻有通婚之好，在法理上說應當親近。惠伯在當時可以討伐而不討伐，竟使襄仲轉變失敗而為成功；可以依附而不依附，竟使齊侯轉變姻親而為仇怨，在這種情況之下，雖然具有救亡圖存的心願，又如何能挽回危亡的大局呢？因此君子厭惡徒然具有善心的人！

【研　析】惠伯既有徇國之志，當無畏於危難之心。既無畏於危難之心，而竟目睹「亂之形」而不能及時消弭，眼看著太子惡及其同母弟視被殺，而無法援救，結果自己亦以身徇，這正是君子所為深惜的。本文主旨，似不在此，而以惠伯的不能及時厚結齊歡，來孤立襄仲的奧援為著眼。這也就是為什麼太史公譽管仲「善因禍而為福，轉敗而為功」的可貴了。

就內容說，文分三段，作者首先說明禍亂的成與敗，皆有其因。如宜消而長，宜平而傾，這就難免君子深嗟而屢歎了。其次則悲惠伯的疏於防範，徒見「亂之形」，而竟束手無策，終困於無助而不敢發。最後指出襄仲之助在齊，而惠伯以至親的優勢，反不能厚結齊歡，以孤襄仲之援，徒具區區之心，難救國運之毀。

就行文說，作者仍用事理的常態為引言，借以引發叔仲惠伯所以賈禍之因。一則言其「履危疑之朝」，未能朝警夕戒，「大布耳目，剪荊棘於萌芽之始，殪虎兕於蠕動之初」。再則言其發現襄仲「殺嫡立庶之計」，是亂之形已著，而猶「撫機不發，恬不為備」，坐以待斃。三則言其不能及時運用公室聯姻的優勢，一如子叔聲伯的說郤犨，使齊君幡然而悟，挽回劣敗之勢，使襄仲如几上肉。雖不言惠伯處事不夠明快果決，而此意卻自然顯現於字裏行間，於此益可見作者水乳交融之筆，不惟精煉，而幾於出神入化的境地。

季文子❶出莒僕❷

文公十八年

【題解】此事載於《左傳》文公十八年（西元前六〇九年）。大意是說：莒紀公先生了太子僕，後來又生了季佗，由於喜愛季佗，因而廢了太子僕，且在國中的作為，多不合禮法。太子僕乘國人怨望之際，竟把紀公殺了，並攜帶著寶玉奔魯，獻給宣公。宣公命令給他城邑，並且說：「一定要給。」可是魯卿季文子卻教司寇把他逐出國境，並說：「一定要徹底執行。」宣公追問原因。季文子使太史克回答說：「先大夫臧文仲教行父（即季文子）事奉國君的禮則，行父一直奉行不悖，不敢有所違失，並且認為：『見有禮於其君的人，就事奉他，有如孝子的奉養父母；見無禮於其君的人，就誅伐他，有如鷹鸇的追逐鳥雀。』先君周公制訂的禮儀說：『用禮則來觀察人的品德，品德是用來辦理事務的，根據所辦事務的結果，再來評量其功勞的大小，並據以受邑受田，以食於人民。』又作〈誓命〉說：『毀棄禮則就是賊，得賊的財物而隱匿其人叫做藏，竊人財賄就是盜，盜取寶器就是姦，以掩藏賊人為名，以姦人所盜的大器為利，這就是大凶惡，是常刑無法赦免的，在九刑中，一定有適當的處分。』行父仔細的觀審莒僕，其行為沒有一樣是合於禮則的。大家都知道，孝敬、忠信是吉德，盜賊、藏姦是凶德。說到莒僕，假如以孝敬為禮則，卻殺了他的君父；如以忠信為禮則，卻盜竊了國家的寶器。這個人，本身就是盜賊，這些器物，則是姦人所偷來的器物，如果我們保護這個人，並且利用他所偷來的器物，那就是匿賊藏物的窩主。如果以此教訓人民，那麼人民將會被迷亂而無所取法。像這種行為不是吉善，而全為凶德，因此要把他逐出國境。』

呂氏據此，一則說明季氏的竊權，實由季文子開始的原因。再則就史實摘發史克以麗辭誑脅宣公的用心，徒見其謬妄不情的作為，使人可以越發窺察季文子居心的不軌。

魯道衰而權移於季氏，議者徒見其專權之禍，而不見其竊權之由。吾讀《左氏》書，至季文子出莒僕之事，然後知季氏竊權之始蓋在此也。

權，君之所司也，堂陛甚高，扃鐍甚嚴，操柄甚尊，豈人臣能一旦徒手而奪其權哉！必有隙焉，然後能乘之；必有名焉，然後能假之；必有術焉，然後能攘之。吾於莒僕之事，未嘗不三歎文子之險且譎也！

宣公❸篡立，大臣未附，國人未信，其權未有所屬，此千載一時之大隙也，以季文子之富強，投其隙而攫取其權，誰曰不克？然取之太迫，則君不安於上，民不厭於下，雖劫而留之，其權終有時而還。故因莒僕之事，借其名，闕其術，嘿收一國之權於掌中，而人不悟，深矣哉！文子之謀也！

莒僕弒君竊邑，宣公不惟納之，而又欲封之，是固群臣之所當爭也，文子託去惡之名，改君命而使司寇斥僕於境外，以嘗試宣公意，以謂君苟怒我耶，則吾固可自附於忠憤愛君之徒，君苟聽我耶，則魯之大柄自是歸我矣。退不失譽，進不失權，君有從違，我無增損，其自為計乃如此！

自古之盜權者，皆覬成而惡敗，蓋成則受大福，敗則蹈大禍，未有如文子之計，不幸不成，猶不失蹇諤之稱者，其為計可謂高出古人之右矣。既而宣公果惑於史克❹之對，終莫能詰，一時上下皆為所眩，君嘉其直，人誦其忠，而不知國柄已移於冥冥之中。更千百載，觀者猶以斥莒僕為文子之美，莫有辨其為竊權之始者。吁！死諸葛可以走生仲達❺，死姚崇可以算生張說❻，孰謂既死之文子餘欺遺譎，尚能欺千百載之後乎！至其後世子孫，取下❼、城費❽、舞佾❾、設撥❿之類，狼縱之跡，若泥中之鬬獸，蓋得文子之麤者也！

吾詳考史克之對，歷數莒僕之罪，言雖指僕而意譏宣公，宣公負篡弒之惡，實魯之僕耳，聞克之言，其顙能無泚乎？克內則陰中宣公之隱以脅之，外則盛稱文子之功以誑之，一脅一誑，捭闔箝制，真季氏徒也！然克之辭浮麗夸靡，學者或咀其華而忘其實，吾請摘其妄以示之：克首稱先大夫臧文仲教行父事君之禮，行父奉以周旋，罔敢失墜，見無禮於其君者，誅之如鷹鸇之逐鳥雀也。嗚呼！行父尚記文仲之教乎？前日襄仲之難，嗣主受弒，無禮於君，孰大於是？行父乃恬若不見者，文仲之教何在也？不鷹鸇於襄仲，而鷹鸇於莒僕，可憐哉！克之謬妄不情。若此類甚眾，姑發其一以告學者，使無惑焉。

【注釋】❶季文子　魯卿季孫行父，季友之孫。❷莒僕　即莒紀公太子僕。莒為國名，今山東莒縣治。周時為莒國，子爵，出自少昊之後，武王封茲輿期於莒。❸宣公　即魯宣公。名倭，文公子，依襄仲而立為魯君。❹史克　即魯太史克的簡稱。《國語·魯語上》作里革，韋注：「里革，魯太史克也。」❺死諸葛可以走生仲達　意謂死的諸葛亮，嚇跑了活的司馬懿。先是諸葛亮與司馬懿對壘渭南，相守百餘日，亮數挑戰，懿皆不出。後亮死於軍中，長史楊儀整軍而出，百姓奔告司馬懿，懿追之。姜維令儀反旗鳴鼓，若將向懿進攻，懿領軍後退，於是楊儀結陣而去，入谷然後發喪。百姓為此而流行一句諺語說：「死諸葛走生仲達。」懿聽到以後說：「吾能料生，不能料死故也。」見《三國志·蜀書·諸葛亮傳》及注引《漢晉春秋》語。❻死姚崇可以算生張說　姚崇將死，告誡其子說：「病如果無法挽救，就把我平生所喜好的玩物，贈送給張丞相，他得到之後，當為我寫神道碑。」後來張說果然接受其子的獻禮，為姚崇撰寫碑文，不久即發覺上當，於是說：「死姚崇尚能以計中生張說。」❼取卞　卞，魯邑，在今山東省泗水東，洙水北岸。取卞，為季武子乘襄公如楚未歸之際，取之以自益。見《左傳》襄公十九年及《國語·魯語下》。❽城費　費，本魯邑，自僖公（七年）賜季友之後，即為季氏私邑。城費，即築費城。故城在今山東省費縣西北。見《左傳》襄公七年。❾舞佾　指八佾舞。謂魯卿季氏僭用禮樂的不合理。見《論語·八佾》。❿設撥　即於靈車上設紼。此處謂越禮的行為。《禮記·檀弓下》：「孺子𦡀之喪，哀公欲設撥，……有若曰：『其可也，君之三臣猶設之。』顏柳曰：『天子龍輴而槨幬，……

三臣者（按：謂仲孫、叔孫、季孫）廢輴而設撥，竊禮之不中者也。』」

【語　譯】魯國的政道衰微，大權移轉在季氏手中，議論的人，只看到獨攬大權的禍害，而並沒有看到季氏竊取權柄的根由。我閱讀《左氏傳》，到季文子逐出莒太子僕這件事，然後才知道季氏竊取大權的開始，其實就在這個時候。一國的大權，是由國君所執掌的，國君所處的殿堂是那麼高，看守的又是那麼嚴，操持著權柄，又是那麼尊貴，這哪裏是人臣能夠忽然間空手而奪取的呢！一定是先有了間隙，然後才有可乘之機，一定是先有了正當的名稱，然後才能有所假借，一定是先有了正當的方法，然後才有機會攘奪。我對於莒太子僕這件事，不曾不一而再、再而三的慨歎季文子的陰險而且詭譎啊！

當時魯宣公依襄仲篡位而立為國君，一般大臣，尚未依附，全國的人民，尚未信服，國君的大權，尚未有所歸屬，這真是千載難逢的大好時機，以季文子的富強，掌握這個機會，來奪取政權，誰說不能？然而如搶奪的太迫切，那麼國君就不能安於上位，人民也會不滿於下，雖然勉強地劫掠過來而能保有，可是這種政權，最後仍然有時要還給國君。所以他才就莒太子僕這件事，假借其名分，暗中小心地運用其方術，在不聲不響的情況下，就把一國的大權收在手掌中，而一般人並沒有發覺，季文子的謀略，是多麼地深不可測呢！

莒太子僕弒國君竊城邑，魯宣公不僅接納他，而且又想分封土地給他，這本來就是群臣所應爭議的，文子假託去惡的美名，更改君命而使司寇把莒僕趕出國境以外，來試探宣公的心意，以為國君假如怨怒於我，那麼我固可以順理成章地依附在忠心義憤愛君的這一邊，國君假如聽從了我的做法，那麼魯國的大權也就自然地歸屬我了。他的這種做法，退一步說，不會失去美譽，進一步說，也不會失去大權，儘管國君有所順從有所不順從，我卻並沒有任何影響，他為自己所作的打算，竟是如此的周延！

自古以來竊取權柄的人，無不希望成功而厭惡失敗，實由於成功就可享受大的福祉，而失敗了就要身受大的災禍，但從來也沒有像文子的打算，不幸不能成功，仍然不會失去正直的稱譽，他所作的打算，可說高出古人以上了。後來宣公果然被太史克的對答所迷惑，終不能有所盤詰責問，一時上下的君臣，無不被他所迷亂，國君嘉許他正直，一般人稱頌他忠藎，反而不知道國家的命運大權，已在神不知、鬼不覺的當兒轉移到他的手中。經過千百年以後，讀《左傳》的人，仍以為斥逐莒太子僕是文子所做的一件美事，沒有人辨識出這件事是文子竊取大權之始的。噫！死諸葛亮可以使司馬懿退兵，死姚崇可以算出張說為他寫神道碑，誰敢保證說，已死的文子，所遺留下來的欺詐詭譎，尚能欺騙千百年以後的人呢！至於他的後世子孫，竊取卞邑，私築費城，僭用八佾舞，在靈車上設紼等越禮的行為，那種狼藉縱橫的痕跡，就像野獸在泥地上爭鬥的情形，大概只得到文子計謀的一點皮毛吧！

我仔細地考察太史克的對答，一一地指數莒太子僕的罪過，在言論上雖然指的是太子僕，而意義上實在是譏誚魯宣公，宣公身負篡弒的罪惡，實際上就是魯國太子僕，當他聽到太史克所回答的話時，他的額頭上能不出汗嗎？史克在心理上暗中宣公的隱私來脅迫他，在表面上就大加稱讚文子的功勞來欺騙他，一方面脅迫，一方面欺騙，一鬆一緊，開合箝制並用，真不愧為季氏的門徒啊！然而史克的言辭浮泛華美、誇大鋪張，學者們有的只是品味他的華麗言辭，而卻忽略了他的實際內容，我現在就摘出他的妄言來告示大家：史克稱述先大夫臧文仲教誨季孫行父事君的禮法，行父奉持著來應對君臣之間，不敢有所失誤，如看見對待國君無禮的人，對他的誅罰，就像鷹鸇的追逐鳥雀一樣的無情。唉！行父還記得文仲的教誨嗎？不久前襄仲導演的那次禍難，嗣位的國君被殺，這對國君的無禮來說，有什麼樣的行為能比這更大？行父竟然安閒地好像沒有看見，試問臧文仲的教誨到哪裏去了呢？不無情地斥逐襄仲，反而無情地斥逐莒太子僕，可悲啊！太史克竟是如此的巧詐荒誕不合情理！像這類的事非常多，姑且舉發其中的一件，來告示學者們，使大家不再有所迷惑。

【研析】誠乃天道，可大可久；不誠無物，終必敗露。本文作者就季文子使太史克逐莒太子僕一事，三歎致意，其旨在表明季文子的陰險譎詐，示後人輔國行事，當以誠悃為務，摒除行權弄術。

全文可分五段，作者首先指出魯國季氏的專權，所以從季文子開始的原因。這是呂氏的一大發現，啟我後人良多。其次則言季文子投隙奪權手法的高妙，為前人所不及。第三段申述季文子一石兩鳥之計，成則大福，退不失譽，其設算之周，鮮有其比。第四段揭文子的奸猾，雖能欺人於一時，終不能欺人於千載之後。最後言世人為史克的華辭所惑，少有知其妄者，故揭發其誑脅，使世人不再為其所惑。

就行文說，作者闢頭即點出季氏，使與文題的季文子相應，這是呂氏在《博議》中很少使用的寫作方式。接著則以季文子的奪權為中心，建立三個綱領——乘隙、假名、攘術，作為論述的依據，然後逐一加以鋪陳，詳為推闡，於此最可顯現季文子的巧用心機。他不動聲色，不露形跡，在神不知鬼不覺的情況下，就已允然大權在握了。誠如作者在文中所說：「一時上下皆為所眩，君嘉其直，人誦其忠，而不知國柄已移於冥冥之中。更千百載，觀者猶以斥莒僕為文子之美，莫有辨其為竊權之始者。」猶有進者，作者於文中，更就史克「浮麗夸靡」之辭，舉史實以摘其妄，並謂其為「真季氏徒也」，這種斬釘截鐵的論斷，固為呂氏的一得，然無史實的支持，又能邀得何人的首肯？

宋公❶殺母弟須及昭公❷子

文公十八年　武氏之族以曹師伐宋　宣公三年

【題　解】此事分別載於《左傳》文公十八、宣公三年（西元前六〇九、六〇六年），大意是說：宋國武氏的族人導引昭公子準備事奉司城須作亂反叛。十二月，宋公殺了同母弟須及昭公子，使戴、莊、桓三族的人在司馬子伯的客館攻打武氏，遂將武、穆氏的族人，逐出國境，使公孫師為司城。公子朝死，使樂呂為司寇，借以安定國內的人民。武、穆氏的族人不甘願被逐，於是就會同曹國的軍隊攻打宋國。秋，宋國的軍隊包圍了曹國，來報復武氏的叛亂。

呂氏據此，以宋公母弟須及昭公子作亂，禍延三年而後定，借以推昭公的所以被弒，固因其無道，然如能及時悔悟，未始不可挽回頹勢，走向「通治之路」。寓有深惜之意。

身後之愛憎，可以驗身前之臧否。聞其名而共慕之，見其嗣而共恤之，是人也，必有遺愛在民者也；聞其名而共詆之，見其嗣而共疾之，是人也，必有遺孽在人者也。故是非善惡之辨，必至於子孫而後定。以朱之淫而賓於虞❸，以盈之材而亡於晉❹，非尚論其先，果何以致之哉？

宋昭公之無道也，不能其大夫至於君祖母，眾叛親離而殞其身者也。人亡而虐不亡，骨朽而惡不朽，其平日之所踐歷，猶將削其迹而去之，況所謂子孫者，豈有措足之地乎？然武氏道昭公子而為亂，雖不克成，然餘殃流毒，更三四年而後息，使宋人果憾昭公，則眇然弱息，焉能搖民心，傾國勢，震盪讙動一至於此！殆未有知其說者也。生而向，死而背者，世固嘗有是矣，曷嘗聞生則厭之，死則懷之者乎？彼昭公果何以得此於民哉？君天也，民之於君，固有不可解於心者。昭公雖無道，然嘗託在君位矣，君民之間，蓋自有不膠漆而固者，前日之怨，豈民之本心哉？物有以迫之。鈇焉鉞焉則怨，桁焉槢焉則怨，畋焉游焉則怨，臺焉囿焉則怨。至於身沒之後，鈇鉞弊，桁槢朽，畋游弛，臺囿荒，前日之怨，窅然空然，墮於渺茫，漫不見蹤跡。冰泮則水生，塵盡則鑑澈，怨去則思來。斯民始怵惻悽慘，追惟疇昔君臣之義，見其遺嗣，惻怛與憐，故姦宄乘之，猶足疑誤群聽。此真民之本心也！

惜乎怨在身前，思在身後，昭公親當今日之怨，而不及待他日之思，此其所以履危亡而莫救歟？當昭公將弒之際，徬徨四顧，無非讎敵，途窮勢極，自赴坑阱，抑不知民心本未嘗忘昭公，特奪於殘虐而不暇思耳！使昭公奮發悔悟，改前之為，則民將移其身後之思於身前，向之鴟鴞，皆鸞鳳也；向之堇葛，皆參朮也；向之碪質，皆几席也；向之讎敵，皆姻婭也。遷善之門，翻手可闢，適治之路，舉足可登，乃延頸待斃，自謂無策，愚矣哉！

【注釋】❶宋公　即宋文公，成公子，昭公庶弟，名鮑。須，為其母弟。見《左傳》文公十六年。❷昭公　宋成公少子，名杵臼，即位後無道，國人不附，襄公夫人王姬乘其出獵之際，派衛伯攻而殺之。見《左傳》文公十六年及《史記．宋微子世家》。❸以朱之淫而賓於虞　朱，謂堯子丹朱。虞指虞舜。意謂以堯子丹朱的淫亂，而舜仍以為助祭的上賓。見《尚書．皐陶謨》。❹以盈之材而亡於晉　盈，謂欒盈，即晉卿欒懷子。晉下軍將欒黶子，欒書之孫。欒書雖有弒厲公之罪，然卻厚愛於民，民感其德，又立悼公，有功於晉。時晉平公欲逐欒盈黨羽，以靖晉國，可是欒盈無罪，其先又有功於晉室，只有將欒盈逐出晉國，於是欒盈奔楚。此時平公所以不殺欒盈，乃受其先的餘蔭所致。後欒盈潛入晉國作亂，晉人盡滅其族黨。見《國語．晉語八》。

【語　譯】對人死後的愛戴或憎恨，可以驗證他生前的善惡。聽到他的名字，而共同仰慕，看見他的後代，而共同關懷，這一個人，一定有仁愛之心遺留在民間；聽到他的名字，就共同來詆毀，看見他的後代，就共同來疾恨，這一個人，一定有仇根之事遺留在人世。所以對一個人的是非善惡的辨別，一定要到子孫後世，才能夠鑑定。以堯子丹朱的淫亂，而為虞舜的上賓，以欒盈的才能，其族被殺，他卻被遣而逃往楚國，若不是往上追論其先祖的功德，如何能獲致這樣的厚遇呢？

宋昭公的荒淫無道，不善待他的大夫及君祖母（襄公夫人，王姬），致使眾叛親離，因之也葬送了自己的生命。可是人是死了，而他的暴虐行為，卻沒有隨著死亡，屍骨是腐朽了，而他的罪惡，卻沒有跟著腐朽，對他平日的所作所為，凡是留有痕跡的，尚且要將全部予以削除，更何況是所謂的子孫們，哪裏還有其置足的地方呢？然而武氏引導昭公子作亂，雖沒有成功，可是遺留下來的災殃和毒害，經歷了三四年以後才平息，假使宋人果真痛恨昭公，那麼一個幼弱的小孩子，又如何能動搖民心，使國勢傾頹，震盪諠鬧，竟然到達這種地步！大概沒有知道其中的道理的。當國君在位的時候，大家都傾向於他，死了以後，就背叛他，世間本來就有這樣的事例，何曾聽說當他在世的時候厭恨他，死了以後就懷念他的事情呢？那個宋昭公又是如何在民間得到這種懸念的呢？因為國君，就是人民心中的上天，人民對於國君，在心中本來就有無法解釋的情結。宋昭公雖然荒淫無道，然而卻曾在君位為人民所寄託，君民之間，實有不需要黏著而就能固結的力量，從前的怨恨，哪裏是人民的本心呢？全是由於事物的所迫。如果用鈇鉞無緣無故的來刑戮人民，那就會怨恨；或動不動就以刑具加在人民的身上，那也會怨恨；再不然，就是國君只顧畋獵遊蕩、不理政事，人民就會怨恨；或是只貪圖亭臺園囿間的享樂而不管人民的生活，當然也會怨恨。至於死亡以後，鈇鉞銹壞了，桁槢腐朽了，畋遊廢弛了，臺囿也荒蕪了，以前的怨恨，一切都喪失了它的本意而空無所有，並陷於幽遠恍惚、廣大而看不見蹤影的狀態。我們都知道，冰溶化了，就生出水來，灰塵清除了，鏡子就會澄明，怨恨消除了，思念就會心生。所以人民在一開始，就深感驚恐悲痛，追思從前君臣之間的大義，看到他的後嗣，就不自覺的由悲痛而產生了憐憫的心情，所以那些奸惡的小人，就趁著人民的這種心理，興風作浪，仍然能夠疑誤眾人的視聽，道理就在這裏。這才是人民真正的本心啊！

最令人惋惜的是，怨恨在他生前就已產生，而思念卻在死後才萌動，昭公所親自遭逢的，只是當日的怨恨，而來不及等待日後的思念，這不就是他所以面臨危亡而沒有人救援的原因嗎？當昭公將要被殺的時候，猶豫徘徊，四處張望，無不是仇敵，當窮途末路，情勢已急迫到極點，而面臨死亡的時候，卻沒有想到人民的心中，本來就不曾忘懷昭公，只不過一時被他的殘酷暴虐所侵奪，而沒有時間思念罷了！假使昭公能奮發覺悟，痛改以前的作為，那麼人民將會轉移對他死後的思念到生前來，只是一轉念間，先前的鴟鴞，皆成為鸞鳳；先前的堇草葛藤，皆成為人參白朮；先前的慘酷刑具，皆成為憑依坐臥的几席；先前的仇敵，皆成姻親。遷善改過的大門，只要一翻轉手就可以開闢，善政平坦的大道，只要一抬腳就可以登臨，捨棄這些不做，只是伸長脖子等著被殺，自以為毫無辦法，真是愚昧得可以了！

【研　析】善人之善的人，世間多有；而從惡人的行事中，推尋其善的人，並不多見。宋昭公無道，國人不附，並無遺愛於民，然其子孫的作亂，「餘殃流毒，更三四年而後息」，此亂竟「能搖民心，傾國勢」，乃至「震盪讙動」於一時，其聲勢之大，可推而知。作者有感於此，特撰本文以發其慨，借明其所獨見。

全文約可分為三段，作者首先提出「遺愛」、「遺釁」作為辨別善惡的依據；並謂人的善惡，往往要至其子孫，方能定論。其次析言昭公的為惡，雖使其子孫幾無「措足之地」，然其「眇然弱息」的為亂，何以能更歷三四年而後息之由。最後則深惜昭公的被殺，固然由於「怨在身前」，但如能及時「奮發悔悟」，痛改前愆，未始不可「化仇敵為姻婭」！

就行文說，重心幾全部落在第二段。作者首先以宋昭公的無道，「眾叛親離」，「人亡而虐不亡，骨朽而惡不朽」，說明其為惡之大，人民痛恨之深。然而曾幾何時，其子孫作亂，竟能搖民心，動國本，並且延宕三四年之久，這顯然得到了人民的支持，其原因究竟何在？作者認為「未有知其說者」，故以「君天也，民之於君，固有不可解於心者。昭公雖無道，然嘗託在君位矣，君民之間，蓋自有不膠漆而固者，前日之怨，豈民之本心哉」為解，以發其隱。所以一旦「前日之怨，窅然空然，墮於渺茫，漫不見蹤跡」之日，亦為「塵盡則鑑澈，怨去則思來」之時，人民對其後嗣的「惻怛興憐」，這才是人民的本心。

呂氏生於君主專政的宋代，以「君天也，民之於君，固有不可解於心者」為說，似未可厚非，然以孟子君臣相對待的言論來衡量，呂氏未為有得。

卷二十四

晉不競於楚

宣公元年

【題解】此事載於《左傳》宣公元年（西元前六〇八年）。大意是說：當宋國人殺死其君昭公的時候，晉國的中軍將荀林父（即中行桓子，一稱荀伯）便率領著諸侯的軍隊伐宋。結果宋國與晉媾和，條件是宋文公要到晉國接受盟約。又在扈地會合諸侯，將為魯國攻打齊國。晉國在這兩次會盟中，都取得了財貨。鄭穆公有見於此，於是說：「晉國是不值得親近的國家。」所以就在楚國接受盟約。

呂氏據此，探尋荀林父的貪財取賄，歸惡於君，其心可誅，其行可恥，以左氏之明，尚無一言相責，特揭其謀，以告世人。

下流固惡之所歸也。舉夏之惡皆歸桀，舉商之惡皆歸紂；雖有龍逄❶、比干❷之徒，特一簣而障橫流，終莫能遏其歸也！君子不幸而立暴君之朝，蹙頞疾首，坐視其君為惡之所歸而不能遏，則有之矣，怙亂肆行，推惡於君，忍以其君為歸惡之地者，是誠何心哉！

晉靈公❸之不君，固眾惡之所歸也，侈以敗國，貪以失鄰，皆靈公之實惡，而非所謂歸惡也。吾獨怪荀林父❹當時號賢大夫，伐宋之役，亦取賂而還，浸失鄭之助，而成楚之強。意者迫於靈公之暴，而不得騁耶？則林父是役，秉鉞專征，本非有所牽制也，固宜指弒君之罪，以明大義於天下，顧乃怵於小利，遷延退卻，林父非不自愛重者，胡為而甘受貪惏之名也哉？其心必謂靈公之貪侈聞於天下，吾雖受賂而還，諸侯必以罪靈公而不罪我，幸有靈公以為歸惡之地，固可借靈公自解，以逃巽懦苟得之責。此其所以取賂而無所憚也。不然，則林父前嘗事襄公❺矣，何為而不取賂耶？後嘗事成公❻矣，何為而不取賂耶？不前不後，而獨取賂於靈公之朝者，蓋襄成之失德，不聞於諸侯，於是時受賂，則惡名必歸於己；至於靈公，則素負貪侈之名，宜林父得以嫁其惡也。左氏載晉失諸侯，不競於楚之由，亦不過歸罪靈公之侈，初無一言罪其臣，果不出林父之所料，則林父之為謀亦密矣！

嗚呼！莊蹻⑦為盜於楚，而楚之盜皆託之莊蹻，莊蹻宜得此名者也；己實為盜，而歸莊蹻以盜名者，是亦一莊蹻也。靈公為惡於晉，而晉之惡皆託之靈公，靈公宜得此名者也；己實為惡，而歸靈公以惡名者，是亦一靈公也。況林父被服名教，習知君臣之義，而忍為此，其惡殆甚於靈公矣。

鼯鼷昏出，鴟鴞夜號，乘闇妄動，物多有之，吾不意林父亦為此態也。或曰：「君淫亦淫，君奢亦奢，古之人固有自毀而分謗者，安知林父之不為此耶？」曰：謗，可止而不可分，分謗所以增謗也。君有失，猶望臣正之，君有過，猶望臣規之，苟同君之惡，自謂分謗，上下相濟，混然一體，則復何望焉？一君之侈縱，民且告病，諸臣又為侈縱以附益之，民何以堪乎？是其於謗不能分之使薄，適以增之使多也！一炬之火，炎岡燎原，鬱攸蓬勃，或者乃分為數炬，欲以殺火之勢，有是理乎？故曰：分謗者，所以增謗也！

【注　釋】❶龍逄　即關龍逄。夏朝賢臣。桀作酒池糟丘，為長夜飲，龍逄以人君當行禮義、愛民節財為諫，並立朝不去，桀因囚拘之。見劉向《新序》卷七。❷比干　殷紂的叔父。與箕子、微子，稱殷之三仁。見《史記・殷本紀》。❸晉靈公　襄公子，名夷臯，幼年即位。及壯，奢侈，厚斂以彫牆。從臺上彈人，觀其避丸以取樂，殺宰夫，刺趙盾，多為不君之行。見《史記・晉世家》。❹荀林父　即中行桓子。晉中軍將，以將中行，其後遂為中行氏。❺襄公　即晉襄公，文公子，名歡，在位七年。❻成公　即晉成公，文公少子，襄公弟，名黑臀，在位七年。曾伐秦、敗楚、救鄭、討陳，頗有父風。見《史記・晉世家》。❼莊蹻　楚莊王弟，曾為盜，威王時為楚將。見《史記・西南夷列傳・索隱》。

【語　譯】行為卑陋，作惡逞暴的人，本來就是邪惡罪過的歸往之地。將所有夏代的罪惡，都歸併在桀的身上，將所有商代的罪惡，都歸併在紂的身上；在這種情況下，就是有忠臣賢相如關龍逄、比干之類的人來輔佐，也只不過像一筐土來阻止大水一樣，終不能遏止罪惡的歸往啊！有道的君子，不幸而居處在暴君的朝中，皺著眉頭痛心疾首地在一旁眼看著他的國君，為邪惡的歸往之地而不能遏止，這樣的例子，雖然已經有了，可是那些作亂橫行，毫無顧忌將罪惡推給國君，忍心把他的國君當作歸惡之地的人，究竟又是何所居心呢！

晉靈公的不守君道，固為各種罪惡的歸往之地，因奢侈敗壞了國家，因貪財失去了鄭國，這都是靈公實在的罪過，並不是所說的無故將惡歸併在他身上。我特別感到奇怪的是荀林父在當時號稱為賢大夫，在征伐宋國的戰役中，也竟然收取了財貨回來，以致失去鄭國的幫助，而成就了楚國的強盛。是不是有人認為這是由於被靈公的暴虐所迫，而不能施展其作為呢？可是林父在這一役中，是掌握征伐大權的人，本不應有什麼牽制，固當直指宋人弒君的罪過，來明示大義於天下，可是他卻被小利所打動，拖延了撤退的時間，然而林父又不是不自愛自重的人，為什麼甘願接受貪婪的罪名呢？在他的心中一定以為靈公的貪財奢侈，聞名於天下，我雖然接受了財貨回來，可是諸侯一定把罪歸給靈公，而不歸罪於我，幸好有靈公來作為歸惡的場所，大可借著靈公自我解脫，來逃避柔弱膽怯苟得的指責。這就是他為什麼敢收取財貨而無所畏懼的原因了。如果不是這樣，那麼林父以前也曾事奉過襄公，為何不敢收取財貨呢？後來又曾事奉成公，又為何不敢收取財貨呢？既不在前，又不在後，而獨敢收取財貨在事奉靈公的時候，實以襄公、成公的有失君德，不為諸侯所聞知，在這時收受財貨，罪惡的聲名一定歸於己身；至於靈公，就向來負有貪財奢華的惡名，當然林父能夠把罪惡轉移在他身上了。左氏記載晉君失去諸侯，是無法與楚國競爭的理由，也不過歸罪於靈公的奢侈，起初並沒有一個字怪罪他的大臣，果然不出林父的所料，那麼荀林父的所為計謀，總可算是相當周密了！

唉！從前莊蹻在楚國為盜，而楚國的盜竊事件，全部都推託給莊蹻，莊蹻當然應該得到這種名稱；可是自己實為盜賊，而把盜名歸給莊蹻的人，這個人也就是另一個莊蹻了。靈公作惡於晉國，而晉國的惡名，全部推託給靈公，靈公當然也應該得此惡名；可是自己實為作惡的人，反而將惡名歸給靈公，這個人也就是另一個靈公了。何況荀林父蒙受正名定分的禮教，深知君臣的大義，而竟然忍心做出這種事來，他的罪惡，恐怕又甚於靈公了。

像鼯鼯這種鼠類，在夜間出來活動，鵂鶹這種惡鳥，在昏夜號叫，專門趁著隱暗，不為人所察覺而率意行動的作為，這樣的事，固然很多，我卻沒有意料到林父也能做出這樣的事來。有人說：「國君淫佚，也跟著淫佚，國君奢侈，也跟著奢侈，在古代早已就有自毀而分擔對國君誹謗的人，又哪裏知道林父的行為不是為此呢？」我卻認為：謗，可以阻止而不可分擔，因為分謗就是增加誹謗。國君有了缺失，尚且希望臣下匡正，國君有了罪過，尚且希望臣下規勸，如果附和國君的罪惡，自認為是分擔毀謗，上下互相幫助，互通聲氣，渾然結為一體，那麼這個國家還有什麼希望呢？僅一國君的奢侈放縱，人民尚呼叫痛苦，而眾多的大臣也跟著奢侈放縱，來附加在一起，人民如何能忍受得了呢？這就是臣下對於毀謗不能分擔使它減輕，適足以增加使它更多的原因啊！僅一支火把的火，就可使山崗原野燃燒，而且升騰的火氣會一直興旺起來，這時有人竟想分成很多火炬，借以壓低火的氣勢，天下有這種道理嗎？所以說：分擔毀謗，就是增加毀謗啊！

【研　析】世俗對人行事的論斷，多以存心為先。如心存良善，即使偶有過失，亦可原諒，如心存險詐，即使行跡不敗露，也當小心提防。更何況存心為惡的人，往往待機而動，以期將其所為，嫁禍於人，或歸惡於君，事後仍能保持其原有的清譽，而不為人所察覺。於此，就不能不佩服其手段的高明、用心的巧妙了。本文作者，特就左氏所載，揭發荀林父的用心，使老於此道的人，知所警惕，幡然悔改。

文分四段，作者首先指出火勢所趨，固非一二人所能止，然心存「推惡於君」，亦絕非人臣所當為。其次則言荀林父所以貪財取賄之由，其用心之深，為謀之密，非一般人所能窺。第三段析言荀林父既為晉之賢大夫，不僅「被服名教」，又「習知君臣之義」，而竟然忍心出此下策，其惡又甚於靈公。最後，則言荀林父實為一「乘闇妄動」之輩，並斥一般人所謂其為君分謗之非。

就行文說，其重點全放在荀林父的貪婪歸惡於君上，並反覆的辨析說明，首先確定靈公的不君，「侈以敗國，貪以失鄭」，皆其不君之實。可是荀林父，則為當時號稱的賢大夫，豈可因君之惡而加深其惡？更何況林父既有「秉鉞專征」的大權，很可以助君為善，以贖其前愆，然而他不僅不如此做，反而「乘闇妄動」，雖受賂而罪不加身，在這裏，也就可以看出林父用謀之深了。其次則以林父前事襄公，後事成公而不敢取賂的原因，借以證明其前文所言林父之行的不可移。就事衡理，誠可謂為獨具隻眼之見。至於在最後一段強調謗可止而不可分之言，尤具意味。所見既真，故能發其微而揭其私，使姦猾的人不得有所藉口。

鄭人獲狂狡❶

宣公二年

【題　解】此事載於《左傳》宣公二年（西元前六〇七年）。大意是說：這年的春天，鄭公子歸生，接受了楚國的命令去攻伐宋國，相戰於大棘（今河南省睢縣南），宋軍大敗，鄭國囚禁了宋右師華元。宋大夫狂狡迎戰鄭人，那個鄭人卻逃進井中，狂狡竟然將戟柄放入井中把那個人拉出來，不料鄭人出井後，反而俘虜了狂狡。當時的君子就此事評論說：「行為失禮，又違背軍令，被俘虜那是應該的。因為兵戎的事情（戰爭），在於表明果毅的精神，唯有將這種精神存念於心，以行動來表現，才叫做禮。殺了敵人，才算是果敢，達到果敢，才算是剛毅，如反過來說，那就要被殺戮了。」

呂氏據此所載，以為狂狡的所以被俘虜，是受了宋襄公「不重傷、不擒二毛」之說的誤導。並以此為基點，將範圍擴大，進而闡發邪說異端一定要芟夷的道理。

君子之與邪說辨也，不得已也。裔宇嵬瑣❷，一世皆傾，辨之則吾道存，不辨則吾道喪，此其勢不得不與之辨也！世皆知其非而吾猶辨焉，是得已而不已也，然天下之患，每自不辨始。一粟在地，有時而生，一說在世，有時而行，彼其說雖淺謬狂僻，夫人皆知其非，然要有是說存於世，今日棄之，安知他日無取之者乎？今日鄙之，安知他日無慕之者乎？君子徒見始之人不彼信也，遂不復置之齒頰間。抑不知是說在世，自根而芽，自芽而葉，浸長浸興，日以滋大，百年之外，數傳之餘，終必誤人而後止。吾是以知邪說果不可使有也！

宋襄公❸持不重傷、不擒二毛之說以敗於泓❹，舉國皆咎之，其說不足以移人可知矣。襄糧坐甲，固敵是求，非我殺彼，則彼殺我，當是之時，反欲縱敵以為仁，其迂暗至此，尚足與之辨乎？況國人皆知咎公，必無肯蹈其覆轍者，是襄公之說，適以自誤而不足以誤人，固君子之所不必辨也。三四世❺之後，乃有狂狡者，生長於宋，聞襄公之風而悅之，大棘之役，與鄭人戰，不忍鄭人之入於井，倒戟而出之，反為鄭人所獲，祖襄公之餘論，自取俘虜。然則襄公之說，近不能移當時之國人，遠乃能誤後世之狂狡。是知邪說不足以惑當時者，未必不能惑後世，君子之與邪說辨，其可以當時之從違為斷乎？

凡天地之間，有是物必有嗜之者，有是說必有從之者，動人之物不必真，動人之說不必異。昌歜❻、羊棗❼，品凡味劣，更千百年，未嘗得俎豆於柤梨橘柚之間，忽有嗜之者，至終身不能忘。異端邪說之在天下，固有鄙陋乖誤，不足以欺愚眩眾者，然安知世無偏好獨嚮，若狂狡之於宋襄乎？吾是以益知異端邪說果不可存於世也。

自道術既裂，異端邪說起如蝟毛，所聞者可得而攻，所不聞者烏乎而攻之？所見者可得而攻，所不見者烏乎而攻之？今欲禽獮草薙，使無一說之存於世，難矣哉！曰：是不難，其本在正人心而已。孟軻氏出與諸子辨，獨犆舉楊、墨❽一二家以例其餘，同時如列禦寇❾、莊周❿者，未嘗問也；同時如申不害⓫、商鞅⓬者，未嘗問也；同時如鄒衍⓭、公孫龍⓮者，未嘗問也。孟氏豈縱敵為吾道累哉？蓋人心一正，則詖淫邪遁之辭，殲蕩無遺，固不待歷詆而徧攻之也！一日既升，群陰皆伏，一雨既浹，群物皆濡，牖牖而燭之，畦畦而溉之，則天之為天也蓋勞。

【注釋】❶狂狡　宋大夫。❷矞宇嵬瑣　語出《荀子・非十二子》。矞宇，譎詭；詭詐。嵬瑣，陰險狡詐。❸宋襄公　名茲父，桓公子，在位十四年。「不重傷、不禽二毛」之說，見《左傳》僖公二十二年。❹泓　水名。在今河南省柘城縣北。❺三四世　自宋襄公有「不重傷，不禽二毛」之說，歷成公、昭公、文公，已四世。❻昌歜　中藥名，即白菖。形似菖蒲，根肥白。味甘無毒，主治風濕，去蟲，斷蚤虱。據說周文王嗜昌歜。❼羊棗　棗的一種。一名梬棗。形狀小如羊矢，初生時色黃，熟則黑。俗稱牛嬭柿、羊矢棗。據說曾皙嗜羊棗。❽楊墨楊，謂楊朱。戰國衛人，字子居，又稱楊子、楊生。後於墨翟，前於孟軻。其學說主為我、重生、貴己、不拔一毛以利天下。墨，謂墨翟。魯人，戰國初年思想家。主張以天下交相利來達到兼愛的目標，他要為政者崇儉、節葬，要人不信命運，努力刻苦，卻以天的意志，作為他思想體系的本源。❾列禦寇　即列子，名禦寇，春秋時代的道家學者。其年代已不可考，隱居於鄭國，主張貴虛。❿莊周　戰國宋蒙縣人。曾為漆園吏，一生隱居田園，不慕名利。他的思想是以無用為用，以逍遙為樂，齊生死是非，而保養生命之真。繼老子之後，為道家重要人物。⓫申不害　戰國鄭人。為法家重術派的代表。本學黃老，主刑名之學，與韓非並稱申韓。曾為韓昭侯相十五年，內修政教，外應諸侯，使國治而兵強。⓬商鞅　戰國衛人。姓公孫名鞅，因封於商，故稱商鞅，也稱商君。好刑名法術之學，相秦十九年，助秦孝公變法，提出「治世不一道，便國不法古」的主張，廢井田，開阡陌，獎勵耕戰，使秦國富強。⓭鄒衍　戰國時齊國臨淄人。《史記》作騶衍。為陰陽家的先驅。倡五德終始說，以為宇宙、社會、人生無不受到金、木、水、火、土五種物質循環變化的支配，對秦、漢的政治、社會、科學的發展，影響很大。⓮公孫龍　戰國趙人，字子秉，與荀子、鄒衍同時。他的主要學說，在論述名實關係，拿事物做比喻，如白馬非馬即是有名的論題。著有《公孫龍子》一書，列入名家類。

【語譯】有道的君子，所以要辨別邪說，是出於不得不如此。如那些詭譎、陰險、狡詐的言論，舉世皆為之傾倒，如能及時予以辨別，指明其為邪說，那麼我們所宗仰的天理正道，才可以存在於世間，如不予以指明辨別，天理正道就將要喪亡，這就是不得不與之辨別的情勢啊！世人都知道邪說不對，我們仍然予以辨別，這是可以不辨的辨別，然而天下的憂患，往往從不辨別開始。如一粒粟落在地上，說不定會萌芽生長。一種言論、說法存在世間，也說不定會有人去實行，那種言論雖然淺陋、荒謬、狂妄、怪僻，只要是人，都知道它不對，可是只要有這種說法存在於世間，今日雖被捨棄，又怎能知道以後無人援取它來應用呢？今日雖被鄙視，又怎能知道以後無人親慕而熱中呢？有道的君子只看到在剛開始的時候，世人都不相信它，於是就不再予以辨別，不多作說明。卻不知這種說法如存在於世間，由生根而萌芽，由發芽而長出枝葉，漸漸地生長茂盛，一天天的壯大，百年以後，經過幾世的流傳，最後一直要到有人吃虧上當才會停止。因此，我才知道，邪說果然不可讓它存在世間啊！

宋襄公執持對已受傷的人不可再加傷害，不擒獲生有白髮的老年人的說法，因此在泓地戰敗，全國上下，都為此而責備他，這種說法不能轉移人的觀念，由此就可以知道了。攜帶著口糧，時刻備戰，本來就是為了找尋敵人，不是我殺敵人，就是敵人殺我，當這個時候，反而想放縱敵人來表示仁慈，其迂腐暗昧到這種地步，還值得與之一辨嗎？況且國人都知道歸咎於宋襄公，那就一定沒有人願意重蹈這種覆轍，這已明示襄公的說法，只能自誤而不足以害人，本來就是君子所不必予以辨別指明的。哪知過了三四代以後，竟有狂狡這個人，生長在宋國，聽到了襄公的這種作風反而喜歡它，在大棘戰役中，與鄭人交兵，不忍心鄭人的陷入井中溺死，於是就倒過戟來把他救出，哪知反被鄭人所擒獲，承襲襄公的說法，自己所得到的，是被敵人俘虜。這樣說來，襄公的說法就近講，不能轉移當時的國人，就遠說，竟能延誤後代的狂狡。由此可知，邪說不能夠迷惑當時的，不見得就一定不能迷惑後世，君子的與邪說爭論辨別，怎麼可以當時的順從違背為決斷呢？

大凡在天地間，有這種事物，就一定有喜好的人，有這種說法，就一定有順從的人，感動人的事物，不一定是真的，感動人的說法，也不一定奇異。像昌歜、羊棗二物，品質平凡，味道低劣，經過了千百年，不曾有機會摻雜在相梨橘柚的中間當祭品，哪知後來忽然間有喜好它的人，甚至終生都不能忘懷。異端邪說的存在於世間，當然有鄙陋庸俗、乖張謬誤，不能夠欺騙、愚弄、眩惑眾人的，然而又怎能知道世間沒有偏好獨自嚮慕，像狂狡的對於宋襄公那樣的人呢？我因此更加知道異端邪說確實不可存留於世間。

自從聖王的道術分裂以後，異端邪說的紛起，就像蝟毛一樣的豎立雜亂，所能聽到的，當然可以辨別指正，而對於那些所不能聽到的，又如何能加以攻伐指正？所能看見的，當然可以辨別指正，對於那些所不能看見的，又怎樣能予以攻伐指正？而今要想像割除野草、捕殺禽獸一樣，全部予以消滅，不使任何邪說存留世間，那就難嘍！我倒認為這件事並不難，它的根本關鍵全在端正人心罷了。當孟軻氏挺身而出與諸子辨論的時候，只不過粗略地舉出楊朱、墨翟一二家來作其餘各家的例子，同時代的像列禦寇（列子）、莊周（莊子），不曾聞問；同時代的如申不害、商鞅，不曾聞問；同時代的如鄒衍、公孫龍，不曾聞問。孟氏難道是故意放縱敵人來拖垮儒家的道統學說嗎？實在說來，只要人心一端正，那麼偏頗、淫蕩、邪僻、逃避的言辭，就自會消滅得蕩然無存，本來就不需等待遍歷詆攻然後才能盡除的啊！光明的太陽既然升起，所有的陰暗就全部隱伏不見，周浹的時雨既然降落，所有的生物就全部得到滋潤，假如一個窗戶一個窗戶的去照明，一畦田一畦田的去灌溉，那麼上天的為上天，實在也夠辛勞的了。

【研　析】戰爭所追求的目標，就是勝利。像宋襄公的為楚國所敗，大夫狂狡的為鄭人所獲，都可說是咎由自取，罪有應得，乃至數千年後，仍然為世人所笑。本文作者，有鑑於此，不以「當時之從違為斷」，而以「未必不能惑後世」為憂，特發而明之，以警世人之不察者，用心至為良善。

就內容說，文分四段，作者首先指出，對於邪說應去之務盡，不可因人盡知其淺妄，而置之不理，致使其寖興，以誤後世。其次則言狂狡的所以被俘虜，乃由於聞宋襄公之風使然。並以此證實當時君子認為不必辨的「迂暗」之說，未必不能惑後世。第三段說明凡存於世間的事物或學說，必有「嗜之者或從之者」，是以異端邪說不可使存於世。最後，則言芟夷異端邪說根本之道在正人心，人心得正，則詖淫邪遁之辭自可消滅。

就行文說，全文結構謹嚴，循一理而直下，故能給人以井然有序的明顯感覺。因其主旨在辨明宋大夫狂狡被獲的愚昧，乃由「聞襄公之風而悅之」使然，是以在行文的一開始，即點明君子辨邪說的不得已，就是已盡為世人所知、淺而易見的荒謬言論，為不使其滋生遺誤後世，亦不可使有。隨即就以「宋襄公持不重傷、不擒二毛之說以敗於泓」的事實，來證明其言的確然有據，而得到了理論與事實的圓滿配合。這是寫作論說文所不可忽略而應該特別強調的。文章發展到這裏，一方面辨明了「舉國皆咎」宋襄公的非是，另一方面又說明了「裹糧坐甲，固敵是求，非我殺彼，則彼殺我」的戰爭本質，而狂狡竟「不忍鄭人之入於井，倒戟而出之，反為鄭人所獲」。推究其所以如此的原因，無疑的乃為宋襄公之說所移。前提既定，則可推知世間凡有一種學說，就一定會有從其說的人，故結論是：異端邪說不可存於世。然世間的邪說何其多，何得一一攻之使破？其根本之圖，在正人心。人心一正，那麼邪說詖淫之辭，也就自可殲蕩無遺了。

讀此文，不僅可看出作者領悟力之強，而尤具啟發作用。

鄭伐宋囚華元❶

宣公二年

【題解】此事載於《左傳》宣公二年（西元前六〇七年）。大意是說：這年的春天，鄭公子歸生，接受了楚國的命令出兵伐宋，宋右師華元、司寇樂呂領兵抵禦。將要迎戰的時候，華元殺羊犒勞士卒，他的御車羊斟不在內，到作戰時，羊斟說：「前天的殺羊分饗士卒，你作主，今日的御車打仗，我作主。」遂驅車進入鄭國的軍中，所以打了敗仗。結果華元被囚，樂呂戰死，損失了戰車四百六十輛，士卒被俘二百五十人，戰死一百人。因此當時的君子評論說：「羊斟不像個人，由於一己的私恨，使國家戰敗，使人民受害，所應受的刑罰，還有什麼能比這更重呢？所謂『人沒有了良心』（《詩・小雅・角弓》），不就是說的羊斟這種人嗎？殘害人民，稱快自己。」

呂氏據此，就華元的戰敗被囚，在其為人行事上，作一深入的探討。一則先從人情所同然之理，說明華元絕非刻薄寡恩之人，同時也指出了其所以遇禍之因，乃由於不知人所致。雖以親厚君子之心待羊斟，而御者反以疏薄小人之意為報，不惟有負於華元，亦且有負於國家。

天下之情，固有厚之而薄，薄之而厚者，不可不察也。子弟與鄉人皆在席，觴酒豆肉，必先鄉人而後子弟，豈人情固厚於疏而薄於親乎？

蓋疏則相責，故不可不與，親則相恕，故可以不與。其待鄉人，物至而情不至，所謂厚之而薄者也；其待子弟，物不至而情至，所謂薄之而厚者也。凡人情相與，至於無間，則用之不憚，置之不慍，予之不辭，奪之不怨，曠然相期於形骸之外，夫豈以薄物細故而遽為向背哉？

華元殺羊食士，而其御羊斟❷不與，人皆以為待羊斟之薄，吾獨以為待羊斟之厚焉。元之意豈不以斟為吾御幾年矣，左執鞭，右奉轡，旦則偕出，暮則偕入，險阻寒暑，升降驟馳，無不與吾俱，相悉已深，相信已熟，今日饗士，吾肘腋同體之人豈計一杯羹以為輕重？姑及疏者遠者可也，羊雖不及，然親厚之意，固已踰百牢而豐五鼎矣！斟不知享其意，而徒欲享其食，忿戾勃興，驅車趨敵，投華元於死地，覆喪師徒而不顧。元待之以君子之心，斟報之以小人之行，非特負元，乃負國也！

議者或謂元御下寡恩，以起羊斟之怒。吾觀元之為人，樂易慈祥之氣溫然可挹，其免於囚虜而歸，再與斟遇，猶慰解勉勞，若恐傷其意者，下至隸役之嘲誚，亦逡巡退避而不校，則元豈寡恩者哉！元尚能恕斟於既為變之後，乃不能撫斟於未交兵之前，無是理也。此吾所以論元之待斟，蓋厚而非薄也！

然元亦不能無罪焉，日與斟周旋，不知其肺腑，猶以君子待之，一罪也；簞食豆羹見於色之人，乃與共載，託於死生，二罪也；情意未孚而遽忘彼我，以示無間，三罪也。明不足以燭姦，誠不足以動物，何適而不逢禍哉！惜乎華元有君子之資，而未嘗學也！

【注釋】❶華元　宋右師，六卿之一。華督曾孫，華孫御事子。❷羊斟　又名叔牂，華元御者。

【語譯】就人與人的情誼說，有的本已深厚，而在表面上待之反薄，雖在表面上對待薄，而實在的情誼卻非常深厚，這是不可以不明察的。例如子弟與鄉人同席宴飲，在酒菜肉餚方面，一定是先鄉人而後子弟，這哪裏能說是人情對於疏遠的深厚，而對於子弟淡薄呢？就實際情形說，由於疏遠常相苛責，所以不可以不厚與，自己的子弟，由於親近常相寬恕，所以可以不厚與。對待鄉人，在物質上招待備至，而情誼卻不深厚，這就是所說的表面上深厚而其實情是淡薄的；對待子弟，物質上雖薄，而恩情卻非常深厚，這就是所說的表面上淡薄而其實情是深厚的。就人的情誼交往來說，如能到達毫無隔閡的地步，即使被重用，並不會感到愉快，不被任用，也不會感到難過，在物質上有所贈與不加辭謝，有所不與也不會怨恨，以曠達的心情，相期許於彼此精神、思念的冥合上，哪能因為物質上的微薄細故，而忽然間改變一己的傾向和違背呢？

華元殺羊犒勞士卒，他的車夫羊斟沒有得犒賞，一般人都認為對待羊斟太刻薄，我獨以為這正是厚待羊斟。華元的意思難道不是以為羊斟為我御車已經好幾年了，左手拿著鞭，右手攬著轡，早上則一同外出，晚上則一同回來，不管路途的危險阻塞，氣候的冷暖，上坡下坡，行車快慢，不曾不和我在一塊，彼此相知已深，相信已很了解，今日犒勞士卒，我親近形同一體的人，哪會計較一杯羹的有無，來作為輕重的衡量？姑且犒賞疏遠的人吧，羊斟雖然沒有犒賞，然而彼此親近的心意，本已超過百牢而比五鼎的賞賜還要豐盛呢！羊斟不知道享受華元對他深厚的情意，而只是想享受美食，忿怒乖戾之氣，勃然興作，驅策著戰車，奔向敵陣，將華元投放在死亡的境地，置傾覆喪亡軍隊徒眾而不顧。華元以君子之心對待他，羊斟卻以小人的行為來報答華元，這種行為不但辜負了華元，同時也辜負了國家啊！

議論的人或者以為華元對待屬下刻薄，所以才激起羊斟的忿怒。據我的觀察，以為華元在做人方面，和樂平易慈祥的氣度，溫厚的甚至可以用手掬挹，當他從鄭國被放回來的時候，與羊斟相遇，仍然安慰他，勉勵他，為他解嘲，惟恐傷害到他，就是對於屬下隸役的嘲笑責讓，也很快地迴避而不計較，那麼華元豈是刻薄少恩的人哪！華元尚且能寬恕羊斟在既已變故以後，竟然不能撫慰羊斟在未交戰以前，絕對不可能有這種道理的。這就是我為什麼說華元對待羊斟，實已深厚而不刻薄的原因啊！

然而華元也不能說無罪，每天都和羊斟生活在一起，同出同入，竟不知他的為人、心意，仍然把他當作君子來對待，這是第一個罪過；對於飲食細故一有不如意，就表現在臉上的人，竟然和他共乘一兵車，把生死託付給他，這是第二個過失；既然是在情意上未能相信不疑，而遽然忘記彼我，以示毫無距離、隔閡，這是第三個過失。聰明不能夠燭照奸邪，誠信不能夠感動屬下，何往而能不遭逢災禍呢！華元有君子的資賦，而卻不曾好好地學習，真是可惜啊！

【研　析】世人行事，往往有因小失大或變生肘腋的情勢。因小失大，多由於貪求近利、眼光短淺；變生肘腋，則在於不明就裏，不能知人。這就是社會上為什麼有的人看來聰明能幹，而終於難逃敗亡的癥結所在了。本文作者就其所見，將華元的戰敗被囚，作一深入的探討，找出其所以失敗的原因，借以明示後人行事處世之道。

文分四段，作者首先就親疏之實，說明待人接物之禮，以及厚而實薄、薄而實厚的常情。其次說明華元殺羊食士所以不與羊斟，乃以親厚、君子之心相待，而羊斟竟以疏薄、小人之意為報，非惟負元，亦且負國。第三段則以華元的行事為人，證明其絕非刻薄寡恩之輩。最後指出華元所以遇禍，乃由於明不足以燭奸，誠不足以動物所致。

就行文說，先從人情禮儀入手，人皆知其為常情，而厚薄之分，豈能以一杯羹之有無，據以言輕重？呂氏就常人之心，衡華元之意，所言切情切理，於此益可反映羊斟不僅器量淺，而尤其無識見，充分表現了御者的本色。可是華元卻日與之相處，竟不及此，致使變生肘腋，豈止千慮之一失而可已？然華元亦非「御下寡恩」之人。作者於此，特就《左傳》所載，指出華元的為人，不惟「樂易慈祥」，而且「犯而不校」，來作為其立論的依據，所見自是真切。至其所指華元「亦不能無罪」之言，衡諸情理，亦甚得當，字裏行間，均可顯示作者推衍事理的周延。全文以情理始，以情理終的結構安排，正可看出其行文的綿密。

晉趙盾❶侵鄭 宣公二年 楚滅若敖氏❷ 宣公四年

【題解】此事載於《左傳》宣公二年（西元前六〇七年）。大意是說：這年的春天，秦國出兵攻打晉國，是為了報復晉軍進攻崇地的那次戰役（見元年經、傳），於是包圍焦地。夏，晉卿趙盾出兵援救焦地，乘便從陰地會合諸侯的軍隊攻打鄭國，以報復大棘那次戰役（在此年春）。

楚國司馬鬬椒出兵救鄭，並且說：「要想得到諸侯的擁護，就不能厭惡艱困。」於是就駐紮在鄭國，等待晉軍。趙盾說：「他那個宗族，在楚國爭強好勝，大概就快要消滅了，現在我就姑且讓他再增加一些疾病吧。」於是就自行退去。

至魯宣公四年（西元前六〇五年），由於鬬椒的爭強戾狠，不僅殺了令尹鬬般，同時也殺了工正蔿賈，而自為令尹。尚不以此為滿足，而竟欲弒楚莊王以自代，結果不僅身遭慘死，而若敖氏的全族，亦被誅滅。

呂氏據此，以發其慨。一則就鬬椒的恃強驕縱，不知處順以觀逆，而終致身死族滅，為後世所笑立論，同時也為世人指出一條行事的鐵則，那就是：「物以順至者，必以逆觀。」

物以順至者，必以逆觀，天下之禍不生於逆，而生於順。劍楯戈戟，未必能敗敵，而金繒玉帛，每足以滅人之國；霜雪霾霧，未必能生疾，而聲色畋游，每足以殞人之軀。久矣夫！順之生禍也。物方順吾意，而吾又以順觀之，則見其吉而不見其凶，溺心縱慾，蓋有陷於死亡而不悟者矣。至於拔足紛華，寓目昭曠，彼以順至，我以逆觀，停筯於大嚼之時，覆觴於劇飲之際，惟天下之至明者能之。

鬬椒❸汰侈於楚，帥兵救鄭，晉趙盾乃退師示怯，以順適其意，而益其疾。椒也遂謂趙盾真畏己者，憑恃其強，肆為悖逆，親集矢於其君之車，以覆其宗❹。盾投之以順，而椒不觀之以逆，殆非盾之能誤椒，蓋椒之不能察盾也！然盾之為謀，於難察之中，猶有可察者焉。豪奴悍婢，嚚頑狠戾，闔室之人皆畏避之，出而詈市人，則必奮臂與之鬬。蓋其威行於家，而不行於市，此殆易曉也。椒之跋扈，楚人素畏之爾，一出楚境，與敵國遇，則相視猶道路之人，何為遽下之哉？趙盾卷旆改轅，未戰而卻，逡巡若有所懼者，此理之不當然也，理不當然而然，其必有所以然矣。椒於此，曷不深致其觀乎？謂晉封略不如楚則否，謂晉謀臣不如楚則否，謂晉甲兵不如楚則否，反覆推考，莫知其端，是殆養我而納之於禍也。牛羊犬豕醉於豢養，身日腯而死日近，椒趾方顚圓靈而為人，乃坐受仇敵之豢養，侈增貫盈，自赴刀刃，亦愚矣。向使椒獨肆其侈，不遇趙盾以養其惡，豈遽至於此極乎？

曰：意在於善，凡所遇者，皆養吾善之物也；意在於惡，凡所遇者，皆養吾惡之物也，豈必遇趙盾之設謀，然後能養其惡哉？一雨露也，一寒暑也，梧檟得之以養其柯條，荊棘得之以養其芒刺，造物者曷嘗有心厚梧檟之材，而稔荊棘之毒歟？咸其自養，而未有養之者也！椒苟意於善，盾雖示弱而養其惡，未必不逆觀其詐，悚然儆懼，而啟改過之門矣。盾本將以養其惡，椒反資以養其善，殆惟恐遇盾之不蚤也！

【注　釋】❶趙盾　晉卿趙宣子，趙衰之子。❷若敖氏　若敖，春秋楚君熊黮之後裔，芈姓，名熊儀，子孫為若敖氏。常執楚政。鬭椒即若敖之後。❸鬭椒　楚令尹。字子越，亦作越椒，又字伯棼、伯賁，司馬子良子，令尹子文姪。❹親集矢於其君之車二句　意謂楚莊王和若敖氏在皋滸作戰，子越椒用箭射楚王，因用力過猛，箭飛過輈，穿越鼓架，射在銅鉦上。接著又射一箭，飛過車輈，透過車蓋。士兵害怕，因此開始退卻。於是莊王派人在軍中到處吶喊說：「我們的先君文王攻克息國，得到三枝利箭，子越椒偷了兩枝，現已用完了。」接著擊鼓進兵，而消滅了若敖氏。見《左傳》宣公四年。

【語　譯】世間的事物，凡是順著心意而來的，一定要以不順的心情去觀察，天下的禍患，往往不生於不順意，而是發生在順意的時候。利劍、盾牌、戈和戟，不一定能擊敗敵人，而金玉繒帛，卻往往能用以消滅別人的國家；冰雪、寒霜、陰霾、霧氣，不一定能使人生病，而歌聲、美色、畋獵、遊樂，卻往往足以殞滅人的身軀。這種情實，由來已經很久了！說到順意的發生禍端，當事物正順我意，而我又以順隨的心意來觀察，那麼所看見的只是吉利而沒有凶惡，以致陷溺心志，放縱情慾，所以也就有直到沉陷於死亡而不能覺悟的情事發生了。至於能張大眼睛，看得明確，從紛華的泥沼中，拔足而出，彼以順意而至，我以逆意來觀察，能在大嚼美味的時候，停下筷子，能在興致正濃的時候，停止飲酒，這種斷然的舉止，只有天下最明察的人才能做到。

楚國的鬭椒驕奢不馴，率兵救援鄭國，晉趙盾於是乘機退兵以表示怯懦，來順適鬭椒的心意，借以增加他的驕奢。可是鬭椒卻以為趙盾是真的畏懼自己的兵強勢眾，所以也就憑仗著自己的勢強，毫無顧忌的做出許多背逆的事來，親自以利箭連向其國君的坐車發射，因而不僅身亡，連其宗族也全被消滅了。趙盾用順意來投合他，而鬭椒卻不用逆意來觀察，這不是趙盾能誤害鬭椒，其實是鬭椒不能觀察出趙盾的用心啊！然而趙盾的計謀，在難於觀察的當中，仍有可以看出其破綻的地方。如強橫兇悍的奴婢，奸詐頑固又狠毒暴戾，全家室（大夫之家）的人，都畏懼而躲避他，可是假如他走出家門而罵市人的話，那麼市人就一定會舉起拳頭和他爭鬥。其實他的威勢蠻橫只能在家中橫行，而不能橫行於街市，這是很容易明白的事情。鬭椒的傲慢強橫，楚人一向畏懼他，當他率兵走出國境，和敵國的軍隊相遇，那麼彼此之間就如同陌路不相干的人，為什麼對方遽然表現出卑下不敵的樣子呢？趙盾捲旗改道，未經交戰即行退去，而退避的表現，就好像有所畏懼似的，這就道理說，是不應當如此的，就道理說，不應當如此而如此，那其中就一定有所以如此的原因了。鬭椒在這方面，為什麼不深加觀察而推究其原因呢？如認為晉的封疆不如楚，那不是的，以為晉的謀臣不如楚，也不對，說是晉的甲兵不如楚，更不是，反覆推尋思考，都不能找出其端倪，這種行為，大概就是想培養我的驕橫而納入於災禍中了。牛羊犬豕等家畜，沉迷於人的豢養中，身體一天天的肥大，而死期也就一天天的接近，鬭椒腳方頭圓，為萬物之靈的人類，竟然坐享仇敵的豢養，來加速一己的惡貫滿盈，不知不覺地走上死路，也真夠愚笨的了。先前假使鬭椒獨自肆橫其奢侈，沒有趙盾來培養他的罪惡，哪能遽然到達這種地步呢？

我卻以為：意念在於善，所有的遭遇，都是培養我善行的事物；意念在於惡，所有的遭遇，都是培養我惡行的事物，哪裏一定要遇到趙盾的巧設計謀，然後才能培養其惡行呢？同樣的雨露，同樣寒暑，高大的梧檟得到它的滋養，可以茁壯樹幹和枝條，而叢生的荊棘得到它的滋潤，卻適足以培養其芒刺，天地造物，何曾有心偏厚梧檟的大材，而卻常常想著荊棘的毒刺呢？萬物皆自我長養，而沒有依人之意而長養的啊！鬭椒誠有意向善，趙盾就是表示軟弱來培養他的惡端，卻不一定不反觀其欺詐，以恐懼戒備的心情，而大開改過之門了。趙盾的本意，是用以養其惡的，鬬椒反而借來養其善，在這種情況之下，可能惟恐遇到趙盾的不夠早吧！

【研　析】《易經．乾卦》上九文言說：「亢之為言也，知進而不知退，知存而不知亡，知得而不知喪……知進退存亡而不失其正者，其唯聖人乎！」楚若敖氏之子越椒，即一不知進退存亡之人，所以晉卿趙盾，故縱其志以加速其亡。本文作者有感於此，特就此事，一發其慨。

就內容說，文分三段，作者首先指出人的所以溺心縱欲，以至於死亡而不悟的原因，多由順意而生，惟至明的人，始能居安思危，明察順逆。其次則言趙盾侵鄭故意示弱，以縱鬬椒的驕侈，使之自取滅亡。最後則言善惡之意，全在一己的體察、領悟，如能以他人的奸惡，培養一己的良善，又何奸惡之有？

全文以事物的順至當以逆觀為主旨，借以點出鬬椒的恃強橫肆，終於難免敗亡的命運為依歸，進而以意善、意惡為變化的關鍵。假如鬬椒不以順至為當然，而以逆理觀之，探討順至的情節、時機和原因，必可發現趙盾的用心而作悚然的儆懼，進而以啟其改過之門。果如是，趙盾不僅不足以養其惡，反而足資以養其善，順至逆觀的時義，豈不大哉！

就行文說，執一理貫然而下，層次至為分明。就一事反覆釐析，深刻而有餘韻。不僅有交融之美，亦且有啟發之效。我們讀其文而思其義，能一無所感嗎？

晉靈公[1]不君

宣公二年

【題解】此事載於《左傳》宣公二年(西元前六〇七年)。大意是說:晉靈公無道,徵收重稅來彩畫牆壁,從高臺上用彈丸打人而觀看他們躲避的形狀以取樂。廚師煮熊掌沒有爛竟殺了他,放在畚箕中,讓婦人用頭頂著走過朝庭。適巧被趙盾、士會看見屍體的手,問明原因,而深感擔心。二人準備進諫,士會說:「如果您勸諫不聽,就無人可以繼續了,最好我先去,不聽,您再去勸說。」靈公一看到士會便說:「我已經知道錯了,我會改的。」士會知道靈公話不由衷,於是叩頭回答說:「人,誰能不犯錯?犯錯能及時改正,那就沒有比這再好的事了。《詩》說:『人多有始無終。』(〈大雅・蕩〉)如果是這樣,那麼能夠改過的人就很少了。我君能有決心改過,那真是國家的福祉啊!又說:『天子有了過失,惟有仲山甫能予以匡救。』(〈大雅・烝民〉)我君如能彌補過錯,那麼我晉國就可以保持富強了。」

晉靈公只是口頭上說改過,但並沒有改。趙宣子接著不斷地進諫,靈公非常厭惡,於是就派勇士鉏麑去殺害他。鉏麑一大早就去了,這時趙盾的臥室已經打開,並且穿戴整齊,準備上朝。因時間還早,就坐著假睡。鉏麑看到這種情形,退出來很感慨說:「時時不忘記恭敬,真是人民的鎮主,殺害人民的鎮主,就是不忠,放棄國君的命令,那是不信,不忠、不信,如果有了其中之一,還不如死去好呢!」於是就撞槐樹而死。

呂氏據此,一方面指斥靈公的非君,同時也將矛頭指向趙盾,責其所見晚,不能通情於君,不能持恭敬之心立朝,故遭君惡,以至於嗾獒噬之於前,伏甲擊之於後,勇士刺之於黎明之際,言下有咎由自取之意。

天下之亂，常基於微而成於著，知微者謂之君子，知著者謂之眾人。黍離之嘆❷，雖輿臺牧圉共悲之，至若見銅駝荊棘❸於全盛之時，則非知幾者莫能也。

晉靈公暴戾凶虐，觴趙盾而伏甲攻焉❹，人莫不以為駭。君臣非敵國也，殿陛非戰場也，長戈大戟不用之於邊陲，而用之於宴席，弁冕毀裂，俎豆搶攘，是非可駭之尤者乎？抑不知靈公素與諍臣為敵，彼其殿陛之間，化為戰場亦已久矣，特其迹未著，人不能深察耳。靈公失政之初，固已外其臣而讎敵遇之，竊取用兵之謀，而為拒諫之計。隨會❺將入諫，屢進而屢不視，是制之以靜者也，深溝高壘以待敵者也，其在兵法名曰形。隨會將進說，迎為悔過以塞其口，是示之以弱者也，甘言卑辭以誘敵者也，其在兵法名曰聲。形之而不能禦，聲之而不能動，兵法既窮，則直搏戰而已。此趙盾繼諫於隨會之後，所以幽有鉏麑❻之賊，明有嗾獒之舉也。心攻不下，始以力攻，心戰不勝，始以力戰，人見其既動干戈，方矍然駭懼。自識者觀之，則靈公肺肝之內，念念舉兵，樽俎之上，日日流血，方臣主相際，都俞吁咈之時，固已使之寒心矣。盾也不知其君以讎敵遇己，尚譊譊進說不止，迄至伏甲之變，何其見之晚也？

為盾謀者將奈何？曰：二國相怨，一使可和；二壘相持，一騎可解；豈有讎敵尚可通，而君臣終不可通者乎？情暌則君門萬里，情通則萬里君門，其相去一間耳。君臣固有復通之理，彼靈公之無道，殆未易以常法論，詎可責盾以必通哉？是又不然，靈公與盾本君臣，特以疑阻而視之若讎敵耳。若鉏麑與盾風馬牛不相及❼，操刃而來，是乃真讎敵也，其入門伺隙之際，豈復有善意哉？一見其盛服假寐，形神俱肅，戢毒斂忿，寧斃其軀而不敢損盾之毫芒，誠敬之動人也如是。讎敵之真者猶可孚格，況素號君臣，暫為讎敵者乎？使盾保養此敬，立朝之際常如將朝之時，未必靈公之意不回也！平旦之氣，真粹清明，如水未波，如空未雲，如玉未雕，如琴未鼓。當盾盛服將朝之頃，此時此境，前追唐虞於既往，後借洙泗於方來，豈復春秋爭奪之世哉？惜其出與物接，機械橫生，上不能救主失，下不能免惡名，視平旦真粹清明之地，駟奔電逝而不可還矣。雖然春敷秋槁者，眾木之性也，旦存晝亡者，眾人之氣也，喬松巨柏，貫四時而柯葉不改，其視春秋何有？氣之得其養者，昏晨晡昳，混混同流，亦安得旦晝之辨哉？故出乎木之類者，無春秋，出乎人之類者，無旦晝。

【注　釋】❶晉靈公　名夷皋，襄公子，在位十四年，為趙穿所弒。❷黍離之嘆　感傷亡國，觸景生情而發出的概歎。黍離，《詩經．王風》篇名，《詩序》謂西周亡後，周大夫過故宗廟宮室，盡為禾黍，彷徨不忍去，乃作此詩。後借為感慨亡國觸景生情之詞。❸銅駝荊棘　謂有先識遠見的人，可以預知天下的治亂。《晉書．索靖傳》：「靖有先識遠量，知天下將亂，指洛陽宮門銅駝歎曰：『會見汝在荊棘中耳！』」銅駝，銅鑄的駱駝。❹觴趙盾而伏甲攻焉　此謂晉靈公請趙盾喝酒，事先埋伏下甲士，準備攻擊殺死趙盾。見《左傳》宣公二年。❺隨會　晉卿士會。成伯子，食邑於隨、范，諡武子，故又稱士季、隨季、隨武子、范武子。❻鉏麑　晉力士。見《左傳》宣公二年。❼風馬牛不相及　謂彼此不相干，毫無關係。語見《左傳》僖公四年。

【語　譯】天下的戰亂爭端，常始於隱微而成於顯著，能察知隱微的稱為君子，直到顯著時才能知道的是眾人。感慨亡國觸景生情的歎息，就是賤為輿臺、放牧養馬的人，也會為此共同感到悲傷，至於像在全盛之時，看見宮門旁銅鑄的駱駝，就可預知將置其於荊棘中的情景，那就非預知先幾的人不能了。

晉靈公暴虐凶狠，請趙盾喝酒，事先埋伏下甲士攻殺他，知道的人沒有不感到驚駭。君臣並不是仇敵之國，堂殿陛階也不是戰場，長戈大戟，不用於平定邊疆的戰亂，而卻用在宴席的中間，一時弁冕被毀，禮器紛亂橫陳，這種情狀，豈不是最可令人驚駭的嗎？卻不知靈公向來就和忠諫的大臣為敵，他那堂殿階陛之間，成為戰場也已很久了，只不過其跡象不顯著，一般人未能深入觀察罷了。靈公在一開始政令混亂的時候，就已經把大臣當作外人而以仇敵相對待了，私自採取用兵的謀略，來作為拒絕進諫的計策。如隨會將要入諫，屢次前進而故作看不見，這是以靜制動的做法，就好像挖深護城河，高築城牆來等待敵人一樣，這在兵法上叫做「形」。隨會將要諫說，他卻用悔過來迎對以堵塞隨會的嘴，使他開不了口，這是表示軟弱的做法，就像用甘美的話、卑下的言辭來引誘敵人一樣，這在兵法上叫做「聲」。用形勢不能抵禦，用柔聲不能抵禦，兵法既已窮盡，那就只有搏戰一途了。這就是趙盾在隨會以後繼續進諫，所以在暗中有鉏麑的賊害，在明處有嗾使獒犬舉措的原因了。用心機攻不能下，就開始用力攻，用心理戰不能取勝，就開始用力戰，一般人看見他既然大動干戈，所以才感到驚惶恐懼。可是若從有遠見深識人的立場來看，則在靈公肺腑的深處，時刻不忘舉兵的念頭，所以在宴飲的樽俎之上，才有日日流血的事件發生，當大臣君主相會，彼此意見相背，而發出感歎聲時，就足夠使大臣寒心了。趙盾卻不能察知其君把自己當作仇敵來對待，仍在那裏爭辯不休，進說不止，終於招致伏甲襲擊的變故，為什麼他所能看到的，竟是這樣晚呢？

若要替趙盾作打算又將如何呢？我認為：兩個國家相互怨恨，一介使臣即可和好，兩軍對壘相持不下，單騎臨陣，即可解除危局，哪有仇敵尚可溝通和好，而君臣終不可和好溝通的呢？心情意念相隔違，那麼君門即遙不可及，如果心情意念相通，那麼就無處不是君門，而彼此間的距離，也只不過是一點空隙罷了。君臣之間，本來就有相互溝通的道理，靈公的無道，實不能用常法來論斷，怎可責備趙盾一定可以和他溝通呢？這又不然，靈公與趙盾，本為君臣，只不過靈公以懷疑、阻撓的心情來看待他才像仇敵罷了。像鉏麑與趙盾本無任何瓜葛，操持利刃而來，這可算是真正的仇敵了，當他進入門內窺伺間隙的時候，哪還會有善意呢？一看見趙盾穿戴整齊閉目養神，表現出莊嚴肅穆的神態，馬上收起害人的心，消除了忿怒之情，寧願自己去死而不敢損傷趙盾的毛髮，忠誠敬謹的感動人竟然如此。真正的仇敵，尚可被誠信感動，況且一向為君臣，只是暫時為仇敵呢？假使趙盾能夠保持涵養這種誠敬的心情，在朝中常像將要上朝的那種情景，不見得靈公的心意就不能回轉啊！在夜間所生的清靜精神，真實純粹，清澈光明，如無波的清水，如無雲的碧空，如未彫琢的美玉，如未彈奏的琴弦。當趙盾穿戴整齊，將要上朝的那一剎那，這種時際，這種心境，可以上追已往的唐堯、虞舜，可以後為孔子的借鑑，哪裏還是春秋爭奪不安的時代呢？可惜的是當他走出家門，與人事接觸的時候，橫生巧詐，對上不能匡救君主的缺失，對下不能免除一己的惡名，回頭看一看在夜中所產生的那種真粹清明的境地，就像駟馬的奔馳，電光的消逝，而不可再回來了。雖然春天敷榮、秋天枯槁，是一般花木的本性，平旦存在晝間亡失，是一般人的心氣，高大的松柏，一年四季枝葉都不改變，它們根本就無視於春秋的更替。真粹清明之氣，果得其養，無論是早晨黃昏，午前午後，都會毫無分別的一脈同流，又何能有平旦、白晝的分別呢？所以超出一般花木之類的松柏，就不分春秋，超出常人之類的人，就無平旦、白晝的不同。

【研　析】《論語．公冶長》孔子評論齊國的大夫晏嬰說：「晏平仲善與人交，久而敬之。」意思是說：晏平仲善於和別人交朋友，相交愈久，愈尊敬別人。交友之道尚且如此，更何況是君臣之間呢？君君臣臣，這是上下應守的分際。晉靈公的不君，趙盾的屢諫，其間有令人費解者，呂氏據《左傳》所載，針對此事，表示了一己的見解。

就內容說，文分三段，作者首先以慣常的手法，扼要的說明「見微知幾，非君子莫能」之理。接著則言趙盾面對暴戾之君，而竟不知其用心，這當然也就難免「遭伏甲之擊、嗾獒之噬、鉏麑之刺」了。最後指出趙盾當持「平旦清明之氣」，以誠敬之心，通情於君，則一切暌隔之事，自可冰消。

就行文說，在第一段的引言中，就已經暗示趙盾並非明智的君子。這當然是伏筆。所以緊接著就直指靈公的暴戾不君，用種種不法的手段暗算趙盾。而趙盾竟不能明察，這在文氣上說，正是第一段的延伸，也可以說與第一段暗合。而作者指斥趙盾「何其見之晚也」，更點明了文氣的一貫。往下，則更進一步的指出趙盾立朝不能恭敬，為造成君臣「情暌」的主要原因。由「情暌」而生惡，更由「惡」而萌殺機，急轉直下之言，而趙盾也就難逃伏甲之擊了。我們推想，趙盾所以會有如此的際遇，固然是由於不能以「真粹清明平旦之氣」立朝，以誠敬之心對君，可是其在當時的位高權重，而靈公的幼年即位（見《史記．晉世家》），仰賴趙盾的大力支持，也不無關係。恃功而驕，幾乎無代無有，在這種情況下，每於進諫之時，出口對答言辭之間，難免不有傷害靈公尊嚴的地方。作者一味以恭敬相責，理有固然，其所以會有不恭敬的原因何在，是否也應作進一步的探討？

晉趙穿❶弒靈公

宣公二年

許悼公飲太子止藥卒 昭公十九年

【題解】 此事載於《左傳》宣公二年（西元前六〇七年）。大意是說：晉靈公請趙盾飲酒，事先埋伏了甲士打算擊殺趙盾。不料卻被趙盾的車右提彌明發覺了，很快的登上殿堂說：「臣下陪侍國君飲酒，超過三杯就不合禮儀了。」說完就扶著趙盾走下殿來。晉靈公急得只好嗾使惡犬撲噬趙盾。而提彌明卻上前殺了牠。趙盾說：「捨棄人利用犬，雖然凶猛，又有何用？」於是一邊搏鬥，一邊退了出來。就在這年的九月乙丑，趙穿（盾堂弟）在桃園（園名）攻殺了晉靈公。趙盾沒有走出國境而回來重登卿位。於是太史記載此事說：「趙盾弒其君」，並在朝廷上出示給人看。趙盾說：「這是不對的。」太史回答說：「你是正卿，逃亡沒有超越國境，回來又不討伐叛賊，不是你弒君又是誰呢？」趙盾說：「唉！《詩》說：『由於多所懷戀，才給自己帶來憂傷。』這恐怕就是對我而說的吧！」孔子說：「董狐，是古代的好史官，據法記載，毫不隱瞞。趙宣子，是古代的好大夫，為書法而蒙受了弒君的惡名。可惜啊！如果超越國境，就可以免除弒君的惡名了。」

另外，在《左傳》昭公十九年（西元前五二〇年），也有一段記載，大意是說：這年的夏天，許悼公患瘧疾，在五月戊辰這天，因喝了太子止所進的藥就死了。太子逃奔到晉國。於是史官記載說：「弒其君。」君子說：「盡心力事奉國君，不進藥物是可以的。」

呂氏據此，疾言左氏所載孔子之言為偽託，並認為弒靈公的真正凶手是趙盾而非趙穿。同時也附帶說明許悼公之死為太子止所殺，亦非「為法受惡」。最後則指出董狐書法的含義，借明「惜也！越竟乃免」之言，絕非孔子所說。

手有高下，故委輕重於權，目有憎愛，故委妍媸於鏡。心有偏黨，故委是非於聖人。天下之所以歸誠委己，惟聖人之聽，何也？至公而可以裁天下之不公也，至平而可以揆天下之不平也，至正而可以服天下之不正也。中天下而立，並受萬世是非之訟，天高海澄，眾理自見。不為顏閔❷而損毫髮之過，不為跖蹻❸而增錙銖之惡，苟持衡不定，軒輊靡常，則何以為萬世公議之主哉？

左氏載趙盾之弒君，託為仲尼之言曰：「為法受惡。」吾竊意非仲尼之言也。盾果有惡，豈容其辭？盾果無惡，豈容其受？操賞罰之柄者，但當核其有無耳，豈論辭受之地哉？今言為法受惡，是盾本無弑君之惡，作史者為法而強加之，盾亦為法而勉受之耳。寧有聖人肯許秉筆者輒加之以惡乎？聖人果許秉筆者加人以惡，則萬世是非之衡，至是而撓矣。法為罪設者也，無疾則無方，無罪則無法，若謂盾非弑君，特為法而受惡，則罪與法豈兩物耶？自斯言既出，而趙盾之事，始為後世所疑矣。

盾之弑君，本無可疑，靈公之殞，雖假手於趙穿，然桃園之難，不作於盾未出奔之前，而作於盾方出奔之後，盾身朝出，穿變夕興，盾若不奔，穿亦不弑，是弑君之由，實起於盾，穿特為盾役耳。使穿專弑君之謀，則事捷之後，當席其威而竊國，靈何有於一亡大夫，復推之秉大柄乎？則穿之弑為盾，而不為己明矣！盾聞君弑而亟反，不惟不能討穿，又遣迎新君以固其寵，是德其為己用而陰報之也！卒為將犯陣，及其成功，必曰將破敵，而不曰卒破敵；奴為主推刃，及其論罪，必曰主殺人，而不曰奴殺人。穿既為盾弒君，盾雖欲辭弒君之名得乎？既不可辭，何名為受？董狐❹書之，仲尼因之，皆以正法而治盾之實惡，不聞有所謂為法受惡者也！

後世誤信左氏，遂以為真仲尼之言，迺謂聖人之筆，固有名誅而實貸，文抑而意揚者。沿及許世子止❺之事，亦意以其非親弒，附之於為法受惡之義。抑不知殺人之情，有謀有故，有戲有誤，謂之殺則同也。殺人之具，有刃有梃，有酖有藥，謂之殺亦同也。世有誤以藥殺人者，等之於戕劫屠剝輩，刑辟輕重固有間矣，然不謂之殺人則不可。許止誤進藥，不幸而殺其君，雖視商臣❻、蔡般❼之惡，相去不啻千萬，至於弒君之名，安得而不與之同乎？書其弒君，蓋法所當然，亦非所謂為法受惡也！

左氏託為仲尼之言，誤後世如此。抑其間又有甚紕漏者，益知其非聖人之語焉。董狐責盾之兩言，深中其肝膈之隱，所謂亡不出竟者，蓋責其遷延宿留，潛有所待，以為與謀之證耳，曷嘗謂在竟內則有罪，在竟外則無罪乎？左氏不達狐之意，復託仲尼之言曰：「惜也！越竟乃免。」審如是，則後有姦臣賊子如盾者，逆謀既定，從近關出，候於竟外，聞事克而徐歸，遂可脫弒逆之名矣。是為姦臣賊子畫逃罪之策也，夫豈聖人語耶？

【注　釋】❶趙穿　晉卿趙盾的堂弟，共孟之子，即趙武子，弒靈公。❷顏閔　即顏淵、閔子騫。孔子弟子，在孔門屬德行科。見《論語・先進》。❸跖蹻　即盜跖和莊蹻。皆古大盜名。見《鹽鐵論・世務》。❹董狐　晉史官，姓姒。見《左傳》宣公二年。❺許世子止　即許悼公買之太子，名止。故下文僅稱許止。見《左傳》昭公十九年。❻商臣　楚穆王名，成王子，弒父自立，在位十二年。見《左傳》僖公三十二年及文公元年。❼蔡般　即蔡靈侯，名般，景侯子，弒父自立，在位十二年，為楚所殺，遂滅蔡，以公子棄疾為蔡公。見《左傳》昭公十一年。

【語　譯】用手衡物不準確，所以就把輕重交給磅稱去決斷，以眼觀物有憎愛，所以就將美醜交給明鏡去顯現，人心衡情度理有偏黨，所以就把是非交由聖人來評論。天下所有的人，都願將一己的言論行為，誠心誠意地委託給聖人，並完全聽從聖人的評斷，是什麼道理呢？因為至極的公正，可以裁量天下的不公正，至極的公平，可以揆度所有的不公平，至極的中正，可以服順天下的不中正。以大公中正為準則，而屹立於天下，並受理萬世是非的爭訟，這就如同天高自然日出，海澄自然水清，而眾理也就自然展現在人們的眼前。不替顏淵、閔子騫減損毫髮的過失，也不替盜跖和莊蹻增加錙銖的罪惡，假使衡量沒有定則，是非沒有常法，那麼又如何能為萬代公議的宗主呢？

左氏記載趙盾的弒君，假託孔子的話說：「為法受惡。」我私下以為這不是孔子的話。趙盾果真有罪，哪能容許他推辭？趙盾果真無罪，哪能容許他接受？操持賞罰大權的人，最要緊的就是要審核他是否有罪，哪有議論辭受的餘地呢？現在說因為書法而遭受罪名，這分明是說趙盾本無弒君的罪名，作史的人，為了書法而勉強給他加上去的，趙盾也為了書法而勉強接受這個罪名罷了。哪有聖人願意容許持筆作史的人妄自加人以罪名呢？如果聖人容許持筆寫史的人隨意給人增加罪名，那麼萬世是非的衡量評斷，到此也就歪曲而不能公正了。要知道，法是為犯罪的人而設，沒有病就不需要處藥方，如無人犯罪，就不需要法律，如果說趙盾不是弒君，只不過是因為書法才遭受到罪名的，那麼罪和法豈不是成了無關的兩種事物了嗎？自從這種話說出來以後，而趙盾的事情，也就開始為後世所懷疑了。

趙盾的弒君，本來就沒有可懷疑的，靈公的死，雖然是借趙穿的手從事實際的行動，可是桃園的發難，不起於趙盾未出奔以前，而發生在趙盾剛出奔以後，趙盾早上出奔，趙穿的叛亂晚上興作，趙盾若不出奔，趙穿也就不弒君，這分明弒君的原由，實在是起於趙盾，趙穿只是替趙盾行役罷了。假使趙穿專擅弒君的謀略，那麼事情成功以後，就當憑藉著其威勢竊取國家的大權，為什麼又推舉一個逃亡的大夫來執掌國家的政令呢？那麼趙穿的弒君，實際上就是趙盾的指使，不是自己的意願就非常明顯了！趙盾聽說國君被殺而火速的回來，不僅不能討伐趙穿，卻又派遣他迎接新君，來堅定他被寵信的心情，這種做法，就是感謝他為自己所用的恩德，而暗中回報的手段啊！士卒替大將衝鋒陷陣，等到成功了，一定說是大將破敵，而不說是士卒破敵；奴僕替主人揮刀殺人，等到論罪的時候，一定說是主人殺人，而不說是奴僕殺人。趙穿既然替趙盾殺君，趙盾就是想辭弒君的罪名可以嗎？既然不能辭掉罪名，為什麼說是遭受？董狐記載，孔子因以為說，都是用公正的法則來治趙盾的實際罪過，倒沒有聽說有所謂為了書法而遭受罪名的呢！

後人誤信左氏的說法，於是以為真正是孔子的話，竟認為聖人的筆法，本有在表面上誅罰而實際上就是寬貸，在文字上貶抑而本意是在稱揚。一直沿襲到許世子止進藥毒殺其君這件事，也認為並非親自弒君，仍把他附加在為書法受弒君之名的大義上。卻不知殺人的實情，有奸謀，有事故，有戲弄，有誤會，而稱為殺則相同。殺人的工具，有刀，有棍，有酒，有藥，而稱為殺也是相同的。世人有誤會用藥殺人的人，看作和戕殺、劫殺、屠殺、剝殺相等，刑罪的輕重本有不同，然而不稱為殺人那是不可以的。許止誤進藥，不幸而殺了他的國君，雖然和商臣、蔡般的弒君相比，差別之大不啻千里，至於弒君的罪名，怎能不和他兩個相同呢？記載他弒君，就書法來說是當然的，並不是所謂的為書法而受弒君的罪名啊！

左氏假託是孔子的話，迷誤後人竟是這樣。不過這中間尚有更甚的錯誤漏洞，從中更可進一步的知道不是聖人的語言。董狐責備趙盾的兩句話，深切地說中了他內心的隱密，所謂逃亡沒有走出國境，其實是責斥他故意拖延停留，暗中有所等待，來作為相與謀劃弒君的證據，哪裏是說在國境以內就有罪，在國境以外就沒有罪呢？左氏不了解董狐的意旨，又假託孔子的話說：「可惜啊！超越國境，就可避免弒君的罪名了。」確實如此的話，那麼後世有奸臣賊子像趙盾這樣的人，叛逆的計謀既然擬定，從附近的關口逃出，在國境外等候，事情成功以後再慢慢地回來，這樣就可以脫掉弒君叛逆的罪名了。這分明是在為奸臣賊子設計逃避罪名的策略，這哪裏是聖人說的話呢？

【研　析】良史秉筆，察微見隱，故能傳其真；聖人至公，度情衡理，故能得其正。後人讀其言往往不能揄揚其義，誦載籍而不審是否合於情理，致使良史之筆，暗而常晦，偽託之言，反信以為真，這大概就是呂氏所以不能已於言的原因吧！

本文就內容說，約可分為五段，作者首先指出公平至正，不私不黨，方可以為萬世公議之主。其次則駁斥《左傳》所載孔子為趙盾脫罪「為法受惡」之言，絕非孔子所說。第三段乃辨析晉靈公為趙盾所殺的理由，事顯理明，可以破除後人「為法受惡」的迷惑。第四段則附及許太子止雖由進藥而誤致其君死亡，然依法仍為弒君，亦非「為法受惡」。最後責左氏不惟不達董狐之意，且可由董氏之筆，明顯的看出孔子「為法受惡，惜也！越竟乃免」之言，為左氏所偽託。

就行文說，一開始，即以至公、至平、至正為發端，這已暗示左氏的所載有值得爭論的地方了。接著，即針對著文題，展開一層一層的辨駁，我們認為以辨靈公為趙盾所弒之言最為精彩，而以闡董狐之筆義，最為深刻。解「惜也！越竟乃免」仲尼之言為偽託，最為有見地。讀《左傳》，人皆知趙穿弒君，很少人認為是出之於趙盾，經過作者的詳切分析，您是否也覺得理有固然呢？再來就是對董狐責備趙盾的兩句話，有與眾不同的體認。作者以為：「所謂亡不出竟者，蓋責其遷延宿留，潛有所待，以為與謀之證耳，曷嘗謂在竟內則有罪，在竟外則無罪乎？」這又是何其真切之言！至於為孔子辨誣的話，更是一語點醒夢中人，使您直覺的會說，聖人哪能這樣講呢？

全文以「趙盾弒其君」，「許世子止弒其君」，「亡不越竟，反不討賊」以及「為法受惡，惜也！越竟乃免」為重點，作深入淺出的辨析闡發，就事衡情，舉譬明理，有大快人心之筆，有令人首肯之言，更有出人意表的明澈之見，於此，正可看出作者具有不世出的寫作才華。

晉成公❶為公族❷

宣公二年

【題解】此事載於《左傳》宣公二年（西元前六〇七年）。大意是說：起初，當驪姬製造禍亂時（見《左傳》莊公二十八年及僖公四年），與晉獻公在神前盟誓：今後不再收容群公子。從這時起，晉國就不再設置公族官職。直到成公即位，才把這種官職授予卿的嫡子並且給他們田地，讓他們擔任公族。又把其他的官職授予卿的庶子，讓他們擔任餘子、公行。晉國從此以後，就又有公族、餘子、公行這三種官位了。

後來趙盾請求讓趙括擔任公族，並說：「他是君姬氏的愛子，如無君姬氏，那麼臣下就是狄人了。」成公答應了他的請求。這年的冬天，趙盾出長旄車之族，使趙括統領他的舊族為公族大夫。

呂氏據此，一方面深許成公的恢復公族制度，同時也痛責文公因急於功利，而竟忘卻了一己切身之痛的流浪生涯，毫無所悟的仍然依循「驪姬之約」，使「宗族離析」而不知憐恤。

興於治而廢於亂，法之良者也；興於亂而廢於治，法之弊者也。帝辛❸以暴侈毒天下，炮烙刳剔之刑，鉅橋❹鹿臺❺之賦，叢然並起。武王❻既事牧野❼，首反商政，還成湯❽、太甲❾、武丁❿之彝典於一日間，向者淫虐之法，悉芟悉鋤，本拔源塞，曷嘗深毒遺害以誘後之人哉？至於成康⓫之世，雖欲除弊，固已無弊之可除矣。後世有弊之可除，必前世除弊之未盡，其美在後，其責在前。吾見惠帝⓬除挾書之律，然後知高帝⓭之緩於儒術也；吾見文帝⓮除誹謗之令，然後知高帝之緩於忠言也。高帝伐秦，雖日不暇給，他事縱未能盡革，至於儒術之廢，忠言之壅，寧忍坐視沒身而不問乎？幸而惠文刊除其弊，使亦如高帝之不問，則終四百年之業，名漢而實秦矣。後世因惠文之得，而知高帝之失，吾亦因晉成之舉，而知文公⓯之闕焉。

晉自驪姬⓰之難，詛無畜群公子，晉於是乎無公族，至成公踐阼而始復之。由成公上距驪姬之世，所歷者幾君矣，先文公而作者，如惠如懷⑰，蓋不足責也，後文公而繼者，如襄如靈⑱亦不足責也，獨文公名列五霸，號稱明君，身受春秋賢者之責，乃循驪姬之約，宗族離析，曾不知恤，豈可舍此而他責乎？況驪姬之難，文公嘗親被之矣，其所以顛頓奔走，適狄適衛，適齊適曹，適鄭適楚，齒髮老於道路者，正坐驪姬之詛也！幸而反國正位，盍懲創是禍，轉思公子公姓，散在邊裔，多歷歲時，豈無駭懼危慄，如吾之斬袪⑲者乎？豈無空乏餓憊，如吾之乞食⑳者乎？豈無慢侮陵辱，如吾之觀浴㉑者乎？以吾身前日之困悴，度他人今日之艱勤，是宜亟發號令，鳩集撫摩，以盡惇敘之義。顧乃急於功利，不暇更革，時異事改，雖其諸子，如樂在陳，雍在秦㉒，俱未免流離之患，再三傳之後，始克正之，吾是以為文公恨也！

天下之弊法，固有經千百年而不能廢者矣，衛鞅㉓之阡陌也，漢武之鹽鐵㉔也，張湯之稅茗㉕也，劉守光之沮兵㉖也，是雖知其弊，然或掣其前，或牽其後，未易以朝夕去。至若公族之制，復何所齟齬哉？今出堂陛，而法成有司矣。文公之猶豫不變，果何意也？善為文公辭者，吾將問之。

【注釋】❶成公　晉文公少子，襄公弟，名黑臀，在位七年。見《史記・晉世家》。❷公族　有廣狹二義。凡公室同姓子弟，均稱公族，此指廣義。如魯文公七年傳：「公族，公室之枝葉也。」即指群公子而言，亦即公族。公族大夫，亦省稱公族，此以公族為官名，即狹義之公族。如魯宣公二年傳：「自是晉無公族」，即謂晉自此以後無公族大夫之官。❸帝辛　即殷紂。帝乙少子，殷末帝，暴虐無道，天下謂之紂。❹鉅橋　古府倉名。在今河北省曲周縣東北。見《史記・殷本紀》。❺鹿臺　殷紂聚集財物的府庫。別稱南單之臺。故址在今河南省淇縣境。見《史記・殷本紀》。❻武王　即周武王。名發，文王子，滅殷而有天下。❼牧野　古地名。在今河南省淇縣南。周武王伐紂於此。❽成湯　又稱商湯，姓子名履，商代開國君主，在位三十年。見《史記・殷本紀》。❾太甲　商王。成湯孫。即位後縱欲無度，不理國政，被伊尹放逐於桐，三年後，悔過反善，迎歸，授以政權。見《史記・殷本紀》。❿武丁　殷王名。即高宗。為盤庚弟小乙之子。用傅說為相，勤修政事，國勢漸趨強盛。在位五十九年，殷得以復興。⓫成康　即周成王、康王。成王名誦，武王子。康王名釗，成王子。因二王在位時，天下太平，刑措不用，故後世以成康比喻盛世。見《史記・周本紀》。⓬惠帝　即漢惠帝，名盈，高祖子，在位七年。⓭高帝　即漢高祖劉邦。字季，沛豐邑人。為漢開國君主，在位十二年崩。見《史記・高祖本紀》。⓮文帝　即漢文帝。漢高祖之子，名恆。仁慈恭儉，以德化民，主張清淨無為，與民休息，天下大治，在位二十三年。⓯文公　即晉文公。名重耳，獻公子，在位九年，稱霸諸侯。⓰驪姬　晉獻公妾，驪戎女，生奚齊。後驪姬嬖倖，欲立其子，譖殺太子申生，離間諸公子，使居邊鄙之地，以便達其立奚齊為太子的心願。見《左傳》莊公二十八年及僖公四年。⓱如惠如懷　惠，即晉惠公，名夷吾，獻公子，為戎女小戎子所生，在位十四年。懷，即晉懷公，名圉，惠公子。在位不及半年即為文公（重耳）所取代。見《左傳》僖公二十三、二十四年及《史記・晉世家》。⑱如襄如靈　襄，即晉襄公。文公子，名歡，在位七年。靈，即晉靈公，襄公子，名夷皐，在位十四年。⑲斬袪　謂斬下公子重耳的袖口。時重耳在蒲城，獻公派寺人披伐蒲，重耳踰牆而走，衣袖尚留牆上，被披斬下。遂出奔翟。見《左傳》僖公五年。⑳乞食　謂晉公子重耳流亡時，經過衛國，衛文公不加禮遇。自五鹿出而東行，向鄉下人乞討食物。見《左傳》僖公二十三年。五鹿，衛地，在今河南省濮陽縣南。㉑觀浴　謂重耳流亡時，行至曹國，曹共公聽說他的肋骨併連在一起，想一窺其裸體，乘他洗澡時，在簾子外面觀看。見《左傳》僖公二十三年。㉒如欒在陳雍在秦　欒、雍均為文公子、襄公弟。欒母為辰嬴，隱居在陳國。雍母為杜祁，仕於秦，為亞卿。見《左傳》文公六年。㉓衛鞅　戰國衛人，姓公孫名鞅，因封於商，也稱商鞅、商君。相秦孝公，主張「治世不一道，便國不法古」，廢井田，開阡陌，獎勵耕戰，使秦國富強。㉔漢武之鹽鐵　謂漢武帝時徵收鹽鐵之稅。見《漢書・食貨志上》。㉕張滂之稅茗　唐德宗貞元八年，諸道鹽鐵使張滂，奏議徵收茶稅，十稅其一。見《新唐書・食貨志四》。㉖劉守光之沮兵　劉守光，五代後梁深州樂壽（今河北省獻縣）人，仁恭子。乾化（後梁朱溫年號）初，自稱大燕皇帝，以其庸愚驕縱，兵敗被殺。見《新五代史・雜傳二十七》。

【語　譯】就常理說，作於治世而廢於亂世，這是好的法律；如作於亂世而廢於治世的話，這就是壞的法律了。殷紂以暴虐放縱來毒害天下的人民，所以炮烙、剖心、剔骨的酷刑，大搜錢糧儲於鉅橋、鹿臺的重賦，也就繁雜地同時施行。武王既然完成大事於牧野，首先回返商代的仁政，在一日之間，就恢復了成湯、太甲、武丁的常法，將先前那些淫亂暴虐的法令，即行全部剷除，拔根堵源，何曾將這種消除深毒遺害的責任推諉給後人呢？至於成、康時代，天下太平，就是想除弊政，也沒有弊政可除了。後代有弊政可除，一定是前代去除弊政不盡所致，如果美政在後世，而弊政的責任即在前代。我看到漢惠帝解除挾書的律令，然後就知道高帝的疏緩於儒家的學術；我看了漢文帝廢除誹謗的律令，然後就知道高帝疏忽了忠言的上達。當高帝討伐秦國的時候，雖然情勢緊急而時日不給，其他的弊端縱然不能全部革除，至於儒家學術的廢弛，忠言的壅塞不能上達，怎可忍心漠視不管直到老死而不聞問呢？幸好惠、文二帝刊除了這種弊端，假使也像高帝的不加聞問，那麼整個漢代四百年的基業，在表面上雖為漢代，而其實也就是秦朝政治的延伸了。後代因見惠、文二帝刊改廢除的美政，方知高帝的失誤，我也因了晉成公的舉措，而知道文公的缺失所在。

晉國自從驪姬所發生的那次災難，就立下誓約不再蓄養群公子，晉國自這時起就沒有公族了，直到成公即位，始恢復這種制度。從成公上距驪姬的世代，所經歷的已有好幾位國君了，先文公而為晉君的，像惠公、懷公，實不足以責斥，在文公以後而為晉君的，像襄公、靈公，也不足以責斥，僅有文公雄才大略，名列五霸，號稱為賢明的國君，身負春秋賢君的責任，竟然因襲驪姬時代的誓約，宗族離散，曾不知救恤，怎可捨此而他求呢？況且驪姬所造成的災難，文公曾親自蒙受過，他所以顛沛困頓、逃亡、奔走，往狄、往衛、往齊、往曹、往鄭、往楚，由於不停地奔波，而年老於道路的原因，正是受了驪姬誓約的牽累啊！幸好後來得以回國就正君位，何不以此災禍為警惕，反轉過來思念公子公姓散居在遙遠的邊疆，經過那麼多年，難道不驚駭畏懼戰慄，就像自我的被斬去衣袖一樣的危險嗎？難道就沒有貧窮、飢餓、疲憊，像我當時乞食的情形嗎？難道就沒有遭受侮慢陵辱，像我的被人觀浴的嗎？以我自身先前所遭遇的困窮憂傷，來揣度他人今日的艱難勤勞，就當儘快地發號施令，將他們聚集在一起，好好地予以撫慰安置，以盡公族敦厚的情義。沒想到即位以後，竟急於功利，沒有多餘的時間更張改革，等到時移事變，就是他自己的諸子，像公子樂寄居陳國，公子雍寄居秦國，都沒有能夠免除流離的憂患，要再傳三世以後，始得以改正，我因此為文公感到遺憾啊！

天下的壞法，本來就有經過千百年而竟然不能廢除的，如衛鞅的開阡陌，漢武帝的鹽鐵稅，張滂的徵茶捐，劉守光的庸愚驕縱，兵敗被殺，這些前例，雖然知道其弊病，可是有的被掣肘於前，有的被牽連於後，不容易馬上予以革除。至於像公族的制度，又有什麼抵觸不合的呢？只要國君一發布命令，而主管官吏馬上就可制成法律了。文公的遲疑不變更，究竟是什麼意思呢？善於為文公說話的人，我將要向他們請問。

【研　析】在宗法時代，公室子弟，應該得到妥善的照顧，享有應得的地位，似乎是不容置疑的。這就好比一個大家族，家族中的長輩或宗長，有義務和責任照顧、關懷其子弟的道理是一樣的。晉文公重耳，是當時的霸主，為一代賢君，而且親歷流亡、遭遇不禮、艱困之痛，返國即位後，按理應該重置公族大夫，妥善地照顧群公子，以盡惇敘之義，然而他卻急於功利，竟將此事忽略了。直到成公才恢復公族大夫之制。呂氏有見於此，特為文一抒所懷。

就全文內容說，約可分為三段，作者首先引喻說明良法興於治世，弊法起於亂代，由治世廢前代未廢之律，或修前代未修之法，而前代之弊，即無所遁形。其次則深責晉文公重耳，不能及身恢復公族之制，予以「鳩集撫摩，以盡惇敘之義」，一任群公子飽嘗流離艱困無依之苦。最後則說明弊法固有難以一時廢棄者，而公族之制，僅需「令出堂陛」，即可「法成有司」，以文公之賢，何以不行？

就行文說，作者本「責備賢者」之義，以晉文公未能及身恢復公族大夫之制為憾，而仍使群公子散居四方，「如欒在陳，雍在秦」，未免有失仁慈之嫌，這是主旨所在。為了證明這種見解的正確，所以作者用「晉成公為公族」為題，以與第一段「後世有弊之可除，必前世除弊之未盡，……吾見惠帝除挾書之律，然後知高帝之緩於儒術也；吾見文帝除誹謗之令，然後知高帝之緩於忠言也」相應，而文公之失，也就自然顯露了。然後再以「驪姬之難，詛無畜群公子，晉於是乎無公族」數語，說明晉國公族大夫之制的何以會廢棄，進而更由於成公的力圖恢復，而益使文公難辭其失職之責。這在行文上說，有步步逼緊之勢。除此之外，作者在文中引喻之言，更能增加文章的深度，同時也可看出呂氏讀書之博，記憶之強，體驗之切，故能運用自如，無傷於穿鑿。

楚子❶問鼎❷

宣公三年

【題解】此事載於《左傳》宣公三年（西元前六〇六年）。大意是說：楚子（莊王）攻打陸渾之戎，因此抵達雒水，在周王境內陳兵示威。周定王派大夫王孫滿慰勞楚子，楚子問九鼎的大小、輕重。王孫滿回答說：「鼎的大小、輕重，在於君王之德，而不在鼎的本身。從前當夏代有德的時候，圖畫遠方的各種物象，使九州的長官貢賦赤金（銅），鑄造九鼎，並把各種物象鑄在上面，鼎上面各種物象都具備，這樣可使人民知道什麼是神，什麼是姦。所以人民進入川澤、山林，就不會遇到不利於己的東西。像螭魅魍魎這些鬼怪，就不會遇上。因此能使上下協和，來承受上天的保祐。由於夏桀的昏暴，故鼎遷到商朝，前後經過六百年。因商紂暴虐，鼎又遷到周朝。君德如果是美善光明，鼎雖小也是重的，如其奸邪昏亂，鼎雖大也是輕的。上天賜福給有明德的人，一定有他不可改變的標準，成王將九鼎固定在郟鄏（周王城），占卜的結果，可傳世三十代，享國七百年，這是上天的命令，周王之德雖然衰退，天命並未改變，鼎的輕重，是不可以詢問的。」

呂氏據此，以為王孫滿「引天援神」，使楚子「卷甲韜戈，逡巡自卻」，此誠「眾人之所喜」，然亦為「識者之所憂」，而影響所及，使周之君臣，惟知逞口舌之辯，而不知務實，上下相怠而不知非，國以此滅而不知由。王孫滿退敵之功，實不足以贖怠周之罪。

一夫而抗強敵，一言而排大難，此眾人之所喜，而識者之所憂也。

楚為封豕長蛇❸，薦食上國，陳師鞠旅，觀兵周郊，問九鼎之輕重，其勢岌岌，若岱華嵩丘將覆而未壓。王孫滿❹獨善為說辭，引天援神，折其狂僭，使楚人卷甲韜戈，逡巡自卻，文昭武穆❺，鐘簴不移，瀍水❻雒都❼，城闕無改，其再造周室之功，實在社稷。是固眾人之所同喜也，夫何憂？憂之云者，非憂其一時之功也，喜在今日而憂在他日也！天下之禍不可狃，而幸不可恃。問鼎，大變也，國幾亡而祀幾絕，王孫滿持辯口以禦之，所以楚子退聽者，亦幸焉耳，周人遂以為強楚之凶燄如是，尚畏吾之文告，而不敢前，異時復有跳梁畿甸者，正煩一辯士足矣。是狃寇難為常，而真以三寸舌為可恃也！

由東遷以來，周之君臣，上恬下嬉，奄奄略無立志，身不見驪彘之釁❽，口不誦〈板〉〈蕩〉之詩❾，玩於宴安，浸以媮惰，君子猶意倘遇禍變，庶幾儆懼改前之為。今三代所傳之大寶鎮器，蠻夷跋扈，乃敢睥睨蕩搖，欲以腥膻汙漫之，侈然有改玉改步❿之意，禍變孰大於此！使王公卿士怵惕祇畏，懷覆亡之虞，則后稷⓫、公劉⓬之業猶有望也。適王孫滿之說偶行，其君臣相與高枕，遂謂吾舌尚存，寇至何畏？狃其禍而恃其幸，開之者非滿歟？自是之後，相襲成俗，問其治國，則先文華而後德政；問其禦寇，則先辯說而後甲兵；問其撫邦，則先酬對而後信義。內觀其實，日薄日積，外觀其辭，日新日巧，典冊絢麗，尚如在成、康之間，形勢陵遲，固已若夏、商之季矣。

下逮戰國吞噬之際，猶用滿之餘策，虛張九九八十一萬之數⓭以譎齊，左欺右紿，自矜得計。一旦秦兵東出，辯不能屈，說不能下，緩頰長喙，噤無所施，稽首歸罪，甘為俘虜，始知浮語虛辭，果有時而不可恃也。晚矣哉！人有疾病者，偶得刀匕之劑而獲瘳，乃憑藉餘劑，酣縱跌蕩，以自投死地，是瘉之於先，所以殺之於後也！故吾嘗謂王孫滿卻楚之功，不足償其怠周之罪。

【注釋】❶楚子　指楚莊王。名旅，穆王子，成王孫，在位二十三年。旅，穀梁作呂，《史記．楚世家》作侶。❷鼎　指九鼎。為古代象徵國家政權傳國之寶。《史記．武帝本紀》：「禹收九牧之金，鑄九鼎，象九州。」相傳成湯遷九鼎於商邑，周武王遷之於雒邑。周顯王四十二年（西元前三二七年）宋大丘社亡，九鼎沒於泗水彭城下。❸封豕長蛇　大豬與長蛇。喻貪暴的元凶首惡。見《左傳》定公四年。❹王孫滿　周大夫。《英賢傳》：「周共王生圉，圉曾孫滿。」❺文昭武穆　指周代宗廟。文為文王，武指武王。昭穆為宗廟中輩分排列的次序，以始祖居中，二、四、六世位於始祖之左，稱昭；三、五、七世位於始祖之右，稱穆。❻瀍水　水名。源出今河南省孟津縣西北邙山任家嶺，東流入洛水，於鞏縣注入黃河。❼雒都　即雒邑。西周成王時周公所營建的東都。戰國時改名雒陽，因在雒水之北得名。今作洛陽。❽驪彘之釁　驪，山名，在今陝西臨潼縣東南。周時犬戎之亂，幽王被殺於驪山下。彘，春秋晉邑，在今山東霍縣東北。周厲王暴虐無道，百姓背叛，厲王出奔彘，後死於彘。見《史記・周本紀》。❾板蕩之詩 《詩經・大雅》二篇名。板，《詩序》：「凡伯刺厲王也。」今或以為：假戒同僚而歸諫於王之詩。蕩，《詩序》：「召穆公傷周室大壞也，厲王無道，天下蕩蕩，無綱紀文章，故作是詩也。」今或以為：託言文王而引殷商之覆亡，以警當世之詩。❿改玉改步 比喻視不同情況而改變作法。本作改步改玉。見《左傳》定公五年。⓫后稷 周始祖。為堯農師，封於邰，號后稷。子孫世襲其官，十五傳至周武王遂有天下。⓬公劉 周始祖后稷曾孫。夏代時后稷子不窋被除掉農官職務，逃往戎狄，傳至公劉，又遷往邠地，特別勤於農業，周室始興盛起來。⓭九九八十一萬之數 此言輓引九鼎之人數。輓引一鼎需九萬人，九鼎需八十一萬人。為周人顏率對齊王語。見《戰國策・卷一・秦興師臨周而求九鼎》。

【語 譯】一個人能抵抗強敵，一句話能排除大的災難，這是眾人所欣喜，而具有遠識的人所憂慮的。楚本為貪暴凶猛的國家，一再吞食上國，陳列師旅，誓約告誡，在周王的郊外，檢閱軍隊，以兵威示人，詢問九鼎的輕重大小，這種情勢的危急，就像泰、華、嵩諸大山的將要傾覆，只是尚未壓到地面。大夫王孫滿獨善於言辭辯說，援引天神，摧折其狂妄僭越，使楚人收捲甲兵，套起戈矛，自行退卻，而周代的宗廟昭穆次序，鐘鼓的設備，得以不變遷，瀍水附近的雒都城闕建築，得以安然無恙，他重新建造周室的功勞，實在可稱得上是一位關係國家安危的大臣。這本是眾人所當欣喜的，有什麼可憂慮的？所謂憂，這並非憂慮他一時的功勞，指的是喜在今日而憂慮在他日啊！對天下的禍患來說，不可習以為常，而幸運也不可仗恃。問鼎的輕重，是一個大變局，國家將要滅亡，祭祀將要斷絕，王孫滿以巧辯的口才來作抵禦的武器，所以楚王能退卻聽從，也只能說是幸運罷了，周王君臣遂以為強楚的凶猛氣燄如此，尚且畏懼我們的文辭告誡，而不敢進前窺伺，以後再有叛亂王畿甸郊的，只要煩勞一位辯士就足夠了。這種想法，就是習慣於寇難為平常，而真正以口舌為可仗恃啊！

自從周平王東遷以來，周的君王大臣，在上位的安於現實，在下位的只知玩樂嬉遊，所表現的既無生氣，當然也就談不上立志有所作為，既沒有經歷過災難與戰亂，又不誦習〈板〉〈蕩〉的詩篇，貪玩於安逸，漸流於苟且怠惰，雖然如此，君子仍以為倘若遭遇災禍變亂，即可由警懼戒備一改先前的作為。而今由三代所傳下來的大寶鎮器──九鼎，蠻夷傲慢強橫，竟敢窺視蕩搖，要以腥膻的手來沾汙它，大有一改夷夏情勢的意圖，禍亂的變革，還有什麼大於此的呢！假使朝中的王公卿士們能怵然惕厲敬畏，懷著國家將要滅亡的憂慮，那麼恢復后稷、公劉的基業，仍然是有希望的。適有王孫滿的說法遍行於朝中，君臣上下，不再有所憂慮，遂以為只要我們的舌頭還在，就是敵寇到來，又沒有什麼可畏懼的呢？習於面臨禍亂，而憑恃著幸運，始開這種風氣的不就是王孫滿嗎？從此以後，互相沿襲成了習俗，若問及如何治理國家，則主張先文飾華美然後再施行德政；若問及禦寇的方法，則主張先用辯說而後用甲兵；問及如何安撫邦國諸侯，則主張先行酬酢應對，而後再講信義。就內在的實際情形來看，一天天的偷薄頹廢，就對外的言辭來看，一天天的新奇巧妙，文獻典冊的絢爛華美，尚能像在成、康時代，而天下整個形勢的衰微混亂，則早已像夏、商的末世了。

直到戰國相互吞噬的時候，仍然應用王孫滿的遺策，虛張九九八十一萬人的聲勢之數來譎詐齊國，欺左騙右，自誇以為得計。一旦秦兵出關而東，辯論不能使之屈服，巧說不能使之後退，和顏悅色，巧辭辯說，皆噤閉無所施用，只有叩頭自我歸罪，甘願作為俘虜，這時才知道浮泛的言語，空虛的辯辭，果真有時是不可仗恃的。太晚嘍！有人患了疾病，偶然得到刀匕的翦除而獲得痊癒，於是就憑藉著有治療的藥劑，酣醉縱慾、放蕩不羈，以自置於死地，這等於先將他的病治好，然後再把他殺掉啊！所以我卻認為王孫滿使楚兵退卻的功勞，並不能補償他使周朝怠惰的罪過。

【研　析】自周平王東遷，大權即逐漸旁落，而西周的盛況，不復再見。名為周天子，而對當時諸侯來說，早已失去統轄約束的力量，只好一任其互相攻伐，進而威脅周室，而問九鼎的輕重大小了。本文作者，針對王孫滿以口舌退敵一事，作了深入淺出的探討，不惟認為其退敵之功不足以償怠周臣之罪，而影響所及，反為「浮語虛辭」的流行，譎詐功飾的漫延。國事的日非，自在意料之中。

就全文布局結構說，約可分為三段，作者首先以凌厲的筆觸，點出抗強敵、保社稷，而以三寸舌為可恃之意。接著則言東周君臣，本已「上恬下嬉，奄奄略無立志」，自王孫滿以口舌退敵後，一時君臣相與高枕，以為吾舌尚存，敵不足畏。最後列舉史事，說明王孫滿退敵之功，實不足以贖其怠周之罪。

就行文說，作者以王孫滿為中心，就其前後大勢及影響，作了通盤的檢討與說明，充分地表現了一己的見解與觀感。我們則認為：王孫滿能臨危受命，從容不迫地退頑敵、保社稷，譽之為功在國家，實不為過。如以此論其「卻楚之功，不足償其怠周之罪」，則未必然。王孫滿僅為周室一大夫，所能任者幾何？他能不辱使命，使周之「城闕無改」，還不應該大書特書？然而國勢的衰頹，君臣的不振，才是導致諸侯放肆的主因。無如周天子及其冢宰大臣，竟不知以此為警惕，及時奮發圖強，扭轉頹勢，一味地殘喘苟活，在此情況下，即使王孫滿再有作為，亦不能挽周室的衰敗啊！尤有進者，此次楚子的陳兵周境，示威問鼎，其用心可知，而周室之危亦可知，幸有一機智之王孫滿，於言談之間，使楚子「卷甲韜戈，逡巡自卻」，如無王孫滿的卻敵，就是周室君臣想自怠，又如何可得！

卷二十五

鄭公子宋❶公子歸生❷弒靈公❸

宣公四年　鄭討幽公之亂　宣公十年

【題解】此事載於《左傳》宣公四年（西元前六〇五年）。大意是說：楚人獻給鄭靈公一隻大甲魚。公子宋（即子公）和子家（即公子歸生）在將要進見的時候，公子宋的食指忽然搖動起來，於是讓子家看，並說：「過去發生這種情況，一定會吃到美味的東西。」等到進去以後，廚師正準備將甲魚切開，二人不覺相視而笑。靈公問他們為何而笑？子家就把進見前食指動的事情告訴了鄭靈公。等把甲魚賜給大夫吃的時候，也將公子宋召了來，但就是不給他吃。公子宋很生氣，隨即將手指蘸在鼎中，嘗了嘗味道才走出去。靈公勃然大怒，竟欲將公子宋殺掉。這時公子宋反與子家謀劃先下手。子家說：「牲口老了，要殺牠，尚且還有顧慮，何況是國君呢？」不料公子宋卻反過來誣陷子家。子家害怕，只好順從公子宋的意思去做。在這年的夏天，殺了鄭靈公。《春秋》記載說：「鄭公子歸生弒其君夷。」

魯宣公十年，鄭國的子家死了，鄭國人為討伐他殺害幽公（即靈公）的那次動亂，剖開了子家的棺材，同時也趕走了他的族人，並且改葬幽公，將他的諡號改為「靈」。

呂氏據此，就公子宋、公子歸生以及鄭靈公三人的修養立論，說明三人中如有一人能「善養其心，情性素治」，則惡念之來，必有所止，絕不致以亂易亂，同蹈於不測的大禍。

養生之與養心，其同術而異效乎？一息之差，一啜之誤，是其為病朝作而夕瘳者也。養生者兢兢而畏之者，非畏是病也，畏其相之者也。寒止於寒，夫何足畏？然自是而相之，安知其不為瘵為痞為厥為癖乎？熱止於熱，夫何足畏？然自是而相之，安知其不為躁為渴為疽為瘍乎？當其相之，雖名醫不能前料其所往，養生者其敢不謹其始哉？養心亦猶是也，喜怒哀樂稍失其正，以邪傳邪，轉而相之，合散起伏，出沒低昂，千態萬狀，莫知所終，善養心者所以戒儆恐懼，閑邪存誠，不敢毫釐失正，畏此故也！

鄭公子宋見宰夫解黿，以指動之驗，顧公子歸生而笑，是特相與為戲耳，戲止於戲，不過抵朝儀不肅之罰，其為愆也微矣。然是心一失其正，轉而相之，因公子宋之戲而召靈公之戲，獨不與食，以謬其指動之占，宋乃勃然慍怒，染指於鼎，嘗之而出，此其心之一變也。是心又轉而相之，因公子宋之怒而召靈公之怒，忿其傲很，將以為大戮，宋乃恐懼，與公子歸生謀行弒逆，為歸生所拒，此其心之再變也。是心又轉而相之，因公子歸生之拒而生公子宋之謀，反譖歸生於靈公以脅之，歸生果墮其計，懼禍之及，卒相與共弒靈公，此其心之三變也。

宋與歸生始相與戲，豈自意其禍之至此極哉？一笑之失，誰能免此，蓋公卿輿隸人人犯之，而官府家庭日日有是也，寧知是心三變之後，竟陷大逆乎？吾不特為往者懼，切為來者懼也！雖然水流於下而止於高，火傳於燥而止於溼，宋也、歸生也、靈公也，三人之中，苟有一人者善養其心，情性素治，則向來惡念，必有所止而不能之矣。宋與歸生之竊笑，靈公苟知君臣不可相與為謔，則其禍必止；靈公之不與宋食，宋苟知區區口腹不足累吾心，則其禍亦止；宋之染指，靈公苟稱罪薄譴，不至欲殺之，則其禍亦止；宋之謀弒，歸生苟義形於色，亟正其辭，則其禍亦止。不幸三人者，情性俱不治，以亂遇亂，互相激發，斯其所以同蹈於大禍也，夫豈專一人之尤耶？

【注釋】❶公子宋　字子公，鄭卿。❷公子歸生　字子家，鄭卿。❸靈公　鄭靈公，名夷，穆公子，在位一年，為公子歸生所弒，諡曰幽，後改諡靈。

【語譯】保養身體和涵養心性，其方法相同其效果是否有差異呢？一次呼息的不同，一次飲食的不正常，這種病早上發作，晚上也就好了。注重養生的人，小心而畏懼的，並不怕這種病，是畏懼其相關的併發症狀。寒冷止於寒冷，這有什麼值得害怕的？然而從寒冷而推求其相關的病症，怎知其不是肺癆病？不是脾臟腫大症？不是手足僵冷可使人暈倒症？不是腹中積聚成塊的病？發熱止於發熱，這有什麼好怕？然而從發熱而推求其相關的病症，怎知其不是躁狂症？不是消渴病？不是惡瘡？不是將要潰爛？當其推想相關病症的時候，就是名醫也不能預料其所發展的方向，而注重養生的人，哪敢在一開始的時候不小心謹慎呢？涵養心性也是這樣，喜、怒、哀、樂，只要稍微失去正常，以邪傳邪，輾轉而引發相互間的關連，那種聚合、離散、興起、隱伏，有時出現，有時沉沒，忽低忽高，千態萬變，不知何所終止，善於涵養心性的人，所以戒慎恐懼，防止邪惡，存養誠信，不敢有毫釐的失誤正道，就是畏懼這種變化的緣故啊！

鄭公子宋看到廚師分切甲魚，以手指跳動的證驗，回過頭來對著公子歸生笑了笑，這只不過是相互戲弄罷了，戲弄止於戲弄，最多也不過抵當在朝儀中不肅敬的處罰，所構成的罪過，非常輕微。然而這種心態一失去正道，輾轉而相互推求，就公子宋的戲弄而招來靈公的戲謔，獨不給他一人甲魚吃，來使他指動的預兆不靈驗，公子宋竟勃然大怒，探指於鼎中，品嘗以後再出去，這是他心態的第一次變化。這種心態又輾轉相互推求，因公子宋的慍怒而招來靈公的忿怒，恨其傲慢無禮，將要把他殺掉，公子宋這才恐懼，於是和公子歸生謀劃弒君，被歸生所拒絕，這是其心態的第二次變化。這種心態又輾轉推求，因公子歸生的拒絕而又生出公子宋的計謀，反而在靈公面前說歸生的壞話來要脅他，歸生果然墜入他的詭計，害怕災禍的上身，終於和公子宋共同殺了靈公，這是他心態的第三次變化。

公子宋和公子歸生在開始的時候，只是互相戲弄，哪裏料到竟招惹來這樣大的災禍呢？一次戲笑的失正，誰都不能免，其實上自公卿，下至輿隸，每個人都犯過，而官府、家庭中，每天也都有這種過失，哪裏知道這種心態經過三次變化以後，竟然陷入大逆不道的境地呢？我不只是為以往的事端恐懼，更確切地為將來恐懼啊！雖然水往低的地方流而止於高處，火往乾燥的地方燒而止於濕的處所，可是如就公子宋、公子歸生、鄭靈公三人之中來說，假如有一人善於涵養他的心性，情性向來修治陶養得很好，那麼向來的惡念，一定有所停止而也就不能產生了。公子宋和公子歸生的暗中嬉笑，鄭靈公假如知道君臣之間不可相與嘲笑，那麼這種災禍一定不會發生；靈公的不給公子宋甲魚吃，公子宋假如知道這區區不值一提的口腹之養不足以連累我的心性，那麼這種災禍也不可能發生；公子宋的探指鼎中，靈公假如僅聲稱其罪而薄予譴責，不到欲殺的境地，那麼這種災禍也會停止；公子宋的謀弒靈公，公子歸生誠能以義氣表現在臉上，用最嚴厲的言辭來糾正他，那麼這種災禍也不可能發生。不幸的是這三個人當中，在心性情操上都沒有涵養，用禍亂來交換禍亂，互相激盪萌發，這就是他們三人所以同時陷入大禍的原因了，這哪能專說是某一個人的罪過呢？

【研 析】存養有得，必可明察是非，言不妄發。明察是非，必能有所輕重，不為戲言所惑。言不妄發，必能謹慎將事，不為橫禍所困，以此治家，必可家道中興，以此處人，必可友情日厚，以此治國，必可君臣和睦，國強民安。反之，則家必衰，友必薄，國必亡，而事態的不可聞問，也就可以預測了。呂氏本此一念，就《左傳》所載，以發其蘊，旨在借古事，喻當世，就禍亂，指迷津，庶免蹈覆轍，罹不測，以招人己之憾。

文分三段，作者首先以養生、養心的不易，雖「一息之差，一吸之誤」，均有致病之可能，一念之邪，亦有「莫知所終」之患，故不可不慎為引言，緊接著則言由公子宋的食指大動，以至與公子歸生相互為謀弒靈公，在心態上三變的經過，暗示事端之萌，往往由小而大，因微而顯，由戲謔之言，而一發不可收拾，此皆由於心智不明所致，不可不明辨詳察。最後則指出靈公、公子宋、公子歸生三人，皆不善於養心，致使其惡念難於終止，結果演至「以亂易亂，互相激發」，而同蹈大禍。

《詩經·鄭風·將仲子序》說：「小不忍以致大亂焉。」是言深具意蘊，耐人尋味。就左氏所載此事說，本為相戲之言，而竟演成弒君之禍，誠為始料所不及。而人情心態之變，往往有不可想像者，而善於養生、養心者，豈可捨靜以就躁，捐正以從邪？心態固有可變，情性亦難免不有所移，然能養之治之，使不離於靜、正，雖戲謔當前，奸邪充斥，焉能動我心，移我念？養心之時義，豈不大哉！

楚箴尹克黃❶不棄君命

宣公四年

【題解】此事載於《左傳》宣公四年（西元前六〇五年）。大意是說：當初，若敖娶妻於䢵國，生了鬭伯比。若敖死後，伯比就跟著母親長養在䢵國，和䢵子的女兒私通，生了子文。䢵夫人派人把子文丟棄到雲夢澤中，老虎不但不吃他，反而餵他奶。䢵子畋獵，看到這情景，因害怕而回來。䢵夫人遂將女兒私生子的事情告訴了䢵子，䢵子反派人把子文抱回來收養他。因楚人把乳叫穀，把虎叫於菟，所以就給子文取名為鬭穀於菟。䢵子終於將其女嫁給伯比為妻。這個鬭穀於菟，就是為天下所共知的令尹子文。

子文的孫子箴尹克黃出使齊國，回國途中，剛到宋國就聽到楚國發生叛亂的消息。跟隨他的人說：「不可以回去了。」箴尹說：「捨棄國君的命令，誰還會接受我呢？國君，是臣子的上天，上天是可以逃避的嗎？」於是回國覆命，而自動的到司法官那裏請求拘禁。楚王想到子文治理楚國的功勞，說：「子文要是沒有了後代，用什麼來勸人為善？」所以就讓克黃恢復箴尹的官職，並改名叫「生」。

呂氏據此記載，一則表彰箴尹克黃視生死如一的高潔之行，同時痛切指斥主張「謀利計功」者之見為非是，以其「鼠肝蛙腹」量人的心態，實大悖人情，應予徹底的揚棄。

正其義而不謀其利，明其道而不計其功❷，此吾儒之本指也。自謀利計功之說行，雖古人之事，峻厲卓絕，表表然出於常情俗慮之外者，莫不以是心量之，其為害豈淺鮮哉？

楚之滅若敖氏❸也，箴尹克黃實其族裔，適出使於齊，幸而漏網，是宜委質諸侯，以逃其死，策無先於此者矣。伍員❹在外，聞伍奢❺之囚，奔吳而免；李廣利❻在外，聞李氏之獄，降胡而生，與箴尹之事正相類也，箴尹獨以君命為重，明知死地而直赴之，非審於義命，一視死生者，豈遽能辨此乎？謀利計功者猶曰：死地乃生地也，若敖既滅，歸則死而逃則生，人之所共知也，犯死以復君命，君必以為輕其死而重吾命，殆將赦之以勸事君者，是陽以死結君，而陰取生之利也，吾固知死地之為生地也！

嗚呼！是說也，乃謀利計功者之心也，人如箴尹，尚可以汝之鼠肝蛙腹❼斟量之乎？箴尹之言曰：「棄君之命，獨誰受之？君，天也，天可逃乎？」由其言以觀其心，明粹端直，固可對越在天❽而無愧，使有一毫覬幸之心間之，則心聲所發，必有不可揜者矣。箴尹知有君而不知有己，知就義而不知就生，雖不免於司敗❾之戮，必以死得其所為幸，固瞑目而無憾也，豈預期楚子之宥哉！死與不死，在箴尹本無加損，向若借箴尹一身之死，以塞萬世謀利計功者之口，身雖沒而道則彰矣。今適會楚子之寬宥，箴尹之心有如白水❿，固不待辨，彼紛紛謀利計功之徒，以己度箴尹者，殆深可憐也！

吾又嘗深求其故矣，楚子之宥箴尹也，非嘉其復命也，蓋思子文⓫之治楚也，憫子文之無後也！箴尹非子文之後耶，雖復命猶將殺之，箴尹果子文之後耶，雖在國猶將生之，是箴尹之死生，繫於為子文後與不為子文後，初不繫於復命與不復命也。然則箴尹之歸死，豈求生之計耶？吾故發之，以折謀利計功者之說。

【注釋】❶箴尹克黃　箴尹，楚官名，職諫諍。克黃，子揚（鬬般）子，子文孫，時官箴尹之職。❷正其義而不謀其利二句　漢董仲舒語。見《漢書・董仲舒傳》。❸楚之滅若敖氏　楚莊王九年，令尹子越椒作亂，為莊王所敗，滅其族若敖氏。見《左傳》宣公四年。❹伍員　字子胥，春秋楚人。父奢、兄尚為楚平王所殺，子胥奔吳，佐吳王闔廬伐楚，替父兄報仇。見《史記・伍子胥列傳》。❺伍奢　楚大夫，伍舉子，子胥父，為太子建太傅，為平王所殺。見《史記・伍子胥傳》。❻李廣利　西漢中山人。漢武帝李夫人兄。征和三年，將七萬騎擊匈奴，兵敗投降，為單于所殺。見《漢書・李廣利傳》。❼鼠肝蛙腹　比喻度量狹小。❽對越在天　謂箴尹克黃的居心，光明磊落，可以上配昊天。語出《詩・周頌・清廟》。❾司敗　楚主司法之官。❿有如白水　謂心地純潔，一無雜念。⓫子文　即楚令尹鬬穀於菟。字子文，若敖孫，箴尹克黃祖父。見《左傳》莊公三十年、僖公五年、二十年，宣公四年。

【語譯】做應該做的事情，但求合於正義，而不考慮其是否有利可圖，立論但求能明揚天道真理，而不計較其是否有功可建。行所當行，為所當為，心胸坦蕩，大公無私，無視於功利，這就是我儒家本來的宗旨。自從行事為謀求利益、計較功績的說法流行以來，就是古人的行事，縱然高峻嚴正得無與倫比，很明顯地超出常情世俗思慮之外的，也沒有不用這種心態來衡量的，這種為害的深遠，哪能說是很小呢？

當楚國盡滅若敖氏的時候，箴尹克黃其實就是若敖氏的同族後裔，剛好出使於齊國，幸運地沒有被殺害，在這種情況下，應該逃往他國避免被殺，論計策，沒有比這樣做再重要的了。如伍員在外聽說其父奢的被囚禁，逃奔吳國而免禍；李廣利在外聽說家族下獄即投降匈奴而得生，就和箴尹的事情非常相似，可是箴尹獨以君命在身為重，明明知道回到楚國就會被殺而卻義無反顧地直赴楚國，若非深明於正義君命，視生死如一的話，哪能遽然作如此的辨別呢？那些謀利計功的人，仍以為死地就是生地（置之死地而後生），若敖氏已被消滅，回國就會被殺，逃到外國就可得生，這是大家所共知的事，甘願冒犯死亡的危險，以回覆君命，國君一定以為輕視自己的死亡而重視我的命令，因此將要赦免他來勸勉事君的人，這種做法，是以死結識國君，而暗中取得活命的利益，我們本來就知道置之死地而後生的道理啊！

唉！這種說法，僅為謀利計功人的心意，如有人像箴尹那樣的作為，尚可用你們的狹小度量來斟酌權衡嗎？箴尹的話是這樣說的：「拋棄國君的命令，還有誰願意接受他？君，有如上天，誰可逃到天外呢？」從他所說的話來觀察他的心情，光明、純粹、端正、剛直，本來就可以上配昊天而毫無愧色，假使有一絲一毫非分僥倖的心夾在其中的話，那麼所發出的心聲，就一定會有不可遮掩的了。箴尹只知道有國君，而不知道有自己，只知道赴義，而不知道逃生，雖不免遭到司法官的刑戮，那也一定是以死得其所為幸運，本當閉目而死了無遺憾，哪敢預期楚王的寬赦呢！死和不死，在箴尹來說，本來就沒有什麼益損，先前若能借著箴尹一人的死亡，來堵塞萬世謀利計功人的嘴，雖然身死，而天道公理就可得到彰顯了。今適巧遇到楚王的寬赦，箴尹的心地有如白水樣的純潔，本不須辨別，可是那些眾多謀利計功的徒輩，以一己小人之心來揣度箴尹君子之腹的想法，真是可悲啊！

我又曾更進一步的探求其緣故，楚王的寬赦箴尹，並非嘉許他的覆命，其實是思念令尹子文治理楚國的功勞，悲憫子文的沒有後代啊！箴尹若非子文的後代呢，就是覆命仍將要殺他，箴尹果真是子文的後代呢，就是在國內仍將不殺他，這樣說來，箴尹的死活，其關鍵全繫於是否為子文的後代上，起初並不繫於覆命與不覆命上面。這樣看來，那麼箴尹的回國就死，哪裏是求生存的計謀呢？所以我要闡發其理，來破除謀利計功人的說法。

【研　析】《論語・子罕》說：「子絕四：毋意、毋必、毋固、毋我。」這說明孔子的為學、處事，乃至守道與待人，均能適中合度，一無弊端。我們後人，雖不能盡達此境，亦應全力以赴，使不因「我」的視、聽、言、動，而帶給社會不良的影響與傷害。而尤其對於「置生死於度外」又具有高潔之行、表裏如一的正人君子，絕不可悉以「謀利計功」的心態去衡量。

呂氏讀《左傳》至宣公四年，有見箴尹克黃表裏如一的高行，被執「謀利計功之說者」所扭曲，特發所感，申明所見，為箴尹克黃辨。

文分四段，作者首先指出世人率以「謀利計功」之心衡人量物的非是。其次則言箴尹克黃「審於義命，一視生死」之行，反為「謀利計功者」所扭曲。第三段則言箴尹之心，「明粹端直，固可對越在天而無愧」，使「謀利計功者，鼠肝蛙腹」之心，自然顯現。最後則作進一步的探求，以明箴尹的所以得免於難，乃以其為令尹子文之後，與歸而求生無涉，以塞「謀利計功者」之口。

在行文立意上，作者給人最深刻的感受，就是層次分明，觀察入微。一方面批判「謀利計功者」的偏頗言論，同時更就箴尹之言，作一誠中形外的剖析，合情順理之見，自能邀得讀者的首肯。最後，則以克黃的被殺不被殺，一繫之於其祖子文治楚之功，完全撇開了箴尹的個人安危，這實在不能不讓「謀利計功之說者」大感意外而無言以對。本文最大的成就在此，而有餘味可玩亦在此。

赤狄❶伐晉圍懷❷

宣公六年

晉敗赤狄滅潞❸　宣公十五年

【題解】此事載於《左傳》宣公六年（西元前六〇三年）。大意是說：赤狄攻打晉國，包圍了晉國的懷（今河南省武陟縣西南）及邢丘（今河南省溫縣東）兩地。這時晉侯（成公）打算出兵討伐赤狄，中行桓子（即荀林父）建議說：「先讓他殘害其人民，直到惡貫滿盈的地步，就可以很容易的將他滅掉了。」

直到魯宣公十五年（西元前五九四年），赤狄潞子嬰兒的夫人（晉景公姊）被其相酆舒所殺，又傷了潞子的眼睛，晉侯（晉景公）才打定主意討伐他。諸大夫都認為不可以，因酆舒具有三種勝人的才藝，不如等到無俊才的人相潞子時再討伐。獨大夫伯宗（晉大夫孫伯糾子）主張一定要討伐。因為狄有五罪，俊才雖多，是無補於事的，若恃其俊才，不以盛德治國，這反而更會增加其罪過。若現在不予討伐，而繼酆舒為政的人，或能敬奉其德義，又能祭祀鬼神，強固其國家的命運，那時就不可以討伐了。現在不討有罪，等待以後再說，要是以後酆舒之後有理，再想討伐，就恐怕不可以了。說到一個人如果恃才傲物，就是自取敗亡，商紂就是由此而被滅亡的。……晉侯聽從了伯宗的建議，於是就在六月十八日這天，晉中軍將荀林父在曲梁（今山西省潞城縣）打敗赤狄，滅了潞國。酆舒逃往衛國，衛人把他送到晉國，終為晉所殺。

呂氏據此，以「君子成人之美，不成人之惡」的觀點，斥責荀林父、伯宗二人的所行所為，事雖是而其心則非，於為人處世言，有失厚道。

世未有事非而心是者。譽共兜❹者必非信，朋跖蹻❺者必非廉，入許史❻者必非正，屠袁劉❼者必非忠。見其事則其心固可不問而知也。事非心是，理所無有。天下亦有事是而心非者乎？曰有。赤狄伐晉圍懷之際，勢方強也，晉侯❽欲犯其強，荀林父❾欲待其衰，林父之策是也。赤狄酆舒❿殺伯姬⓫之際，惡已暴也，晉大夫欲縱其暴，伯宗⓬欲討其罪，伯宗之策是也。人觀其前，莫不非晉侯而是荀林父，人觀其後，莫不非晉大夫而是伯宗。孰知二子策雖是而心則非乎？圍懷之役，林父堅忍以待其衰，非怠也，非怯也，是固理之正也。避邪卜岐⓭，雖聖賢亦有所屈信。林父何愧焉？事雖無愧，至於所以設謀者則曰：使疾其民，以盈其貫，將可殪也。嗚呼！是誠何心哉？酆舒之事，伯宗奮厲欲討其罪，非狂也，非輕也，是亦理之正也。征葛俘朡⑭，雖聖賢亦有所誅伐。伯宗何愧焉？事雖無愧，至於所以設謀者則曰：後之人或者將敬奉德義，以事神人，而申固其命，若之何待之？嗚呼！是誠何心哉？聞君子成人之美矣，未聞成人之惡也；聞君子懼人之亂矣，未聞懼人之治也。今林父則養人之惡，惟恐其不盈，伯宗則幸人之亂，惟恐其或改，處心積慮，可謂忍矣。此吾所謂事是而心非者也！論者安可信其事而略其心哉？

人苟心不在於善，凡所遇之事曲固曲也，直亦曲也；邪固邪也，正亦邪也。董仲舒⑮公孫弘⑯同事武帝⑰矣，仲舒治《春秋》，弘亦治《春秋》⑱，世皆內仲舒而外弘何耶？劉向⑲、谷永⑳同事成帝㉑矣，劉向奏諫疏，谷永亦奏諫疏，世皆右向而左永何耶？弘之《春秋》，人之所以羞道之者，心累其書也；永之諫疏，人之所以喜攻之者，心累其言也。井辱秣陵㉒，泉貪交廣㉓，果誰為之累者？井耶？泉耶？人耶？

【注　釋】❶赤狄　春秋時我國北方的少數民族，因穿紅衣而得名。居住在今山西省長治縣北、黎城縣西，與晉人雜居。當時如潞氏、甲氏、留吁、鐸辰等部落，均為赤狄，其名始見於《春秋》魯宣公三年。❷懷　地名。在今河南省武陟縣西南。❸潞　春秋國名。為赤狄的一支。故址在今山西省潞城縣東北。魯宣公十五年為晉國所併。❹共兜　即共工與驩兜，帝堯二臣名。與三苗、鯀合稱為四凶。見《尚書・堯典》。❺跖蹻　即盜跖和莊蹻。皆古大盜名。❻許史　即許伯與史高。漢宣帝時外戚。許，宣帝許皇后家；史，宣帝母家，皆貴顯。見《漢書・蓋寬饒傳》注。❼袁劉　有二說：一為南朝宋、齊間劉延熙與袁標，一為袁粲與劉彥第。此兩袁劉，皆忠於宋而被害於齊。見清趙翼《陔餘叢考》卷三十九。❽晉侯　即成公，名黑臀，襄公弟，在位七年。❾荀林父　即中行桓子，時為晉中軍將。後為中行氏。❿酆舒　時為潞子相。有三俊才，殺潞子夫人，傷潞子目。跋扈不馴，任意自為。⓫伯姬　晉景公姊，潞子嬰兒夫人。⓬伯宗　晉大夫孫伯糾之子。景公時為大夫。⓭避邠卜岐　此謂周太王古公亶父為避獯鬻的擾亂，自邠（本作豳）遷往岐山之事。邠，古國名，周先祖公劉所建，在今陝西省栒邑縣西。岐，即岐山，在今陝西省西南部岐山縣東北。周古公亶父自邠遷此建邑。見《史記・周本紀》、《孟子・梁惠王下》。⓮征葛俘朡　此謂商湯以仁義之師征伐無道之君。葛，古國名，故城在今河南省寧陵縣北。見《孟子・滕文公下》。朡，亦作朡，古國名。即三朡。見《書・典寶序》。⓯董仲舒　西漢河北廣川人。少治《春秋公羊傳》。景帝時為博士，下帷講讀，三年不窺園。武帝時，應詔對策，任江都相。後因言災異下獄幾死，被赦後，專心著述，推尊儒術，抑黜百家，遂開以後二千多年以儒學為正統的局面。著有《春秋繁露》等書。見《史記・儒林列傳》。⓰公孫弘　漢菑川薛人。字季。年四十始學《春秋》。武帝初年為博士，後為丞相，封為平津侯。弘待客寬厚，自奉節儉，武帝非常尊敬他。見《史記・平津侯主父列傳》。⑰武帝　即漢武帝。景帝子，名徹。承文、景之業，在位期間，開疆拓土，尊儒術，倡仁義，黜百家，建太學，置五經博士，文事大興。見《漢書・武帝紀》。⑱春秋　書名。此指孔子因魯史而刪定成經書的《春秋》。以編年體記魯隱公元年到魯哀公十四年，共十二公，二百四十二年間，以魯為中心的各國史事。敘事簡要精粹，寓一字之褒貶，為我國最早的編年史書。⑲劉向　西漢學術家。原名更生，字子政，沛（今江蘇省沛縣）人。漢高祖弟楚元王劉交的四代孫。長於經學、目錄學及文學，精研《穀梁春秋》。曾任諫議大夫，對漢代圖書的校讎及整理，貢獻極大。今有《新序》、《說苑》、《列女傳》及《洪範五行傳》等著作傳世。⑳谷永　西漢長安人。字子雲。建始初，對賢良策，舉上第。精通《京氏易》，善言災異。官至大司農。見《漢書・谷永傳》。㉑成帝　即漢成帝。元帝長子，名驁。在位期間，外戚專政，劉向上封事極諫，帝不能用。立趙飛燕為皇后，在位二十六年暴崩。見《漢書・成帝紀》。㉒井辱秣陵　即秣陵辱井的倒句。秣陵，古地名，相當於今南京市。辱井，俗稱臙脂井。隋開皇時韓擒虎伐陳，破建康，陳後主與張、孔二妃藏於景陽殿井中，為隋軍搜出。後人因稱此井為辱井，於井口石欄刻上「辱井在斯，可不戒哉」八字。見《演繁錄・辱井》。㉓泉貪交廣　為交廣貪泉的倒句。交廣，漢置交州，領有今廣東、廣西及安南地。此交廣，應指今廣州市及附近地帶。貪泉，水名。在今廣東省南海縣境。又名石門水、投香浦。又，今湖南省郴縣境亦有水名貪泉。相傳凡飲貪泉水者，其心貪得無饜。

【語　譯】世間沒有事情做得不對而心中反以為是的人。稱許共工、驩兜的人，一定不是真心話；與盜跖、莊蹻作朋友的人，行為一定不方正；能夠為許伯、史高接納的人，一定不正直；殺害劉延熙、袁標的人，也一定不忠。看見這個人的行事，那麼他的用心也就可以不問而知了。

事情做得不對，而心中反以為是，絕無此理。可是話又要說回來，天下是否也有事情做得對而心中反以為非的呢？答案是肯定的。如赤狄攻打晉國包圍懷地的當兒，兵勢正在強盛的時候，晉侯竟想觸犯強敵，出兵迎戰，而荀林父卻想等到赤狄兵勢衰弱以後再說，林父的策略是對的。後來赤狄酆舒殺伯姬的時候，罪惡已經暴露了，晉國的大夫想縱容他的殘暴，而伯宗卻想討伐他的罪惡，伯宗的策略是對的。一般人就前一件事看，沒有不認為晉侯錯而荀林父對，如就後一件事看，沒有不認為晉大夫錯而伯宗對。又有誰知道林父、伯宗策略雖對而用心卻不對呢？當赤狄包圍懷地的時候，林父以堅忍的心來等待他們衰弱，這不是怠忽，也不是膽怯，本來就應該這樣做。像周太王古公亶父為避獯鬻的擾亂，自邠遷往岐山，就是迫於情勢，所以雖是聖賢，也是要有所屈伸的。這樣看來，林父有什麼值得慚愧的呢？事情雖然無可慚愧之處，至於所設定的謀略則說：使他繼續殘害人民，直到惡貫滿盈，就可以將他滅亡了。唉！這是什麼居心呢？對於酆舒的行事，伯宗奮發磨礪要討伐他的罪惡，這不是狂妄，也不是輕敵，同樣也是合於正理的。像商湯的征伐葛、滕，就是聖人也不免有所征伐的。這樣說來，伯宗有什麼可慚愧的呢？事情雖無可愧，至於所設定的謀略則說：假如繼酆舒為政的人，或能敬奉其德義，又能祭祀鬼神，強固其國家的命運，那就不可討伐了，為什麼要等待呢？唉！這是什麼居心呢？只聽說君子成人之美，沒有聽說成人之惡的；只聽說君子畏懼他國人的侵擾作亂，沒有聽說畏懼他國人的太平安定。而今林父竟然培養人的罪惡，惟恐不能罪大惡極，而伯宗則慶幸人的作亂侵擾，惟恐其改弦更張，在心中長久的計畫著，可說是夠殘忍的了。這就是我所說的事是而心非的道理啦！評論的人，怎麼可以只信其事而忽略其用心呢？

假如一個人的用心不在於善，對於所遇到的事情，不直固然認為是不直，就是直的也認為不直；不正固然認為是不正，就是正的也認為不正。如漢代的董仲舒、公孫弘同事武帝，仲舒研讀

《春秋》，弘也研讀《春秋》，可是世人都採納仲舒的見解而不用弘的說法是為什麼？再如劉向、谷永同事成帝，劉向上奏諫疏，谷永也上奏諫疏，可是世人為什麼都尊重劉向而不尊重谷永呢？公孫弘的研治《春秋》，世人所以羞於道說的原因，以心為書所累，不能闡其義理；谷永的諫疏，世人所以喜好批評的原因，以心為言所累，不能暢所欲言。像秣陵的辱井，交廣的貪泉，它們的所以得名，到底是誰連累的？是井的本身？泉的本身？還是人呢？

【研　析】「是非之心，人皆有之」。人如能本此以為，其所行事，當可獲得世人的共是。無如時勢不同，立場各別，角度亦異，是以所見所思，就難免互有出入了。呂氏本君子之心，來觀察荀林父、伯宗二人的作為，所言有是有非，固不可執一偏而痛指其所見為非是。

文分三段，作者首先指出世間無事非而心以為是的人，並舉史實作為立論的依據。其次則說明荀林父、伯宗二人之策為是，而其用心則非。最後，由用心的不同，而於事理的觀點，亦隨之而異。於此亦可見，心的作用實在太大了。

就行文說，作者以「聞君子成人之美，未聞成人之惡也；聞君子懼人之亂矣，未聞懼人之治也」為立論的依據，準此闡發，強調居心於善的重要。所以他毫不諱言的指出荀林父、伯宗二人之策，於事為是，於心為非。這種觀點，如指處世交友說則是，如以之治國，審其情勢，那就未必為是了。因治國以富國強種為目的，一如戰爭之求勝為惟一手段同。如宋襄公與楚人泓水之戰（《左傳》僖公二十二年），就事理言則是，於戰爭言則非。可是話又要說回來，呂氏之文，直指人心之言，具有深義，世人當深察冥思，求其所以如此立言之意。人與人相處，應不失其赤子之心，這是我們讀此文應有的體認。

鄭公子曼滿❶欲為卿

宣公六年

【題解】此事載於《左傳》宣公六年（西元前六〇三年）。大意是說：鄭國的公子曼滿對王子伯廖提過很想當卿這件事。伯廖告訴別人說：「沒有好的德行表現，而只想貪圖卿位，這會應在《周易》〈豐〉卦䷶變為〈離〉卦䷝的卦象上，不過三年，就一定會滅亡。」只隔一年，鄭人就把他殺了。

呂氏據此，進一步的來闡發大《易》之理，並指出王子伯廖的話，未能將《易》義全部表達出來，所以作者在此，就借著《易》理的闡發，勉人明德見性，就自可免於「內闇外求，外求內虛」的弊病了。

內闇則外求，外求則內虛。是理也，樂內之君子不言而喻，慕外之士所當深省而力戒也。

在《易》〈豐〉之〈離〉曰：豐其屋，蔀其家，闚其戶，闃其無人，三歲不覿，凶❷。萬物皆備於我，則吾室中之藏豈不夥哉？今歉然以其家為不足而屋是豐，捨內而求外，殆有蔀之者矣。使其家不為物所蔀，反視內觀，洞徹明白，必不卑吾道德之尊，而外求爵位之尊也，必不貧吾禮樂之富，而外求貨賄之富也，必不薄吾仁義之味，而外求膏粱之味也。其所以皇皇求外之豐，憂秩不高，憂權不專，憂勢不隆，憂祿不厚者，特以其內闇耳！

內闇日深，外求日急。激水升陵，其淵必涸，傾資結客，其褚必單。吾耳吾目，吾股吾肱，吾心思吾神氣，盡用於外，以求其所大欲，則其內安得不虛乎？將見如腹之枵，如壁之立，如磬之垂，枵然而空無所有矣。此所以闚其戶，闃其無人，至於三歲之久猶無所覿也！亦嘗聞夫子之繫乎，曰：「豐其屋，天際翔也，闚其戶，闃其無人，自藏也。」❸外求之徒，所以求非所求，望非所望，其心浮游猖狂，至欲翔於天際者，無他焉，昏蒙蔀塞，不見其胸中之天而已矣！有能發其蔀而還其胸中之天，回翔上下，四顧無極，安肯近捨吾天，而思遠翔於天際乎？「闚其戶，闃其無人」，而釋之以自藏者，此微言也！

人之胸中，何所不有？大與天地並，明與日月俱，峻與山嶽齊，深與江海埒。顧乃闃之而一無所覿，向來之蘊蓄運用，皆安所往？是豈他人之所能掩藏乎？馳騖浮競，以汩其真，己有之而己蔽之，自藏而非有藏之者也。《易》之戒，夫子之繫，反覆切至，得非深憫慕外之士，將拔之於聲利之途歟？

嗚呼！室雖蔀，未嘗隳也，人雖無，未嘗亡也，士也，苟斂豐屋之心，反其明於內，則徹其蔀而見前日之室矣，闚其戶而見前日之人矣。內闇除則外求息，外求息則內虛實，是特一反掌間耳！惜乎士終鮮能自避此爻之凶，如鄭公子曼滿欲為卿者，蓋項背相望也。王子伯廖❹舉此爻以摘其失，似中其病，然玩其辭意，不過取「三歲不覿」之語，以為曼滿將死之證，殆未盡其義，故吾本大《易》之指，附著於末。

【注釋】❶公子曼滿　鄭大夫，姬姓。❷在易豐之離曰七句　此謂《周易》〈豐〉卦的第六爻，由陰爻變為陽爻而成為〈離〉卦。豐其屋以下，為豐卦上六爻辭，意思是說：其屋豐大完美，可是其家卻遮蔽著一層陰雲，窺看他的門戶，則寂靜沒有一人，一直到三年之久，都看不到，這是凶的。言外之意則為無德而豐大其屋，不會超過三年，就一定要滅亡。❸亦嘗聞夫子之繫乎七句　夫子，謂孔子。「豐其屋，天際翔也」以下，為上六爻辭象傳。意思是說：豐其屋，是得意非凡，就好比翱翔於天際一樣，闚其戶，闃其無人，是說自己掩藏起來不敢見人。漢儒多解為自殘。❹王子伯廖　鄭大夫，姬姓。

【語譯】一個人內心闇昧，不明自己的所有已經很多，就勢必貪求於外。貪求於外，就勢必要耗費自己的精力而感到空虛。這種道理，對樂於內省修德的君子來說，是不言可喻的，而那些貪慕外求的人，是應該深切的反省而力求規戒的。

在《周易》〈豐〉卦變為〈離〉卦的上六爻辭說：其屋豐大美好，可是其家卻被陰雲所遮蔽，窺看他的家門，則寂靜沒有一人，一直經過三年的時間，都沒看到，這是凶的。世間的一切事物，無不具備在我心中，那麼我室中的所藏，難道還不夠多嗎？而今仍然感到家中的所藏為不足，只知豐大其屋，不顧內部的所藏，而一味的外求，這樣恐怕就會被陰雲遮蔽了。假使其家不被外物蒙蔽，而能反觀家中的一切，清徹明白，就一定不會卑屈自己道德的尊嚴，而向外求取高貴的爵位，一定不會以自己已有的豐富禮樂為貧，而向外求取財貨的富有，一定不會以自己的仁義之味為薄，而向外求取膏粱的原味。他所以匆忙的求取外表的豐美，憂慮官位不高，權柄不專，聲勢不大，俸祿不厚的原因，這只是由於他的內心闇昧啊！

內心的闇昧，一天天的加深，向外索求，也就會一天天的急切。將水排激到山上，深淵一定會乾涸，將所有的資財，都用在結交客朋上，他所穿的綿衣，就一定單薄。一個人的耳、目、股、肱、心思、神氣，全用在外面，來索求他的大欲，那麼他的內心，如何能夠不空虛呢？這就將會見到他像肚腹樣的空枵，像牆壁樣的直立，像石磬樣的下垂著，空空的一無所有了。這就是為什麼窺看他的家門，則寂靜沒有一人，直到經過三年長久的時間，仍然一無所見的原因啊！我也曾聽聞過孔子此爻的象辭傳說：「豐其屋，是得意非凡，就好比翱翔於天際一樣，闚其戶，闃其無人，是說自己掩藏起來不敢見人。」一意向外索求的人，所以求非所求，望非所望，他的心任意遨遊，狂妄放肆，隨意橫行，甚至於想著翱翔於天際的原因，沒有別的，全由於一時昏迷不清，被物欲所遮蔽，看不到胸中的天理所致啊！有人能撥去其遮蔽的陰雲，回復其胸中的天理，然後再翱翔上下，舉目四處眺望，無邊無際，在這種時候，如何願意捨棄近在胸中的天理，而還想去翱翔天際呢？「闚其戶，闃其無人」，把它解釋為「自藏」的原因，這是「微言」（寓有精義的言論）啊！

在人的心胸中，有什麼不具備？往大處說，可與天地相比，就光明說，則與日月相同，高可與山嶽齊，深可與江海等。放眼望去，竟然寂靜的而一無所見，向來的蘊藏、儲蓄、運用，都到哪裏去了？這哪裏是他人所能掩藏的呢？全是由於追逐競爭浮名高位失去了他的本真，自己所具有的道德、天理，反而為自己的大欲所遮蔽，結果成為自我掩藏（浮名、高位）而並非有所藏（道德、天理）的人。大《易》的告誡，孔子的繫象，反覆至切，能說不是深切悲憫喜歡向外索求的人，讓他們拔除對於聲利追逐的欲念嗎？

唉！居室雖被陰雲遮蔽，但不曾頹壞，人雖不見，但不曾死亡，慕外之士，若能及時收斂豐屋的心，使光明重返於胸中，那麼馬上就可以撤除其陰雲，而重新見到過去的居屋，窺看他的家門，而見到過去的人了。能去除內心的闇昧，那麼向外求的欲念就會息滅，外求的心息滅，而空虛的內心馬上就會充實，這只不過是一反掌之間的事啊！可惜的是士人始終少有能自動避開此爻之凶的，像鄭公子曼滿想當卿的人，實在多得不得了。王子伯廖舉出這一爻來指斥他的缺失，似能切中其病，然而仔細揣度伯廖的辭意，不過是取「三歲不覿」這句話，來作為曼滿將死的證明，並沒有將《易》義全部發揮出來，所以我才本著大《易》的指歸，附著在文後。

【研　析】晉范甯〈穀梁傳序〉說：「《左氏》豔而富，其失也巫。」凡讀過《左傳》的人，都承認這批評是對的。然自孔子作十翼以闡易理，而《易經》就由純占卜之書而轉為天道人生密切配合富有哲理的書。本文作者，生於南宋理學昌明的時代，讀《左氏》至此，自會感到王子伯廖引用豐卦上六爻辭之言，取意過窄，故又據孔子象傳之意，予以闡發，使世人知所修德以達理，明心以見性，盡除闇昧之障，屏絕物欲之念，以恢復靈明光輝的本真心性。

文分五段，作者首先指出內闇外求、外求內虛之故，世人宜深省而力戒。其次則就〈豐〉卦上六爻辭之義，說明內闇外求之非。第三段承二段之意，進一步分析外求則內虛的原因。第四段則言慕外之士，所宜深切反省而努力戒止對物欲追求的理念。最後借言王子伯廖引用〈豐〉卦上六爻辭之義未盡特予發而明之，以顯示作本文的用意。

就行文說，本文一開始即首先為全篇開列綱領，明顯的指出內闇外求、外求內虛以及慕外之士的所宜戒三個步驟。然後即循序申述，使文章越發顯得層次分明，意義也一步深似一步，而跌宕回旋之氣，使人頓生山鳴谷應之感。文中最值得稱道的，就是對易理「微言」的闡發。就「自藏」之文，而引發出「非有藏」之義，這可說是作者感通之言。所謂「自藏」，有人釋為「自殘」，也有人釋為「自己躲藏，不敢見人」。其實這兩種解釋，所表達的意義，並無不同。試想一個為物欲所蒙、惟知外求、不見其所藏的人，其所作所為，自然難免不違反道義，多行違反道義的事，那還能不遭「必自斃」的厄運？這不是自殘又是什麼？再者，多行不義的人，自然也就會躲藏起來而不敢見人了。至於「非有藏」的意思，乃是說非有道德之藏。如心中藏有高貴的道德修養，那還會慕於外求嗎？所以作者在最後，希望世人，能「拔除聲利」之欲，撤除遮蔽在心中的陰霾，而「重見前日之人」。

鄭伯❶敗楚

宣公九年　楚子❷伐鄭　宣公十一年　楚盟辰陵❸鄭徼事晉　宣公十一年　楚圍鄭楚敗晉於邲❹晉侯復荀林父　宣公十二年　赤狄伐晉晉殺先縠❺　宣公十三年　晉宗鄭以整　宣公十四年　晉賞荀林父士伯　宣公十五年

【題　解】春秋時代，晉、楚為大國，而鄭為小國，又居晉、楚之間，親晉則楚伐，從楚則晉侵，為求生存，往往兩國均需應付，因此也常挑起晉、楚的戰爭，所以晉、楚、鄭三國的事故，也就顯得特別多。本文題所涵蓋的範圍，從《左傳》宣公九年（西元前六〇〇年）至宣公十五年（西元前五九四年）。所記載的事情，大要說來，是這樣的：先是晉郤缺救鄭，鄭伯在柳棼（鄭地，在今河南省襄城縣東）打敗了楚國。國人都非常高興。獨公子去疾（即子良）很憂慮的說：「這是國家的災禍，我們隨時都有被滅亡的可能。」宣公十一年，楚子伐鄭，公子去疾說：「晉、楚兩國不務德而以武力相爭，那我們只有順從先打進來的人了。晉、楚兩國都不講信用，我們又哪能有信用呢？」於是就順從了楚國，並與楚國在辰陵（陳地，在今河南省淮陽縣西南）簽了盟約，然後又要求事奉晉國。宣公十二年的春天，楚子包圍了鄭國，鄭人為求和占卜，不吉利。如果在太廟號哭和出車於街巷呢？吉利。於是城中的人在太廟號哭，守城的將士在城上號哭。楚子見狀，心生憐憫，下令退兵。不料鄭人反而大事修築城牆，這時楚人又進軍包圍，經過三個月的時間，才被攻破。楚軍從皇門（鄭城門名）進入，到達大路上。這時鄭君袒衣露胸，牽著羊迎接楚王，說了一些卑下願受任何處分的話。楚王被他的誠卑所感動，退兵三十里，並允許與鄭國媾和。

這年的夏天，晉國出兵救援鄭國。由荀林父率領中軍，先穀為輔佐；士會率領上軍，郤克為輔佐；趙朔率領下軍，欒書為輔佐。趙括、趙嬰齊擔任中軍大夫，鞏朔、趙穿擔任上軍大夫，荀首、趙同擔任下軍大夫。韓厥擔任司馬。當大軍開到黃河岸邊的時候，就聽說鄭、楚已經媾和了。荀林父想要回師，士會也贊成，唯先穀不同意，並帶領著中軍副帥所屬的軍隊渡過黃河。

荀首認為這一部分軍隊太危險了，並說了一大堆危險的理由，於是韓厥對荀林父說：「先穀率領一部分軍隊如果失陷了，您將難免大罪。您做最高統帥，軍隊不聽命令，這是誰的罪過？失去屬國，丟掉軍隊，這種罪過太重了，不如乾脆進軍，如有過錯，由六人分擔，不是好一點嗎？」於是軍隊全部渡過了黃河。

這時楚國的軍隊，駐紮在郔地（今河南省鄭縣北），由沈尹率領中軍，子重率領左軍，子反率領右軍，預計在黃河飲馬以後就回國。聽到晉軍已渡過黃河，楚王想馬上回去，寵臣伍參卻想打仗，令尹孫叔敖不想打，並回車向南，倒轉旗幟。這時伍參一看情勢不對，馬上向楚王分析了晉國參政的人，都是新手，不能行使命令，這一次作戰，晉軍一定敗北。楚王聽了之後，馬上命令尹將戰車向北，駐紮在管地（今河南省鄭縣）等候。而晉軍則駐在敖、鄗二山之間（二山俱在今河南省滎陽縣北）。由於雙方的部下不守紀律，以單車互向對方挑戰，再加上先縠的跋扈，毫不設防，以及其將領的不合作，結果晉軍大敗，渡河而歸。當楚軍駐紮在邲地的時候，晉國剩餘的士兵，已經潰不成軍了。

荀林父歸晉以後，自知罪大，向晉侯請死，由於士貞子的勸諫，他才得以恢復原來的官位。宣公十三年的秋天，赤狄攻打晉國，軍隊進入清地，這是先縠把他們召來的。所以在這年冬天，晉國人追究邲地失敗與清地戰役的責任，歸罪於先縠而殺了他，而且將他的族人也全都殺了。君子評論這件事說：「刑戮的到來，是由於自取。」就是對著先縠說的吧！

宣公十四年夏，晉侯攻打鄭國，這是為了在邲地那次戰役鄭人幫助楚國的緣故。並且通告諸侯，結果只是校閱軍隊之後，也就回去了。所以這樣做的原因，目的在使鄭國看到晉國有嚴整的部隊，而心存畏懼，自動的謀劃歸順晉國。這主意是中行桓子出的。

宣公十五年，晉侯賞賜桓子作奴隸的狄人千家。同時也把瓜衍縣（今山西省孝儀縣北的瓜城）賞給了士伯（即士貞子，見十二年傳），然後說：「我所以能得到狄國的土地，都是您的功勞，假如不是您，我就要喪失伯氏（荀林父）了。」

以上如許所載，呂氏以為皆一言可決，不足深論。惟獨孫叔敖的行事，雜於「重編省簡之間」，不為所知，特發而明之，以表其對士民的體恤之貞，對君王忠悃之意，堪為萬世做臣子的人所效法。

片言而判者，議之易決者也。晉、楚爭鄭，載於史者詳矣，是非曲直皆片言而可定也。柳棼⑥之勝鄭，激楚也。潁北⑦之逐晉，侵鄭也。辰陵之盟鄭，負晉也。子良⑧之言，前智而後愚也。圍鄭之役，討其罪也。哭陴之譎，紓其死也。皇門⑨之退，哀其窮也。楚、鄭之事，小詐而大其也。先穀愎也，中行⑩弱也，會⑪知彼也，首⑫知己也，厥⑬分惡也，書⑭察姦也，原屏黨⑮，而錡旃賊⑯也。先濟之鼓，志不定也。舟中之指，軍無律也。敖前之覆⑰，備有先也。築軍汰而作宮⑱，遜也。荀⑲之宥，德掩眚也。彘⑳之滅，過作非也。蒐之整，弱示強也。曲梁㉑補過，而瓜衍㉒導言也。凡晉、楚、鄭三國之故，無慮數十條，皆可判於一言之下。是固稚壯之所厭聞，師生之所飫講，曾何足深論乎？吾請掇前人之未發者論之。

晉、楚之相遇也，孫叔敖㉓不欲戰，而伍參㉔欲戰。楚子違叔敖而聽伍參，卒有邲之勝。論者必將咎孫叔敖之無謀矣，抑不知叔敖令尹也，伍參嬖人也，三軍之進退，國政之大綱繫焉。今不出於令尹，而出於嬖人，雖幸一時之勝，而一國之大綱自是而亂矣。以一勝而亂一國之綱，是以鴻毛易泰山，以敝屣易天下，豈不甚可惜哉？使叔敖之謀果非，伍參之謀果是，猶不可長，況叔敖之謀未必不是乎？晉、楚不務德而力爭，收師而退。免斯民暴骨之患，所全者多矣。纍俘振凱，震威聲而示得意，庸人之所誇，而慮遠者之所憂也！叔敖之謀，其可厚非哉？

吾嘗深繹叔敖之心，見其炯然之誠，貫日月，洞金石，而後世莫或知焉！叔敖主退者也，伍參主戰者也，楚子既黜叔敖之謀矣，不忠者居叔敖之地，必幸師之敗以實吾謀。至於眾人亦將拱手熟視，置軍旅之事而不問也。及楚子之逐趙旃，叔敖亟畫先入奪軍之策，車馳卒奔，以乘晉師，惴惴然惟恐楚之不勝，反若主戰之尤者，獨何歟？蓋當是時，叔敖之忠誠奮發，惟知有吾君而已，己之勝與負，不暇恤也，參之中與否，不暇恤也，勝負中否，皆不入於胸中，獨吾君之是徇。嗚呼！此真事君者也！此萬世為臣之大法也！吾惜其叢立錯列於重編沓簡之間，世不復異目視之，故出之以與學者共。

【注釋】❶鄭伯　即鄭襄公，名堅，靈公弟，在位十八年。❷楚子　即楚莊王，名旅，穆王子，成王孫，在位二十三年。❸辰陵　陳地。在今河南省淮陽縣西。❹邲　鄭地。在今河南省滎陽縣東北。❺先穀　先軫孫，又稱原穀。因食采於彘，又稱彘子。❻柳棼　鄭地。在今河南省襄城縣東。❼潁北　潁水源出河南省登封縣西境潁谷，東南流，經禹縣、臨潁、西華而南與沙河合而東流。此潁北，當在禹縣北。❽子良　即公子去疾。穆公庶子。❾皇門　鄭城門名。❿中行　即中行桓子荀林父。因將中軍，故以中行稱，謚桓子。故又稱中行桓子。⓫會　即士會。晉正卿，以封於隨及范，故又稱隨季或范武子，為士蒍之孫。又稱士季。⓬首　即荀首。晉中軍佐知莊子，又稱知季，荀林父之弟，其後為知氏。⓭厥　即韓厥，又稱韓獻子。晉卿，韓萬玄孫，子輿之子，韓簡孫。⓮書　即欒書。晉中軍將欒武子，欒盾之子。⓯原屏黨　原，即趙同，趙盾異母弟原同。屏，即趙括，晉新中軍佐屏括，趙盾異母弟。謂二人為同黨、同類。⓰錡旃賊　錡，即魏錡，晉大夫，又稱廚武子，亦稱呂錡，魏犨之孫。旃，即趙旃，晉新軍將，趙穿之子。魏錡求為公族大夫，趙旃求為卿，均未如願，於邲之戰，二人不聽號令，致遭戰敗之辱。⓱敖前之覆　謂在敖山前設下伏兵。敖山，在今河南省滎陽縣北。覆，謂設伏兵、埋伏之意。⑱築軍汏而作宮　軍，此處指武軍而言。兩軍作戰，將敗方戰死士兵的屍體收集起來而予以埋葬封土，謂之武軍。汏，除去、沖洗，此處有不採納之意。宮，此處指廟宇、祖廟，意謂楚王不採納築武軍的建議而於河邊建祖廟。⑲荀　謂荀林父。見注⑩。⑳彘　謂先縠。見⑤。㉑曲梁　古地名。在今山西省潞城縣西。㉒瓜衍　古地名。在今山西省孝義縣北。即今之瓜城。㉓孫叔敖　楚令尹蔿敖。施教導民，吏無姦邪，盜賊不起。㉔伍參　楚大夫。時楚王甚嬖愛之。故傳文稱之以「嬖人」。

【語　譯】用一句話就可以評定是非曲直，這是容易議決的事情。像那晉、楚互相爭取鄭國，載在史冊中的，已經很詳細了，是非曲直，都可以用一句話來斷定。如鄭伯在柳棼打敗楚國，這分明是在激怒楚國。晉士會救鄭，在潁北追逐楚軍，其實是侵略鄭國。在辰陵接受楚國的盟約，這是鄭國背叛晉國。公子去疾（子良）在魯宣公九年所說的話很聰明，而在十一年的言論，卻非常愚笨。楚國包圍鄭國，這是聲討鄭國敗楚又求事晉的罪過。鄭伯用使國人及守城的士兵皆痛哭的手段，這是為了解除所面臨的死亡。楚子從皇門撤退，這是哀憐鄭國已經到了窮途末路的困境。由此看來，楚、鄭兩國的事情，小地方雖不免玩弄些手段，而就大處說，還是能共存的。再者，如先縠的行為，則剛愎自用。中行桓子，未免軟弱。士會深知敵方，荀首了解自己。韓厥能為主帥分擔罪過，欒書能洞察鄭皇戌的姦言。原、屏二人因索求不得而同黨，錡、旃二人因不聽號令而使晉軍遭慘敗。桓子所以擊鼓賞先過河的人，是由於意志的不確定。爭船過河而被斬斷的手指所以可用手掬，是由於軍隊的沒有紀律。在敖山前設下埋伏，這是事先的準備。楚王不聽築武軍的建議而作先祖廟，這是由於他具有謙遜之德。荀林父戰敗所以能被寬宥恢復原職，這是由於他的功德遮掩了罪過。彘子（先縠）的所以被殺滅族，這是由於他的作為太過而罪有應得。晉國的檢閱車馬，隊伍整齊，軍紀嚴明，這是對弱國顯示自己的強盛壯大。荀林父大敗赤狄於曲梁，這可以彌補以前邲役戰敗的罪過，而以瓜衍縣賞士伯（士貞子）是由於他的導言而獲狄土又使荀林父免除殺戮。所有晉、楚、鄭三國發生的事故，儘管有數十條之多，但無不可以用一句話判定其是非。這本來就是青少年所厭聽，師生之間所常講的，又哪裏有值得深論的呢？我現在僅採取前人沒有說過的，來加以討論。

當晉、楚兩國的軍隊相遭遇的時候，令尹孫叔敖本來不想作戰，而嬖臣伍參卻想打仗。結果楚子拒絕了叔敖而竟然聽從伍參的主張，終於得到在邲地戰爭的勝利。就這件事說，一般評論的人一定是歸咎孫叔敖的無謀，卻不知叔敖是楚國的令尹，伍參只不過是楚子的愛臣，三軍的進退、國政的大綱，全繫在他的身上。而今軍令不出於令尹，而出於寵臣，雖然幸運的得到一時的勝利，然而一國的大綱從此也就攪亂了。以一時的勝利而攪亂一國的行政大綱，這是用鴻毛來交換泰山，用破鞋來交換天下，難道不是非常可惜嗎？假使叔敖的謀略果真不對，伍參的謀略又果真正確，尚且不可鼓勵，更何況叔敖的謀略未必不對呢？晉、楚不知從事修德而肆力於戰爭，能夠及時收兵而退，免除人民暴骨荒野的災禍，因此而能保全性命的那就多了。牽著俘虜，奏著凱歌，使聲威震動四方而以此表示得意，這會為庸俗的人所誇耀，而遠慮的人卻以此為憂啊！如能往這方面看，叔敖的主張，又哪裏可以厚非呢？

我曾經深思過叔敖的用心，發現他那光明磊落的忠誠，可以貫穿日月，打通金石，而後世卻沒有人知道！叔敖是主張退兵的，伍參是主張戰爭的，楚子既然不採用叔敖的主張，若是一位不忠的人，居在叔敖的地位，一定會欣幸軍隊打敗仗，來證實自己的謀略是對的。即使不如此，也會像一般人一樣，以安閑的態度來看成敗，把軍旅的事情放置在一旁而不加聞問。哪知等到楚子追逐趙旃的時候，叔敖卻馬上策劃先進攻奪取晉軍的策略，戰車與步卒同時並進，以憑陵掩殺晉軍，提心弔膽惟恐楚軍不能打勝仗，反而像主戰最力的人，這是為什麼？實在說來，當這個時候，叔敖的忠誠奮發，僅知有國君罷了，至於自己的勝敗，沒有時間去顧及，伍參的主張是否適中，沒有時間去顧及，勝負是否有把握，這些全不能進入他的胸中，惟獨一心一意的為國君去徇節。唉！這才是真正事奉國君的人啊！這才是萬世為臣的大法大則啊！我為他的行事叢雜交錯在厚重的簡冊之中而惋惜，世人不再以不同的眼光來看他，所以特別把他提出來，以與學者們共同來探討。

【研析】隱惡揚善，為做人的基本修養，是其是而非其非，為學者應有的作為。人云亦云，道聽塗說，為庸俗的常態，於平凡中見真理，而發人之所未發，為學者可貴的創見。呂氏讀《左傳》，即每能如此。

文分三段，作者首先指出，晉、楚、鄭三國所發生的事端雖多，然皆可一言而定其是非。其次則以義正辭嚴之筆，駁斥庸人是伍參而咎孫叔敖的非是。最後則針對孫叔敖以忠誠事君難得的行為，作深入發人猛醒的說明，意誠文煉，頗能邀得讀者的共鳴。

就行文說，作者固能見人之所不見，發人之所未發，使孫叔敖的忠誠，重現於世，以為萬世事君的大法。於此，呂氏確有所見，所言亦能切理中肯，就人性說，孫叔敖的舉措，實在難能可貴，值得後人效法，這是作者獨到之處。無如於行文之初，以一己所見，濃縮左氏文句，湊合排比，似有炫博揚己之嫌，短短一段之中，明引暗申，固能顯示其才華，然就文理的通暢來說，似又未得列為上乘。呂氏所以如此構思安排，或許有他的用意，以為有關他的一言之評，《左傳》既有明載，讀者自可參閱，不必再加辭費。儘管如此，然而初讀此文的人，仍難有一明確的了解，更不要說有關其事的來龍去脈了，所以不免有陷入五里霧中的感覺，這就有失為文達意的作用了。

晉會狄❶於攢函❷

宣公十一年

【題　解】此事載於《左傳》宣公十一年（西元前五九八年）。大意是說：晉國的上軍將郤成子（郤缺）打算給各部族的狄人謀求和好，這時狄人的各部族，正在憎恨赤狄對他們所施行的奴役行為，於是就順從了晉國。到了這年的秋天，相會於攢函（在今河南省修武縣西北），由於這次相會，證明了狄人各部族的順服。

在這次攢函之行以前，各位大夫，都主張召集狄人前來晉國。郤成子郤予以勸阻說：「我聽說，如果沒有德行，那就只有勤勞一途，如不勤勞，又如何能要求別人？能勤勞，才能繼之以成功，還是到攢函去會見狄人吧！《詩》說：『文王就是一位很能勤勞的人。』文王尚且勤勞，何況沒有德行的人呢？」

呂氏據此，與史籍相印證，以為動亂之起，多由於有責治理人民的人，不知安撫之道，一旦稍為承平，而又攫取無饜，以致引起外域戎狄的侵擾，可說是咎由自取。以此為鑑，就自然成章的凸顯了郤成子的作為，不僅有先見之明，而且「獨知馭眾狄之道」，實屬難得，特表而出之，以為治國、治事人的參考。

已服之民，不可過求，已馴之虜，不可過責。流亡之未集也，姦宄之未殄也，搶攘之未定也，為人上者，懍懍乎憂民之未服，手朽索而足淵冰，撫之摩之，顧之復之，游之泳之，如護元氣，如保赤子，惟恐有一髮之傷。

至於寓內❸清晏，怨誹息而謳歌升，為人上者，遂謂民既服矣，何令不從？何索不獲？既攫其雛，又覆其巢，既捋其葉，又斧其榦。民始不勝其求，焦然思亂，殆求之之過也！匈奴之禍，何莫由斯？平城之弩❹，甘泉之烽❺，嫚書之侮❻，尺牘之倨❼，猖狂陵縱，驅引弓之民，南面與漢天子爭為長雄。當是時，雖欲左右當戶❽之群，解辮束衽，猶或難之，況欲屈單于之膝哉？逮至渭橋受謁❾之後，虜勢折矣。元、成、哀、平❿接於新莽，主昏臣庸，徒恃虜之已馴而責之無已，阻其朝焉，丐其壤焉，制其條焉，奪其璽焉，虜不堪其責，背叛侵掠，故態復作。是非虜之不馴，殆中國虐之而不容其馴也！

先王之待戎虜，急其悍而緩其馴。故戎虜之困，必託命中國，以求息肩之地，豈若後世為哉？悍則奉之，馴則責之，是長欲其悍，而不欲其馴也！凡人之情，寧為人所奉乎？寧為人所責乎？戎虜雖愚，其亦知所擇矣。利害相形，彼安得不以稱兵窺塞為大利，奉琛入貢為不祥哉？

晉郤成子[11]之論，其有見於此矣。眾狄附晉之始，諸大夫侈然驕溢，諱一動之勞，乃欲坐而召狄。嗚呼！諸大夫忘眾狄未附之時乎！冒鋒鏑，蒙甲冑，面夷身創者，未嘗絕也。其未附則不敢避攻戰之苦，其既附則遽欲憚行役之勤，何其志之易變耶？郤成子獨知馭眾狄之道，不可恃其馴而煩其責，遂以能勤有繼之說，曉譬諸大夫，次於攢函以會眾狄，屈己而不勞彼，終得眾狄之懽心。

向若從諸大夫之議，則眾狄必謂：「吾赴晉屬耳[12]，一之日[13]已召我於會，庸詎知二之日三之日不召我而征役之乎？庸詎知四之日五之日不召我而翦剝之乎？」釁端亂兆，未必不基於此時也。或曰：「戎狄之性，陵之則懾，柔之則驕。」諸大夫之召狄，其或出於此歟？曰：「陵之則懾，柔之則驕，固狄之性也。」晉國欲坐召之乎哉？

【注釋】❶狄　指白狄。當時赤狄潞氏最強，晉所會之狄為白狄。見《顧棟高大事表・三十九》。❷攢函　狄地。在今河南省修武縣西北。❸寓內　本謂宇宙之內，此指全國。寓，宇的籀文。❹平城之辱　此謂漢高帝將兵擊匈奴冒頓，被困平城之事。當時冒頓縱精兵三十餘萬騎，圍高帝於白登，七日，漢兵中外不得相救餉。高帝乃使使厚遺閼氏，始得脫。平城，在今山西省大同縣東。白登，山名，在大同縣東。見《漢書・匈奴傳》。❺甘泉之烽　漢文帝後六年，匈奴軍臣單于立歲餘，大入上郡、雲中各三萬騎，所殺掠甚眾。漢亦緣邊堅守以備胡，胡騎入代，句注邊，烽火通於甘泉、長安。甘泉，即今陝西省甘泉縣。代、句注，即今山西省代縣句注山。見《漢書・匈奴傳》。❻嫚書之侮　漢孝惠、高后時，冒頓漸驕，乃為書使使遺高后，信內充滿侮慢之辭。嫚，通「慢」。見《漢書・匈奴傳》。❼尺牘之倨　此謂匈奴單于遺漢書，牘長一尺二寸，印封亦比漢所用廣，言辭倨傲。當時漢遺匈奴單于書，牘長一尺（《史記》作一尺一寸）。見《漢書・匈奴傳》。以上❹至❼，均言當時匈奴勢強，倨傲不馴。❽左右當戶　匈奴官名。見《史記・匈奴列傳》及《漢書・宣帝紀》。❾渭橋受謁　漢宣帝甘露二年，匈奴呼韓邪單于朝漢天子於甘泉宮，上登渭橋，咸稱萬歲。單于就邸，留月餘，遣歸國。見《漢書・匈奴傳下》。❿元成哀平　謂西漢元帝、成帝、哀帝、平帝。⓫郤成子　即郤缺。晉上軍將。郤芮之子，又稱冀缺。⓬屬耳　有二解：其一為竊聽，二為注意傾聽。此取其二。⓭一之日　此援用《詩・豳風・七月》句法。本謂夏曆十一月，周正月。此處有附晉之後，第一個月之意。以下二之日、三之日同。

【語　譯】對已經服從的人民，不可要求太過，對已經馴服的強盜，不可過於責備。當逃亡流落在外的人尚未安撫，為非作歹、犯法作亂的人尚未盡除，國家動蕩不安、局勢紊亂尚未平定的時候，在上位的人，就會戒慎恐懼地憂慮著人民尚未順從，這時就如同手握著腐朽的繩索，隨時都有斷絕的可能，又如同足臨深淵，隨時都有滅頂的危險，所以就想盡辦法來安撫他，不停的照顧他，使他們悠游自得，就像保護元氣，也像保護嬰兒，惟恐有一根毛髮的損傷。

等到國內清平安樂，怨尤誹謗息止，而歌功頌德之聲四方響起的時候，在上位的人，遂以為人民既服順了，叫他們做什麼不可以？向他們索取什麼不能得到？在這種心情之下，既然攫取了他們的所有財產，又翻覆他們的室家，既然用手抓取了樹葉，又要用斧砍伐樹幹。到這時，人民才發覺實在無法負擔沒有止境的索求，在焦急緊迫的情況下，想著去作亂，這全是由於索求太過所造成的結果啊！像那漢代匈奴的外患，其始末原委，何嘗不是如此？起初，由平城的被圍困，到甘泉烽火的示警，以及冒頓對高后的侮慢，遺書所用簡牘過長的倨傲，可說猖狂陵辱放肆到極點，又驅使著他們的武裝部隊，向南大舉進攻，與漢天子互爭雄長。當這個時候，就是想讓他的官員左右當戶們，解辮束衽，歸順漢朝，尚且難能做到，更何況想讓單于屈膝降服呢？到漢宣帝時，匈奴呼韓邪單于在甘泉宮渭橋謁見漢天子以後，敵人的氣勢才被摧折。從元帝、成帝、哀帝、平帝，直到新莽，君臣昏庸無能，認為胡虜既已馴服，向他們的索求也就沒有停止的時候，既阻止他們的朝拜，又索求他們的土地，為他制訂種種應遵守的條款，更進一步奪取他們的印璽，他們不能忍受這種苛求，只好背離反叛，侵擾擄掠，又恢復了過去的那種作為。這並不是他們的不馴服，是由於中國的虐待不容許他們馴服啊！

先代聖王的對待夷狄，急於制止他們的侵掠而緩於他們的馴服。所以夷狄有了困難，一定以中國為託命之所，以求暫時安息的地方，哪裏像後代的作為呢？兇悍侵掠，就奉承他們，馴順服從，就向他們無止境的索求，這分明是要他們長期的兇悍侵掠，而不想他們馴順服從啊！就所有人的心情說，是寧願被人奉承呢？還是寧願被人索取？夷狄雖然愚笨，他們也是知道選擇的。在利害兩相比較之下，他們如何能不以舉兵窺伺邊塞為大利，而以奉獻寶物入貢為不祥呢？

由晉上軍將郤成子的言論，可知他是看到了這一點。當眾白狄歸附晉國之初，很多大夫流露著自大驕傲的神態，忌諱行動的勞苦，竟欲安坐在晉國而召狄來會。唉！這些大夫們，大概忘記了眾狄人沒有歸附時的情景吧！冒著鋒利的箭鏃，穿著甲冑，面對著夷狄而身受創傷的人，不曾沒有。當他們未歸附時，連攻戰的勞苦都不敢逃避，現在已經歸順，竟忽然畏懼行役的勤勞，為什麼他們的心志這樣容易轉變呢？郤成子獨知統馭眾狄人的方法，不可認為他們已經馴順，就加多對他們的索求，於是就以惟有能勤勞才能繼續保有的說法，明白的告訴諸大夫，而行次於攢函以會見眾狄，委屈自己而不勞動對方，終於得到了狄人的歡心。

假如先前順從諸大夫的建議，那麼眾狄人一定會說：「我們剛歸附晉國，就聽說在第一個月要召我們會面，哪裏知道在第二個月、第三個月不會召我們征伐戰役呢？又哪裏知道在第四個月、第五個月不會召我們而予以滅絕呢？」戰亂爭端的徵兆，不一定不開始於這個時候。有人又說：「狄人的本性，欺陵他就懾服，懷柔他就驕傲。」很多大夫主張召狄到晉國來，難道不是出於這種見解嗎？假如說：「欺陵他就懾服，懷柔他就驕傲，這本來就是狄人的本性。」這樣說，晉國是想坐著召眾狄前來會面了？

【研　析】孔子說：「遠人不服，則修文德以來之，既來之，則安之。」（《論語．季氏》）孟子也說：「勞之，來之，匡之，直之，輔之，翼之，使自得之。」（《孟子．滕文公上》）這是我聖人治理人民、馴服遠方的一貫主張。必如此，才能使遠方的人心悅而誠服。這就是王道。作者口誦心惟，深有所感，故以為郤成子之言，不僅適切當行，同時也深合於王道精神，是以特予表揚，借以喚醒一般士大夫們，去除那種不切實際、妄自尊大的心理。

文分兩大段。第一大段總敘治理人民所應有的修為與所抱持的態度。又可分為三小段：

1.是說在上位的人，處亂世，安撫人民的用心。

2.處治世，由於攫取無饜，以致引起人民的思亂，而匈奴的禍患，即由此而起。

3.言先王與後世治理夷狄，由於所持態度不同，故其結果亦異。

第二大段，總敘郤成子與諸大夫們對待夷狄之見，也可分為兩小段：

1.極力稱許郤成子所言正確，所見真切，稱情衡勢，獨知馭眾狄之道。

2.以反詰語氣，說明聽從諸大夫之言眾狄人即難馴服，且將永無寧日之理。

就行文說，在第一大段中，以常理點出事理的必然性，隨後即以活生生的實例，予以證明，使情理交融。而走筆之際的用典，更可見作者的博約之功。第二大段，為重點所在，就著左氏的記載，直指「諸大夫侈然驕溢，諱一動之勞，乃欲坐而召狄」，然後再以「冒鋒鏑，蒙甲冑，面夷身創」之痛，兩相比較，其得失就不言可喻了。接著言及郤成子「獨知馭眾狄之道，不可恃其馴而煩其責，遂以能勤有繼之說，曉譬諸大夫，……終得眾狄之懽心」作結，不僅筆力健，而理尤必然。其尤為可稱者，即以「坐召」的小事，致引狄人的疑心，而釁端之兆，「未必不基於此時」之言，真可謂為一針見血，甚具寓義。

我們感到美中不足的地方，就是第一大段太長，雖有導引之功，但畢竟難免喧賓奪主之嫌。

楚子❶從申叔時❷諫復封陳

宣公十一年

【題　解】此事載於《左傳》宣公十一年（西元前五九八年）。大意是說：這年的冬天，楚莊王為夏徵舒殺陳靈公作亂的緣故，出兵伐陳。並告訴陳國的人民說：「不要驚怕，我們是專來討伐夏徵舒的。」於是進入陳國，殺了夏徵舒，是在陳國的栗門將他車裂的。這時陳侯（靈公太子午，陳成公）已逃到晉國。

楚大夫申叔時奉使於齊，回來後，向楚王覆命即行離去。楚王派人責讓他說：「夏徵舒胡作非為，殺了他的國君，我率領著屬國的諸侯前往討伐而殺了他，諸侯、縣大夫都向我慶賀，只有你不為我慶賀，這是什麼原因？」申叔時回答說：「現在還可以辯說嗎？」王說：「當然可以！」於是回答說：「夏徵舒弒其君，他的罪過非常大，出兵討伐把他殺了，這是您君王的義舉，不過也有人這樣說：『牽著牛從人家的田中經過，田主人在一氣之下，就搶奪了他的牛。牽牛為取捷徑經過人家田地的人，固然不對，可是因此竟然搶奪了人家的牛，這懲罰未免太重了吧！』諸侯們跟隨伐陳，說是討伐有罪的人。而今將陳國改為楚國的一縣，這是貪求其財，因討伐而命召諸侯，竟以貪財歸結，恐怕不可以吧！」楚王說：「你的話太好啦！可是先前並沒有誰向我如此進說啊！現在把縣歸還給陳國，可以嗎？」申叔時馬上回答說：「當然可以囉！我們這些淺見的人以為，這樣做，就好比在人家的懷中取物而又還給他是一樣的。」楚莊王於是就恢復了陳國，僅在陳國每鄉俘一人，使居楚地，取名夏州，來紀念這次的武功。

呂氏據此，深許申叔時的老成持重，洞悉諫君之道，以一己的言行，造成時勢，使國君由生疑而遽問，然後再以從容的態度，平靜的心情，述說事理的所宜，使國君欣然接受，幡然悔改，恢復了陳國的舊觀，實在是一位事君謀國不可多得的賢士。

凡言必有端。發端自我，則我輕而彼重，發端自彼，則我重而彼輕。臣之事君則無彼我之間，亦非屑屑校輕重之地也。然自古善諫其君者，未嘗肯自發其端，必回翔容與，待其君之先發，始徐起而收之，是豈若戰國策士捭闔之為哉？蓋發之自我而不自君，則言者瀆，聽者慢，吾懼其諫之無力也。俯首而告人者，百拒而一從；仰首而答人者，百從而一拒，說豈有二哉？勢隨地而改，心隨聽而移也！是故君子將進諫於君，必自其發言之端始。

楚子之縣陳也，申叔時既知其非，曷為入見而不亟諫哉？入見亟諫，是叔時自發其端而求楚子之聽也。以卑而求尊之聽，其聽其否，皆付於不可知之中，疇能自必乎？於是不言縣陳之得計，亦不言縣陳之失圖，入見不賀，以生楚子之疑，以致楚子之詰，推問端而使楚子自發之。楚子果懷不能已，遽詢不賀之由。

嗚呼！楚子之口一啟，而操縱予奪之柄已入叔時之掌握矣。乃從容進「蹊田奪牛」之喻，立談之間，主意開悟，而復陳之封。用力省而成功速者無他焉，蓋楚子渴聞叔時之言，而非叔時企望楚子之聽也！向使入見之初，即進此喻，則楚子之聽豈如是之捷哉？同是喻也，進之於楚子未問之前則如土芥，進之於楚子既問之後則如鼎鐘，毫釐之差，用捨判焉。吾是以知善進言者又不若善知時者也！

抑又有大者焉，楚子悔悟，將反陳之地，又問於叔時，使他人承此問，必躍然慶，欣然賀，螽躍鰲抃❸，不知措身之所矣。叔時之處此，何其甚暇而有餘也！曰：「可哉！吾儕小人，所謂取諸其懷，而與之也。」改如是之過，成如是之善，曾無一毫贊譽之辭，質略簡易，如家人父子相與語米鹽瑣事者，則叔時方寸之地，豈譾譾者所能窺哉！大憂不慄，大喜不搖，閎量遠度，雖委之六尺之孤❹，投之百里之命❺，殆未足為增損也！

後世之士，豈無愛君憂國之志哉！所養不堅，為事所動，其志先昏，其神先沮，倉皇喘汗，顛倒弁冕，奔走而告諸君，氣竭語盡，而其君纔以嘻笑遇之，幸而君意稍回，則不勝其喜，墮玉失舄，君之言方一，而獎之者已百，君之言方十，而獎之者已千。淺中狹量，驟諫倏喜，非特其心易滿，適所以驕其君而使之易滿也！噫！安得如申叔時者，與之論事君哉！

【注　釋】❶楚子　即楚莊王，名旅，穆王子，成王孫，在位二十三年。❷申叔時　楚申縣大夫，芈姓。❸螽躍鼇抃　形容高興欣喜，手舞足蹈的樣子。螽，即螽斯，動物名，似蝗蟲，善躍，棲息在樹林草叢間。鼇，俗字，海中大鱉，一說為大龜。鼇抃，即歡欣鼓舞。❹六尺之孤　指父王已死的年幼國君。見《論語・泰伯》。❺百里之命　指古代諸侯國，地方百里，而總攝其政事。見《論語・泰伯》。

【語　譯】當交談說話的時候，一定有人先開頭。從我先開始，那麼我的話就不如彼方來得重要。如果從彼方開始，那就我的話比對方重要了。可是如就臣子事君來說，不僅沒有彼此輕重的分別，同時也不是瑣屑煩細計較輕重的地方。然而自古以來，善於進諫其君的人，卻不曾願意自己先開始說話。一定用回旋徐緩的方式，等待國君先發問，才徐徐地就著國君的所問，而予以歸納回答，這哪裏像戰國時代的謀士縱橫分合的情景呢？實在說，從我發端而不從君，那麼進諫的人有冒犯不敬的感覺，而聽的人卻漫不經心。這樣的進諫，恐怕不會有什麼效果的。低著頭進諫的人，往往會遭到一百次拒絕而僅有一次順從，可是抬頭回答國君疑問的言論，往往是一百次都順從，而僅有一次被拒絕。就所進諫的內容說，哪裏有什麼不同呢？只不過是情勢隨著環境而改變，心情隨著聽的人而轉移啊！因此，當君子將向國君進諫的時候，一定是從其發言的開端論起。

當楚莊王將陳國改設為楚國一縣的時候，申叔時既然知道不對，為什麼不在見楚王的時候極力的勸說呢？在入見楚王時就極力勸說，這是申叔時自發其端，而楚王只是在王位聽臣子的上奏。以臣下而求君上聽其進諫，那麼國君是聽從還是不聽從，都在不可預知之中，誰能有一定的把握呢？於是他既不說將陳國改設為楚國的一縣為得計，也不提改陳國為楚縣為失圖，進入朝中面見楚王，不向楚王道賀，使楚王產生疑心，促使楚王發問，然後再推其問端，而使楚王自己說出原因。這時楚王果然心中按捺不住，急遽的詢問不向他慶賀的理由。

噢！楚王發問的嘴一啟開，而操縱予奪的權柄，就已轉入申叔時的掌握中了。於是他就從容不迫的進說「蹊田奪牛」這件事來作為比喻，在極短暫的時間內，君上的心意就能開通領悟，而恢復了陳國的封地。用力省而成功快的原因，沒有別的，實在是楚王渴望知道申叔時的諫言，而不是叔時企盼楚王聽他的勸說啊！先前假使在入見的時候，就進說這個比喻，那麼楚王的聽從又怎會這樣快呢？同樣的一個比喻，在楚王沒有發問以前進說，就像塵土草芥一樣不被重視，在楚王既問以後進說，就像鐘鼎一樣的貴重，毫釐的差別，採用和捨棄竟然如此的分明確定。因此我才知道善於進言的人，又不如善於掌握時機的人啊！

不過，如進一步說，尚有比這更重要呢，當楚王悔悟以後，將要歸還陳國的土地時，就這件事情又向叔時請問，假如換成別人承受此問，一定是雀躍不已，非常高興的向國君慶賀，那種欣喜若狂、手舞足蹈、得意忘形的樣子，就真的不知道將自身放置在什麼地方了。可是叔時處理此事，是多麼地悠閒而從容啊！只是回答說：「當然可以囉！我們這些淺見的人以為這樣做，好比在人家的懷中取物而又還給他是一樣的。」楚王悔改了這樣大的過失，成就了這樣大的善事，不曾說一句讚美稱譽的話，質樸簡略平易，就像家人父子之間互相商討米鹽的瑣事一樣，由此看來，那麼叔時心中的內涵，又哪裏是淺薄的人所能窺知的呢！遇大憂患不恐懼，逢大欣喜不忘形，度量寬宏，識見遠大，就是將輔佐幼君的重任付託給他，將國家的政事讓他來總理，在表情態度上，也沒有辦法使他有所增減啊！

後代的知識分子，哪裏沒有愛君憂國的心志呢！只是涵養不夠堅定，被世事所動搖，他的神志先行昏亂沮喪，慌裏慌張，氣喘汗流，甚至倒戴著帽子，迫不及待的向國君稟告，直到氣力枯竭，言語說盡，而國君看他可憐，才不過用嘻笑的態度對待他，幸好國君的心意稍有回轉，他就喜出望外，高興得甚至掉落了佩玉，走脫了鞋子，國君才說一句話，他就誇獎了百句，國君如說十句話，他就會誇獎千句。心淺量狹，突然進諫，忽然心喜，不僅在心中容易感到滿足，同時也適足以使國君驕傲，進而使他容易自滿啊！噫！什麼地方才能得見像申叔時這樣的人，和他在一起討論事君呢！

【研析】「時，然後言」，不僅「人不厭其言」，而且尚能收到所言的效果。當人處事不盡理想，而需要改革又不知如何改革的時候，你如能提供中肯可行的建言，主其事的人，當然樂意接受。當一位國君，本想幫助另一個國家平亂，不惜召諸侯，大動干戈，大加聲討，伸張正義，結果反而滅人國，佔為己有，招致貪富之嫌，又不知何從的時候，如能有大臣及時進諫，說明何去何從的當然之理，國君一定會欣然採納。本文作者，即以此為中心，觸類引發，循理說事，不僅烘托出申叔時的舉止言動均可取法，同時也以此戒當時以及後世之士，事君謀國要能寬宏其胸，遠大其識，堅定其志，能如是，而其動止云為，方可不為世事所搖。

文分五段，作者透過左氏義蘊，首先指出諫君之道，一定要從其發端開始。其次則言申叔時深明進諫之理，所以自齊回國覆命之時，不向楚王慶賀滅陳設縣之功，而使楚王生疑，再乘機以諫。第三段說明要想收到諫言的效果，當以知時知勢為先。第四段則言申叔時器量大，修養深，已造「不以物喜，不以己悲」的境地。最後一段則以申叔時方後世愛君憂國之士，益顯其見淺量狹，實在不足以事君謀國。

就行文說，全篇不惟結構謹嚴，而段落中義理的表現也相當分明，其層層逼進之筆，非常緊湊。無如在說理方面，我們認為卻有商榷的地方。

如第一段從「凡言必有端。發端自我，則我輕而彼重」，到「待其君之先發」，三覆斯言，就理言理，往往並不完全如是。只要有理，不管私人的爭論，抑或大臣對國君的諫言，絕不可能先行發言的人一概為輕。再者國君如有愚行，或危及國家及人民的作為，為大臣的人也可以坐視，必待國君的先開其口，而使進諫的人得以掌握其把柄嗎？先開頭、後發端，固有其時，善於進諫的人，也往往製造時機，或以譬喻誘使國君先開其口，使其頓悟而幡然改圖，然而時有緩急，事有先後，而適時、適地、適情、適理，才是最重要的考慮因素。願以此與讀者商。

楚子❶伐蕭❷

宣公十二年

【題解】此事載於《左傳》宣公十二年（西元前五九七年）。大意是說：這年的冬天，楚莊王攻打蕭國，宋大夫華椒率領著蔡人救援，蕭人因此得以囚禁楚大夫熊相宜僚及公子丙。楚王對蕭人說：「你們不要殺他二人，我退兵就是了。」蕭人卻把他二人殺了。楚王非常生氣，於是隨即包圍了蕭國。蕭國潰敗。

楚申縣尹巫臣對楚王說：「軍中的士兵們，大多很冷。」楚王隨即巡視三軍，撫摩並慰勉他們。這樣一來，三軍的戰士們，都感到有如披上絲綿樣的溫暖，立即進軍，逼近蕭城。

蕭大夫還無社告訴司馬卯把申叔展呼叫出來（二人皆楚大夫）。叔展馬上用暗語問還無社說：「你有麥麴嗎？」回答說：「沒有。」又問：「你有山鞠窮嗎？」答說：「沒有。」（此二語暗示還無社逃往泥中或低下處避難）又問：「如果你得了風濕病怎麼辦？」還無社這才領悟對方的語意，馬上回答說：「要注意看，遇到枯井，就要拯救我。」叔展說：「你在枯井上置一絰形草繩，有人在井上哭，就是我。」次日，蕭國潰敗，申叔看了看枯井，就在有草絰的那口井上號哭，把還無社救了出來。

呂氏據此，以為楚王的所以勝，在其能及時安撫慰勉三軍，鼓舞士氣，雖然衣不足以禦寒，猶能奮勇向前，一舉而擊潰蕭城。而蕭人的所以敗，則在其未戰而人心已頹，縱有高城深池可守，亦不過僅能延一日之潰，終於大局無補，作者有見於此，特表而出之，以為後世攻防者鑑。

以物為惠，惠之麤；以城為守，守之下。楚師之圍蕭也，衣雖寒而三軍之士不寒。蕭人之受圍也，城未破而還無社❸之心先破。蓋以卒伍之賤，而得勞拊於其君，固已不啻重繭純綿之溫，至於士心內離，則雖雉堞天立，百倍於蕭之城，亦將隨之而潰矣。惠豈在物，而守豈在城耶？世儒習聞此說也，遂以謂善言煖於布帛，物皆可廢；人心險於金湯，城皆可隳。審如是，則武王❹大巡六師，慰藉獎勉，政煩〈泰〉、〈牧〉二誓❺矣，而爵之五❻，土之三❼，財之散，粟之發❽，胡為汲汲繼之？彼周家積德累功，夫豈不得人心者？而《詩・雅》所載「城東方❾、朔方❿」之類果何謂也？大抵惠有名有實，不可偏勝。守有本有末，不可獨遺。名實相資，然後其惠孚，本末並用，然後其守固。楚王之勞拊，不待有實而人佩其惠者，以其方在塗耳。使其居國，左府右庫，坐視師人之寒，扃鐍而不肯發，徒欲以空言悅之，堂堂三軍，豈可如嬰兒孺子紿之乎？蕭人既失心，苟又無數仞之城，則楚師一呼，魚潰鳥散，所以猶及明日而陷，寬一夕之期者，城之功也！向使眾心成城，與版築之城互相表裏，雖強如楚，豈能遽搖之哉！

物固不可恃也，輔以誠意，則聖人之惠也。城固不可恃也，輔以人和，則聖人之守也。君子之論止於中而已矣。以誠為輕物為重者，固不足責，若曰我專任誠而廢物，亦非中也。以人為輕城為重者，固不足責，若曰我專任人而廢城，亦非中也。君子之論，止於中而已矣。

唐德宗⑪之狩奉天⑫，嘗遣人諜賊，寒而請袴⑬，求而不能得，憫默而遣之，士竟為之用，蓋哀其窮而感其誠，領憫默之意，固踰於五袴之賜矣。是人雖未有得袴之實，而深體德宗有無袴之實也。世謂德宗以名使人，吾獨謂德宗以實使人也！方德宗雄據都邑之時，犒軍少糲，遽致涇原之變⑭，食糲尚耳，況無袴乎？當其豐，則有食猶足以生亂，當其窮，則無袴猶足以使人。信矣！人之不可欺也。奉天之難，雖渾瑊⑮、韓游瓌⑯不二心之臣盡死以扞社稷，當梯衝並進，君臣相泣之際，非前築奉天之城，則忠臣義士亦何所致力耶！吾又知得本果不可忘末也！世儒之論，可盡信哉！昔孔門之論兵食⑰，必曰不得已而去，未嘗得已而欲去之也。其亦異於世儒之論矣。

【注釋】❶楚子　見前篇❶。❷蕭　春秋宋附庸邑。即今江蘇省蕭縣。❸還無社　蕭大夫。❹武王　謂周武王。文王子，名發，西周王朝的建立者。❺泰牧二誓　《尚書》二篇名，即〈泰誓〉、〈牧誓〉。❻爵之五　謂列官爵為公、侯、伯、子、男五個等級。見《尚書・武成》。❼士之三　謂分封土地為三等。即公、侯百里，伯七十里，子、男五十里。見《尚書・武成》。❽財之散粟之發　謂周武王克殷後的政治措施。散鹿臺之財，發鉅橋之粟。見《尚書・武成》。❾城東方　乃「城彼東方」的省略。語出《詩・大雅・烝民》，謂周宣王命令仲山甫築城於齊。因齊在東方，所以言此。❿朔方　乃「城彼朔方」的省略。語出《詩・小雅・出車》，謂周宣王命大將南仲征伐玁狁，於北方築城戍邊之事。⓫唐德宗　代宗子，名适。繼位後，政治清明，號為賢主。性好自任，多方猜忌，由於重用奸相盧杞，致引起朱泚叛亂，此後，藩鎮日強，政惟姑息。在位二十六年崩逝。⓬奉天　地名，唐置縣，唐德宗曾避難於此。即今陝西省乾縣治。⓭寒而請袴　唐德宗逃難奉天時，為窺探賊兵虛實，「嘗遣健步（今俗稱飛毛腿）出城覘賊，其人懇以苦寒為辭，跪奏乞一襦袴。上為之尋求不獲，竟憫默而遣之。」見《資治通鑑・唐紀四十五・德宗建中四年》。⓮涇原之變　唐德宗建中四年，「涇原節度使姚令言，將兵五千至京師。軍士冒雨，寒甚，多攜子弟而來，冀得厚賜遺其家，既至，一無所賜。」雖「詔京兆尹王翃犒師，惟糲食菜餤，眾怒，蹴而覆之。」遂反。見《資治通鑑・唐紀四十四・德宗建中四年》。⓯渾瑊　本名日進，善騎射，後從李光弼定河北，又從郭子儀復兩京，敗安慶緒，數破吐蕃，累遷單于大都護。德宗幸奉天，授都虞侯，京畿渭北節度使。朱泚兵迫城，瑊力戰退賊，泚平，封咸寧郡王，卒謚忠武。見《新唐書・渾瑊傳》。⓰韓游瓌　唐靈武人。始為郭子儀將，從破安祿山，累進邠寧節度使留後，德宗狩奉天，以兵赴難，與朱泚賊兵作殊死戰。泚平，論功與渾瑊等皆第一。卒謚襄。見《新唐書・韓游瓌傳》。⓱孔門之論兵食　子貢問政。子曰：「足食，足兵，民信之矣。」子貢曰：「必不得已而去，於斯三者何先？」曰：「去兵。」子貢曰：「必不得已而去，於斯二者何先？」曰：「去食。」見《論語・顏淵》。

【語　譯】僅以財物作為賞賜，這是最粗俗的行為；惟恃高城深池以為防守，這是最下策的做法。

當楚國的軍隊包圍蕭城的時候，士兵的衣服雖然單薄，可是三軍的士氣卻非常旺盛。當蕭人被圍困的時候，城尚未被攻破，可是大夫還無社的心卻早已被攻破。以地位低微的士卒，僅得到國君的撫摩慰勉，心中就已感到不下於純綿衣的溫暖，至於士卒的心志已經渙散，就是城牆高得像天，超過蕭城一百倍，也將要隨著軍心的離散而潰敗。由此看來，獎賞哪裏僅在財物，而防守又哪裏惟在高城深池呢？

世間一般讀書人，以這種說法習以為常，遂認為和善安慰的言辭比布帛還要溫暖，物質上的獎勵可以全部廢棄；人心的險要比金城湯池還要堅固，有形的城牆也可以全部毀壞。確實如此的話，那麼周武王的大巡六軍，慰問獎勉，在〈泰誓〉、〈牧誓〉中，已經做得很多了，可是為什麼又在滅紂之後，緊接著汲汲於爵分五等，土分三級，散財發粟給人民呢？想那周家文王、武王所積累功德的深厚，難道還不能深得人心？可是《詩經》中〈大、小雅〉所載「城彼東方，城彼朔方」一類的舉措，到底又是為什麼？大概說來，在獎勵方面，有名譽上的獎勵，有物質上的獎勵，不可以使一方勝過另一方。而防守也有人心堅定之本，和高城深池之末，也不可以放棄哪一方面而不顧。精神上的安慰與物質上的賞賜相互資助，然後才能得獎勵的實際效果，有了人心的堅定不移，和高城深池的屏障，然後才能防守有如金湯的堅固。楚王的慰問撫摩，不需物質上的獎賞而士兵們能感戴他的恩惠，那是因為當時尚在行軍路途中。假使是在國內，面對著府庫中的豐富儲藏，而竟然坐視兵士們的受凍，也不願意打開倉庫發放寒衣，只是想著用空話討得兵士的歡心，而軍容壯大的三軍，難道說也可以像嬰兒小孩子那樣容易欺騙嗎？蕭人既然失去了戰鬥的意志，假如這時又沒有數仞高的城牆為屏障，那麼只要楚國的軍隊高聲一呼喊，蕭人就會像魚、鳥樣的向四處潰散，所以還能等到第二日而淪陷，遲緩一夜的時間，這是城牆的功勞啊！設使先前蕭人能夠上下一心，堅定不移，與所築的城池互相依存，就是有如強楚的攻城，哪裏是在短時間內所能搖撼的呢！

物質本來就不可仗恃，如果能以誠意相輔，那就合於聖人的賞賜了。城池本來不可仗恃，如果能以人和相輔，那也就是聖人所主張的防守了。君子議論事理，所講求的不過是止於適中罷了。以誠意為輕，以物質為重的見解，本來就不值得指責，如果說我只講求誠意而廢棄物質，這不是適中的做法。以人和為輕，以城池為重的觀點，本來就不值得斥責，如果說我只講求人和而廢棄城池，也不是適中的作為。所以說，君子的議論所講求的，只不過是止於適中罷了。

當唐德宗因朱泚反叛逃往奉天的時候，曾經派人窺探賊兵的虛實以及布陣的情形，因衣寒而向德宗請求賜給襦袴，德宗一時無法使乞求的人得到，只好在憐憫默不作聲的心情下，派他出使，而被派遣的人竟然能為德宗所用，這實在是悲痛當時的環境困窮而又為他的誠心所感動，領悟到憐憫默不作聲的深意，這種彼此的體諒，本來就早已超過五件襦袴的賜予了。這個人雖然沒有得到賜襦袴的實惠，而卻能深切地體會到德宗當時無襦袴的實情。這件事，世人認為德宗是以聲名使人，我獨以為德宗是以實情使人啊！當德宗以盛世的君主居住在長安的時候，犒勞軍隊的米糧稍微粗糙一些，就馬上引起涇原的變故，吃粗米尚且如此，更何況是沒有襦袴禦寒呢？當他豐盛的時候，就是有飯吃還要發生叛亂，當他困窮的時候，就是沒有襦袴禦寒仍然能夠使人，人的不可以被欺騙，一點也不假啊！當德宗被賊兵圍困在奉天的時候，雖有渾瑊、韓游瓌忠心不二的大臣盡死力來扞衛國家，然當賊兵的雲梯衝車同擊並進，君臣相互哭泣的時候，如非先前修築的奉天城牆作為屏障，那麼忠臣義士們又如何能盡死力呢！於此我又知道得到人和之本，也不可忘記作為屏障之末啊！世間俗儒的議論，哪裏可以盡信呢！從前孔門的議論兵食，一定是不得已才取消兵或食，卻不曾在得已的情況下取消的。這和世儒的議論也就有所不同了。

【研析】精神與物質，究竟孰重？雖言人人殊，難作定論，可是如能予以適時、適地、適情並以誠心的靈活運用，其效果則可發揮得淋漓盡致，超出人的意表。如執一偏之見，過重精神或物質，而又不能出之以誠，那就難免顧此失彼，終將歸於敗亡了。本文作者有感於《左氏傳》文，委婉地表現了一己的見解。

文分四段，作者首先指出患不在物、守不在城之見。其次則接著以賞賜要名實相資而方能患乎，防守要本末並用，然後方能守固之理，來駁斥世儒所言之非。第三段言君子論事理止於適中，既不偏於物質的獎賞，也不偏於精神的鼓勵。最後則以實情感人則人為之使，本末兼顧方可有所濟作結，實為全篇之要。

就行文說，作者以第一段為虛筆，借以論世儒的所見實有所偏，隨即就史實，以周武王的舉措，來凸顯精神方面的安慰鼓勵，與物質方面的獎賞分封為同樣重要。雖然如此，作者卻能更進一步的表現了於情不得已的情況下，僅以精神方面的慰藉，同樣可以發揮物質方面的效果，但必出之以誠。反之，雖有高城深池之險，而人心渙散，亦不足以固守。

第三段最能顯示作者的論點。以「中」為的當之見，可說是千古不磨的至理。我們看，世間的事事物物，哪一件不是在「中」的情況下，而得以永存的？最後以唐德宗的所以敗，所以興，反映人和固為其本，而物之為末亦不可偏廢，史實、事例俱在，難道還不足以發人深省嗎？

公孫歸父❶言魯樂

宣公十四年

【題解】此事載於《左傳》宣公十四年（西元前五九五年）。大意是說：這年冬天，魯卿公孫歸父在穀地（穀，齊地。今山東省東阿縣舊治東阿鎮）會見齊侯（頃公），順便拜見晏桓子（晏嬰父），和他談到在魯的情形，非常高興。桓子告訴高宣子（高固）說：「子家（歸父字）將來恐怕要逃亡吧！因為他懷戀魯國的寵信，懷戀一定貪婪，貪婪一定計算別人，計算別人，別人也就會計算他，全國中的人都在計算他，如何能不逃亡？」

呂氏據此，一則補述晏桓子未盡之言，以為公孫歸父所說在魯之樂，絕不是鍾儀、莊舄的琴南音而歌越聲，為人至情至性的發抒。另一方面則說人人皆有至樂之地，由於所追求的目標不一，因而賢聖鄙陋，也就自然壁壘分明了。

舊國舊都，望之悵然，遲遲其行者，亦聖人去父母國之道也❷。土思者，聖愚之所共，公孫歸父懷於魯，曷以獨為晏氏❸之所譏？曰：去國而懷者，情之正也，儀之琴居北而音南❹，舄之吟身楚而聲越❺。是固情之不可解，而仁人君子之所許也！因去國之悲，然後懷在國之樂，曷有居其國而知其樂者乎？獸在阱則思壙，當其走壙，未嘗知壙之樂也。鳥在籠則思林，當其棲林，未嘗知林之樂也。歸父方居魯，而喋喋以魯樂告人，自非不安其常而嗜其利，何自而知其樂哉？岱之山❻，洙之水❼，五父之衢❽，大庭之庫❾，城闕井邑，物產土俗，弧而育焉，髫而嬉焉，弁而游焉❿，固非驟見而忽聞，胡為而誇語於人哉？日飯稻粱，未嘗以告人，一得熊蹯牛心之饌，則譽其珍；歲衣布帛，未嘗以告人，一得霧縠文錦之服，則譽其美。吾是以知歸父之譽魯樂，必棄常而嗜利也。棄常嗜利，乾沒⓫不已，雖非晏氏，固可指期而俟其亡矣。至樂之地，人皆有之，惟不能有其樂，而樂移於物，故馳騖而忘反。權寵之樂，勃如也；詞華之樂，驕如也；聲色之樂，昏如也；畋遊之樂，蕩如也。是皆陋人之所樂，君子之所哀。哀之者，豈預憂其禍之至哉？鴟鴉嗜鼠，蝍蛆甘帶⓬，何等臭腐，而忻慕耽惑，以身償而不悔。此固達者之所甚憐也！歸父譽魯樂之時，固已可悲，奚必悲其將亡哉！吾嘗聞孔、顏之樂矣，蓋樂其樂而未嘗倚於一物也！請問孔子之樂？曰：飯疏食，飲水，曲肱而枕之，樂亦在其中矣⑬。請問顏子之樂？曰：一簞食，一瓢飲，在陋巷，人不堪其憂，回也不改其樂⑭。然則飯也、飲也、曲肱也，非孔子之樂也，特樂在其中而已。簞也、瓢也、陋巷也，非顏子之樂也，特不改其樂而已。即六物而求孔顏之樂，邈不可得。意者孔顏之樂果窅然而無物耶？彼所謂「樂在其中」者，在之一辭，必有所居也，彼所謂「不改其樂」者，其之一辭，必有所指也。「居」何所居？「指」何所指？吾黨盍共繹之！

【注釋】❶公孫歸父　字子家，魯卿，莊公孫，東門襄仲子。❷遲遲其行者二句　《孟子．萬章下》：「孔子去魯，曰：『遲遲吾行也！』去父母國之道也。」意謂：當孔子要離開魯國時，他說：「我要慢慢地走啊！」這是因為離開祖國的緣故。❸晏氏　即晏桓子。名弱，齊大夫，晏嬰父。❹儀之琴居北而音南　儀，即楚鄖公鍾儀，為鄭所囚，獻於晉，晉將其囚於軍府。魯成公九年，晉侯觀於軍府，見鍾儀，與之琴，操南音。范文子說：「楚囚，君子也。樂操土風，不忘舊也。」❺舄之吟身楚而聲越　舄，即越人莊舄。仕於楚，雖享富貴，仍思故國，在病中思「越」而吟越聲。見《史記．張儀列傳》。❻岱之山　即岱山，五嶽之一。泰山的別稱。❼洙

之水　即洙水，源出今山東省新泰縣東北，西流至泰安縣東南折而西南流，至泗水縣北合於泗水。❽五父之衢　即五父衢。地名，在今山東省曲阜縣東南五里。見《春秋左傳注》襄公十一年。❾大庭之庫　即大庭氏之庫。大庭氏，古國名，在魯城內，魯於其處作庫，高顯，可登以四望。魯城，在今山東省曲阜縣治東，即曲阜故城。見《左傳》昭公十八年「梓慎登大庭氏之庫以望之」杜注。❿弧而育焉三句　弧，此處謂懸弧，指男子的生日。髫，喻幼年。弁，謂帽子，喻成年。三句意謂：出生在魯，遊戲在魯，成人之後，生活在魯。⓫乾沒　吞沒他人財物。也作儌倖得利解。⓬蝍蛆甘帶　蝍蛆，謂蜈蚣。帶，謂小蛇。此謂蜈蚣愛食蛇腦。語見《莊子．齊物論》。⓭飯疏食四句　語出《論語．述而》。謂孔子安貧樂道的志趣。⓮一簞食五句　語出《論語．雍也》。謂孔子稱許顏回能安貧樂道。

【語　譯】將要離開自己的國家，望著故有的都城鄉邑，難免會產生悵然失意的心情，而行走的腳步，慢慢地前進，好像有所等待，這也是聖人離去祖國所採行的方法。思念鄉土之情，是聖人愚人所共有的，然而公孫歸父的懷念魯國，為什麼獨被晏桓子所譏誚？噢！是這樣的：離開故國而生懷念之心，這是人情的正常現象，像那楚囚鍾儀，雖然遠居北方的晉國，可是當鼓琴時，仍然彈奏南音。越人莊舄仕楚，雖然已經貴顯，可是當他生病時，依舊發出越聲。這本來就是人情意念所不可消除，而為仁人君子所稱許的啊！因離開祖國所產生的悲痛，然後才懷念居在國內的樂趣，那這和居在國內就能知道樂趣有什麼關係呢？當獸類被困在陷阱中時，就會思念空曠的原野，可是當牠奔走在曠野的時候，卻不曾知道曠野的樂趣。當鳥被關在籠中時，就會思念茂密的樹林，可是當其棲息在茂密的樹林時，也不曾知道廣大樹林的樂趣。當公孫歸父正住在魯國時，喋喋不休地以居魯之樂告人的當兒，自然不是不安其常職而嗜欲私利，又何從而能知道其中的樂趣呢？

像泰山，洙水，五父衢，大庭之庫，城樓鄉村，物產風俗，這些不是他出生之地，就是遊戲的場所，或生活的領域，本來就不是乍見而忽然聽到的，為什麼要向人誇說這些呢？每天吃稻粱，不曾告訴別人，可是一旦得到熊掌牛心的美味，就會大加稱其珍貴；終年穿著布衣，不曾告訴別人，一旦得到縠錦華麗的衣服，就會不自覺的稱譽其美。因此，我知道公孫歸父的稱譽居魯的安樂，那一定是捨棄了常職而貪嗜私利。棄常嗜利，吞沒他人的財物，就是晏桓子不說，我們也是可以指出他逃亡的日期的。至樂的境地，人人都具有，只是不能享有這種樂趣，而反將這種樂趣轉移到物質上，所以才一味地追逐物質上的享受而不知回頭。像那為權勢所寵信的樂趣，可以改變人的臉色；華麗言詞讚美的樂趣，可使人得意忘形；淫靡的音樂和美色的樂趣，可使人昏然如醉如癡；打獵遨遊的樂趣，可以蕩人心扉。這些，都是淺薄鄙陋的人所樂為，而仁人君子所悲哀的。悲哀的原因，哪裏只是預憂其災禍的到來呢？像那貓頭鷹和烏鴉愛吃死老鼠，蜈蚣愛吃蛇腦，那些東西是何等的臭腐，可是牠們卻欣喜愛吃到迷惑的地步，甚至因此喪命身死也不後悔。這本來就是明達的人所非常憐憫的啊！當公孫歸父稱許在魯得其所樂的時候，就已經很可悲了，又何必悲憫他的將要逃亡呢！我曾聽聞過孔子、顏回的樂趣，實在說來，他二位是樂其所自樂，而絕不曾依靠過任何物質啊！請問孔子的樂趣在哪裏？噢！孔子就是吃的是粗飯，喝的是白開水，睡覺時彎著手臂當枕頭，快樂也會在這當中。請問顏子的樂趣又在哪裏？噢！顏子哪怕是用圓竹器吃飯、用瓢喝水，住在房屋矮小、破舊的巷子裏，要是換了別人，一定忍受不了這種憂苦，可是顏回卻不改變他平日自有的樂趣。然則粗飯、白水、枕手臂，並非孔子樂意如此，只不過他能在這樣的生活中自得其樂罷了。再如簞食、瓢飲、居陋巷，也不是顏子樂意如此，只是他能在這樣憂苦的環境中不改變其樂罷了。就以上所說六物來尋求孔子、顏子的樂趣，那是邈遠而不可得的。有探尋孔、顏之樂的人，總懷疑孔、顏之樂是真的那樣深邃而無需依靠物質嗎？孔子所謂的「樂在其中」者，「在」這個字，一定是意旨的關鍵，所謂顏子的「不改其樂」者，「其」這個字，也一定是有所指的，應在這兩個字上下功夫。「居」究竟是何所居？「指」又是何所指？我們大家何妨來共同的想一想！

【研　析】享受樂趣，有精神上的自得之樂與物質上一時滿足之樂的不同。追求精神上的愉快，不僅可以成己，而且可以成物（人）。影響所及，人群、社會，乃至國家、世界，無不可和平相處，體恤相生，宗教家、慈善家以及我國的儒家，其主張都是如此。常此以往，在不知不覺中，也就提升了人的生命價值，充實了人的生命意義。如追求物質上的享樂，在心理行為上，那就不僅要謀取物質方面的滿足，而且更要進一步的計算於人了。權勢，何人不慕？富貴，何人不欲？聲色，何人不思？遊樂畋獵，何人不貪不求？此人情之常本不當厚非，無如物欲無底，求之不得，則奸詐謀奪，也就無所不用其極了。一旦人欲橫流，道德淪喪，那又將是一個什麼情景？本文作者有感於此，於是就著晏桓子的話更深一層的推論公孫歸父的逃亡為必然。接著，則以孔子、顏子之樂來勗勉世人，其匡俗救世之心，於此可見。

就內容說，全文可分兩大截，作者首先指出公孫歸父的懷魯，所以為晏桓子譏諷之由，並進而說明其「棄常嗜利」為逃亡之因。其次則言至樂之地，人人都有，端看如何以為。如以物質的享樂為追求目標，則不免於「陋人」之譏，如以道德仁義自期而陶養，則可達於孔子、顏子至樂之境。

就行文說，在前半截中，先就人情之常的各種表現，如去國懷鄉之情，在籠思林之樂，引發共識，然後再調轉其語意，以稀有物的譽其珍美以合左氏所載晏桓子之意，更進而指出「雖非晏氏，固可指期而俟其亡矣」的必然。其推斷之筆，不僅有力，而且說理也非常明快。在第二截中，先以至樂之地人人皆具之言，暗示人各有其所好，於其所好之中，而「陋人」與聖賢，也就劃然分境了。文章至此，急轉直下，而歸結於「在」、「其」二字之中，並願就「在」之所居，「其」之所指，與「吾黨共繹」。這種結尾方式，極具啟發作用。我們則認為：處貧賤而樂貧賤，處富貴則樂富貴，不貪意外之財，不作非分之想，安於一己的物質環境，而使精神、心靈之樂昇華於物質之外，以道德仁義自期自養，此孔子、顏子之所樂歟？亦其「在」之所居，「其」之所指歟？

文學的・歷史的・哲學的・宗教的　古籍精華　盡在三民

古籍今注新譯叢書

哲學類

新譯四書讀本
新譯論語新編解義
新譯學庸讀本
新譯孝經讀本
新譯易經讀本
新譯乾坤經傳通釋
新譯周易六十四卦經傳通釋
新譯易經繫辭傳解義
新譯禮記讀本
新譯儀禮讀本
新譯孔子家語
新譯老子讀本
新譯帛書老子
新譯老子解義
新譯莊子讀本
新譯莊子本義
新譯莊子內篇解義
新譯列子讀本
新譯管子讀本
新譯墨子讀本
新譯公孫龍子
新譯晏子春秋
新譯鄧析子
新譯荀子讀本
新譯尹文子
新譯尸子讀本
新譯鶡冠子
新譯鬼谷子
新譯韓非子
新譯呂氏春秋
新譯韓詩外傳
新譯淮南子
新譯春秋繁露
新譯新書讀本
新譯新語讀本
新譯潛夫論
新譯論衡讀本
新譯申鑒讀本
新譯人物志
新譯張載文選
新譯近思錄
新譯傳習錄
新譯呻吟語摘
新譯明夷待訪錄

文學類

新譯詩經讀本
新譯楚辭讀本
新譯文心雕龍
新譯六朝文絜
新譯世說新語
新譯昭明文選
新譯古文觀止
新譯古文辭類纂
新譯樂府詩選
新譯古詩源
新譯千家詩
新譯詩品讀本
新譯花間集
新譯南唐詞
新譯絕妙好詞
新譯唐詩三百首
新譯宋詩三百首
新譯宋詞三百首
新譯元曲三百首
新譯明詩三百首
新譯清詩三百首
新譯清詞三百首
新譯唐人絕句選
新譯拾遺記
新譯搜神記
新譯唐才子傳
新譯唐傳奇選
新譯宋傳奇小說選
新譯明傳奇小說選
新譯容齋隨筆選
新譯明散文選
新譯明清小品文選
新譯人間詞話
新譯白香詞譜
新譯幽夢影
新譯菜根譚
新譯小窗幽記
新譯圍爐夜話
新譯郁離子
新譯歷代寓言選
新譯賈長沙集
新譯揚子雲集
新譯建安七子詩文集
新譯曹子建集
新譯阮籍詩文集
新譯嵇中散集
新譯陸機詩文集
新譯陶淵明集
新譯江淹集
新譯庾信詩文選
新譯初唐四傑詩集
新譯駱賓王文集
新譯王維詩文集
新譯孟浩然詩集
新譯李白詩全集
新譯李白文集
新譯杜甫詩選
新譯杜詩菁華
新譯高適岑參詩選
新譯昌黎先生文集
新譯劉禹錫詩文選
新譯柳宗元文選
新譯白居易詩文選
新譯元稹詩文選
新譯李賀詩集
新譯杜牧詩文集